한국근대영화사

한국근대영화사

1892년에서 1945년까지

이효인·정종화·한상언 지음

———

2019년 1월 4일 초판 1쇄 발행

———

펴낸이 한철희 | 펴낸곳 돌베개 | 등록 1979년 8월 25일 제406-2003-000018호
주소 (10881) 경기도 파주시 회동길 77-20 (문발동)
전화 (031) 955-5020 | 팩스 (031) 955-5050
홈페이지 www.dolbegae.co.kr | 전자우편 book@dolbegae.co.kr
블로그 imdol79.blog.me | 트위터 @Dolbegae79

———

주간 김수한 | 편집 윤미향·김서연
표지디자인 김동신 | 본문디자인 이은정·이연경·김동신
마케팅 심찬식·고운성·조원형 | 제작·관리 윤국중·이수민
인쇄·제본 한영문화사

———

ISBN 978-89-7199-922-6 (93680)

———

이 도서의 국립중앙도서관 출판예정도서목록(CIP)은 서지정보유통지원시스템 홈페이지
(http://seoji.nl.go.kr)와 국가자료공동목록시스템(http://www.nl.go.kr/kolisnet)에서
이용하실 수 있습니다.(CIP제어번호: CIP2018041357)

책값은 뒤표지에 있습니다.

———

한국근대영화사

이효인
정종화
한상언

1892년에서 1945년까지

돌베개

일러두기

1. 이 책에 실린 이미지는 한국영상자료원으로부터 제공받았으며,
   일부 이미지는 저자들이 소장한 것을 사용했다.
2. 인용문은 가독성을 높이기 위해 현대어에 맞게 수정하였다.
3. 필요한 경우 작품 제목에 감독 이름과 제작연도를 작은 글씨로 덧붙였다.
4. 문학작품과 시나리오, 매체명 등은 『 』로 표기하였고, 영화 제목은 〈 〉로 표기했다.
5. 일본인 극장명은 일본어 발음으로 썼고, 조선인 극장명은 한글 발음으로 썼다.

차 례

3부 **1935-1945**
발성영화시기에서 전시체제까지 　　　　정종화

—— 책을 펴내며

한국영화 역사에 대한 서술은 세 개의 매듭을 지니고 있다. 1969년에 발간된 이영일의 『한국영화전사』韓國映畵全史가 그 첫 매듭인데, 이 책 속에는 냉전 이데올로기와 민족주의 경향 그리고 통사적 서술의 권위가 내재되어 있었다. 두 번째 매듭은 수정주의 역사관 그리고 이에 대한 이론적 도전과 경쟁으로 시작되었다. 1990년대에 이루어진 카프KAPF영화 및 해방공간의 영화운동 즉 좌파 영화 활동의 복원과 『친일인명사전』으로 대표되는 신민족주의적 역사관을 수정주의라고 할 수 있다. 이 수정주의 역사관에 대한 도전은 2004년부터 발굴되기 시작한 일제강점기 조선영화에 대한 다양한 이론적 접근 등을 통하여 이루어졌다. 특히 이론 경쟁은 1980년대 한국영화(학)운동에 의해 형성된 리얼리즘에 입각한 비평 권력을 대상으로 삼은 것이었다. 다시 말하자면 탈식민주의, 문화연구, 페미니즘 등과 교류하는 비평적 연구가 리얼리즘 계보에 의해 형성된 정전正傳 혹은 잣대에 균열을 낸 것이었다. 그런 이유로 2000년대 중후반은 한국영화학이 한국영화사와 행복하게 만날 수 있었고 영화학은 이제 비로소 자신의 영토 위에 착지한 것 같은 인상을 불러일으켰다.

하지만 영화사 연구에서 영화 그 자체의 중요성만큼 역사적 맥락의 중요성에 착안한 새로운 질문들이 제기되었다. 이것을 세 번째 매듭이라고 생각한다. 먼저 최초의 조선영화는 어떤 조건 속에서 탄생되었는가? 이 질문은 조선영화 산업의 구조와 지배에 대한 것이었다. 한상언이 쓴 1부는 이에 대한 대답이다. 학위논문 「활동사진 시기 조선영화산업 연구」(2010)를 기반으로 증보를 거듭한 결과, 자기 땅에서 타자로 위치 지어진 조선 영화인과 관객들을 지배했던 일본 자본의 지배 구조를 상세히 드러내고 있다. 이러한 초유의 자료 발굴과 서술은 그럼으로써 제작과 상영을 포함한 영화 전반이 정치경제적 맥락에 놓일 수밖에 없음을 보여준다. 두 번째 질문은 해방 이후 역사에서 지워진 좌파 영화미학론의 복구 즉 수정주의적 해석과 나운규로 대표되는 조선 영화인들의 미학적 내용이 지닌 혼종성에 대한 질문이었다. 이효인이 쓴 2부는 이에 대한 대답이다. 나운규, 심훈 등과 함께 카프영화인들의 미학과 내면을 추적함으로써 사유의 발단과 행동의 동기 그리고 전모의 의미를 되묻는 것이었다. 이효인의 수정주의적 입장의 연구 『한국영화역사강의1』(1992)은 본인에 의해 일부는 폐기되고 증보를 거쳐 근대정신의 강박이 불러온 현상과 일제에 의해 인정투쟁에서 패배할 수밖에 없었던 그들의 역사를 복구하였다. 마지막 질문은 조선영화의 언어와 그 형성 기반에 관한 것이었다. 1930년대는 할리우드를 비롯한 각 나라의 영화가 자신들의 언어를 발안發案하는 시기였다. 그렇다면 조선영화는 어떠했을까? 정종화가 쓴 3부는 할리우드를 지향하면서도 현실적으로는 일본영화를 참조할 수밖에 없었던 조선영화의 실존적 위치를 제시한다. 학위논문 「조선 무성영화 스타일의 역사적 연구」(2012)를 토대로 확장시킨 조선영화와 일본영화의 연동 그리고 식민지와 제국의 협상이라는 관점은 텍스트, 제도, 환경의 측면에서 다층적으로 고찰되어야 하는 것이었다. 이렇듯 조선영화는 서구 근대와 일본 근대 사이 또 서구영화와 일본영화 사이에서 만들어진 식민지 근대의 산물이자 기록이다. 일제와 일본영화 산업과 타협하고 경합하며 만들어낸 조선영화의 미장센mise-en-scène 속에 조선 근대의 풍경이 오롯이 새겨져 있는 것이다. 저자들이 일제 강점하 조선영화를 '한국근대영화'라고 명명한 이유는 바로, 조선영화가 조선인이 만들어낸 근대의 가장 대표적인 장면이라고 생각했기 때문이다.

이 책은 세 명의 저자들이 각자의 저서를 기획하고 쓰던 중 한국근대영화에 관심을 가진 독자들을 위한 입문서의 필요성에 공감하면서 출발하였다. 하지만 작업을 시작하니 끊임없이 재해석을 요구하는 자료들이 출현하였고 그만큼 출렁거리는 상념은 종결 불가능을 예고하기도 하였다. 그럼에도 불구하고 저자들은 '한국근대영화'라는 개념에 합의하면서 글을 종결지었다. 사실 출판사와 저자와의 인연은 약 십오 년 전에 맺어졌지만 책은 이제야 나오게 되었다. 게다가 한 명의 저자에서 두 명, 두 명에서 세 명의 저자로 확장되었다. 2000년대 초만 하더라도 한국영화사 혹은 비평적 서술은 근현대 구분 없이 개별적으로 각자의 영토 개척에 몰두하였다. 이후 역사를 둘러싼 투쟁은 전국적 단위에서 전개되었고, 강점 시기 조선근대영화들이 발굴되었으며, 연구자들은 그간의 입장과 태도를 다시 돌아보게 되었다. 또 세상과 사람들의 생각 또한 너무 많이 변해버렸다. 그래서 철학과 세상의 변화 후에야 비로소 세상 돌아가는 것을 알아차리는 아둔한 역사 연구자의 입장에서는 이제야 책이 나오게 된 것을 다행으로 여긴다. '한국근대영화'라는 명명을 처음으로 공식화시키는 것에 대한 부담이 없는 것은 아니다. 저자들이 각자의 연구 영역에서 십 년 이상 붙들고 내린 결과물이기는 하지만 다시 따져지기를 바란다.

김수한 주간, 김서연 편집자, 이은정 디자이너, 세심하고 따뜻한 마음으로 글을 갈무리해준 윤미향 편집자에게 고마운 마음을 전한다. 그리고 출판의 명예와 공부의 명예가 일치하는 행복한 순간을 한철희 대표와 함께 나누기를, 감사한 마음으로 희망한다.

2018. 12.
저자를 대표하여, 이효인

1892 — 1925

_____

1부

영화 유입과 영화산업의 형성

한상언

1892년 인천에는 조선 최초의 극장 인부좌⌐富座가 설립된다. 1부에서는 이 시기부터, 무성영화가 제작되어 영화 제작의 틀이 갖추어지기 시작하던 1925년까지를 다룬다. 이 무렵 조선에는 개항장을 중심으로 극장이 세워져 외국의 극장문화가 빠르게 정착되었으며, 서구에서 발명된 영화가 다양한 경로로 수입되어 배급과 상영이 체계적으로 이루어지기 시작했다. 조선에서 '영화를 중심으로 한 흥행업興行業의 형성'을 다룬 1부에서는 다음 내용을 주요하게 다루고 있다.

첫째, 극장 설립과 영화산업의 형성에 관한 내용이다. 19세기말 개항과 함께 인천이나 부산과 같은 개항장에 생기기 시작한 극장은 1900년대에 접어들면 대한제국의 수도 한성에까지 들어서게 된다. 전근대의 유교문화 아래 흥행문화가 존재하지 않던 조선에서, 극장은 볼거리를 매개로 흥행물이 거래되는 자본주의적 흥행문화를 경험할 수 있는 장소였다. 극장을 중심으로 한 흥행산업의 형성은 조선이 세계적 자본주의 체제에 편입되었음을 보여주는 하나의 사건이었다.

둘째, 일본의 강점과 일본식 흥행문화 정착에 관한 내용이다. 1910년 대한제국이 일본의 식민지로 전락하게 된 뒤 새로 들어선 모든 극장과 영화관은 일본인들에게만 주어지는 특혜였다. 조선총독부의 비호를 받는 일본인 흥행업자들은 일본 영화회사들과 계약을 체결하고 조선 전역에 자체 배급망을 조직했다. 조선은 손쉽게 일본 영화산업의 소비지로 구조화되었다. 주체적으로 자본을 일구어 흥행업을 영위하던 조선인 흥행업자들은 이 땅의 새로운 주인이 된 일본인 흥행업자들에게 그 자리를 내주어야 했다.

셋째, 극장을 중심으로 제작되기 시작한 조선영화에 관한 내용이다. 일본 흥행산업에 편입된 조선의 흥행업은 제작이나 배급보다는 자연스럽게 극장을 중심으로 한 흥행 분야를 중심으로 성장해나갔다. 영화 제작도 영향력이 큰 극장을 중심으로 시작되었다. 인천 가부키자ㄷ川歌舞伎座에서 처음으로 연쇄극을 제작한 이래 고가네칸黃金館과 유라쿠칸有樂館에서 극영화 제작이 시작되었고, 조선인 관객을 대상으로 영화를 상영한 단성사團成社에서도 연쇄극과 극영화를 제작했다.

넷째, 흥행을 목적으로 한 민간 영화 제작 회사의 등장에 관한 내용이다. 1923년 〈국경〉國境을 제작한 극동영화구락부極東映畵俱樂部를 선두로 조선에도 전문적인 영화 제작 회사들이 들어서기 시작했다. 특히 동아문화협회에서 만든 〈춘향전〉하야카와 고슈早川孤舟, 1923은 조선에서 영화 제작 붐이 이는 데 영향을 주었으며, 부산에서 조직된 조선키네마주식회사는 주식을 발행하여 자본을 모은 큰 규모의 영화회사로 일제강점기의 주요한 영화인들이 영화 활동을 시작한 장소였다.

이처럼 1부에서는 극장을 중심으로 영화 흥행업이 형성되고 영화 제작업의 맹아가 싹트는 과정을 살펴보려고 한다.

1   영화 유입과 극장 설립

조선은 1876년 개항과 함께 자본주의 세계 질서에 편입되었다. 무역이 이루어지는 개항장을 중심으로 새로운 문물들이 유입되기 시작했다. 짧은 기간 안에 조선 사회는 전근대사회에서 근대사회로 이행해갔다. 이 시기 조선을 변화시킨 근대적 문물 중 하나가 활동사진이다. 1890년을 전후하여 구미 여러 나라에서는 움직임을 재현하려는 실험을 하나씩 구현해내기 시작했다.[1] 그중 프랑스의 뤼미에르 Lumière 형제가 만든 시네마토그라프 Cinematographe★는 가장 성공적이었다. 1895년 12월 파리에서 일반에 공개된 시네마토그라프는 곧바로 상품화되어 세계 각지로 퍼져나갔다.

지금 우리가 알고 있는 영화는 바로 시네마토그라프의 상영으로부터 시작된 것이다. 시네마토그라프는 세상에 공개된 지 얼마 되지 않아 1896년 여름에는 중국 상해上海에서 상영되었으며 1897년 2월에는 일본 고베神戸에까지 전해졌다. 사실 일본에서는 시네마토그라프가 소개되기 전인 1896년 11월, 에디슨이 만든 활동사진인 키네토스코프 Kinetoscope★가 소개된 바 있었다. 정확한 기록이 남아 있지는 않지만, 중국과 일본에서 시네마토그라프가 상영된 직후인 1897년 즈음 조선에도 활동사진이라는 이름으로 시네마토그라프가 상영되었던 것으로 보인다.

바다를 건너 상품으로 유입된 활동사진은 극장을 중심으로 흥행업이 정착하고 성장하는 데 결정적인 영향을 주었다. 각종 흥행물이 유통되는 장소인 극장은 기본적으로 화술話術을 중심으로 한 오락

★   19세기 말 전 세계에서 다투어 발명된 활동사진 중 하나이다. 촬영과 영사를 함께 할 수 있었으며 다른 장비보다 휴대하기 쉬워 야외에서 촬영과 영사가 가능했다. 또 다수의 관객들을 대상으로 상영되었기 때문에 현대 영화의 효시로 인정받고 있다.

★   1889년 발명된 활동사진 재생기이다. 동전을 넣으면 필름이 구동되어 관객이 움직이는 영상을 관람할 수 있는 장치였다. 시네마토그라프보다 먼저 발명되었음에도 불구하고 여러 명이 함께 관람할 수 없다는 한계로 현대 영화의 전사前史에 기록되어 있다.

물이 주로 상연되는 장소였다. 조선에는 존재하지 않던 이런 공간은 상업이 발달하여 극장문화가 일찍부터 꽃피운 일본의 영향을 직접적으로 받았다. 조선 내 개항장의 일본인들이 만든 극장에서는 일본에서 온 흥행물들이 주로 상연되었다. 이러한 일본인 극장에서 활동사진이 상영되고 또 공론장의 기능을 함으로써, 극장이 존재하지 않았던 조선인 지역에도 극장이 만들어지고 이곳을 중심으로 흥행업이 형성되기 시작하였다.

극장과 흥행업의 탄생

공자孔子는 질서를 강조하는 예禮를 중시했고, 이로 인한 경직을 풀어 조화로움에 이르도록 하는 것을 악樂이라 표현했다. 또 예와 악이 서로 조화롭게 균형을 이룰 때 인본주의의 바탕인 인仁이 구현된 것으로 보았다. 이것이 예악사상禮樂思想의 핵심이다. 성리학 국가였던 조선에서는 공자가 말한 이상적인 상태를 추구하기 위해 이념과 제도를 정비하여 발전시켰다. 특히 악樂을 구현한 연희演戱는 국가와 사회를 지탱하는 중요한 요소라고 보고, 성리학적 예악관禮樂觀에 비추어 중요하게 여겨지는 것과 그렇지 않은 것들을 취사선택하여 앞의 것은 장악원掌樂院과 같은 관청을 두어 보호·발전시키고 뒤의 것은 배척하여 사라지도록 했다.[2] 이로써 성리학적 나례儺禮와 산대잡극山臺雜劇 등은 더욱 성행한 반면 예악관에 위배되는 불교식 연희와 고대로부터 전승되어온 각종 연희는 점차 사라지게 되었으며, 이를 연기하는 광대 역시 천시받으며 유랑 연예인으로 전락하게 되었다.[3]

　조선에서 연희가 이루어지는 공간 역시 성리학적 예악관과 관련이 있었다. 인접한 중국이나 일본과 달리 성리학 국가인 조선에는 상설극장이 존재하지 않았다. 악을 구현한 연희는 개인이 소유하거나 함부로 사고팔 수 있는 것이 아니었기 때문에 입장료를 지불한 관객만을 대상으로 출입을 통제하여 수익을 내는 극장과 같은 실내 연희 공간이 필요하지 않았다. 그래서 연희가 펼쳐지는 장소는 공동체 구성원들이 함께 즐길 수 있는 마을의 공터나 강가의 백사장처럼 넓은 야외 공간이거나, 사람들이 많이 모이는 장터나 관청의 뜰에 만들어진 무대였다. 이처럼 연희가 펼쳐지는 장소는 세상의 구성요소라고 할 수 있는 하늘ㅈ과 땅ㅃ과 사람ㅅ이 한곳에서 만나 조화로움을 만들어내는 공간으로, 연희가 공연되기에 적절한 곳이자 성리학적 예악관에 충실한 장소로 돈을 지불하지 않아도 함께 즐거움을 나눌 수 있는 공간이었다.

개항과 함께 부산과 인천 등 개항장에 자리 잡은 일본과 청국의 상인들은 상품뿐만 아니라 그들의 문화까지도 함께 가지고 들어왔다. 대표적인 것이 흥행물이 공연되는 옥내 공간인 '극장'이었다. 극장은 흥행물이 공연되는 공간이자, 돈을 지불하고 입장한 관객과 그렇지 않은 사람들이 자연스럽게 구분되도록 만들어진 장소였다. 돈을 지불해야만 입장할 수 있는 옥내 흥행 공간의 등장은 공동체가 더불어 연희를 즐기던 조선의 전통적인 예악관에 변화를 주었다. 이것은 공동체의 위안을 위해 존재하던 연희가 자본주의적 소비 상품으로 전환되었음을 의미한다.

조선 흥행업이 형성되는 데 가장 큰 영향을 주었던 사람들은 오래된 극장문화의 역사 속에서 이를 상업적으로 발전시켰던 일본 흥행업자들이었다. 개항장의 일본인들은 자신들의 거류지에 연희가 공연될 수 있는 실내 공간인 극장을 세워 일본 흥행단체의 공연을 적극적으로 유치했다. 이뿐만 아니라 조선인과 개항장의 다른 외국인들까지 관객으로 삼기 위해 극장이라는 폐쇄된 공간이 아닌 공터와 같이 접근이 쉬운 곳에서 흥행물을 공연하기도 했다.

조선에서는 어느 곳에 처음으로 극장이 설립되었을까? 흥미롭게도 개항장에 설립된 극장에 관한 가장 오래된 기록은 1892년 인천의 일본인 거류지에 존재했던 인부좌仁富座에 관한 것이다. 인부좌는 1892년 초 인천 일본영사관 뒤편에 설립되었는데, 개관 직후인 5월 일본인 마술사 쟈그라 소이치ジャグラ操一의 공연이 열렸다. 그의 공연은 같은 해 4월 5일 전라남도 소안도 인근에서 조난당한 일본 상선 이즈모마루出雲丸의 유족들을 위로하기 위한 자리를 겸하여 이루어졌다.[4]

인천 인부좌에 대한 것이 개항장에 세워진 극장에 관한 가장 오래된 기록이지만, 일본과 지리적으로 제일 가깝고 많은 수의 일본인이 정주해 있던 부산에 먼저 극장이 설립되었을 것이라는 추측이 더 설득력 있다. 이를 증명하듯 개항 직후부터 부산의 일본인들은 흥행업에 관한 각종 규칙들을 제정하여 시행해왔다. 1881년 부산의 일본영사관에서는 흥행업이 포함된 「일본거류인민영업규칙」日本居留人民營業規則을 공표했으며, 1895년 부산 이사청理事廳에서 제정 공포한 「극장취체규칙」劇場取締規則과 「각종흥행취체규칙」各種興行取締規則은 부산에 극장과 흥행물을 단속하기 위한 법령들이 존재했음을 알려준다. 이런 자료는 개항 초기부터 일본인 거류지를 중심으로 극장 흥행업이 형성되어 있었음을 보여준다.[5]

이렇듯 바다를 건너 일본에서 조선으로 온 흥행업자들이 만들어낸 흥행장의 흥행물을 감상하기 시작하면서, 조선인들은 열린 공간에서 전통 연희를 함께 즐기던 구경꾼에서 연희를 소비하는 근대적 관객으로 재탄생한다. 때마침 일어난 신분제 철폐를 이끈 근대의식 확산과 동학농민운동이나 만민공동회 활동 같은 근대적 체험은 신분에 따른 차별이 아니라 관람석의 금액에 따른 구분을 당연하게 받아들이도록 했다. 실내 공간에서 정해진 금액을 내고 흥행물을 즐기는 근대적 관객의 등장은 조선인 스스로 극장을 중심으로 흥행물을 공연하여 상업적 이익을 추구하는 계기를 가져다주었다.

가장 먼저 개항했으며 극장 역시 가장 먼저 만들어졌을 것으로 추정되는 부산에는 1903년에 이미 사이와이자幸座와 마쓰이자松井座라는 극장이 자리하고 있었고, 인천의 경우 인부좌 외에도 인천좌仁川座, 인천가부키자仁川歌舞伎座 같은 일본인 극장이 있었다. 일설에는 조선인 사업가 정치국丁致國이 세웠다고 하는 조선인 극장 협률사協律舍[6]가 있었다고도 한다. 그 외에 목포, 마산, 군산, 원산 등 항구와 대구나 평양 같은 내륙 중심도시에도 1900년을 전후하여 극장이 들어서기 시작한다.

개항장에 극장이 설립되었던 것처럼 대한제국의 수도인 한성(서울)에도 극장이 만들어졌다. 한성과 그 주변에 설립된 극장에 관한 최초의 기록은 용산과 아현에 설립된 가설극장에 관한 것이다.[7] 가설극장은 야외에 천막을 설치했을 뿐 관객과 구경꾼이 구분되는 시설은 아니었다. 이즈음 일본인 거류지였던 남촌에 극장이 만들어졌을 것으로 추정된다. 하지만 1905년 이전 한성의 일본인 극장 관련 자료는 남아 있지 않다.

상설극장에 대한 가장 오래된 기록은 1902년 고종의 51회 생일

(망육순望六旬)과 즉위(어극御極) 40년을 기념하는 칭경예식稱慶禮式을 위해 세운 희대戱臺에 관한 것이다. 희대는 경희궁 옆 봉상시奉常寺 부근, 지금의 신문로 새문안교회 자리에 설립되었다.[8] 원통형 외관에 지붕이 원뿔형인 독특한 형태의 건물로, 내부는 한쪽에 방형 무대가 객석과 구분되어 있었으며 무대 뒤편에는 배우들의 대기실이 설치되어 있었다.

희대는 국가 경사를 위해 지어진 실내 공연장이었다. 그럼에도 일반적인 서양의 장방형 극장이나 일본 혹은 중국 극장과도 그 모양이 달랐다. 굳이 외관이 비슷한 예를 꼽는다면 원형 텐트로 만들어진 서커스 극장을 생각해볼 수 있다. 그러나 공연 공간이 가운데 있는 서커스 극장과는 달리 무대가 한쪽에 치우쳐 있는 구조였다. 희대의 이러한 구조는 전통적인 음양론에 기초한 '하늘은 둥글고 땅은 네모지다'(天圓地方)는 개념에서 온 것이다. 이때 하늘과 땅 사이에 있는 사람은 각형으로 상징되는데, 희대는 하늘과 땅 사이에 있는 사람이라는 원방각圓方角(○□△)의 개념을 형상화한 것이었다.★

그러나 예정된 칭경예식이 콜레라 유행으로 연기되자 참령參領 장봉환張鳳煥 등이 칭경예식을 위해 서울에 와 있던 예인藝人들을 모아 협률사協律社라는 회사를 세우고 희대를 빌려, 1902년 12월 '소춘대유희'笑春臺遊戱라는 공연을 시작함으로써 큰 인기를 얻었다.[9] 이것을 시작으로 희대는 희대를 운영하던, 요즘 식으로는 공연기획사의 명칭이라 할 수 있는 '협률사'라 불리게 된다. 협률사는 러일전쟁 발발 직후인 1904년 3월 폐지되었으나 러일전쟁 종전 이후인 1906년 친일 조직 일진회가 영업권을 인수한 후 일본인을 앞세워 다시 개장했다.[10] 조선에 대한 지배권을 강화한 일본은 공연 수익 창출 외에도

★ 원방각圓方角(○□△)은 세상의 구성 요소인 천지인天地人 삼재三才를 일컫는다. 1920년대 후반 단성사에서 나운규를 중심으로 설립한 영화회사 이름으로 사용되었다. 조선朝鮮, 극동極東, 계림鷄林, 동아東亞, 동국東國, 고려高麗와 같은 명칭을 영화회사의 이름으로 사용하던 시절, 단성사가 조직한 영화회사 이름을 이것으로 정했다는 것은 단성사가 조선의 전통 연희관에 뿌리를 두고 있는 흥행 단체임을 강조한 것이다.

자신들의 생각을 조선 민중에게 알릴 창구로 극장을 이용한 것이다.

1905년 을사늑약이 강제 체결되어 조선이 일본의 보호국으로 전락한 상황에서 춤과 노래가 어우러진 협률사의 공연이 큰 인기를 끌자, 봉상시 부제조副提調 이필화李苾和의 상소를 시작으로 협률사 혁파를 요구하는 목소리가 높아졌다.[11] 명목상 이유는 전통적 예악관에 어긋난 풍기문란과 같다는 것이었으나 그 저변에는 망국의 위기 앞에 이를 조장하는 풍토에 대한 우려가 깔려 있었다. 이러한 요구에 따라 정부에서는 협률사 폐지를 명령했으나 도리어 일본인 운영자가 위약금 25만 원을 청구하면서 이 문제는 유야무야된다. 하지만 화폐 정리사업으로 관람객이 격감하자 협률사는 스스로 문을 닫는다.[12]

망국의 위기에서 극장은 오락물이 공연되는 공간임과 동시에 강연자가 대중에게 자신의 생각을 펼치는 공론의 장으로서도 기능하였다. 각종 사회문제에 대한 연설회가 극장에서 개최되었으며 격정적인 연사들은 큰 인기를 끌기도 했다. 이들 중 일부는 훗날 활동사진이 상연될 때 화면 속 공간과 극의 내용을 설명해주는 역할을 담당하기도 했다.

활동사진 유입

1903년 6월 23일부터 『황성신문』에는 동대문 안에 위치한 한성전기회사 기계창에서 활동사진을 상영한다는 내용의 광고가 실렸다.[13] '일요일과 비 오는 날을 제외하고 매일 밤 8시부터 10시까지 동화 10전을 받고 활동사진을 상영한다.'는 이 광고는 조선에서 일반인들을 대상으로 영화를 상영했음을 알려주는 가장 오래된 기록이다. 하지만 김종원, 조희문 등 여러 연구자들이 추측하듯이 활동사진은 그보다 이른 시기에 조선에 전해졌을 것이다.[14]

20세기 이전 조선에 영화가 들어와 상영되었다는 주장은 영화감독으로 활약한 바 있던 심훈沈熏, 1901~1936의 글을 인용한 것들이 대부분이다. 심훈은 "조선 경성에 활동사진이라는 것이 맨 처음 수입되기는 1897년광무 1, 즉 지금으로부터 33년 전에 니현泥峴에 있었던 혼마치자本町座라는 조그만 송판쪽 바라크 속에서 일본인 거류민단을 위해 실사 몇 권을 갖다가 돌린 것으로 효시를 삼는다."[15]며 1897년 혼마치자에서 일본 거류민을 위한 활동사진회가 있었다는 내용을 기록했다. 그러나 이것은 다른 사람의 말을 인용하여 기록한 것일 뿐, 그 진위가 확인되지는 않는다. 하지만 1896~1897년 사이에 중국과 일본에서 영화가 상영된 것을 보면 이즈음 조선에서도 영화가 상영되었을 가능성이 전혀 없다고 할 수 없다.

1901년에는 미국의 탐험가이자 영화 제작자인 버튼 홈즈Burton Holmes가 조선으로 건너와 영화를 촬영하고 황실에서 자신들이 제작한 영화를 상영했다.[16] 버튼 홈즈의 영화는 일반인들에게까지 상영되지는 않지만 이들이 한성의 곳곳을 촬영하는 모습은 조선인에게 흥미로운 볼거리였다. 활동사진이 조선에 알려지기 시작하면서 1901년 『황성신문』에 실린 논설에서 "사람들이 활동사진을 보고 신기함에 정신이 팔려 입을 다물지 못하고 참으로 묘하다고 찬탄하여 마지않는다."(有人이 見活動寫眞ᄒ고 奇異傾心ᄒ야 贊不容口曰 妙哉라)[17]라고 언급했듯이 움직이는 사진은 조선인들이 주목하는 흥미로운 볼거리로 새롭게 인식되고 있었다.

앞서 언급한 『황성신문』[1903]에 실린 활동사진 광고를 보면 영화 상영이 전기회사와 관련 있음을 알 수 있다. 영화를 처음 상영했던 한성전기회사는 고종이 내탕금內帑金을 내어 설립한 회사였다. 고종은 경인철도 부설을 위해 조선에 온 미국인 콜브란Collbran과 보스트윅Bostwick에게 회사 운영을 맡겼는데, 이들은 한성전기회사를 운영하며 한성 시내 전기 공급은 물론 전차 운행까지 담당했다.

한성전기회사에서 영화를 상영하게 된 이유는 영화 상영으로 부가 수익을 얻기 위해서이기도 했지만 고종과 미국인 운영자들 사이에 발생한 갈등과 이로 인한 조선인들의 반미 감정을 누그러뜨리기 위해 기획된 측면도 있었다. 전말은 이렇다. 전차 부설을 마친 콜브란은 고종에게 전차 부설과 회사 운영에 자신의 개인 자금이 들어갔다고 주장하며 해당 자금의 상환을 요구했다. 콜브란 측의 급작스런 요구에 고종은 회사의 경영 상태를 확인하자며 문부 조사를 명령한다. 이에 콜브란 측은 한성전기회사 사옥의 태극기를 내리고 성조기를 게양하는 등 조선인을 자극하는 행동을 하였고, 콜브란의 무뢰한 행동이 알려지자 조선인들이 한성전기회사 사옥으로 달려가 콜브란 측에 격렬히 항의했다. 조선인들의 위협적인 항의가 지속되자 콜브란은 필리핀에 주둔 중인 미군 해병을 한성으로 불러와 한성전기회사 사옥을 지키게 한다. 이렇듯 고종과 콜브란 사이의 문제는 한미 간의 갈등으로 번져나갔다.

한성전기회사를 두고 한미 간 갈등이 고조되던 1903년 5월, 한성 주민 서병달徐丙達이 '전차안타기운동'을 제안하는 연설문을 게시하여 미국인들에 의해 경무청에 구인되는 사건이 일어난다. 이 사건을 계기로 한성 주민들의 전차안타기운동 참여가 늘면서 반외세 분

동대문활동사진소 광고
"동대문 안에 있는 전기회사 기계창에서 일요일과 비 오는 날을 제외하고 매일 밤 8시부터 10시까지 동화 10전을 받고 활동사진을 상영한다."는 내용.
『황성신문』, 1903. 6. 23.

위기는 절정에 달한다. 콜브란은 한성전기회사에 대한 조선인들의 악감정을 누그러뜨리는 한편 부가 수익을 창출하기 위한 방편으로 동대문 안의 전기회사 기계창에서 1903년 6월 23일부터 활동사진 상영회를 시작했다. 이것이 조선인 관객의 큰 호응을 얻게 되자 한성전기회사에서는 서대문 근처의 협률사(희대)를 빌려 활동사진 상영을 계획한다.[18] 그러나 협률사에서의 상영은 영사기 조작 미숙 때문에 발생한 화재로 곧 중단되었다.[19]

한성전기회사에서 주도한 첫 번째 활동사진 상영 모습은 어떠했을까? 당시 신문은 '오후 8시부터 10시까지 전차를 타고 온 관객으로 인산인해를 이뤘으며 매일 밤 활동사진관 입장 수익과 차표 수익으로 백여 원씩의 수익을 내고 있다.'고 전한다.[20] 전차표를 가져오는 관객에게 무료입장의 특전이 주어지자, 전차안타기운동은 흐지부지 사그라지게 된다. 이렇듯 동대문 전기회사 기계창에서의 영화 상영은 큰 성공을 거두었고 영화 상영 공간을 '동대문활동사진소'라고 부르게 된다. 이에 따라 한성전기회사에서는 회사 내에 희락부喜樂部, Amusement Department를 두고 놀이기구를 설치하는 등 영업을 확장한다.[21]

고종과 콜브란 측의 갈등은 어떻게 되었을까? 러일전쟁이 발발하자 일단 둘 사이의 갈등은 봉합된다. 대한제국이 풍전등화의 위기에 처하게 된 상황에서 고종은 미국의 도움을 얻길 바랐고, 미국의 대리인을 자처하던 알렌Horace Newton Allen은 그 선결 조건으로 콜브란 측의 주장을 고종이 모두 수용할 것을 요구했다. 전쟁이 빨리 끝나기를 바랐던 고종은 이를 수용할 수밖에 없었다. 그러나 가쓰라 태프트 밀약Taft-Katsura Secret Agreement, TKSA으로 조선에 대한 일본의 지배권을 인정한 미국은 고종의 바람과는 달리 아무런 조치를 취하지 않았고, 조선은 일본의 속국으로 전락했다.

또한 고종이 콜브란 측의 채권을 주식으로 전환해주면서 콜브란과 보스트윅은 고종을 밀어내고 한성전기회사의 최대주주가 된다. 이들은 회사 이름을 한미전기회사韓美電氣會社로 바꾸고 본사를 미국으로 옮겨 대한제국 정부의 영향력을 없애버린다. 한미전기회사는 1909년 일본의 조선 지배가 확실해지자 일본인들이 세운 일한와사전기日韓瓦斯電氣에 팔리게 된다. 고종이 세웠던 회사가 이런 식으로 일본인들 손에 넘어가게 된 것이다.

한성전기회사가 한미전기회사로 바뀐 이후인 1908년, 동대문활동사진소는 흥행단체인 광무대光武臺가 인수하여 광무대라는 이름으로 운영을 시작했다.[22] 그곳은 활동사진 상영관과 전통연희 공연장으로 활용되었다. 광무대의 예에서 알 수 있듯이 영화가 수입되어 상영되던 장소는 각종 공연과 강연이 개최되던 극장이었다. 극장 외에 영화가 상영되었던 또 다른 장소는 기독청년회관과 같은 강당이나 호텔 연회장, 사진관의 스튜디오와 같은 실내 공간이었다. 이 중 1907년 서대문 정차장 근처에 프랑스인 마르탱Martin이 운영하던 아스터하우스는 영화가 상영되던 대표적인 장소였다.

1900년대 조선에서 상영된 필름의 수입 경로는 다양했던 것으로 보인다. 동대문활동사진소의 필름들은 미국으로부터 수입한 것이라고 광고했다. 아마도 콜브란 측이 미국을 통해 직접 수입한 것으로 보인다. 반면 프랑스인 마르탱이 운영하던 아스터하우스에서 상영된 필름들은 프랑스에서 건너온 것이라 광고했다. 동대문활동사진소의 후신인 광무대에서 상영된 필름 역시 중국 상해를 거쳐 조

★   1907년 무렵부터 조선에는 파테 사의 필름들이 수입, 상영되었다. 이는 파테 사가 국제적 경쟁력을 획득하기 위해 싱가포르 등 세계 각지에 대리점을 두고 카메라와 영사기, 필름을 영국의 필름 마켓과 동일한 가격으로 판매하는 영업을 취했기 때문이다. 통상 필름 가격은 영국의 필름 마켓에서 결정된 후 운반비를 포함한 여러 비용들이 추가되어 비싼 가격에 세계 각지로 판매되었다. 이러한 상황에서 파테는 대량 생산과 대량 유통을 통한 가격인하 정책으로 세계 영화시장을 장악했으며, 조선으로 수입된 필름들은 싱가포르에서 판매된 것이 상해를 거쳐 들어왔다.

선으로 건너온 프랑스 파테Pathé Frères의 필름이었다.★ 이 밖에도 일본 흥행업자들을 통해 필름이 유통되기도 했다. 러일전쟁이 한창이던 1904년, 일본에서 건너온 활동사진업자들은 자신들이 촬영한 러일전쟁 기록영화들을 조선 각지에서 상영했으며 이후 일본인 극장에서는 일본의 활동사진 순업대巡業隊가 활동사진 상영회를 개최했다. 또한 사진 재료를 취급하던 일본인이 경영하는 사진관에서도 영화를 상영했는데 이 필름들은 일본을 경유하여 조선으로 건너온 것이었다.

언와와 문화 차로 이원화된 서울의 극장

1882년 청나라와 체결한 불평등조약인 '조청상민수륙무역장정'朝淸商民水陸貿易章程으로 조선의 수도 한성이 개시開市되었다. 이로써 개항장이 아닌 내륙에서도 무역이 가능해졌다. 이후 각국 영사관을 중심으로 외국인들의 집단 거주지가 형성되기 시작했다. 경인철도의 종점인 서대문 정차장 근처에는 미국, 영국, 프랑스, 독일, 러시아 등 서양 열강의 영사관이 모여 있었고 자연스럽게 서대문과 정동 일대에는 서양 상인들과 선교사, 외교관들의 주거지가 형성되었다. 명동의 청국 영사관 주변에는 일찍부터 청국 상인들이 들어와 자리를 잡고 있었으며 남산의 일본영사관 북편으로는 일본인들이 모여 거류지를 형성하였다. 외국인들이 거류지를 형성한 이 지역의 풍경은 북촌이라고 불리는 한성 북편의 전통적인 조선인 거주지와는 다른 모습을 보이기 시작했다.

극장과 극장문화가 개항장을 통해 유입되자 한성에도 극장이

원각사圓覺社

들어서기 시작했다. 그 분포는 한성 북편의 조선인 극장과 남편의
일본인 극장으로 나누어졌다. 전통적인 조선인 상권으로 서대문에
서 동대문에 이르는 큰길인 종로통을 중심으로는 조선인을 위한 극
장들이 들어섰다. 서대문 안에 위치했던 황실 희대는 협률사라는 이
름으로 운영되다가 1907년 2월부터는 관인구락부官人俱樂部라는 이
름의 사교회장으로 바뀌었고, 1908년 7월부터는 이완용李完用의 비
서 출신이던 작가 이인직李人稙이 운영권을 인수하여 원각사圓覺社라
는 이름의 연희장으로 이용되었다. 이곳은 화재로 폐관될 때까지 연
극, 영화를 비롯해 다양한 볼거리들이 상연되던 공간이다. 동대문
안에 위치한 동대문활동사진소는 1908년 광무대가 임대한 후 활동
사진과 전통연희를 상연하는 흥행장으로 활용되다가 1914년 고가
네유엔黃金遊園 안에 있는 엔기칸演技館으로 장소를 옮겨 운영되었는데,
1930년 화재로 사라질 때까지 조선의 전통연희를 공연하는 공간으
로 활용되었다.

원각사와 광무대 외에 조선 최초의 근대식 공원인 종로2가 탑골 공원을 중심으로 단성사團成社, 연흥사演興社, 장안사長安社 같은 민간 극장과 조선인을 위한 활동사진관인 우미관優美館이 설립되었다. 한국 영화의 메카로 불릴 정도로 한국영화와 관련이 깊은 단성사는 1907년 지명근池明根, 박태일朴太一, 주수영朱壽榮 등 한성 상인들이 중심이 되어 연예계 발달을 도모하고 그 수익으로 교육과 자선사업을 할 목적으로 종로3가에 설립했다. 이어 탑골공원 좌측에는 신파극 공연으로 유명했던 연흥사가 들어섰고, 단성사 북편에는 장안사가 설립되어 각종 공연과 집회의 장소로 이용되었다. 조선이 일제에 강점된 이후인 1912년에는 탑골공원 근처 종로 관철동에 조선인 전용 활동사진 상설관인 우미관이 일본인 하야시다 긴지로林田金次郞와 시마다 미요지紫田三代治에 의해 설립되었다.

이 같은 조선인 극장에 직접적인 영향을 미친 것은 남촌에 위치한 일본인 극장들이었다. 청일전쟁과 러일전쟁에서 일본이 연이어 승리를 거두자 조선에 대한 주도권은 일본이 쥐게 되었다. 일본이 조선을 식민지화하면서 조선으로 이주하는 일본인의 수도 급속도로 늘었다. 애초 일본영사관이 위치한 남산 주변의 일본인 거류지는 청일전쟁 이후 청국 상인들이 떠난 남대문로와 명동 일대까지 확대되었고, 러일전쟁 이후에는 청계천 방향으로까지 확대된다. 이 지역은 서울의 남쪽이라는 의미에서 남촌이라 불렸는데 전통적인 조선인 거주지인 북촌과는 다른 풍경을 보여주던 지역이다.★

종각에서 남대문으로 이어지는 남대문로 대로변에는 은행과 관공서가 어깨를 나란히 하고 있었다. 일본인 상권은 남대문 정차장에서 조선은행 앞 광장을 지나 신정新町 유곽에 이르는 길을 따라 형성

★ 북촌과 남촌 : 한성의 조선인 거주지는 주로 경복궁, 창덕궁, 창경궁, 경희궁, 덕수궁과 같은 궁궐이 밀집한 북편에 자리 잡았다. 이는 한성이 왕도라는 정치적인 면도 있지만 북쪽에 산을 등지고 물을 가까이 두는 전통적인 가옥 구조에 기인한 측면도 있었다. 한성의 남쪽은 남산이 자리하고 있어서 해가 들지 않아 주거지로서의 단점이 컸다. 때문에 조선인들은 주로 북촌으로 불리는 한성 북편에 자리 잡았던 반면 일본인들은 가격이 싸고 조선인들이 많지 않은 한성 남쪽 중심으로 자신들의 거류지를 만들어갔다. 일본인들은 공식적인 이름인 한성이나 조선인들이 부르는 서울이라는 명칭 대신 경성이라는 명칭을 사용하였다.

유라쿠칸有樂館 내부.
1916년 8월 31일 조선공론사
주최로 유라쿠칸에서 개최된
대연설회 모습.
『조선공론』, 1916. 10.

되었다. 특히 조선은행 광장에서 신정 유곽에 이르는 길은 본정本町
이라 불리던 지역으로, 일본인 상권의 중심이었다. 그렇다 보니 일
본인이 운영하던 극장 대부분은 본정 길과 강점 직후 새롭게 형성된
황금정黃金町 길을 따라 형성되었다.

　　남대문 정차장에서 남대문 방향으로 가다 보면 남대문 앞에 신
파극을 공연하던 작은 규모의 극장인 오나리자御成座, 1910년 설립가 있었
고, 남대문을 지나 조선은행 광장 근처에 이르면 욱정旭町 1정목 쪽으

다이쇼칸大正館
개관 기념 광고.
『매일신보』, 1912. 11. 8.

★　1906년 이전 설립된 것으로 추정되며 1909년 화재로 소실된 후 1912년 그 자리에 고토부키칸壽館이 만들어졌다.

로 경성가부키자京城歌舞伎座, 1906년 설립가 자리하고 있었다. 경성가부키자는 가부키 공연을 위해 만들어진 극장으로 일제의 조선 강점 이전 만들어진 극장 중 규모가 가장 컸다. 본정의 최고 번화가인 1정목과 2정목의 교차점에는 1915년에 설립된 유라쿠칸有樂館이 자리하고 있었다. 유라쿠칸은 조선의 제국극장을 표방하며 탄생한 활동사진관으로 1919년 기라쿠칸喜樂館으로 이름을 바꾸어 해방 직전 소실될 때까지 대표적인 일본인 활동사진관으로 운영되었다. 본정 3정목에 이르면 고토부키자壽座, 1908년 설립, 사카모토자坂本座의 후신와 혼마치자本町座★가 마주하고 있었다. 고토부키자와 혼마치자는 일본인 극장 중 가장 오래된 극장이었다. 이 중 고토부키자는 1919년 경성극장京城劇場으로

1910년대 경성의 극장

구분	기호	극장명	존속기간	비고
조선인 극장	㉮	원각사(圓覺社)	1902~1914	희대(戲臺), 협률사(協律社), 관인구락부(官人俱樂部)로 불림.
	㉯	우미관(優美館)	1912~해방 후	활동사진관
	㉰	연흥사(演興社)	1907~1915	
	㉱	장안사(長安社)	1908~1915	
	㉲	단성사(團成社)	1907~해방 후	1918년 이후 활동사진관. 1940년 대륙극장(大陸劇場)으로 개칭. 해방 후 단성사로 다시 개칭.
	ⓓ	광무대(光武臺)	1907~1930	1903년 개관한 동대문활동사진소의 후신. 1914년 고가네유엔 내 엔기칸(演技館)으로 옮김.
일본인 극장	㉳	오나리자(御成座)	1910~?	
	㉴	가부키자(歌舞伎座)	1907~1912	
	㉵	유라쿠칸(有樂館)	1915~1945	활동사진관. 1919년 기라쿠칸(喜樂館)으로 개칭.
	㉶	고토부키칸(壽館)	1912~1922	혼마치자(本町座)의 후신.
	㉷	고토부키자(壽座)	1907?~1919	1919년 개축과 함께 경성극장(京城劇場)으로 개칭.
	㉸	게이조자(京城座)	1906?~1911	
	㉹	이나리자(稻荷座)	1916?~해방 후	분라쿠자(文樂座), 나니와자(浪花座), 아사히자(朝日座) 등으로 개칭. 해방 후 장안극장(長安劇場)
	ⓐ	나니와칸(浪花館)	1909~해방 후	해방 후 명동극장(明洞劇場)
	ⓑ	고등연예관(高等演藝館)	1910~1915	활동사진관. 제2다이쇼칸(第2大正館), 세카이칸(世界館)으로 개칭.
	ⓒ	다이쇼칸(大正館)	1912~1935	활동사진관
	ⓓ	고가네칸(黃金館)	1913~해방 후	고가네유엔 내 활동사진관. 도아구락부(東亞俱樂部), 쇼치쿠자(松竹座), 고가네자(黃金座), 경성다카라즈카극장(京城寶塚劇場) 등으로 개칭. 해방 후 국도극장(國都劇場)

1910년대
경성의 극장 위치

조선인 극장
㉮ 원각사圓覺社
㉯ 우미관優美館
㉰ 연흥사演興社
㉱ 장안사長安社
㉲ 단성사團成社
㉳ 광무대光武臺

일본인 극장
㉴ 오나리자御成座
㉵ 가부키자歌舞伎座
㉶ 유라쿠칸有樂館
㉷ 고토부키칸壽館
㉸ 고토부키자壽座
㉹ 게이조자京城座
㉺ 이나리자稻荷座
ⓐ 나니와칸浪花館
ⓑ 고등연예관高等演藝館
ⓒ 다이쇼칸大正館
ⓓ 고가네칸黃金館

재건축되었는데, 경성극장은 경성가부키자가 소실된 이후 만들어진 대형 극장으로 가부키 공연이 가능한 극장이었다. 조금 더 지나 본정 5정목에 이르면 게이조자京城座, 1906년 이전 설립가 자리하고 있고 조금 더 지나면 신정 유곽이 나오는데, 그 입구에는 1916년 이나리자稲荷座라는 이름의 극장이 설립되었다.

본정길 외에도 일본인 극장들은 곳곳에 자리하고 있었다. 1909년 남대문로의 대로변에서 명동 방향으로 나니와부시浪花節★를 공연하기 위한 공간인 나니와칸浪花館이 있었다. 또한 지금의 을지로 일대에는 주로 영화관이 세워졌는데 1910년 최초의 활동사진 전용관인 경성고등연예관京城高等演藝館이 황금정 2정목 동양척식주식회사 근처에 자리하고 있었고, 황금정 3정목에는 다이쇼칸大正館, 고가네칸黃金館이 자리하고 있었다. 또한 경성 성 안쪽 외에 1910년 경성으로 편입된 용산은 일본 주둔군의 군사지역으로 개발되었는데 구용산에 류잔자龍山座, 1906년 설립, 신용산에 사쿠라자櫻座, 1910년 설립 등이 설립·운영되었다.

극장 설립 초기인 1910년대에 극장은 어떻게 운영되었을까? 당시 조선인 극장 대부분은 일본식 극장을 모델로 하여 만들어졌다. 운영 역시 일본식 극장의 운영 방식을 따랐다. 특히 이런 경향은 조선인 극장의 주요 프로그램이 일본인 극장과 마찬가지로 신파극이나 활동사진으로 바뀌게 되는 1910년 이후 더욱 강해진다.

1910년대 조선에서 운영되던 극장의 하루는 대략 다음과 같았다. 먼저 공연이 이루어지는 낮 행사로, 출연자들이 공연 홍보를 위해 인력거를 타고 마을을 도는 마치마와리町廻り가 있었다. 마치마와리의 순서는 극단과 배우의 이름을 쓴 좁은 폭의 깃발인 노보리幟가

★ 사미센 반주에 맞춰 노래와 이야기를 통해 서사적인 내용을 전달하는 일본의 전통 음악.

앞장서고 그 뒤를 악단과 출연자가 탄 인력거가 따른다. 저녁이 되면 극장 2층 발코니에서 악대가 음악을 연주하고 출입구 직원들은 호객행위를 한다. 극장주는 출입구에 액을 막는 소금 세 줌을 올리고 첫 번째 관객의 입장권을 받아 극장 내 불단佛壇에 올린다. 극장은 기도木戶라고 불리는 매표구와 극장 안에 신발을 맡기는 게소쿠방下足番을 통해 객석으로 들어갈 수 있었다. 객석 왼편에는 배우들의 등·퇴장로이자 공연 공간으로 이용되기도 하는, 무대까지 길게 이어진 하나미치花道가 있었고, 그 맞은편으로는 악대가 음악을 연주하는 하야시바囃場가 설치되어 있었다. 개막 시간이 되면 마에고조前口上라고 하는 단장이 인사말을 하고 공연이 끝나기 직전에도 단장이 나와 다음 공연에 대한 광고를 한다. 공연이 끝난 후 그날 공연이 만원이었을 경우 오이리大入라고 쓴 봉투에 사례금을 담아 단원들에게 나눠준다. 이렇듯 1910년대 조선의 극장은 일본식 극장과 동일한 방식으로 운영되었으며 일본의 영향력 아래에서 조선 극장 홍행업 역시 변화하였던 것이다.[23]

2 영화산업의 형성

러일전쟁 승리로 한반도에 대한 주도권을 쥐게 된 일본은 1905년 을사보호조약을 강제 체결하였고 대한제국은 일본의 보호국이 된 다. 이후 일제는 대한제국의 외교권과 재정권을 박탈했으며 1907년 에는 대한제국 군대를 강제 해산함으로써 식민지화의 핵심 단계를 넘는다. 결국 1910년 8월 대한제국은 일제에 강제 점령된다.

대한제국이 일제에 강점되어 식민지로 전락하던 시기는 국제적 인 차원에서 영화산업이 체계를 갖춰가며 성장해가던 시기였다. 불 행히도 이 시기 조선의 주권을 쥔 일제에 의해 조선 영화산업은 일 본인 위주로 더딘 성장을 하게 된다. 당시 활동사진관 설립 허가는 일본인들에게만 주어졌고 조선에서 독점적 지위를 가진 일본인 흥 행업자들은 일본 영화회사들의 조선 내 대리점을 통해 조선 전역에 배급망을 구축하였다. 그 결과 조선의 영화 흥행업은 철저하게 일본 내 영화산업에 흡수되어 그것과 연동하였다. 이처럼 조선 영화산업 은 그 형성기부터 일제에 의해 식민지화라는 시스템 속에서 전개되 었으며, 조선영화는 해방을 맞아 그 사슬이 끊어질 때까지 끊임없는 산업적 실패를 반복할 수밖에 없었다.

이러한 가운데 조선인들의 분투도 시작되었다. 일본인 흥행업자 에 의해 조선인 관객들을 위한 활동사진 상설관 우미관이 건립되었 고 우미관의 영사기사, 변사, 악사, 사무원과 같은 실무 담당자들을 중심으로 본격적인 조선 영화인이 탄생한 것이다. 특히 활동사진을 설명해주는 변사는 활동사진에 대한 관객들의 사랑이 투영되는 존재로서 당대 스타로 군림했다. 1930년대 들어 토키^{talkie}영화(발성영화)★의 등장으로 변사가 사라진 후에도, 그들은 직업을 바꾸어 영화 제작과 극장 운영 같은 영화업의 여러 분야에서 활동하게 된다.

활동사진 상설관 등장

태국에서 활동사진 흥행업에 종사하던 일본인 영화업자들은 일본의 식민지로 전락해가는 조선으로 눈을 돌렸다.★ 가네하라 긴조金原金藏는 태국에서 활동사진관을 운영하던 중 조선에서 본격적인 영화 흥행업을 시작하기로 하고 남부 조동棗洞이라 불리던 황금정 63통 7호에 활동사진 상설관인 경성고등연예관을 건축했다. 개관은 1910년 2월 18일 이루어졌다.★

극장주 가네하라는 극장 운영을 위해 자신의 이름을 딴 가네하라상회金原商會를 설립했다. 활동사진 필름은 태국에서 영화업을 일으킨 와타나베 도모요리渡邊智賴가 운영하던 영화 제작 및 배급사인 K다이아몬드사에서 공급받았다.[24] 1912년 9월 경성고등연예관은 시구 개정계획에 따른 황금정 도로 확장으로 장소를 옮겨 신축하였는데 이때 촬영부가 신설되었다. 극장 운영은 물론 사진관도 운영하며 사진 재료 판매와 촬영, 출장 상영까지 시도한 것이다. 1912년 경성고등연예관에서 상영된 〈엄비국장〉嚴妃國葬과 〈장충단에서 경룡연합 소방대 연습 실황〉과 같은 실사 활동사진은 가네하라상회에서 제작된 것으로 추정된다.[25] 이렇듯 가네하라상회의 영화 제작은 조선에 근거지를 둔 일본인들의 최초 영화 활동으로 주목할 만하다.

활동사진 전용관인 경성고등연예관은 언어와 문화 차이로 구분

★ 토키talkie영화는 '말하는 그림(talking picture)'이라는 말에서 유래된 사운드 영화를 말한다. 발성發聲영화라고도 한다.

★ 일찍이 고무농사를 짓기 위해 태국에 건너간 일본인 와타나베 도모요리渡邊智賴는 업무차 들른 일본에서 유독 활동사진관에 관객들이 몰리는 것을 보고 활동사진업에 뛰어들기로 결심했다. 그는 태국에서 활동사진을 상영하기 위해 일본에서 유행하던 러일전쟁 실황 필름을 구매하고 영사기사, 변사, 악사 등을 고용하여 태국에서 일반인들을 상대로 활동사진 흥행을 시작했다. 와타나베의 활동사진 흥행은 태국 황실의 비호를 받으며 큰 성공을 이뤘고 태국 거주 일본인들이 다투어 활동사진 흥행에 나서는 계기가 되었다.

★ 1909년 10월 5일 『국민신보』에서는 개관을 앞두고 있는 경성고등연예관의 광고를 발견할 수 있다. 그렇다면 개관 준비가 다 끝난 상황에서 개관이 다음해로 연기된 것인데, 그 이유로는 1909년 10월 26일 이토 히로부미伊藤博文가 안중근에게 암살당하자 극장 개관이 다음해로 연기되었다고 보는 것이 가장 설득력 있는 추정이다. (「廣告」, 『大韓民報』, 1909.10.5.~7.)

경성고등연예관 개관 광고. 연중무휴로 매일 밤 7시에 개장하며, 필름·기계·환등기 등을 판매하고 출장영사와 음악대 초빙에 응한다는 내용이다. 『대한민보』, 1909. 10. 5.

模範的活動大寫眞常設館

年中無休每夜七時開場

販賣出張映寫及音樂隊招聘에應홈

후이류무、機械、及幻燈機械

京城高等演藝館

(電話一四三四番) 黃金町

된 경성의 극장문화에서 독특한 위치를 보여준다. 조선인 극장과 일본인 극장으로 구분되었던 당시의 일반적인 흥행 관행과 달리 경성고등연예관은 조선인 관객과 일본인 관객을 함께 수용한 영화관이었다. 경성고등연예관의 일본인 흥행업자들은 조선인 관객을 적극적으로 유치하기 위해 일본인 변사뿐 아니라 조선인 변사와 직원들을 고용하는 적극적인 영업을 전개했다. 이러한 접근은 태국에서의 흥행 경험에서 나온 것이었다. 상영 방식은 같은 필름을 두 번 상영하면서 한 번은 일본인 변사가 다음은 조선인 변사가 설명하거나, 영화 상영 전에 일본인 변사와 조선인 변사가 번갈아 나와 상영될 영화에 대해 설명(전설前說)한 후 필름을 영사하는 식이었다.[26]

　　조선인 관객과 일본인 관객이 함께 영화를 관람하다 보니 영화관 안에서는 흥미로운 사건들이 발생했다. 인도의 풍경을 보여주는 실사영화 해설에서 조선인 변사는 일본인 변사가 말하지 않은 조선 독립을 강조하고 외세의 침략에 저항해야 한다고 설명했으며, 이에 친일 신문인 『국민신보』는 배일 감정을 자극하지 말라는 기사를 내보내기도 했다.[27] 또한 서양인과 일본인이 격투하는 장면에서 일본인 관객들은 영화 속 일본인을, 조선인 관객들은 서양인을 응원하는 일이 발생하기도 했다.[28] 이렇듯 경성고등연예관에 들어선 관객들은 그곳에서 각각 같은 언어와 역사를 공유하는 민족임을 체험하고 민족 감정을 공유했다.

1912년 이후 조선인 관객을 위한 우미관[1912]과 일본인 관객을 위한 다이쇼칸[1912], 고가네칸[1913]이 설립되었다. 조선인 변사만 두어 변사가 조선어로만 설명하는 우미관이나 일본인 변사만 있어 변사가 일본어로만 해설하는 다이쇼칸, 고가네칸에서는 경성고등연예관처럼 같은 필름을 두 번 상영하면서 두 가지 언어로 설명할 필요가 없었다. 이는 같은 시간 안에 경성고등연예관보다 더 많은 수의 영화를 상영할 수 있다는 의미였다. 또 한 가지 언어로만 설명하다 보니 전설前說뿐만 아니라 영화 상영 중에 자막을 읽어주거나 내용을 설명해주는 중설中說이 가능했다.[29]

다이쇼칸의 경우는 일본 영화산업을 장악한 닛카쓰日活에서 필름을 안정적으로 공급받았다. 그 결과 경성고등연예관보다 훨씬 짧은 주기로 필름을 교환할 수 있었다. 우미관에서는 경성고등연예관에서 관객의 인기를 얻고 있던 유명 변사 서상호徐相昊를 스카우트하여 경쟁력을 강화하였다. 그 결과 관객들은 새롭게 개관한 활동사진관으로 몰리게 되었고 경성고등연예관은 크게 고전하게 된다.[30] 더

★ 권卷=릴reel : 영화용 필름의 길이를 나타내는 단위. 통상적으로 1릴은 1,000피트feet (305미터)에 해당한다.

욱이 1910년대 이후에는 1권*짜리 단편영화뿐 아니라 3권 이상의 장편영화를 상영하는 것이 일반적이었기에 경성고등연예관의 영화는 타 관에 비해 오래된 필름들을 상영한다는 인식이 컸다. 이렇게 되자 경성고등연예관은 1913년 4월 변화된 상황에 적응하고자 운영 방식을 바꾸었는데, 그것은 일본인 상설관으로 전환하는 것이었다. 그러나 경영은 더욱 악화되었다. 결국 1913년 9월, 경성고등연예관은 다이쇼칸을 소유·운영하던 닛다 고이치新田耕市에게 매각된다.[31]

경성고등연예관으로 대표되는 활동사진 상설관의 등장은 조선 흥행문화의 중심을 무대극이나 노래와 춤과 같은 무대연희에서 활동사진으로 바꾼 중요한 계기였다. 특히 경성고등연예관은 일본인 관객과 조선인 관객들까지도 대상으로 삼았고 초창기 서상호와 같은 유명 변사는 물론, 영사기사 박정현朴晶鉉 등 훗날 조선영화계의 영향력 있는 인물들을 양성했다는 측면에서 중요한 의미를 지닌다.

닛다 연예부와 하야카와 연예부

1910년 8월, 조선이 일제에 강제 병합되자 미쓰이물산에 근무하고 있던 닛다 고이치는 재산을 정리하여 조선으로 이주한다.[32] 그의 아버지 닛다 마타베新田又兵衛와 형 닛다 신키치新田新吉가 이미 조선에서 천진루天眞樓라는 여관을 운영하고 있었다. 닛다 고이치는 도쿄건물회사東京建物會社에서 빌린 돈으로 앵정정櫻井町[33] 일대에 5,000평의 토지를 매입했다. 닛다가 토지 매입을 마친 직후 조선총독부에서는 시구개정계획을 발표했다. 시구개정계획으로 닛다가 매입한 토지를 관통하여 1등가로(지금의 을지로)가 뚫리게 된다. 계획이 발표되자 땅값은 폭등하였고 닛다의 토지는 도로에 편입되어 총독부가 사들인 1천 평의 토지 보상금만으로 대출금 전부를 갚고 2만여 원의 여윳돈까지 챙길 수 있었다.[34]

닛다의 부동산 투기가 성공할 수 있었던 것은 운이 좋았기 때문만은 아니다. 닛다의 아버지 닛다 마타베는 이토 히로부미伊藤博文가 시모노세키에 머물던 청년시기에 그를 물심양면으로 도운 인연이 있었다. 훗날 이토가 정가에서 승승장구하게 되자 이토는 닛다 마타베가 시모노세키에 고급 여관 천진루를 설립할 수 있도록 도와 그 은혜를 갚았을 정도로 사이가 막역했다. 1905년 이토가 통감으로 조선에 부임하게 되자 닛다 마타베는 이토를 위해 시모노세키의 천진루를 남산으로 옮겨 지었다. 남산에 자리 잡은 천진루는 이토가 자주 찾는 곳이자 이토 사후에도 총독부 고관들이 모임을 갖는 곳으로 자연스럽게 고급 정보가 유통되는 장소가 되었다. 닛다는 조선에 도착하자 형 닛다 신키치와 형의 의동생인 천일은행 지배인 도야마遠山熙의 조언을 듣고 땅을 매집했다. 이들은 이미 총독부의 시구개정계획을 알고 있었기에 과감한 투자가 가능했던 것이다.

조선에 건너온 지 불과 1년이 되지 않아 큰돈을 번 닛다 고이치는 사업 구상 차 방문한 오사카의 흥행 지역 센니치마에千日前에서 활동사진이 큰 인기를 끄는 것을 보고, 조선에서 활동사진관을 지어 활동사진업을 시작하기로 한다. 닛다는 지금의 서울 중구 인현동에 활동사진관을 짓기 시작하여 1912년 11월 7일 다이쇼칸이라는 이름으로 개관한다. 다이쇼大正시대의 시작을 기념하기 위한 이름이었다.

다이쇼칸 개관 광고를 보면 건축의 화려함과 내부 시설의 우수함, 편안하고 안락한 분위기를 선전하고 있다. 이를 위해 양장을 한 여성들이 안내를 맡고 관리자가 수시로 순시하도록 하여 쾌적함을 유지시키는 한편, 고상하고 심원한 지식을 알려주는 영화를 주로 상영하여 관객들이 가족적인 분위기에서 영화를 관람할 수 있도록 하였다. 특히 경성고등연예관보다 저렴한 입장료로 관객을 유인했다.[35]

다이쇼칸이 들어서던 1912년 일본에서는 4개의 대형 영화회사인 요시자와吉澤, 요코다橫田, M파테, 후쿠호도福寶堂가 트러스트를 결성하여 대일본활동사진주식회사大日本活動寫眞株式會社(약칭 닛카쓰日活)로 재탄생했다. 일본 내에 닛카쓰라고 하는 독점적 영화기업이 탄생하자 닛다는 닛카쓰의 필름을 조선에 독점적으로 배급, 상영할 수 있는 권리를 획득한다. 이는 다이쇼칸이 일약 조선의 활동사진업을 장악할 수 있게 된 결정적인 무기였다.

다이쇼칸은 개관 직후부터 닛카쓰 영화의 독점적 권리를 바탕으로 조선의 영화 흥행업을 주도했다. 특히 닛다는 닛다 연예부新田演藝部를 세워 극장 운영과 필름 배급, 지방 영화관의 관리까지 담당하도록 했다. 이를 계기로 자연스럽게 조선 전역에 걸친 영화 배급망이 형성되기 시작했다. 이 과정에서 닛다는 1913년 9월 경성고등연예관을 매수하여 제2다이쇼칸으로 이름을 바꾸고 설비를 개선한 후 10월부터 영업을 시작했다. 경성의 동쪽(제1다이쇼칸)과 서쪽(제2다이쇼칸)에 각각 활동사진관을 두어 일본인 관객을 독점하고자 한 것이다. 그러나 한정된 일본인 관객을 대상으로 고가네칸을 포함한 3개 상설관이 경쟁하기보다는 조선인 관객을 우미관이 독점하고 있는 상황에서 제2다이쇼칸을 조선인 극장으로 운영하는 것이 합리적이라 판단하고 영업 방침을 바꾼다. 그러나 제2다이쇼칸은 또다시 우미관과 협상을 통해 이름을 세카이칸世界館으로 바꾸고 일본인 상

설관으로 전환을 꾀했으나, 이미 포화상태인 일본인 상설관의 사정
상 그해 개관한 유라쿠칸有樂館에 흥행권을 매각하면서 폐관되었다.

세카이칸의 전신인 경성고등연예관은 조선인과 일본인이 함께
할 수 있다는 이점으로 성황을 이뤘지만, 관객의 분화와 함께 북촌
과 남촌 사이에 위치하여 조선인 관객과 일본인 관객을 함께 받을
수 있다는 지리적 이점도 무의미해졌다. 또한 세카이칸이 자리한 곳
이 동양척식주식회사를 비롯해 각종 금융회사들이 자리한 황금정
대로변이었기 때문에 활동사진관보다는 다른 용도로 이용하는 편이
훨씬 이득이라고 판단했던 것이다.

닛카쓰 영화의 만주·조선 대리점인 닛다 연예부는 전국에 회원
관을 두어 그 영향력을 확대하였다. 1917년 당시 닛다 연예부는 하
야카와 연예부早川演藝部의 직영관이던 인천의 히사고칸瓢館을 인수한
것을 포함하여 부산 아이오이칸相生館, 용산 류코칸龍光館, 대구 나나호

히사고칸瓢館.
1914년 인천에 문을 연
활동사진 전용관.

시칸七星館, 평양가부키자, 원산가부키자에 필름을 공급했다.[36]

1913년 1월 개관한 고가네칸은 지금의 놀이동산과 같은 고가네유엔黃金遊園 안에 위치한 활동사진관이었다. 시구개정계획으로 황금정 길이 새롭게 뚫리자 황금정 3정목 일대에 고가네유엔이라고 하는 루나파크*의 개설이 추진된다. 이를 추진한 인물은 대장성 관료 출신으로 대만은행 지배인을 역임한 바 있는 다무라 기지로田中義次郎였다. 러일전쟁 직후 조선으로 건너온 그는 대한제국의 재정고문인 메카타 다네타로目賀田種太郎가 실시한 화폐·재정 정리사업으로 조선의 금융 관행이 붕괴되기 시작한 상황에서 고리대금업을 통해 큰 부를 획득했다.

고가네칸 운영은 하야카와 마쓰타로早川增太郎가 맡았다. 그는 러일전쟁 당시인 1905년 함흥 주둔군으로 조선에 건너와 1906년부터 재정고문부에서 근무한 바 있었다. 이후 대서업代書業과 용달업을 시작했으며 다이쇼칸의 매점을 운영하면서 흥행업과 관련을 맺기 시작했다. 1913년 고가네유엔 개장 후 다무라가 그에게 고가네칸 운영을 맡기면서 활동사진 상설관 운영자가 되었다. 하야카와는 극장 운영과 필름 배급, 지방 극장 관리, 이동영사대 운영 등을 위해 자신의 이름을 딴 하야카와 연예부早川演藝部를 조직했다.★

닛카쓰의 영화를 조선에 배급하는 다이쇼칸에 비해 자금력이 현저하게 떨어졌던 고가네칸은 처음에는 소규모 영화회사에서 제작한 저가 필름을 상영했다. 때문에 고급 프로그램으로 관객을 유치했던 다이쇼칸과는 달리 변사 유모토 교하湯本狂波나 여변사 아시자와 하쓰에蘆澤初江 같은 인물들을 발굴해서 그들의 인기로 관객을 끌었다.[37]

★ 1903년 미국 코니아일랜드에 개장한 테마파크 이름에서 기원했다. 일본 최초의 루나파크는 1910년 도쿄 아사쿠사에서 개장했고 1911년에는 오사카에도 만들어졌다. 1913년 1월에 영업을 시작한 경성의 고가네유엔은 회전목마와 같은 놀이시설은 물론 겨울철에는 스케이트를 탈 수 있는 빙상장과 기암괴석으로 장식된 정원, 그리고 활동사진관인 고가네칸과 연극 공연장인 엔기칸 등이 자리하고 있었다.

★ 하야카와 마쓰타로가 1919년 유라쿠칸 경영에서 손을 뗀 후 하야카와 연예부는 동아문화협회로 재조직되었다. 동아문화협회는 1923년 〈춘향전〉을 영화로 만들어 큰 성공을 거뒀으며 이어 〈비련의 곡〉 등을 제작했다. 극작가로 유명한 김춘광(김조성)과 문예봉의 부친인 배우 문수일이 동아문화협회 출신이다.

한편 1914년 4월 일본에서는 천연색 영화인 키네마컬러Kinemacolor★를 중심으로 천연색활동사진주식회사天然色活動寫眞株式會社(약칭 덴카쓰天活)가 만들어졌다. 고가네칸은 덴카쓰와 교섭을 갖고 덴카쓰 조선 대리점이 된다. 덴카쓰와의 계약으로 조선에서 키네마컬러 상영 독점권을 갖게 된 고가네칸은 급속도로 성장을 이루게 된다. 1914년 6월, 다이쇼칸이 제2다이쇼칸을 조선인 극장으로 전환하자 고가네칸은 우미관과 계약을 체결하고 하야카와 연예부의 필름을 우미관에 공급하기로 한다. 이어 10월에는 인천에 신축된 활동사진관인 히사고칸瓢館을 직영했으며 다음해에는 평양의 헤이안극장平安劇場, 부산의 호라이칸寶來館 등에 필름을 공급하였다.

1914년 발발한 제1차 세계대전은 조선영화에도 직접적인 영향을 주었는데, 이때 유럽에서 들어오는 필름 가격이 폭등하였다. 이에 하야카와 연예부와 닛다 연예부는 다이쇼칸과 고가네칸의 입장료를 인상하는 등 필름 값 인상에 대한 조치를 취한다. 이러한 상황에서 보통 영화보다 필름이 두 배 더 소요되는 키네마컬러를 상영하고 있던 하야카와 연예부에서는 키네마컬러의 상영을 중지하고 새로운 돌파구를 찾아야 했다.

이 시기 유명 비파 연주자인 고지마兒島旭州를 고용하여 활동사진을 상영하며 비파를 연주하는 장면을 촬영한 비파 활동사진을 상영한 바 있던 하야카와 연예부에서는 사미센 반주에 맞춰 창을 하는 나니와부시浪花節와 활동사진을 결합한 나니와 활동사진을 상영하기 위해 나니와 인기 변사인 시키시마 다케오敷島武夫와 여우女優 하나이치요주花井千代十를 고빙雇聘하여 관객의 주목을 끌었다.[38] 또한 제1차 세계대전에 쏠린 관객의 호기심에 부응하기 위해 전쟁기록영화들을

★ 일반적인 영화 촬영과 상영 속도의 두 배인 초당 32프레임으로 촬영하고 상영하면서 녹색과 적색의 필터를 번갈아 비추어 우리 눈이 색을 감지하도록 만든 것이다. 제1차 세계대전 이전 가장 상업적으로 성공한 광학 방식의 컬러영화 시스템이었다.

주요 프로그램으로 배치하였다. 특히 하야카와 연예부에서는 흥행 부진을 면하기 위한 노력으로 1916년 8월, 구극舊劇〈우메가와 추우베〉梅川忠兵衛★의 일부 장면을 지금의 성우처럼 목소리 연기를 하는 성색변사聲色辯士들이 직접 무대에 나와 연기하는 활동사진 연쇄극 상연을 시작했다. 1917년 하야카와는 고가네칸 소유주인 다무라 기지로와의 갈등 끝에 고가네칸 운영에서 손을 떼고 유라쿠칸만을 경영했는데, 조선에서 상연된 연쇄활동사진의 대부분은 하야카와 연예부와 관련이 있는 고가네칸과 유라쿠칸에서 상연되었다.

이렇듯 1910년대 조선의 활동사진 흥행업은 다이쇼칸의 닛다 연예부와 고가네칸의 하야카와 연예부로 양분되어 운영되었다. 그러나 1920년대 들어 일본의 영화회사들이 직접 조선에 진출하게 되자 조선에 배급망을 만들던 재조선 일본 영화인들은 직접적인 타격을 입게 된다. 먼저 하야카와가 1919년 5월 유라쿠칸을 매각하며 극장 흥행업에서 손을 떼었고, 닛다 역시 유라쿠칸의 후신인 기라쿠칸이 닛카쓰 영화에 대한 우선권을 갖게 되자 닛카쓰와의 관계를 청산하고 후발 주자인 쇼치쿠松竹와 손을 잡는 등 자구책을 강구한다. 그러나 큰 효과를 얻지 못하고 닛다 역시 영화업에서 손을 뗀 후 증권 중매업에 전념했다.

우미관과 단성사

1912년 12월, 최초의 조선인 전용 활동사진 상설관인 우미관이 종로2가 관철동에 들어섰다. 우미관은 청일전쟁 당시 군수품 조달을 위해 조선에 건너와 정착 후 하야시다상점을 운영하며 오랫동안 상

★ 에도시대 사랑 이야기의 주인공. 유녀 우메가와를 사랑한 추우베가 그녀를 구해주려고 돈을 횡령하여 처형당하고 만다는 에도시대 대표적 사랑 이야기. 가부키를 비롯해 다양한 형식의 작품으로 재탄생되었다.

업에 종사하던 하야시다 긴지로林田金次郎와 목욕탕을 운영하던 시마다 미요지紫田三代治가 동업으로 설립한 활동사진관이었다. 조선인 상권의 중심지에 들어선 우미관에서는 서상호와 같은 유명 변사나 박정현 같은 영사기사를 경성고등연예관을 비롯하여 각지에서 스카우트했다. 조선인들에게 큰 인기를 얻고 있는 변사들을 고용한 우미관은 경성고등연예관을 제치고 경성을 대표하는 조선인 극장이 된다.

특히 우미관은 제1차 세계대전 발발 이후 세계 영화시장을 장악한 미국영화의 대표적인 상영 공간으로 주목받았다. 미국영화의 극동 진출에는 유니버설의 영향이 컸다. 유니버설에서는 1915년 3월, 세계 최대 촬영소인 유니버설시티를 건설한 후 유니버설과 유니버설 소속 여러 제작회사의 작품들을 세계 각지로 수출하기 시작했다. 제1차 세계대전으로 유럽영화의 제작이 주춤한 가운데 해외시장 개척에 적극적으로 나선 유니버설의 행보는 극동의 일본과 조선영화 흥행계에도 큰 영향을 미쳤다.

1915년 9월 일본에서는 유니버설의 연속영화 serial film★ 〈명금〉名金이 상영되었고 이를 기점으로 미국에서 제작된 연속영화가 폭발적으로 인기를 끌기 시작했다. 일본에서의 〈명금〉 열풍으로 1916년 6월 고가네칸과 우미관에서 〈명금〉이 상영되었고, 이는 조선에도 큰 영향을 주었다. 〈명금〉을 시작으로 연이어 연속영화들이 소개되면서, 영화 상영 방식의 차이로 일본영화를 상영하지 않던 조선인 극장 우미관을 중심으로 미국산 연속영화의 열풍이 더욱 거세게 일었다.

우미관에서는 미국의 연속영화를 안정적으로 공급받기 위해 1916년 12월 유니버설의 극동 흥행권을 가지고 있던 하리마 유니버설과 특약을 맺는다. 1916년 7월 이후 발매된 유니버설의 모든 작품

우미관 개관 광고.
1912년 12월 11일 우미관이 개관한다는 내용과 특등 50전, 1등 30전, 2등 20전, 3등 10전의 관람료가 기록되어 있다.
『조선신문』, 1912. 12. 14.

★ 연속영화는 1910~1920년에 유행하던 영화 형태이다. 매주 2권 분량의 에피소드가 소개되는데 보통 15편 정도의 에피소드로 완결된다. 한 회 프로그램 안에 다양한 종류의 영화들이 상영되던 초기 극장문화에 맞게 만들어진 영화이며, 활극적 요소가 강한 로맨스물이다.

신축 1년 만에 소실된
단성사 모습.
"집 안은 죄 타고 네 벽만 남
아 있는 단성사 연희장"이라
고 쓰여 있다.
『매일신보』, 1915. 2. 19.

은 하리마 유니버설이 독점적 권리를 가지고 있었기 때문에 하리마 유니버설과의 계약 없이는 최신 유니버설 영화를 상영할 수 없었다. 이러한 상황으로 우미관은 1918년 5월 이후 유라쿠칸이 유니버설과 특약을 맺어 양화관으로 전환할 때까지, 당시 유행하던 유니버설의 연속영화와 유니버설 자회사인 블루버드와 레드페더 등에서 제작한 5권 분량의 장편영화를 지속적으로 상영할 수 있는 거의 유일한 영화관이 되었다.

1907년 설립된 단성사는 1914년 1월 흥행업자 안재묵安在黙이 건축비 1만 1천 원을 들여 새롭게 신축한다. 외관은 서양식으로 내부 시설은 일본식으로 꾸민 수용 인원 1,000명의 대형 극장이었다. 그러나 신축 1년 만에 화롯불이 다다미에 옮겨 붙어 발생한 화재로 소실되고 만다. 그 결과 안재묵은 파산했으며 단성사에 대한 권리는 채권자인 김연영金然永에게 넘어갔다. 김연영은 1917년 2월에 단성사를 고가네유엔의 소유자인 다무라 기지로에게 8천 5백 원에 다시 매각한다. 단성사가 다무라에게 인수됨으로써 경성에 조선인 소유 극장은 하나도 남지 않게 되었다.

다무라가 단성사를 인수하자, 고가네칸 운영주 하야카와 마쓰타로가 단성사를 탐냈다. 하야카와는 자신이 운영하고 있던 고가네칸과 새로 소유권을 매수한 유라쿠칸, 다무라가 인수한 단성사 세 곳의 활동사진관을 모두 운영하고 싶어 했다. 그래서 하야카와는 다무라의 의사와는 상관없이 덴카쓰로 가서 자신이 경성에 이 세 곳의 상설관을 운영하게 되었다고 선전하고 다녔고, 이에 화가 난 다무라는 고가네칸의 운영권을 하야카와에게서 회수한다. 이후 단성사는 조선인을 상대로 영업을 해야 했기 때문에 흥행업에 경험이 많았던 광무대 운영자 박승필朴承弼, 1875~1932에게 운영을 맡기게 된다.

조선의 대표적 흥행업자인 박승필은 1908년 동대문활동사진소의 운영권을 인수하여 광무대라는 이름으로 운영했으며, 1914년에는 장소를 고가네유엔으로 옮겨 운영하고 있었다. 단성사를 인수한 다무라는 활동사진 흥행 경험이 있던 박승필이 조선인 활동사진관을 운영하는 데 적격이라 생각하고 단성사의 운영을 맡겼다. 박승필은 단성사를 활동사진관으로 전환하기로 하고 경기도 경무부에 활동사진관 설립을 신청했다. 1918년 6월 경무부의 허가를 얻은 박승필은 1만 원의 예산으로 기존 건물을 헐고 1918년 12월 활동사진관을 신축하고 영업을 시작했다.[39] 박승필은 단성사 개관에 맞춰 조선인 관객을 독점하고 있던 우미관에 대항하기 위해 우미관에서 근무하고 있던 영사기사 박정현을 끌어들여 지배인을 맡기고 우미관의 유명 변사, 악사, 기사들을 대거 스카우트하여 기선을 제압했다.

단성사는 개관 당시 덴카쓰의 특약관으로 영업을 시작했으며

이후 1919년 덴카쓰가 해산되면서 쇼치쿠와 유니버설에서 필름을
공급받았다. 그래서인지 단성사의 운영 방식은 덴카쓰의 조선 대리
점인 고가네칸과 비슷했다. 예컨대 고가네칸을 포함하여 덴카쓰 계
통 일본인 상설관에서는 활동사진 연쇄극이 성행했다. 당시 조선인
극장에는 연극변사가 존재하지 않았고, 영화 상영 시 연극변사가 반
드시 필요한 일본영화 역시 상영하지 않았다. 단성사에서는 연극변
사가 필요한 연쇄활동사진 상영을 대신하여 변사들이 배우가 되어
공연을 펼치는 변사극을 시험한다.

　　변사극은 독립된 작품 형식으로, 활동사진의 한 장면을 실연實演
으로 보여주는 연쇄활동사진과는 차이가 있었다. 단성사의 변사극
을 이끈 인물은 주임변사 서상호였다. 조선인 변사 중 가장 인기가
높았던 그는 한때 신파극단인 혁신선미단革新鮮美團에 가입하여 활동
한 바 있었으며 일본어를 유창하게 구사했기 때문에 일본인 상설관
의 변사극에도 종종 출연했다.

　　단성사에서 상연된 대표적인 변사극은 1919년 5월 키네오라마*
를 이용한 전기 응용 신파극으로 상연된 〈탐라의 사몽詐夢〉(전5막)이
다. 〈탐라의 사몽〉은 제주도에서 발생한 살옥殺獄사건을 다룬 작품이
었다. 공연은 성공적으로 끝난 듯하나 이후 변사극은 지속되지 못했
다. 변사극을 이끌던 서상호가 아편중독으로 무대에 설 수 없었던
것이 그 이유로 보인다.

　　단성사의 경우 변사의 숫자가 일본인 상설관 변사보다 훨씬 적
었다. 박승필은 활동사진 상영으로 극장 무대에 서지 못하고 활동이
지지부진하던 신파극단 등을 이용하여 조선인들이 즐길 수 있는 연
쇄극을 제작했다. 그리고 1921년까지 연쇄극의 전성기를 이끌었다.

★　무대에 설치된 얇은 막에
조명을 비추어 경치를 변화시키
거나 유령이 나타나는 식의 특수
효과를 만들어내는 장치.

단성사는 1924년 〈장화홍련전〉을 제작한 이후 무성영화시기 조선영화의 최대 후원자였다. 박승필은 단성사 지배인인 박정현을 통해 나운규羅雲奎, 1902~1937, 이경손李慶孫, 1905~1977, 이구영李龜永, 1901~1973 등 무성영화 시대의 대표적 영화인들이 영화를 제작할 수 있도록 자금을 지원했으며 그들이 제작한 영화는 대부분 단성사에서 상영되었다. 초기 조선영화 제작에 가장 큰 영향력을 행사했던 단성사는 1932년 운영주 박승필이 사망하면서 위기를 겪는다. 박승필 사후 종업원들에 의해 단성사의 운영이 박정현에게 맡겨졌다. 그러나 토키영화 도래에 따른 필름 가격 상승으로 단성사는 경영난에 직면하고 만다. 1939년 단성사는 메이지자明治座에 인수되었고 단성사라는 이름도 대륙극장大陸劇場으로 바뀌게 된다.

활동사진시대의 꽃, 변사

극장은 기본적으로 화술을 바탕으로 한 연희가 공연되는 공간이다. 소리가 들어 있지 않은 활동사진이 상영될 경우에는 극장의 다른 프로그램들처럼 음악과 말이 관객들의 흥미를 돋웠다. 이처럼 활동사진을 설명하면서 관객들에게 화면 속 세계를 알려주는 역할을 담당한 인물이 변사였다. 변사에 대한 조선 최초의 기록은 관인구락부에서 애국부인회가 주최한 활동사진대회의 변사 정운복鄭雲復, 한석진韓錫振, 김상연金祥演 등이 활동사진과 더불어 연설하였다는 기록이다.[40] 이들은 일본과 구미에서 유학한 경험이 있는 지식인들로서 이들의 설명은 연설에 가까웠을 것으로 추정된다. 변사의 원조라 불리던 우정식禹正植은 관인구락부의 후신인 원각사에서 변사 활동을 시작했다. 그를 비롯해 서상호, 김덕경金悳經 등 초창기 변사들 대부분은 하급관리 출신으로, 활동사진이 인기를 끌기 시작하면서 변사라는 새로운 직종을 개척한 인물들이다.

일본 흥행업의 영향이 강화되는 1910년 이후 조선인 변사들은 경성고등연예관으로 옮겨 활동했다. 경성고등연예관은 조선인 변사와 일본인 변사들이 번갈아 등장하여 우리말과 일본말로 설명을 마친 후 영화를 상영하는 식으로 운영되었다. 경성고등연예관과 같이 두 가지 언어가 통용되던 것이 우미관, 다이쇼칸, 고가네칸과 같은 후발 활동사진관들이 등장하면서 한 가지 언어만을 이용하여 설명해주는 방식으로 바뀌게 된다. 이러한 변화는 극장의 민족적 정체성을 강화하는 한편 운영의 편리함을 도모한 것이기도 했다. 조선인 관객만을 위한 공간이던 우미관이나 일본인 관객만을 위한 다이쇼칸, 고가네칸에서는 환등幻燈으로 스크린에 비춘 이미지를 설명하는 것과 마찬가지로 영화를 상영하면서 동시에 변사가 설명할 수 있었다. 영화를 상영하면서 관객에게 극의 내용을 설명하거나 자막을 읽어주는 중설이 도입되면서 변사들은 자신의 스타일에 따라 각기 다른 장르의 영화를 맡아 설명하게 된다.

변사의 역할이 커지자 요즘의 연예인처럼 유명세를 떨치는 경우가 많았다. 영화 흥행을 변사가 좌우한다는 평을 들었을 정도로 변사의 영향력이 컸기 때문에 유명 변사들은 언제든 활동사진 상설관의 스카우트 대상이었다. 그러나 이러한 변화에 적응하지 못하고 낙오하는 변사들도 나타났다. 변사의 원조라 불리던 우정식은 신진 변사들의 등장으로 상설관에서 밀려나게 되자 생활고 끝에 자살을 기도하였고, 신문에 그 내용이 보도되기도 했다.[41]

변사는 두 유형으로 구분된다. 실사영화나 서양영화를 상영할 때 자막을 읽어주거나 화면 속 배경을 설명해주는 설명변사가 있고, 일본영화를 상영할 때 스크린 뒤에서 지금의 성우와 같이 극중 배역의 대사에 맞춰 목소리 연기를 하는 연극변사가 있다. 조선인 변사 대부분은 설명변사였다. 1914년 제2다이쇼칸이 조선인 상설관으로 이용되었을 당시 조선인 변사들이 연극변사로도 활동한 것으로 보이나, 조선인 극장에서 연극변사가 사라진 것을 보면 그 시도는 성공적이지 못했던 것 같다. 대신 조선인 극장에서는 막간 여흥이 강조되었는데 우미관의 주임변사였던 서상호는 자전거 클랙슨을 이용하여 추는 소위 '뿡뿡이 춤'으로 큰 인기를 얻었다.

조선인 활동사진관과는 달리 일본인 활동사진관에서는 설명변사 외에 지금의 성우들처럼 스크린 뒤에서 배우의 목소리를 연기하는 연극변사들을 두었다. 이러한 연극변사들 중에는 여성과 어린이도 있었는데, 영화 속 여성과 아이의 목소리를 연기하기 위해 고용되었다. 당시 신파극에 여배우가 존재하지 않았던 상황에서 여성 변사의 존재는 흥미로운 일이다. 이들 연극변사들은 연쇄활동사진이 상영될 때 필름 속 배우들의 목소리 연기뿐 아니라 실제 영화의 일부를 실연으로 공연하기도 했다. 활동사진 변사 중 서양의 풍속과 역사를 설명해주는 설명변사는 지식인으로 대우받았다. 반면에 목소리 연기를 하던 연극변사들은 상식이 없다는 비난을 받기 일쑤였다. 이러한 상황에서 경기도 경찰부에서는 1922년 6월, 변사의 상식과 품행을 점검하는 변사 자격시험을 통해 자격증을 발부하여 변사의 목소리까지 제도권 안으로 포섭한다.

'무성영화시기의 꽃'으로 불렸던 변사들은 1930년부터 조선에서 토키영화가 상영되면서 사라지기 시작한다. 토키영화가 상영되는 공간에서 변사의 목소리는 영화 속 배우의 목소리를 침범하는 잡음일 뿐이었다. 역할이 사라진 변사들은 자구책을 강구해야 했다. 많은 수는 토키 시설이 구비되지 않은 변두리나 지방 극장을 전전하다 역사 속으로 사라졌다. 하지만 성동호成東鎬처럼 상설관 운영에 참여하거나, 김춘광으로 이름을 바꾼 김조성金肇盛이나 김영환金永煥처럼 극작가로 변신하는 등 극장의 다른 분야에서 중요한 역할을 담당하게 된 변사들도 있었다.

3 연쇄극과 영화 제작의 시작

제1차 세계대전이 발발하자 유럽으로부터 유입되는 필름 가격이 폭등했다. 일반 영화보다 필름이 두 배가 소요되는 키네마컬러를 제작, 상영하던 덴카쓰는 일본 내 다른 영화사들보다 더 큰 타격을 입을 수밖에 없었다. 덴카쓰에서는 필름을 적게 사용하기 위한 방법의 하나로 교토와 오사카 등 간사이關西 지역에서 유행하던 연쇄극을 도입하기로 하고 본격적으로 연쇄극용 필름을 제작하게 된다.

조선에서 연쇄극은 1915년 4월, 인천가부키자에서 처음 제작, 상영되었다. 이후 1920년대 초반까지 고가네칸이나 유라쿠칸과 같이 덴카쓰와 직간접적으로 관련을 맺고 있던 일본인 극장에서 연쇄극이 지속적으로 상영된 바 있었다. 특히 1919년 10월부터 덴카쓰

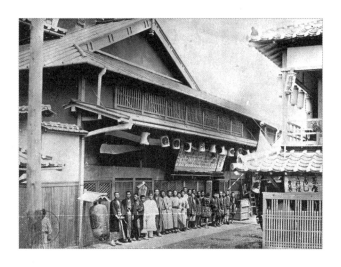

극장 앞에서 촬영한
인천가부키자 단원들의
기념사진.

1919년 10월 27일 단성사에서 연쇄극 〈의리적 구토〉를 상영한다는 내용의 광고. 『매일신보』, 1919. 10. 27.

1922년 10월 15일 개관한 주오칸中央館 광고. 아랫부분의 인물들은 주오칸 전속 변사들의 모습이다. 『경성일보』, 1921. 10. 15.

와 특약을 맺은 상영관 단성사에서도 신파극단인 신극좌新劇座와 혁신단革新團이 제작한 연쇄극이 상영되었다. 이 중 김도산金陶山이 이끄는 신극좌에서 제작한 〈의리적 구토〉義理的仇討, 김도산, 1919는 조선인이 제작한 최초의 영화라는 영화사적 의미를 지니고 있다.

연쇄극이 유행하던 상황에서 갈등관계에 있던 고가네칸과 유라쿠칸은 직접 극영화 제작에도 나선다. 고가네칸에서 제작한 〈누의 가〉涙の家와 유라쿠칸에서 제작한 〈오호 영목교장〉嗚呼鈴木敎長은 조선 거주 일본인들의 이야기에서 취재한 내용을 토대로 만든 영화였다. 1922년 일본인 실업가들이 주축이 되어 조직된 조선활동사진주식

회사朝鮮活動寫眞株式會社에서는 주오칸中央館을 신축하고 극동영화구락부極東映畵俱樂部라고 하는 제작 조직을 두어 〈국경〉國境을 제작했다. 이 작품들은 비록 일본인이 제작했지만 조선에서 극영화 제작의 시작을 알리는 작품으로서 의미를 지닌다.

이처럼 고가네칸이나 유라쿠칸과 같은 상설관을 운영하는 민간 흥행업자들이 주도하여 재조선 일본인들의 삶을 묘사한 영화들을 제작하자, 조선총독부를 비롯한 식민지 지배기구에서는 영화를 선전활동에 이용하기 시작하였다.

1919년 3·1운동 발발 후 조선총독부에서는 선전활동을 더욱 강화하기 위해 서무부 관방문서과 안에 활동사진반을 두어 〈조선사정〉朝鮮事情과 같은 선전용 기록영화를 제작한다. 또한 총독부 경무국 위생과에서는 위생 영화인 〈생의 과〉生の誇를, 체신국에서는 우편 저축을 홍보하기 위한 영화인 〈월하의 맹서〉月下の盟誓, 윤백남, 1923와 같은 활동사진을 제작하여 일반에게 무료로 상영하였다. 또한 총독부 기관지인 경성일보사京城日報社에서도 내선동화內鮮同和를 내용으로 한 〈생익〉生ひ翼, 〈애의 극〉愛の極み, 〈사의 휘〉死の輝き라는 세 편의 극영화를 제작하여 조선 전 지역에서 순회상영한다. 이는 조선을 점령한 일본이 조선인들에게 '문명과 개화'를 선사한다는 인상을 심으려는, 즉 지배의 합리화를 위한 것이기도 했다.

연쇄극 유입과 제작

'연쇄'連鎖라는 말이 의미하듯 연쇄극은 연극과 영화가 사슬처럼 결합된 흥행물을 일컫는다. 연극(혹은 활동사진)의 일부로서 활동사진

(혹은 실연)을 활용한 연쇄극은 제1차 세계대전 발발 직후인 1914년부터 일본 간사이 지역에서 큰 인기를 끌기 시작했다. 연쇄극 인기에 큰 영향을 준 것은 야마자키 쵸노스케山崎長之輔 일파가 간사이 지역에서 인기를 끌던 연쇄극을 1915년 2월, 도쿄 혼고자本鄕座에서 공연하면서부터였다. 이를 계기로 연쇄극의 인기는 일본 전역으로 확산되었다.[42]

조선에서 연쇄극은 1915년 4월, 인천가부키자에서 처음 상연되었다.[43] 1914년 10월, 인천 최초의 활동사진관인 히사고칸瓢館이 개관하자 인천의 관객들은 히사고칸으로 몰려들었다. 그간 인천의 흥행계를 주도하던 인천가부키자에서는 키네마컬러를 위시한 다양한 활동사진 프로그램으로 무장한 히사고칸에 대항하고자 극장 소속 배우들을 오사카로 보내 연쇄극을 배워오도록 했다. 이들은 1915년 4월 1일 오사카 스기키상회杉木商會에서 촬영한 필름을 가지고 최초의 연쇄극인 〈기의 야람〉磯の夜嵐을 시작으로 연쇄극을 상연했다. 당시 신문에는 매일 밤 극장 안에 관객이 가득하다는 호평이 실렸다. 그럼에도 불구하고 인천가부키자에서 지속적으로 연쇄극을 제작하지는 않았다.[44] 그 이유로는 관객들의 호평과는 별도로 연쇄극 제작이 지불하는 비용에 비해 큰 수익을 얻지 못했기 때문일 가능성이 있다.

인천가부키자에서 연쇄극을 상연한 이후 조선에서 상연된 연쇄극은 일본 연쇄극단들이 조선으로 건너와 가끔 공연하던 것들이었다. 이 중 특기할 만한 것으로는 연쇄극단 시부사와 에이澁澤榮 일좌一座★의 연쇄극을 꼽을 수 있다. 이들은 평양을 배경으로 한 연쇄극을 촬영하여 1915년 8월 13일 평양 사쿠라자櫻座에서 상연했다. 이름이 알려지지 않은 이 작품이 조선을 배경으로 한 첫 번째 연쇄극이

★ 일좌一座는 극단과 같은 의미이다.

었다.[45] 이 외에도 1917년 10월 6일에는 기시노야^{義土酒家} 일좌가 고바야시 슈게쓰^{小林蹴月}가 쓴 『경성일보』 연재소설인 『노도의 달』^{怒濤の月} 속 배경과 같은 경성의 여러 장소에서 촬영한 동명 연쇄극을 공연한 바 있다. 촬영은 10월 5일 하루 동안 장충단, 파고다공원, 마포, 한양공원 등지에서 이루어졌다. 촬영 다음 날 촬영 필름을 연쇄극으로 상영했는데 이런 방식은 경성 거주 일본인 관객들의 큰 관심을 끌었다.[46] 앞서 설명한 형식의 연쇄극, 즉 극의 일부를 활동사진으로 보여주는 '연극 위주의 연쇄극'은 경성의 일본인 극장에서 자주 볼 수 있는 흥행물이 아니었다. 조선의 일본인 관객들이 보았던 연쇄극 대부분은 활동사진에 변사들의 실연이 가미된 '활동사진 위주의 연쇄극'이었다.

　일본에서 연쇄극이 인기를 끌자 덴카쓰와 고바야시상회^{小林商會} 등은 연쇄극 필름 생산에 주력했다. 이러한 활동사진 위주의 연쇄극은 3~5권 정도의 연쇄극용 활동사진에 연극 2장을 더해 상연한 것이었다. 실제 연극은 활동사진관에 소속된 연극변사들이 담당했으므로 필름 속 배우와 무대의 배우가 달랐지만 관람에는 전혀 문제가 없었다. 1916년 8월 10일 고가네칸에서 상영된 구극 연쇄극 〈우메가와 추우베〉^{梅川忠兵衛}를 시작으로 조선에서도 활동사진 위주 연쇄극이 상영되기 시작했다.[47] 이 필름들은 덴카쓰와 고바야시상회의 대리점을 통해 고가네칸과 유라쿠칸 같은 일본인 상설관에서 상영되었다.

　활동사진 위주의 연쇄극이 큰 인기를 끌게 되자 연쇄극을 상연하는 일본인 상설관에서는 직접 연쇄극을 제작하기 시작한다. 1917년 2월 고가네칸을 직영하던 하야카와 연예부에서는 소속 변사들을 출연시켜 "울산 백골사건"을 소재로 한 연쇄극 〈문명의 복수〉文明의復讐를 제작했다. 울산 태화강변에서 백골 상태로 발견된 시체를 둘러싼 살인사건을 극화한 이 작품에서, 분위기를 환기시키는 울산 조선인 부락의 주막 장면과 클라이맥스인 부산 지방법원 공판정의 재판 장면이 실연으로 상연되었다.[48]

일본인 상설관에서 큰 인기를 끌던 연쇄극은 1919년 10월부터 조선인 상설관에서도 상연되기 시작한다. 1918년 활동사진관으로 전환한 단성사에서는 김도산金陶山의 신극좌新劇座와 임성구林聖九의 혁신단革新團과 같은 신파극단에 자금과 기술을 지원하여 이들이 연쇄극을 제작할 수 있도록 도왔다. 가장 먼저 제작, 상영된 연쇄극은 김도산의 신극좌에서 제작한 〈의리적 구토〉였다. 이 작품은 조선인들이 주축이 되어 제작한 최초의 연쇄극이었다.★

연쇄극은 1919년부터 1921년 사이에 큰 인기를 끌었다. 신극좌와 혁신단 외에도 이기세李基世가 이끌던 문예단文藝團, 김소랑金小浪이 이끌던 취성좌聚星座 등이 연쇄극 제작에 가세했다. 이 중 문예단에서 제작한 연쇄극 〈지기〉知己는 조선인 최초의 카메라맨 이필우李弼雨, 1897~1978가 촬영을 맡은 작품이었다.[49] 이후 연쇄극 제작 열기는 조선총독부와 경성일보사를 위시한 식민지 지배기구에서 제작한 극영화의 무료 상영과, 1921년 신파연극계의 중심인물이던 김도산과 임성구의 사망으로 그들이 이끌던 신파연쇄극단이 활동을 중단하면서 사그라진다. 하지만 연쇄극이 재조선 일본인과 조선인들이 극영화를 제작하는 데 있어 가교 역할을 했음은 주지의 사실이다.

★ 1963년 한국영화인협회에서는 단성사에서 연쇄극 〈의리적 구토〉와 실사 〈경성전시의 경〉이 상연된 1919년 10월 27일을 "영화의 날"로 정해 조선인이 제작한 최초의 영화가 상영된 날을 기념하고 있다.

일본인 상설관의 극영화 제작

1917년 하야카와 연예부를 이끌던 하야카와 마쓰타로는 개관 이후 고전하고 있던 유라쿠칸이 매물로 나오자 이를 인수한다. 이즈음 단성사는 고가네유엔의 소유주인 다무라 기지로가 인수한 상태였다. 앞에서 설명했듯이 고가네칸, 유라쿠칸, 단성사 등 경성에 3개의 활동사진관을 운영할 계획을 세운 하야카와는 덴카쓰 중역들을 만나 자신이 이미 3개관을 운영하게 되었다고 홍보했다. 뒤늦게 이 사실을 안 다무라는 이를 불쾌하게 여기고 하야카와와 체결하고 있던 고가네칸 운영 계약까지 파기한다.

　이 사건을 계기로 일본인 상설관인 고가네칸과 유라쿠칸의 갈등이 시작된다. 먼저 덴카쓰 영화의 상영을 두고 고가네칸과 유라쿠칸이 충돌한다. 하야카와는 새로 운영하게 된 유라쿠칸에서 덴카쓰 영화를 상영하려 했으나, 고가네칸이 우선권을 주장하며 유라쿠칸의 간판을 강제로 내려버린다. 다무라와 하야카와와의 갈등은 더욱 심해져 소송 사태로 이어졌고 덴카쓰의 중역 가타 긴자부로賀田金次郎가 경성으로 와 둘 사이를 조정하면서 일단락된다. 이로써 조선에서 덴카쓰 대리점의 권리는 고가네칸 측이 가져가게 되고 하야카와 연예부는 덴카쓰를 대신하여 고바야시상회에서 필름을 공급받기로 한다.[50]

　새롭게 고가네칸을 운영하게 된 아라키 다이스케荒木大助는 덴카쓰 영화를 상영하는 기존 방식을 고수했다. 반면 덴카쓰에서 배급하는 영화를 더 이상 상영할 수 없게 된 유라쿠칸에서는 새로운 방식으로 극장 운영의 전기를 마련한다. 우선 연극변사를 활용한 실연을 강화했다. 이를 위해 활동사진 연쇄극을 상영하는 데서 더 나아가 연극변사를 이용한 변사극을 적극적으로 도입했다. 하지만 고바야시상회의 도산으로 연쇄극용 필름 수급이 여의치 않자 유라쿠칸은 상영 프로그램에서 일본영화를 빼버리고 양화 전용관으로 전환을 꾀한다.

이 당시 배급 방식을 필름 판매에서 필름 대여 형식으로 바꾼 유니버설은 유니버설 영화 상영에 있어 독점적 권리를 지킴으로써 사업적으로 큰 성공을 거둔다. 특히 제1차 세계대전으로 유럽에서 공급하는 상영용 필름이 부족한 가운데 세계 최대 영화 촬영소인 유니버설시티의 건설 후 여러 장르영화를 다양한 브랜드의 필름으로 양산하고 있었기에, 유니버설은 곧 서양영화를 대표하는 영화 회사로 군림할 수 있게 된다. 유니버설 영화의 인기가 올라가자 유라쿠칸에서는 유니버설과 대리점 계약을 체결한 후 오직 유니버설에서 배급하는 영화만을 상영하는 전환을 꾀한다. 이는 연극변사가 없던 조선인 극장의 상영 방식과 비슷했다.

1917년 고가네칸 소유자 다무라 기지로가 하야카와 연예부가 운영하던 고가네칸의 운영을 박탈하면서, 하야카와 연예부는 자신들이 소유하고 있는 유라쿠칸만을 운영하게 된다. 이 사태로 고가네칸과 유라쿠칸 사이에 노골화된 갈등과 경쟁은 경성의 일본인 극장가를 뒤흔들었다. 경쟁관계였던 고가네칸과 유라쿠칸은 더 많은 관객을 유치하기 위한 노력을 강구했는데 그중 하나가 바로 극영화 제작이었다. 1919년 2월, 고가네칸에서는 6명의 자녀와 임신한 부인을 두고 전쟁터로 나간 부산의 출정군인 나카후치 센타로中淵仙太郎 일가의 비참한 삶을 소재로 한 〈누의 가〉涙の家를 제작한다. 이 영화는 고가네칸 운영자인 아라키 다이스케가 신문에 실린 내용을 각색한

것이며, 『경성일보』 기자의 지도로 제작되었다. 이 영화는 조선에서 만 상영된 것이 아니라 교토와 오사카의 상설관에서도 상영되는 등 세간의 큰 주목을 받게 된다.[51]

고가네칸이 극영화 제작을 시작하자 유라쿠칸을 운영 중이던 하야카와 연예부에서도 고가네칸과 경쟁하기 위해 극영화 제작에 나선다. 하야카와 연예부가 제작한 영화는 〈오호 영목교장〉鳴呼鈴木校長이었다. 1919년 4월 개봉된 이 영화는 도쿄의 고바야시상회 촬영 팀을 초빙하여 제작했다. 1918년 12월 용산 원정심상고등소학교에 서 발생한 화재 당시, 사람들을 구하기 위해 불 속에 뛰어든 스즈 키 교장의 이야기를 하야카와 연예부가 각색한 작품이었다. 이러 한 고가네칸과 유라쿠칸의 영화 제작은 지속되지 못했다. 하지만 그 경험은 남아서 〈누의 가〉의 제작을 지휘했던 경성일보사에서는 1921~1923년 사이에 〈생익〉生ひ翼, 〈애의 극〉愛の極み, 〈사의 휘〉死の輝き 라는 3편의 극영화를 제작했으며 〈오호 영목교장〉의 상영을 끝으로 유라쿠칸 운영에서 손을 뗀 하야카와 연예부는 이후 극장 운영 경험 을 통해 흥행단체인 동아문화협회를 조직, 극영화 제작을 시도하여 1923년 〈춘향전〉을 만들었으며 이를 계기로 다시금 조선극장朝鮮劇場 을 직접 운영하기도 했다.

조선총독부의 영화 활동

조선이 강점되기 직전 일제는 일본의 보호를 받는 조선이 평온하다 는 것을 보여주기 위해 〈한국일주〉1909, 〈한국관〉1909 등의 활동사진 을 요시자와상점吉澤商店에 제작 의뢰하여 선전에 이용하였다. 이 시기는 강제 해산당한 한국군이 의병에 가담하여 호남지역을 중심으로 보다 치열한 형태로 무장투쟁을 전개하던 시기였는데, 조선의 식민지화를 정당화하기 위해 일제는 이와는 다른 모습을 국내외에 선전할 필요가 있었고 여기에 영화를 이용한 것이다.

1919년 3·1운동이 발발하자 조선총독부에서는 강점 직전과 같이 활동사진을 이용한 선전 활동에 주력한다. 고종의 인산일因山日을 맞아 일어난 3·1운동에서 조선인들은 일제의 강압통치에 극렬하게 저항하며 조선 독립을 요구했다. 전국에서 거족적으로 일어난 이러한 움직임에 그간 일제에 호의적이던 조선의 지배층들까지 동요하기 시작했다. 일제는 자신들에게 호의적인 친일세력들을 진정시킬 필요가 있었다. 강압통치로 일관하던 하세가와 요시미치長谷川好道가 경질되고 사이토 마코토齊藤實가 새로운 조선 총독으로 임명되었다. 사이토는 조선인 상층부의 협력을 통한 보다 공고한 통치체제 확립을 위해 무단통치 대신 선전활동을 강화한 문화통치, 즉 조선인의 교육 기회를 넓히고 언론사 설립을 허용하는 등 유화적인 정책을 시행했다. 이는 강력한 탄압으로 3·1운동의 열기를 식힌 상황에서 선전활동을 통해 조선인들의 저항을 잠재우려는 속셈이었다.

이러한 문화통치의 일환으로 1920년 4월 조선총독부 관방 서무부 문서과 안에 활동사진반이 조직되었다. 시정 상황을 영화로 기록하고 순회활동사진회를 통해 선전하려는 의도였다. 중앙과 지방이 함께 유기적으로 선전활동을 전개할 수 있도록 중앙과 마찬가지로 지방행정기구에도 활동사진반이 설치되었다. 총독부 활동사진반에서는 발빠르게 기록영화 제작에 임했는데, 처음 만들어진 영화는 〈조선사정〉朝鮮事情으로 3·1운동 이후 평온한 조선의 모습을 선전하기 위해 만들어진 것이었다. 이어 조선군수일본시찰단이 일본 주요 도시를 시찰하면서 촬영한 〈내지사정〉內地事情, 1920을 제작했다. 이 영화들은 활동사진반을 통해 조선과 일본에서 지속적으로 상영되었다. 특히 일본 내에서는 동양협회를 통해 75개소에서 15만 명이 관람한 바 있고, 1922년의 도쿄평화기념박람회에서도 이 영화들이 상영되었다. 특히 박람회 상영 이후 7, 8월 두 달 동안 일본 내 73개소, 10만 3천 260여 명이 관람하는 등 적극적인 홍보활동이 있었다. 이처럼 조선총독부 활동사진반은 시정 홍보에 필요한 기록영화와 문화영화를 직접 제작하거나 구매하여 순회활동사진반을 통해 조선 전역에서 상영했다.

활동사진반은 역할이 날로 중요해짐에 따라 소속 또한 계속 변경되었다. 1920년 11월 총독부 정보위원회가 설치되면서 문서과에서 정보위원회로 부서가 변경되었으며, 1924년 12월 정보위원회가 해산되자 내무국 사회과로 이전되었다가, 1932년 2월 13일 관방 문서과로 그 소속을 다시 옮기게 된다. 이후 중일전쟁을 일으킨 일제가 전시체제로 전환하자 1940년 신설된 정보과의 영화반에 소속되었다가, 1942년 조선영화제작주식회사가 발족하면서 그 임무가 민간에 넘어가게 된다.

조선총독부 활동사진반이 설치된 후 영화는 식민지 조선을 지배하는 데 있어서 주요한 수단으로 활용되었다. 조선총독부에서는 활동사진반 외에도 영화를 이용한 계몽과 홍보가 필요하다고 여겨지는 부서에서 이를 적극 활용하도록 했다. 오래전부터 환등을 이용하여 위생 홍보활동을 전개하던 총독부 경무국 위생과에서는 1920년부터 위생사상 보급을 위한 선전활동에 기존에 활용하던 환등 외에 신파극과 위생영화도 함께 활용하기로 결정한다. 1920년 여름, 위생영화 순회상영이 준비된 전라남도, 함경남도, 경기도를 시작으로 위생활동사진 상영 및 위생극 상연을 중심으로 한 순회강연을 시작했다. 위생대회에서는 의사의 강연과 위생을 소재로 한 영화 및 연극 상연 후 즉석에서 예방접종을 실시하기도 했다. 위생활동 사진 대회에서 상영된 활동사진 필름은 일본에서 제작한 것으로, 극적인 표현을 위해 결핵균을 현미경으로 촬영한 장면 등이 삽입되었다. 위생극의 경우 조선인 극단과 일본인 극단을 섭외하여 각각 조선인 관객과 일본인 관객에 맞춰 제작되었다. 취성좌聚星座에서 공연한 〈인생人生의 구仇〉는 조선인 관객을 위해 제작된 대표적인 위생극이었다.

1920년 시행된 위생활동 사진회의 성과를 바탕으로 활동사진을 이용한 선전활동은 활용 범위가 점점 넓어졌다. 1922년에는 조선에서 종두 접종을 의무화하는 조선종두령朝鮮種痘令을 시행하기로 한다. 이를 기회로 위생과에서는 조선종두령을 기념하는 선전용 극영화 제작을 시도한다. 어떤 극단이 제작에 참여했는지는 알려지지 않았지만 〈생의 과〉生의 誇라는 제목의 이 영화는 조선에서 제작된 최초의 위생영화였다. 영화 제작은 1922년 2월 각본이 완성된 이후 시작되었다. 촬영은 3월 초부터 시작하여 한 달 후인 4월에 끝냈다. 이후 후반 작업을 마치고 6월 15일 시내 앵정소학교를 시작으로 일반에 공개되었다.

영화에는 약혼녀를 둔 두 명의 의학전문학교 학생이 등장하는데 그중 한 명의 약혼녀는 도시 출신으로 위생사상에 투철한 가정 출신이고, 다른 한 명의 약혼녀는 시골 양반가 출신으로 위생관념이 투철하지 않아 전염병에 노출된 가정 출신이었다. 어느 해 천연두가 유행하자 시골 양반가 출신 여성이 천연두에 걸려 미모가 망가지게 되고 두 사람은 괴로워하다 함께 자살한다는 내용이다.[52] 또한 총독부 위생과 외에 체신국에서도 활동사진을 이용한 선전영화를 제작하기로 정하고 1923년 1천 7백여 원의 제작비를 투자하여 우편예금 장려와 보급을 위한 선전영화를 민중극단民衆劇團을 이끌고 있던 윤백남尹白南, 1888~1954에게 의뢰한다. 윤백남은 민중극단 단원들을 모아 경성과 인천을 배경으로 한 〈월하의 맹서〉라는 2권 분량의 영화를 만든다. 이 영화는 기쿠치 칸菊池寬이 일본 정부의 추천을 받은 저금장려 영화 〈사상의 가〉砂上の家와 함께 전국에서 상영되었다.[53]

　　조선총독부의 각 관청에서 제작되기 시작한 위생영화와 저축계몽영화 등은 연쇄극이 아닌 극영화였다. 따라서 극영화 제작에 조선의 신파극단들이 참여하는 등의 경험은 그들이 영화인으로 성장하는 계기를 만들어주었다. 조선영화의 선각자로 영화인들의 존경을 받았던 윤백남은 〈월하의 맹서〉를 연출한 후 〈운영전〉雲英傳, 1924, 〈정의는 이긴다〉1930와 같은 영화를 연출했으며 자신의 이름을 딴 영화회사를 운영하기도 했다. 〈월하의 맹서〉에 출연한 이월화李月華는 초기 조선영화에서 여주인공으로 활약했다. 또한 혁신단의 배우로 출발하여 민중극단 등에서 활약한 안종화安鍾和, 1902~1966 역시 초기 조선영화의 선각자로 한국영화사 발전에 중요한 역할을 담당했다.

경성일보사의 영화 제작

총독부 산하 언론사인 경성일보사는 조선어 신문인 『매일신보』와 일본어 신문인 『경성일보』, 영자신문인 『Seoul Press』를 발행하며 조선총독부의 시정을 홍보하는 역할을 담당했다. 1921년 9월, 지령紙齡 5000호를 맞은 『경성일보』에서는 독자들에게 고마움을 표하기 위한 활동사진 순회영사대회를 기획한다. 특히 경성일보사 주최 활동사진 순회영사대회에서는 경성일보사에서 직접 제작한 극영화를 상영하였다. 이 영화들은 주로 내선동화를 소재로 하고 있어서 조선총독부 활동사진반과 마찬가지로 식민지 지배기구를 통한 선전활동의 일환이었다.

경성일보사가 제작한 첫 번째 영화는 키네마회연쇄극일좌キネマ會連鎖劇一座가 배우로 참여한 〈생익〉生ひ翼이었다. 이 영화는 『경성일보』기자 쓰지모토 세쓰도辻本雪堂가 각본을 썼다. 자세한 내용이 알려져 있지 않지만 내선동화를 주제로 했던 것으로 보인다. 〈생익〉은 게이류칸京龍館에서 처음 상영되었는데 첫 상영회에서는 키네마회 회원들이 등장하는 연쇄극의 형태로 상연되었으나 지방 순회상영회에서는 실연이 빠진 형태로 상영되었다. 〈생익〉에 대해 『조선공론』의 마쓰모토 데루카松本輝華는 '영화가 뭔지 모르는 작자가 만든 영화'라는 혹평을 퍼부었다. 그럼에도 불구하고 경성일보사에서 제2회 활동사진 순회영사회를 시작한 것으로 보아 〈생익〉이 기술적, 내용적 결함에도 불구하고 관객들에게 큰 환영을 받았던 것으로 보인다.[54]

제1회 활동사진 순회영사대회가 성황리에 끝난 후 경성일보사에서는 2회 활동사진 순회영사대회를 1922년 4월 15일부터 개최한다. 활동사진 순회영사대회를 위한 경성일보사의 제2회 작품은 『경성일보』기자 야지마 류도八島柳堂가 각본, 촬영, 연출까지 맡은 〈애의 극〉愛の極み이었다. 출연은 구제 료스世亮가 이끄는 동경가무극협회東京歌舞劇協會 회원들이 참여했다. 영화를 기획하던 당시 고토부키칸壽館에

서 공연 중이던 이들을 섭외하여 배우로 출연시킨 것이다.[55] 월미도·금강산·경성시내 등 조선의 유명 경승지에서 촬영된 이 영화는 부유한 조선인 처녀와 가난한 일본인 청년이 운명적으로 만나 호감을 느끼게 되고, 주변의 방해에도 불구하고 일본인 청년의 여동생이 희생하면서 그들의 사랑이 결실을 맺는다는 내용이었다. 이 영화는 소위 내선결혼을 소재로 하고 있었는데 3·1운동 이후 일제가 강조한 내선동화를 결혼이라는 형태로 극적으로 연출한 것이었다. 순회상영회를 시작하기 전 총독부에서는 총독부 고관들을 위한 시사회를 열었다. 이때 조선 총독 사이토가 내선동화를 소재로 한 영화 중 가장 뛰어나다는 상찬을 했고 이에 따라 순회상영회가 끝난 후 조선인 관객들을 위해 단성사에서 특별히 상영하기도 했으며, 조선총독부에서는 이 영화를 구매하여 총독부 활동사진반을 통해 전국에서 상영하도록 했다.[56]

〈애의 극〉의 성공적인 제작을 바탕으로 경성일보사에서는 제3회 활동사진 순회영사대회를 개최하고 추가 영화 제작을 시도했다. 세 번째로 제작한 영화는 〈사의 휘〉死の輝き라는 제목의 영화로 〈애의 극〉과 마찬가지로 야지마 류도가 제작을 도맡았다. 이 작품은 1922년 7월 28일 마산 해안에서 수영 연습 중 물에 빠진 학생들을 구하고 순직한 대구중학 도요타豊田 선생의 인간적인 삶을 소재로 한 것이었다. 이 영화는 시로이시가와白石川에서 물에 빠진 세 명의 아이를 구하고 목숨을 잃은 오노小野 선생의 이야기를 1922년 쇼치쿠에서 영화로 만들어 큰 성공을 거둔 바 있는 〈아아 오노훈도〉嗚小野訓導 이야기와 비슷했다. 경성일보사에서는 〈아아 오노훈도〉의 성공에서 힌트를 얻어 〈사의 휘〉를 만든 것이었다.[57]

촬영은 대구와 마산 등 도요타 선생의 근무지와 순직한 바닷가에서 이루어졌으며 같은 해 9월 24일부터 제3회 활동사진 순회영사대회를 통해 전국에서 상영되었다. 그러나 경쟁 신문인 『경성일일신문』에서 이 영화의 내용은 사실이 아니라는 르포 기사를 내면서 논란이 일었고, 결국 진위 여부 문제로 확대되었다.[58] 이 논란은 순회영사대회가 끝나면서 사그라졌다. 하지만 진위 논란으로 이미지에 타격을 입은 경성일보사에서는 더 이상 순회영사대회를 열지 않았다. 이는 계속된 무료 상영으로 피해를 입은 극장업자들의 반발을 고려한 것이기도 했다.

1920년대 초반 조선총독부를 비롯한 식민지 지배 기구들은 조선을 식민통치하는 데 유리한 내용들을 극화하여 보여줌으로써 조선인들에게 일제의 조선 지배를 기정사실화하고 그러한 인식을 강화시키는 데 이용했다. 1921년부터 1922년 사이에 경성일보사에서 제작한 극영화는 연쇄극 유행이 정점을 찍은 뒤 극영화 제작이 이루어기 시작하던 시점에 이루어진, 식민지 지배 기구를 중심으로 한 영화 제작 활동이었다.

4 극영화의 시대

1919년 무렵부터 일본인 활동사진관을 중심으로 극영화 제작이 시작되었다. 이렇게 제작된 영화들은 조선에 살고 있는 소수의 일본인만을 대상으로 만들어졌기 때문에 상업적 성공을 거두기는 어려웠다. 흥행 수익을 위해 조선인 관객들의 기호에 맞는 영화 제작 필요성을 절감하게 된 일본인 흥행업자들은 시선을 조선인 관객들에게 돌렸다. 그 당시 조선인들을 대상으로 만들어진 영화는 조선총독부나 경성일보사와 같은 식민지 지배 기구에서 계몽과 선전을 목적으로 만든 것뿐이었다. 이 영화들은 조선인을 계몽과 훈육의 대상으로 삼았음에도 불구하고, 단지 조선인이 주인공으로 나온다는 이유로 조선인 관객들의 큰 호응을 얻고 있었다.

관 주도의 영화 제작은 민간의 영화 제작 움직임에 영향을 주게 된다. 1921년 조선활동사진주식회사朝鮮活動寫眞株式會社가 만들어졌고, 여기에서는 경인지역 영화관들을 체인으로 묶어 자신들이 만든 영화를 상영할 계획을 세운다. 이러한 계획은 활동사진관주들의 반대로 실패하고 조선활동사진주식회사에서는 활동사진관인 주오칸中央館을 설립, 운영하는 데 그치고 만다. 1923년 조선활동사진주식회사의 중심인물들이 주축이 된 영화 제작 조직 극동영화구락부가 만들어져 극영화〈국경〉을 제작했다. 이것을 시작으로 조선인 관객을 대상으로 한 극영화가 일본인 제작자들의 손으로 만들어진다. 일본인 제작자들은 조선인들이 좋아할 만한 전래소설과 조선인 관객들에게 익히 알려져 있는 신파 대표작들을 영화의 주요 소재로 삼았다. 또한 일본인들이 제작한 영화들이 조선인들에게 거부감 없이 다가갈 수 있도록 조선인들을 연출이나 각색 혹은 주연배우로 참여시켰다. 일본인 제작자들의 영화 제작에 조선인들도 관여하게 되면서 본격적인 극영화의 시대로 접어들게 된다.

하지만 극동영화구락부에서 제작한 〈국경〉은 조선인 관객들을 자극시킨다는 이유로 상영 중지되었다. 반면 고가네칸과 유라쿠칸을 경영하며 뛰어난 흥행 감각을 보여주었던 하야카와 마쓰타로는 동아문화협회를 설립하고 그 첫 번째 영화로 〈춘향전〉을 제작하여 큰 성공을 거둔다. 경복궁에서 개최된 부업공진회에 맞춰 제작되어 단성사에서 공개된 〈춘향전〉은 단성사에서 상영이 끝난 후 공진회 활동사진관으로 상영 장소를 옮겨가며 관객몰이에 성공한다. 〈춘향전〉의 흥행은 일본인 제작자들뿐만 아니라 단성사 운영주인 박승필이 본격적으로 영화를 제작하는 데 영향을 주었다. 〈춘향전〉 이후 동아문화협회에서는 기생인 강명화의 죽음을 극화한 〈비련의 곡〉하야카와 고슈, 1924과 고전을 바탕으로 한 〈토끼와 거북〉, 〈놀부 흥부〉김조성, 1925 등이 교육영화라는 이름으로 제작·상영되었다.

조선키네마주식회사는 1923년 간토關東 대지진으로 도쿄의 모든 영화촬영소가 파괴되어 일본 전역에서 영화 필름이 부족한 상황을 기회로, 일본에 영화를 수출할 목적으로 부산의 일본인 실업가들이 만든 회사였다. 이들은 이경손 등이 주축이 된 무대예술연구회 회원들을 전속배우로 하여 첫 번째 영화인 〈해海의 비곡秘曲〉다카사 간초高佐貫長, 1924을 제작했다. 〈해의 비곡〉 이후 조선키네마주식회사에서는 조선을 배경으로 한 영화의 제작을 위해 윤백남을 중심으로 〈운영전〉1924을 제작했으며 〈신神의 장粧〉다카사 간초, 1925, 〈동리의 호걸〉 등도 만

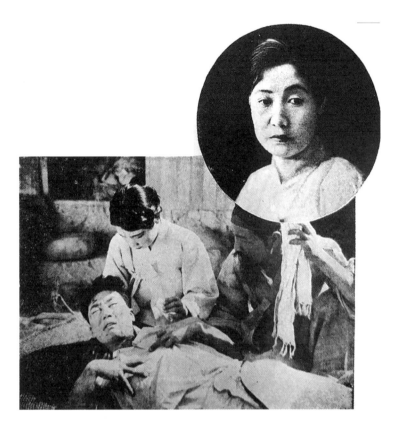

〈해의 비곡〉의 한 장면과
여주인공 이채전.
제주도를 배경으로 출생의
비밀을 지닌 한 쌍의 사랑하
는 남녀가 서로 이복남매라
착각하여 바다에 뛰어들어
정사情死하게 된다는 줄거리
이다.

들었다. 조선키네마주식회사는 서울이 아닌 부산을 중심으로 활동
한 것 외에도 윤백남을 비롯해 안종화, 이경손, 나운규, 주인규朱仁奎,
1903~1957, 남궁운南宮雲, 본명 김태진金兌鎭, 1905~1949 등 초창기 영화인들을 배
출해낸 것에서 그 의미를 찾을 수 있다.

　이 외에도 일본인 흥행자본가들의 움직임에 대응해 조선인 극
장인 단성사에서는 단성사 촬영부를 조직하여 순전히 조선인 자본
과 기술로 〈장화홍련전〉1924을 제작했으며 이후 단성사는 고려키네
마, 금강키네마, 나운규프로덕션 등에 자본을 투입하여 무성영화시

기 조선영화가 지속적으로 제작될 수 있는 물적 토대를 제공해주었다. 또한 서울로 올라온 부산의 조선키네마주식회사 출신 조선 영화인들은 백남프로덕션이나 계림영화협회 같은 영화 제작회사에서 작업에 참여하여 조선영화가 제작될 수 있는 중요한 인적 토대를 만들었다.

극동영화구락부의 〈국경〉

제1차 세계대전으로 경제적 호황 상태에 있던 일본에서는 주식회사설립이 유행했다. 극장 흥행업도 마찬가지였다. 구마모토熊本, 나고야名古屋, 마쓰야마松山 등지에 주식 발행으로 자본을 모집한 대형 극장들이 설립되었다.[59] 조선에서도 주식회사를 설립하여 이를 통해새로운 극장을 건축하려는 움직임이 싹텄다. 1919년 본정 2정목에위치한 고토부키자壽座를 중심으로 새로운 극장 설립이 추진되었다.일본인 자본가들은 주식회사 경성극장을 조직한 후, 주식을 발행하고 자본을 축적하여 최신 시설을 갖춘 극장을 건립했다. 1921년 8월영업을 개시한 주식회사 경성극장은 경성의 일본인들을 위한 무대공연의 중심지가 되었다.[60]

경성극장의 주식 공모가 성공적으로 이루어지는 것을 본 경성의 일본인들은 다투어 주식회사를 세워 흥행업에 뛰어들었다. 1920년 나카무라 히코中村彥를 중심으로 한 일본인들은 자본금 50만 원, 불입금 12만 5천 원 규모의 조선활동사진주식회사朝鮮活動寫眞株式會社를조직한다. 조선활동사진주식회사에서는 우선 활동사진관을 신축하기로 하고 1921년 10월 15일 영락정 상품 진열관 건너편에 주오칸

1919년 개관한
경성극장의 외관.

을 신축하여 개관하였다. 조선활동사진주식회사에 이어 자본금 20
만 원의 주식회사 게이류칸京龍館이 조직되어 1921년 7월 19일 경성
과 용산의 중간에 위치한 옛 연병장 자리에 활동사진관을 신축했다.
게이류칸은 훗날 성남극장으로 이름을 바꾸어 1990년대까지 그 자
리에서 운영을 이어갔다.

주식 발행으로 큰 자본을 모은 흥행회사들은 극장 운영 외에 제
작에도 관심을 가졌다. 대표적인 회사가 조선활동사진주식회사였
다. 조선활동사진주식회사는 주오칸을 중심으로 경인지역 극장들을
체인으로 하여, 자체 제작 영화를 상영할 계획이었다. 이를 위해 회
사와 관련된 인물들을 중심으로 영화 제작 조직인 극동영화구락부
를 설립하여 영화 제작을 시작한다.

극동영화구락부의 중심인물은 전속 촬영기사인 나리키요 에이
成淸榮였다. 그는 조선활동사진주식회사의 중역이던 나리키요 다케마
쓰成淸竹松의 아들이자 영화 제작사 쇼치쿠松竹의 촬영기사 출신으로,

영화 제작을 위해 조선에 와 있었다. 극동영화구락부에서는 극영화 제작에 앞서 1922년 9월 17일 『경성일일신문』에서 주최하고 용산 그라운드에서 열린 오사카 마이니치大阪每日 대 만철滿鐵, 남만주철도주식회사의 야구경기와, 고미 분노스케五味文之助 일좌가 출연한 극동영화구락부의 연쇄극 〈노기장군〉乃木將軍을 촬영했다. 야구경기 실황과 고미 분노스케 일좌의 연쇄극은 9월 24일 경성극장에서 상영되었다.[61]

극영화를 제작하기 위해 배우가 필요했던 극동영화구락부에서는 연쇄극용 필름의 촬영 경험이 있는 고미 분노스케 일좌를 극동영화구락부 전속 배우로 삼아 본격적인 극영화 제작에 나섰다. 고미 분노스케 일좌는 무사도 고취와 정신 교화를 모토로 연쇄극을 만들어 상연하던 극단이었다. 조선에서는 조선군 헌병대의 야마구치山口 대좌大佐가 제1차 세계대전 이후 일본이 점령한 청도靑島 연안에서 벌인 해적 토벌을 극화한 〈해적 토벌〉을 상연한 바 있었고, 이후 극동영화구락부의 도움을 받아 러일전쟁 당시 일본의 전쟁영웅이었던 노기장군을 소재로 한 군사극 〈노기장군〉을 연쇄극으로 만들어 상연했다.[62]

일본 제국주의 침략을 무사도 고취라는 명목으로 합리화하던 고미 분노스케 일좌와 손잡은 극동영화구락부는 압록강을 사이에 둔 의주와 중국 안동현安東縣(오늘날의 단동丹東)을 배경으로 일본 국경수비대가 마적단을 토벌하는 내용의 영화 〈국경〉을 제작한다.★ 이 영화는 특히 조선인 관객을 대상으로 제작되었는데, 박순일朴順一과 같은 조선인 이름의 배우들이 출연하여 매스컴의 주목을 받았다. 〈국경〉은 1923년 1월 13일 단성사에서 개봉되었다. 그러나 개봉 첫날 조선인 학생들의 엄청난 야유로 영화 상영이 중단되었고, 이후에

★ 〈국경〉은 한국영화사 연구에 있어서 최초의 극영화에 관한 논쟁을 불러온 작품이다. 조희문이 박사논문에서 〈국경〉을 최초의 극영화로 지목하자 영화사 연구자 이영일이 〈국경〉이라는 영화의 실체에 대한 의문을 들어 반론을 폈다. 여기에 서지학자 김종욱이 관련 자료를 가지고 있다고 나섰으나 그가 가진 자료들의 실물을 공개하지 않자 의문이 가득한 상황으로 흐지부지되었다. 이후 『조선공론』의 기사가 발견되면서 〈국경〉이 극동영화구락부에서 만든 영화임이 밝혀졌으며, 최초의 극영화에 관한 논쟁은 이로써 일단락되었다.

도 더 이상 대중에게 상영되지 못했다. 『조선공론』의 영화 담당 기자 마쓰모토 데루카松本輝華는 "아무리 영화가 형편없는 것일지라도 직접적인 야유를 보내 중지시키는 것은 심히 좋지 않은 일이다."[63]라며 '이것이 조선인의 수준'이라는 비아냥거림으로 조선인 학생들을 꾸짖었다. 그러나 3·1운동의 영향을 강하게 받고 있던 당시 조선인 학생들에게는 충분히 납득 가능한 행동이었다.

〈국경〉이 상영되던 하루 전인 1월 12일 의열단원 김상옥金相玉은 종로경찰서에 폭탄을 투척했고 1월 22일 자결할 때까지 신출귀몰한 활약으로 일제의 간담을 서늘하게 했다. 일제가 김상옥에 관한 내용을 보도하지 못하도록 통제했지만 이미 경성의 조선인들은 소문으로 김상옥의 활약을 알았고 마음으로 그를 응원하고 있었다. 조선인들의 마음을 격앙시키는 또 다른 사건이 발생한 상황에서, 만주에서 활약하던 무장독립군을 마적으로 표현하고 이들을 토벌하는 일본 국경수비대의 활약을 그린 〈국경〉은 젊은 조선 학생들을 자극할 수밖에 없었다.

일본 경찰은 〈국경〉의 상영을 금지했을 뿐만 아니라 영화의 활극적 요소들이 관객들에게 좋지 않은 영향을 끼친다는 이유를 들어 영화관 운영자들에게 주의할 것을 명령했다. 조선인들을 이해하지 못하고 무시하는 내용의 영화를 만들어 조선인들을 자극시켰던 극동영화구락부는 큰 손해만 입고 영화 제작을 접게 된다.

거창하게 시작한 조선활동사진주식회사는 주오칸을 운영하는 것 외에 특별한 활동을 이어가지 못했다. 애초 계획했던 것과는 달리 경인지역 상설관을 인수하는 것은 쉽지 않았고 일제가 위생과 치안을 이유로 설립을 제한했기에 활동사진관을 신설할 수도 없었다.

이 상황에서 '내지'의 영화 회사들이 상설관을 직영하며 조선에 직접적인 영향력을 행사하였다. 일본 영화산업의 소비지로 전락하게 된 조선에서는 영화 제작은 물론 배급, 상영과 같은 자체적인 영화산업의 토대를 육성할 수 없었다. 이는 조선이 영화산업에서 실패할 수밖에 없는 식민지적 상황에 직면해 있음을 보여주는 것이었다.

동아문화협회와 단성사 촬영부

조선총독부의 후원을 받은 조선농회朝鮮農會에서는 1923년 10월 5일부터 24일까지 농한기 농촌의 부업을 장려하기 위해 경복궁 내 물산공진회 건물을 활용하여 조선부업공진회朝鮮副業共進會를 개최한다. 일종의 박람회와 같은 공진회는 평소에 볼 수 없던 문물을 한곳에 모아 전시한다는 면에서 관광이나 오락과 결합된 것이었다. 전국에서 공진회 구경을 위해 경성으로 몰려든 사람들로 경성 상업계는 특수를 노릴 수 있었다. 극장도 마찬가지였다. 평소에는 경성 시민들을 상대로 흥행을 했던 극장은 공진회 기간 전국에서 모여든 관객들로 가득 찼다. 이러한 기회를 맞아 흥행업자들은 서울로 몰려든 관객들을 위해 특별 프로그램을 준비할 필요가 있었다.

당시 조선에는 불과 20여 개의 영화관만이 존재했기 때문에 순회영사대가 전국을 다니며 영화를 상영했다. 1913년 다이쇼칸의 매점을 운영하면서 극장 흥행업에 발을 디딘 하야카와는 1919년 유라쿠칸 경영을 접고 동아문화협회라는 순회 흥행단체를 조직해 만주와 조선 일대에서 흥행업을 이어가고 있었다. 일찍이 〈문명의 복수〉 같은 연쇄극이나 〈오호 영목교장〉 같은 극영화를 제작한 바 있던 하

1915년 경복궁에서 열린
조선물산공진회의 연예관.
이 건물은 1916년 매각된 뒤
고가네유엔黃金遊園으로 옮
겨져 고가네칸黃金館 건물로
사용되었다.
『조선사진화보』 6호,
1915. 10.

야카와는 공진회 개최에 맞춰 영화를 제작하여 조선인 관객을 대상
으로 상영할 계획을 세웠다. 그가 선택한 작품은 조선인들이 가장
좋아하는 〈춘향전〉이었다. 〈춘향전〉은 1912년 보급서관普及書館에서
『옥중화』獄中花가 출간된 이래 1930년대 말까지 250여 종의 이본異本
이 출판될 정도로 조선인들 사이에서는 큰 인기였다.

제작비로 2만 3천여 원의 금액이 투자되었으며 〈춘향전〉의 배
경이 되는 남원 현지에서 로케이션 촬영을 했다. 주인공 이몽룡(김
조성 분)과 성춘향(한명옥 분)을 제외한 나머지 배역은 전북지사의 알
선으로 현지 주민들을 참여시켰다.[64] 일제 관료들의 도움을 받아가
며 제작된 〈춘향전〉은 부업공진회가 개최되는 1923년 10월 5일 단
성사에서 개봉되었다.[65] 입장료는 1원 50전이라는 거액이었다. 공진
회 관련 기사로 〈춘향전〉 상영에 대한 반응이 크지는 않았지만 조선
인 관객들은 비싼 입장료에 비해 고증이 잘못된 점과 아마추어 연기

자의 서툰 연기 등을 지적했다.[66]

하지만 〈춘향전〉이라는 텍스트의 인기가 대단해서였는지 극장 안은 관객들로 가득 찼다. 단성사에서 상영이 끝난 후 10월 18일에는 〈춘향전〉의 배경인 남원과 상대적으로 가까운 군산의 군산좌群山座에서도 상영되었다. 10월 21일에는 좋지 않은 날씨와 조선인의 호응 부족으로 고전하고 있던 조선부업공진회에서 관람객의 호기심을 끌 만한 여흥거리로 〈춘향전〉 필름을 구매하여 공진회 활동사진관에서 10전의 저렴한 가격에 상영했다. 폐막을 앞두고 급감한 관객 수에 당황한 나머지 〈춘향전〉 상영을 통해 조선인 관객들을 끌어들이려 한 것이다.[67]

하야카와는 〈춘향전〉의 상업적 성공을 발판으로 동아문화협회를 통해 조선인을 상대로 한 영화 제작을 계속하는 한편 조선인 상설관인 조선극장朝鮮劇場의 운영권을 매입하여 다시금 영화관 운영에 나서게 된다. 조선극장은 3·1운동 당시 명월관明月館 주인 황원균黃元均이 의친왕의 국외 탈출을 막은 공로로, 경기도 경찰부장 치바 료千葉了로부터 자금 알선과 행정 지원을 받아 과거 연흥사가 있던 자리에 설립한 것이었다. 그러나 조선극장은 소유주인 황원균과 채권자인 요코하마동양생명의 야자와 긴지로矢澤近次郎 사이에 발생한 분쟁으로 이미 건물은 동경건물회사로 넘어간 상태였다. 하야카와가 동경건물회사로부터 이 극장의 운영권을 양도받은 것이다.[68]

조선극장을 경영하게 된 하야카와는 〈춘향전〉에 이어 기생 강명화와 거부 장길상의 아들 장병천의 정사情死를 소재로 한 〈비련의 곡〉을 제작한다. 1924년 11월 28일부터 상영된 이 작품은 혹평 일색이었음에도 불구하고 기생과 부호의 자제가 사랑을 위해 목숨을 던졌다는 자극적인 내용으로 인해 흥행에 성공했다. 1925년 동아문화협회에서는 교육극으로 홍보된 〈놀부 흥부〉와 〈토끼와 거북〉 등을 제작했다. 이 중 〈놀부 흥부〉는 〈춘향전〉에서 이몽룡 역을 맡은 변사 김조성*이 감독을 맡았다. 하지만 이듬해인 1926년에 조선극장 운영에 어려움을 겪던 하야카와는 필름 검열 수수료 인상으로 영화관 운영에 피해가 극심해지자 극장 운영을 포기하게 된다. 하야카와가 조선인 관객을 대상으로 흥행업을 할 수 있도록 옆에서 도운 김조성은 하야카와에 이어 조선극장을 잠시 맡아 운영했지만 얼마 지나지 않아 극장 운영에서 손을 뗀다.

1918년 단성사가 활동사진 상설관으로 전환된 후, 조선인 상설관의 대명사는 일본인 흥행업자가 경영하던 우미관에서 조선인 흥행사 박승필이 경영하는 단성사로 넘어갔다. 1923년 동아문화협회는 〈춘향전〉이 공전의 성공을 거둔 후 이를 발판 삼아 1924년 6월 조선극장의 운영권을 인수하였고, 조선극장은 단성사의 가장 큰 경쟁자로 떠올랐다. 단성사 운영자 박승필은 이에 대응하여 동아문화협회와 마찬가지로 극영화 제작을 적극 준비하였다.

극영화 제작을 위해서는 먼저 영화 제작 경험이 있는 인물이 필요했다. 단성사 지배인인 박정현은 우미관 영사기사 시절 한때 데리고 있던 이필우를 촬영기사로 데려온다. 우미관 영사기사 출신으로 덴카쓰 고사카 촬영소에서 촬영술을 배우고 조선으로 건너온 이필우는 1920년 이기세가 이끌던 문예단의 연쇄극 〈지기〉를 촬영하면서 최초의 촬영기사라는 명예를 얻었다. 그는 1921년 통영청년단원들과 순회영사회에 참여하던 중 헨리 고타니가 이끌던 일본 쇼치쿠 촬영팀이 만주에서 〈석양夕陽의 촌村〉을 촬영하는 데 도움을 준 적

★ 변사였던 김조성은 변사 일을 그만둔 뒤 극작가로 변신하여 김춘광金春光이라는 이름으로 활약했다. 1935년에는 극단 예원좌藝苑座를 조직하여 해방 직전까지 운영했으며 해방 후 예원좌는 청춘극장으로 이름을 바꾸었다. 예원좌와 청춘극장의 주요 레퍼토리였던 김춘광 작 〈검사와 여선생〉과 〈촌색시〉 등은 1948년과 1949년 영화로 제작되어 큰 호응을 얻었다.

이 있다. 이를 계기로 일본으로 다시 건너간 이필우는 1923년 그리피스D. W. Griffith의 〈동도〉Way Down East 필름을 무단으로 복사해 와서 상영하게 된다. 그는 문예영화양행文藝映畵洋行을 세워 필름을 수입하는 한편 나리키요가 〈국경〉을 촬영하기 위해 가지고 있던 낡은 파테 카메라를 빌려 연쇄극 및 관청에서 발주한 영화를 촬영하고 있었다.[69] 그러던 중 단성사와 관련을 맺고 〈장화홍련전〉과 〈쌍옥루〉雙玉淚, 이구영, 1925의 제작에 참여했던 것이다. 박승필은 이필우를 불러 테스트 겸 전선여자정구대회를 촬영하도록 한다. 이필우의 촬영은 성공적으로 이루어졌다. 단성사에서는 1924년 7월 2일, 촬영한 1권 분량의 필름을 〈전선여자올림픽대회실황〉이라는 제목으로 상영했다.

　　1924년 7월 단성사에서는 이필우를 중심으로 촬영부를 설치하고 〈장화홍련전〉을 극영화로 제작하기로 한다. 〈장화홍련전〉은 지금의 고려대학교 뒤편에 위치한 개운사開運寺에 세트를 마련해놓고 단성사의 변사와 광무대 배우들을 동원하여 촬영했다. 한여름을 꼬박 넘겨 완성된 〈장화홍련전〉은 1924년 9월 5일 개봉되었는데, 이 영화의 개봉에 맞춰 조선극장에서는 〈춘향전〉을 재개봉하여 맞불을 놓았다. 조선영화가 드물게 제작되는 상황이라 〈장화홍련전〉은 흥행에서 성공을 거둔다. 이에 고무된 단성사에서는 본격적으로 영화 제작에 나설 준비를 하는데, 그 일환으로 박승필은 단성사 촬영부를 확대하기로 하고 현철玄哲, 1891~1965과 이구영이 세워 운영하고 있던 조선배우학교와 제휴한다. 일본 동경예술좌 부속 연극학교에서 수학한 현철은 1920년 연예강습소, 1922년에는 예술학원을 세워 연극 교육에 나선 경험이 있었고, 1924년 12월에는 이구영과 함께 조선배우학교를 세워 운영하던 극계의 중심인물이었다.

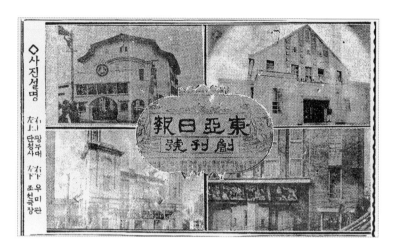

1925년 4월 『동아일보』
창간 5주년 기념 독자위안회가
열린 경성의 조선인 극장 사진.
오른쪽 위가 광무대,
아래가 우미관이다.

1925년 3월 단성사에서는 단성사 촬영부를 대신하여 박정현, 이필우를 중심으로 동국문화협회를 세워 배우학교를 그 산하에 두고 영화 제작에 나섰다. 제작하기로 했던 작품은 현철의 의견을 받아들여 〈숙영낭자전〉으로 정했다. 그러나 현철은 단성사와의 수익 배분 문제를 이유로 시나리오 작성을 차일피일 미루며 시간만 끌었다. 이에 단성사에서는 동국문화협회를 해산하고 현철을 제외하는 대신 이구영과 조선배우학교 출신 배우들을 데리고 영화를 제작하기로 한다. 그렇게 선택된 작품이 〈쌍옥루〉였다. 〈쌍옥루〉의 제작을 위해 고려영화제작소가 설립되었다. 총지휘는 박정현이 맡았으며 시나리오는 이필우와 이구영이 공동으로 썼다. 감독은 이구영이었으나 닛카쓰에서 배우로 활약하며 이름을 알리고 있던 강홍식姜弘植, 1902~1971이 이구영과 함께 감독이라는 타이틀로 홍보되었다. 촬영은 이필우가 맡았는데 1925년 6월에 시작된 촬영이 곧 일어난 을축년 대홍수로 중단되었다. 다시 재개된 촬영은 9월에야 완료되었고 개봉은 9월 26일에 이루어졌다. 이 영화는 총 18권이라는 장편으로 완성되었는데, 그것은 이필우와 이구영의 갈등 때문이었다. 촬영감독과 감독의 갈등은 점점 심해져서 매사에 의견 충돌이 일어났고 그 결과 러닝타임이 늘어나게 된 것이다.

단성사는 이후에도 조선영화 제작의 가장 큰 후원자였다. 1920년대 후반 〈낙화유수〉落花流水, 이구영, 1927와 같은 소위 신파영화를 만들어냈던 금강키네마는 단성사의 자금으로 움직였던 대표적인 영화회사였다. 또한 1927년 조선 영화계의 기린아라 할 수 있는 나운규가 조선키네마프로덕션에서 독립하여 나운규프로덕션을 세울 수 있도록 도왔고, 이경손이 자신의 이름을 딴 영화사를 차릴 수 있게 자금을 지원했다. 1930년에는 나운규를 중심으로 원방각圓方角이라는 영화사를 세워 조선영화를 제작하기도 했다.

〈쌍옥루〉를 제작하는 데 중요한 역할을 담당했던 이필우와 이구영은 이후 다른 길을 걸었다. 〈쌍옥루〉가 완성된 후 이필우는 단성사에서 독립하여 독자적으로 활약했다. 1927년 직접 연출한 〈멍텅구리〉라는 작품은 한국 화가로 잘 알려진 노수현盧壽鉉, 1899~1978의 신문 연재만화를 각색한 우리나라 최초의 코미디영화였다. 이후 천한수千漢洙, ?~1930의 부탁으로 〈낙양의 길〉이라는 기생들의 연극에 필요한 연쇄극용 필름을 촬영했으며, 진영섭의 자금을 가지고 대구 부호 장길상 일가의 실화를 바탕으로 한 〈혈마〉血魔, 홍개명, 1928라는 영화를 제작했으나 검열로 인해 개봉하지 못했다. 그 외에도 〈낙원을 찾는 무리들〉황운, 1927, 〈종소리〉김상진, 1929 등의 영화에 직간접으로 관여했다. 이후 1929년 상해로 건너가 영화계에서 머물다가 귀국하여 와케지마 슈지로分島周次郎가 운영하던 경성촬영소에 입사하여 기술책임자로 활약하면서 조선 최초의 토키영화인 〈춘향전〉의 녹음을 성공시켰다. 이처럼 이필우는 일제강점기 대표적인 영화기술자로 활약하며 동생 이명우李明雨, 1903~?를 비롯하여 많은 영화기술자들을 배출했다.

이필우가 〈쌍옥루〉 이후 단성사와 결별한 것과는 달리 이구영은 단성사에 입사하여 영화관을 중심으로 활약했다. 어려서부터 '짜플린 대장'이라는 별명으로 불렸을 정도로 영화광이던 이구영은 3·1운동으로 퇴학당한 후 신문사 사환으로 입사하여 오사카마이니치신문大阪毎日新聞과 도쿄니치니치신문東京日日新聞에서 일했다. 당시 도쿄의 유명 변사인 이코마 라이유生駒雷遊, 1895~1964의 영화 설명을 메모해서 단성사 주임변사이던 김덕경에게 보내는 등 영화에도 관심을 가졌다. 1923년 귀국한 이구영은 1924년 현철과 조선배우학교를 세워 영화를 가르쳤다. 1925년 단성사와 더불어 영화 제작을 하게 되면서 배우학교 운영을 접고 영화 제작에 전념했다. 〈쌍옥루〉 제작 후 단성사에 입사한 이구영은 선전부에 있으면서 영화 제작에도 관여했다. 이때 단성사에서는 이광수李光洙, 1892~1950의 소개로 윌리엄스 카메라를 구입해 영화 제작을 시작했는데, 그 첫 번째 작품이 〈낙화유수〉였다. 단성사 변사인 김영환의 자전적 이야기를 이구영이 연출한 작품이었다.

1930년에는 나운규가 만든 〈아리랑〉1926의 후속편인 〈아리랑 그 후 이야기〉가 원방각에서 제작되었다. 이구영이 연출을 맡은 이 영화는 좌익 계열이었던 카프 영화인들과 단성사를 중심으로 한 기존 영화인들 간의 치열한 논쟁을 촉발시켰다. 이후 이구영은 〈승방비곡〉僧房悲曲, 1930, 〈수일과 순애〉1931 등 신파조의 영화들을 만들었는

데, 이 시기는 프롤레타리아 영화운동과 이러한 경향의 영화 제작
이 활발하던 시기였기에 홍행만을 노린 작품을 만들어낸다는 비판
을 받기도 했다. 1930년대 후반 단성사에서 나온 그는 방한준方漢駿,
1905~1950이 만든 〈한강〉1938 제작에 참여했으며 해방 이후에는 윤봉춘
尹逢春, 1902~1975과 함께 계몽문화협회를 조직하여 〈안중근 사기〉安重根史
記, 1946의 연출과 윤봉춘이 연출한 〈윤봉길 의사〉1947 , 〈유관순〉1948의
각본을 맡아 광복영화 제작에 앞장섰다.

조선키네마주식회사

3·1운동은 민족해방운동의 중요한 기폭제였을 뿐만 아니라 해방운
동에 질적인 변화를 초래하였다. 3·1운동 직후 국내외에 임시정부
가 수립되었고 이는 상해 대한민국임시정부로 통합되었다. 만주와
연해주 일대에서는 무장독립운동이 전개되었으며 러시아 혁명에 자
극받은 공산주의자들은 상해와 하바롭스크에 고려공산당을 조직하
기도 했다.

　3·1운동을 이끌었던 중심 세력인 학생들은 민족의식을 일깨우
기 위한 강연회를 개최하거나 연극공연을 중심으로 한 문학예술운
동을 전개했다. 국내에서는 1920년 6월 조선고학생갈돕회朝鮮苦學生
갈돕會가 조직되어 순회강연과 연극공연을 펼쳤다. 고학생들이 공부
를 계속하기 위해 서로 돕는다는 취지의 갈돕회에서는 1920년 12월
〈운명〉, 〈인형의 집〉 등을 공연했다.[70] 갈돕회보다 조금 이른 시기
에 도쿄의 조선인 유학생들은 고학생과 노동자들을 돕기 위한 단체
인 동우회同友會를 조직했다.[71] 동우회에서는 1921년 여름방학을 맞아

회원들이 조선으로 건너와 각지에서 순회강연회를 열고 『김영일金英
－의 사死』(조명희趙明熙 작), 『찬란한 문』(로드 던세이니Lord Dunsany
작), 『최후의 악수』(홍난파洪蘭坡 작) 같은 각본을 가지고 순회공연을
갖기도 했다. 동우회 공연에서는 특히 윤심덕의 막간 독창이 인기
였다.

　여름방학을 맞아 행해지던 조선인 유학생들의 연극 활동은
1923년 형설회螢雪會와 토월회土月會로 이어졌다. 동경 유학생 모임이
던 형설회는 명목상 회관 증축 및 운영 비용을 벌충하기 위하여 조
선 내 연극공연을 계획했지만 실상은 문화 계몽운동의 일환으로 공
연을 펼쳤다. 또 다른 동경 유학생 모임인 토월회 역시 여름방학을
맞아 연극공연을 개최했는데, 조선극장에서 개연한 1회 공연은 실
패로 끝났지만 2회 공연에는 전문 연극인들을 참여시켜 수준을 높
였다. 2회 공연의 성공으로 연극운동의 가능성을 발견한 박승희朴勝喜
는 토월회를 전문 극단으로 재조직하였다. 이후 박승희가 이끄는 토
월회는 전문 연극인들로 구성된 전문성을 띤 1920년대의 대표 극단
으로 발전한다.

　이렇듯 동경 유학생 출신이 중심이 된 토월회는 1920년대 조선
문화운동에 있어 중요한 역할을 담당했다. 특히 많은 문학·예술인
들을 배출하여 1920년대 문화운동의 산실이 되었다. 예컨대 김복진
金復鎭, 김기진金基鎭 형제는 1920년대 중반부터 1930년대 초반까지 사
회주의 이론에 기초한 문학예술 조직인 조선프롤레타리아예술동맹
(약칭 카프KAPF)을 조직하여 프롤레타리아 예술운동의 지도자로 활
약했다. 토월회 무대의 배경을 담당한 백조白潮의 동인 미술가 원우
전元雨田은 이후 대표적인 무대미술가로 성장했으며, 2회 공연 때 〈카

추샤〉의 주인공 네흘류도프 공작 역을 맡았던 안석영安夕影, 1901-1950은 삽화가이자 영화인으로 활약했다. 막 뒤에서 카추샤의 노래를 부르고 무대에서 러시안 춤을 췄던 정구선수 출신 조택원趙澤元은 조선을 대표하는 무용가가 된다.

1923년 12월 함흥에서 창립한 예림회藝林會는 서울의 도쿄 유학생들이 중심이 된 토월회와 비슷하게 함흥 출신 도쿄 유학생들이 연극운동을 위해 조직한 극단이었다. 이들은 1923년 9월 발생한 간토 대지진으로 학업을 중단하고 돌아와 있던 차에, 함흥에 동명극장과 함흥극장이라는 두 개의 극장이 들어서는 것을 계기로 연극운동을 펼치기 위해 함흥지역 청년운동의 중심인물인 지두한池斗漢을 중심으로 극단을 조직했다.[72] 하지만 뜻과 의욕만 있을 뿐 전문성이 부족했던 이들에게는 연극을 가르쳐줄 사람이 필요했다. 그래서 토월회 공연에서 분장을 도와주었던 민중극단 출신 안종화를 예림회의 문예부장으로 초빙하게 된다. 대대로 벼슬을 하며 서울에 살았던 안종화는 연극배우 활동을 탐탁지 않게 여겼던 완고한 부친을 피해 함흥으로 가서 예림회를 지도하게 된다.

안종화가 문예부장으로 입단한 예림회에는 주인규, 김태진(남궁운)을 비롯하여 회령에서 합류한 나운규까지, 초기 한국영화의 중요 인물들이 다수 포진해 있었다. 1924년 초 '북선北鮮 순회공연'을 마친 예림회는 경비 부족으로 해산하게 되었지만, 1920년대 조선 영화계의 중요한 인물들이 처음 활동한 극단으로 의미가 있다.

예림회가 해산되자 안종화는 무대예술연구회가 공연하고 있는 부산으로 떠났다. 부산에는 당시 영화 제작의 기운이 활발하게 싹트고 있었다. 1924년 7월, 부산의 일본인 실업가들은 자본금 7만 5천

원, 불입금 1만 8천 750원의 조선키네마주식회사를 발족하고 조선을 배경으로 한 이국적인 영화들을 제작하여 일본에 수출할 계획을 세웠다.[73] 대표자는 총포화약상 나데 오토이치名出音一였으며, 부산 묘각사妙覺寺 주지였던 다카사 간초高佐貫長는 왕필렬王必烈이라는 이름으로 영화 제작을 책임졌다.

조선키네마주식회사에서는 영화 제작을 위해 일본에서 촬영기사까지 초빙하고 배우를 모집했다. 배우를 할 만한 인물들이 속속 조선키네마주식회사에 입사했다. 은행원으로 근무하던 야구선수 출신 이주경이 전속배우가 되었다. 이때 부산에서는 무대예술연구회 회원들이 공연하고 있었는데 이주경의 주선으로 이들 역시 조선키네마주식회사의 전속배우로 입사하게 된다. 무대예술연구회는 일본에서 연극을 배워온 현철 등이 주도하여 1922년 설립한 예술학원의 연극과에서 갈라져 나온 그룹이다. 그들은 서울에서 창립공연 후 진용을 정비하여 부산에 공연 차 내려와 있던 상황이었고, 함흥에 있던 안종화가 부산으로 내려간 것도 무대예술연구회에 합류하기 위해서였다. 이후 안종화의 추천으로 주인규, 남궁운, 나운규 등 예림회 출신 배우들이 연구생으로 입사하게 되었다.

조선키네마주식회사의 창립작은 왕필렬이 각본, 연출을 맡은 〈해의 비곡〉이었다. 제주도의 이국적 풍광을 배경으로 제작된 이 작품은 2세대에 걸친 우연과 오해가 빚은 비극을 그린 전형적인 멜로드라마였다. 부산을 시작으로 경성과 일본에까지 상영된 이 작품으로 조선키네마주식회사는 성공적인 출발을 할 수 있었다. 당시 일본의 여느 영화회사들과 마찬가지로 조선키네마주식회사는 신파新派영화와 구파舊派영화*의 두 가지 트랙으로 영화 제작을 추진했다. 제1

★　각각 현대극영화와 시대극영화를 말한다.

촬영팀이 신파영화인 〈해의 비곡〉을 제작하고 있는 동안 〈월하의 맹서〉 제작에 참여한 바 있던 윤백남★은 구파영화의 책임자로 초빙되어 제2 촬영팀을 구성하였다.

조선 연극계와 영화계에서 중추적 역할을 했던 윤백남은 조선의 전래 이야기를 바탕으로 한 야담에 일가견이 있었는데, 그가 맨 처음 선택한 영화는 〈운영전〉이었다. 이 작품은 조선 세종 시기를 배경으로 안평대군의 애첩 운영이 김진사와 벌인 사랑의 도피행각을 소재로 했다. 윤백남은 신인배우 김우연을 발굴하여 주인공 운영 역을 맡겼다. 그러자 그간 다수의 작품에서 주인공을 맡았던 이월화가 촬영을 거부하는 등 배우들 간에 심각한 갈등이 발생했다. 여기에 윤백남의 미숙한 연출도 문제가 되었다. 처음부터 끝까지 잡음이 끊이지 않던 〈운영전〉은 1925년 1월 개봉되었으나 흥행에도 실패했다. 회사 내에서 입지가 좁아진 윤백남은 조선키네마주식회사를 탈퇴하고 조연출을 맡고 있던 이경손을 비롯해 자신을 따르는 연구생들을 데리고 서울로 올라갔다. 윤백남이 조선키네마주식회사를 떠난 후 영화 제작은 왕필렬이 주도했다. 윤백남이 조선키네마주식회사에 필요한 배우라고 하여 남겨둔 안종화, 이채전 등이 주축이 되어 〈신의 장〉, 〈동리의 호걸〉과 같은 영화들이 제작되었다. 두 편의 영화를 가까스로 끝낸 조선키네마주식회사는 1925년 주주들 사이의 분쟁으로 문을 닫고 만다.[74]

조선키네마주식회사의 화려한 출발과 짧은 마감은 영화라고 하는 화려함에 이끌렸던 이질적인 구성원들 간의 갈등에서 기인했다. 일본인 주주들과 조선인 영화인들 사이의 갈등은 회사 운영의 중요한 구성원인 제작진의 분열을 초래했다. 또한 정기주주총회를 둘러

★ 초기 조선 신문화의 선각자. 신파극이 도입된 이래 10여 년 동안 신파극단인 문수성文秀星, 민중극단 등을 조직하여 연극 활동을 전개했고, 총독부에서 제작한 저축 계몽영화 〈월하의 맹서〉를 연출하는 등 조선영화 초창기에 활약했다. 이후 경성방송국의 조선어 방송 책임자로 있었으며 야담가로도 이름을 알렸다. 해방 후 서라벌예술대학 설립에 관여하였다.

싼 소송으로 주주들 사이에 벌어진 갈등은 회사가 해산되는 결정적 계기가 되었다. 사실 영화사 내외에서 발생한 문제의 근원에는 조선 영화산업의 구조적 문제가 있었다. 즉 영화 제작비의 선순환을 보장할 배급체계가 미비했던 것이다. 이러한 상황에서 몇몇 극장에서의 상영으로는 제작비조차 건질 수 없었던 것이 회사를 유지하는 데 있어서 가장 큰 문제였다. 애초에 조선키네마사는 일본시장을 주요 목표로 삼았는데, 간토 대지진으로 파괴된 일본 영화산업이 예상외로 빨리 회복되어 부산에서 제작한 영화가 일본 영화시장을 비집고 들어가기 어려웠던 것도 하나의 원인으로 꼽힌다.

백남프로덕션과 계림영화협회

1925년, 백남프로덕션이 간판을 내걸었다. 윤백남의 주위에는 부산에서 그를 따라온 청년들이 있었는데, 조연출 이경손과 촬영기사 니시카와 히데오西川秀洋를 위시하여 주인규, 김태진, 이규설李圭卨, 나운규 등 예림회 출신 인물들과 윤갑용, 주삼손朱三孫, 김우연金雨燕 등이 함께했다.

백남프로덕션의 첫 번째 작품은 〈심청전〉1925이었다. 연출 능력에 대한 우려 때문에 윤백남은 이경손에게 연출을 맡겼다. 이즈음 〈장화홍련전〉1924의 상영을 끝낸 단성사에서도 똑같이 〈심청전〉을 제작하려 했다. 윤백남은 부족한 제작비를 연구생 주인규를 통해 융통하여 단성사보다 빨리 제작에 나섰다. 이 영화에서는 심봉사 역으로 출연한 나운규가 주목을 받았다. 나운규는 눈먼 연기를 위해 이규설의 안내로 실제 봉사를 만나 시각장애자의 움직임과 표정 등을

연구하여 실감 나는 연기를 펼쳤다.[75]

〈심청전〉은 1925년 3월 조선극장에서 개봉되어 전래소설을 영화로 만든 〈춘향전〉, 〈장화홍련전〉과 마찬가지로 관객의 열띤 호응을 얻었다. 흥행에 고무된 윤백남은 〈심청전〉을 일본에서 상영할 수 있을지 타진하기 위해 필름을 가지고 일본으로 떠나는 한편 차기작으로 이광수 원작 소설 『개척자』를 영화화하기로 한다. 〈개척자〉[1925]는 이경손 연출, 주인규·김정숙 주연으로 촬영을 시작했다. 이후 〈개척자〉의 촬영이 완료되었으나 일본에 간 윤백남에게서는 연락이 없었다. 여름이 다가오자 필름이 녹기 시작했다. 이경손을 비롯한 백남프로덕션 회원들은 윤백남의 부인에게 허락을 얻어 영화를 상영하기로 하고 단성사와 교섭하여 이윤 배분과 개봉 날짜를 정했다. 그러나 〈개척자〉가 개봉되는 1925년 7월 17일, 마침 서울 시내는 '을축년 대홍수'로 남대문 앞까지 물이 들어차는 등 아수라장이었다. 홍수로 교통이 두절된 상황에서 〈개척자〉가 상영되는 단성사에서는 관객을 찾아볼 수 없었다. 〈개척자〉는 참담한 실패로 끝났다. 백남프로덕션은 문을 닫았고 소속 회원들은 거리에 나앉게 되었다.[76]

한때 윤백남과 극단 문수성文秀星을 세워 신파극을 공연한 바 있던 조일재趙一齋, 1863~1944는 조선영화가 본격적으로 제작되는 모습을 보고 영화 제작에 뜻을 두게 된다. 그는 계림영화협회를 세우고 영화를 만들기 위해 백남프로덕션에서 나온 이경손과 교섭한다. 조일재는 일찍이 일본 작가 오자키 고요尾崎紅葉의 원작 『금색야차』곤지키야샤金色夜叉를 『장한몽』長恨夢이라는 제목으로 번안하여 세간의 주목을 받았던 인물이다. '장한몽'은 소설은 물론 신파극으로도 공연되어 어마어마한 성공을 거둔 바 있었다. 이경손은 조일재의 제안을 받아들여 당대 가장 유명한 신파 레퍼토리인 '장한몽'을 연출하기로 한다. 그사이 서울로 돌아온 윤백남은 백남프로덕션이 문을 닫은 것에 섭섭해 했으나 자신이 일본에서 무엇을 하고 왔는지는 말하지 않았다. 훗날 안종화는 일본에 간다던 윤백남이 경남 김해의 합성학교에서 교편을 잡고 있었다고 전했다.[77]

〈장한몽〉이경손, 1926의 주인공 이수일은 주삼손朱三孫이라는 이름의 일본인 배우가 맡았다. 나운규를 잘 따랐던 그는 배역을 받지 못한 나운규의 꾐에 빠져 촬영이 한창이던 상황에서 촬영장을 이탈하여 사라졌다. 주인공 이수일 역을 맡은 주삼손이 행방불명되자 부득이 대역을 써야 했다. 이때 『동아일보』에 근무하던 심훈이 주삼손의 대역으로 영화에 데뷔했다. 주인공이 바뀌는 해프닝이 있었지만 조선인들이 가장 좋아하는 신파극인 〈장한몽〉은 흥행에서 성공을 거둔다.

조일재는 이어서 〈산채왕〉山寨王, 1926이라는 영화를 제작하도록 한다. 윤백남의 시나리오에 이경손이 연출을, 닛카쓰에서 배우로 활약하던 강홍식이 주인공을 맡았다. 〈산채왕〉은 일본의 시대극을 본떠 만든 영화였으나 흥행은 성공적이지 못했다. 주식 발행을 통한 주식회사 형태의 영화회사로 전환을 꾀했던 계림영화협회는 〈산채왕〉이 실패하면서 그 계획이 흐지부지되었다. 계림영화협회는 1927년 10월 심훈이 연출한 〈먼동이 틀 때〉라는 영화로 의욕적인 재기를 기도했으나 이후 별다른 활동 없이 사라지게 된다.

신문화의 개척자인 윤백남과 조일재는 1910년대 초반부터 일본의 신파를 번안하여 신문을 통해 발표하거나 신파극으로 공연하여

〈산채왕〉의 한 장면.
고려 말 홍건적의 무리를 사
람들이 힘을 모아 물리친다
는 내용의 영화다.

조선인들에게 소개하는 역할을 했다. 신문화 소개에 앞장섰던 이들
이 1920년대 초반 영화회사를 세워 고전소설이나 신파의 번안과 같
은 작품을 만들어냈다는 것은, 비록 그 작품들이 가진 한계에도 불
구하고 〈아리랑〉과 같은 보다 근대적인 가치를 지닌 영화 탄생에 인
적·물적 토양을 제공했다는 데 의미가 있다.

영화 검열

영화가 상영되던 공간은 주로 연극을 비롯해 각종 연희가 공연되는
흥행장이었기에, 흥행장에 관한 규정들이 영화 상영과 관련이 있었
다. 특히 극장 설립을 허가해주고 운영을 점검하는 일체의 사무를
경찰이 담당했기 때문에 영화 흥행업은 보안법이나 위생경찰규칙과
같은 경무 관련 법규에 적용을 받았다.

식민지 조선에서 흥행장 및 흥행취체興行取締 규칙은 1920년대 들어서 법제화되었다. 각 도에서는 자체적인 흥행취체 규칙들을 마련하여 이를 제정했다. 이 중 검열에 관한 내용은 각 도마다 약간의 차이가 있었는데 대략 흥행 전날까지 사전에 필름 검열을 받아야 했고 그 필름은 검열을 받은 도에서만 유효했기 때문에 다른 도에서 상영할 경우 다시 검열을 받아야 하는 번거로움이 있었다. 이러한 번거로움으로 평안북도, 경기도, 경상남도에서 검열받은 작품은 조선 전역에서 상영이 가능하도록 했다.

또한 각 도에서 시행한 필름 검열은 대략 다음 6가지 기준에 따라 이루어졌다.

1. 권선징악의 취지에 반하거나 범죄 방법, 수단을 유치誘致 조성할 우려가 있는 것.
2. 외설 또는 참혹하거나 풍교를 해할 염려가 있는 것.
3. 함부로 시사를 풍자하거나 사람의 명예신용을 해치고 정담政談이 분분한 것.
4. 민심의 융화를 저해할 우려가 있는 것.
5. 위생상 유해하다고 인정되는 것.
6. 기타 공안이나 풍속을 해칠 염려가 있는 것.

영화관람 인구 급증으로 영화의 중요성이 강조되자, 영화 검열에 관한 전문적인 규정이 필요하다는 의견이 나오기 시작했다. 1925년 일본에서는 내무성령 제10호로 '활동사진필름검열규칙'이 공포되어 영화 검열을 중앙의 관리하에 두었다. 조선에서는 내무성령 제

10호를 기초로 하여 1926년 7월 5일 조선총독부령 제59호로 '활동사진필름검열규칙'이 공포되었다. 시행은 같은 해 8월 1일에 시작되었다.

'활동사진필름검열규칙' 시행으로 총독부 경무국에 도서과가 설치되어 영화 검열 업무를 총괄하게 되었다. 또한 총독부 5층에 영사실을 두어 이곳에서 영화 검열을 시작했다. 이로써 각 도에서 자의적으로 시행되고 있던 검열 사무를 총독부에서 직접 관할함으로써 흥행업자들에게 편의를 제공할 수 있었다. 하지만 상설관 수가 18개관에 불과한 조선에 1,100개가 넘는 상설관이 있는 일본 '내지'와 마찬가지로 3미터당 5전씩의 과도한 수수료를 부과한 것에 대해서는 극장주와 배급업자들의 불만이 폭주했다.

흥행업자들은 불황과 활동사진관 증가로 경쟁이 치열해진 상황에서 과도한 검열 수수료를 부과하는 것은 불합리하다고 주장하며 검열 수수료를 인하해줄 것을 요구하는 검열 수수료 인하운동을 3차에 걸쳐 시도했다. 하지만 이 문제는 상설관 운영주와 배급업자의 상충된 이해관계로 갈등을 빚다 실패하게 된다. 결국 검열 수수료는 일본과 연동하여 일본의 검열 수수료가 인하되면서 비로소 인하될 수 있었다.

1934년에는 활동사진필름검열규칙에 이어 활동사진영화취체규칙이 제정된다. 앞선 법령들이 다루지 않던 검열 이후 활동사진 영화 흥행자의 흥행 업무에 관한 취체에 초점을 맞춘 법령이었다. 이로써 영화가 상영되는 공간에 관한 '흥행장 및 흥행취체규칙', 필름 내용을 검열하는 '활동사진필름검열규칙', 검열 후 흥행업자의 흥행 업무에 관한 규정을 담은 '활동사진영화취체규칙'이 제정되어 영화에 관한 제반 규정들이 정비되었다. 식민지 지배기구에서 영화를 검열하기 위한 제도가 마련된 것이다. 이는 1940년 조선영화령이 제정되기 전까지 영화 흥행업의 주요한 법적 근거가 되었다.

1925 — 1935

2부

영화, 영화인, 영화운동

이효인

조선 최초의 영화 〈의리적 구토〉義理的仇討, 김도산, 1919가 나온 이후 전래 이야기나 일본의 이야기에 기대어 영화를 만들었던 조선 영화계가 자신만의 이야기를 가지게 된 것은 나운규의 〈아리랑〉1926에서였다. 이로부터 약 10년 후 조선 최초의 토키영화 〈춘향전〉이명우, 1935이 나왔다. 토키영화가 등장한 이 시기는 조선 영화계의 세대교체가 이루어지던 때이기도 했다.

약 15년 동안 진행된 조선 무성영화 기간 중 1926년부터 1932년까지는 사실상 향후 조선영화의 방향타를 결정지을 수 있었던 시기였다. 외부에서 들어온 영화라는 새로운 매체를 익히고 자신만의 미학적 정체성을 확립할 수 있는 시기였기 때문이다. 이 시기 영화를 담당했던 인물들은 영화라는 매체에 매혹된 신진 인텔리들과 신극에 종사하던 기존 연행인들이었다. 그들은 일제의 탄압과 근대적 환경에의 적응이라는 두 과제를 힘겹게 수행하는 동시에 물밀듯이 밀려온 근대사상을 어설프게나마 흡수하여 그것을 영화에 옮겼다.

1920년대 중반 조선영화 장場은 사상과 계몽의 교두보이자 대중문화 산업이 전개되던 대표적인 공간이었다. 1장에서는 그러한 각축장에 등장한 주요 인물들의 환경과 사상을 통해 그들의 활동 내용과 맥락을 살펴보았다. 이경손李慶孫, 1903~1977은 초기 조선 영화인의 정신적 행로와 활동을 대표하는 인물이다. 그의 중국 진출과 태국행은 조선 영화인의 신산辛酸한 삶을 느끼게 해줄 것이다. 당시 최고 인기를 누리던 변사에서 감독으로 변신한 김영환金永煥, 1898~1936의 영화 활동은 조선 영화계에 존속했던 통속성과 민족적 정서를 간접적으로 느끼게 해준다.

또 나운규는 근대영화사의 절반이라고 불러도 과장이 아닐 것이다. 그의 전 생애를 3기로 나눌 때 1기에 속하는 이 시기는 그가 조선영화의 주춧돌이었음을 여실히 보여준다. 〈아리랑〉은 민족 정서를 바탕에 깔고 있다는 점에서 민족영화의 전범으로 오랫동안 인식되어왔지만, 할리우드영화의 통속적 흥행 코드와 소비에트 몽타주를 서투르게나마 흡수한 것이기도 했다. 또한 〈아리랑〉의 플롯과 인물은 이광수李光洙, 1892~1950의 소설 『무정』으로부터 영향을 받은 바 적지 않으며 이후 제작되는 많은 영화들의 내러티브에 직간접적으로 영향을 끼쳤다.

소설 『상록수』의 작가로 유명한 심훈沈熏, 1901~1936은 사실 평생 영화를 지향하였다. 좌익 영화인들은 영화 〈먼동이 틀 때〉로 주목받은 그를 끌어들이려 애썼지만 그는 거리를 두면서 자신의 길을 걸었다. 비록 더 이상 영화를 만들지는 못했지만 그가 남긴 글에는 조선 인텔리의 영화에 대한 상념이 담겨 있다.

영화 다음으로 대중문화계에서 영향력 있는 매체는 라디오 방송이었다. 조선 문예인들에게 새롭게 형성된 대중문화 시장은 생존을 위해서나 사회적 활동 공간의 확보라는 면에서 대단히 중요한 곳이었다. 또한 영화 수입권을 확보하려는 기자들이 구성한 찬영회讚映會를 중심으로 벌어진 일, 일명 '찬영회 사건'은 이권을 둘러싼 인텔리들의 각축을 노골적으로 보여준다.

1920년대 후반 이후 영화사에 있어서 가장 중요한 '사건성'을 지닌 것은 아무래도 카프영화운동일 것이다. 〈아리랑〉의 성공에 고무된 인텔리 청년들은 조선영화협회를 발판으로 자신들만의 영화 제작소를 세우고 카프KAPF, 조선프롤레타리아예술동맹 대열에 합류했다. 1932년 무렵 거의 막을 내린 카프와 운명을 같이했던 카프영화운동은 김

유영金幽影, 1907~1940, 강호姜湖, 1908~1984, 서광제徐光霽, 1906~? 등이 주도했는
데, 그들의 변화무쌍하면서도 서투른 행보는 자신들이 생각하는 영
화의 본질을 식민지 상황에 적용시키는 것이 얼마나 힘겨운 일이었
는지를 여실히 보여준다.

카프영화 〈유랑〉流浪, 1928, 〈혼가〉昏街, 〈화륜〉火輪 등은 한편으로는
〈아리랑〉의 영향을 받으면서 다른 한편으로는 사회주의적 이념을
적용시키려고 했는데, 이는 일본의 좌익 영화운동 즉 프로키노Prokino
를 모델로 삼기도 했다. 그들의 시도는 초기 근대영화의 방향타를
결정할 중요한 행위였고, 그들이 남긴 '영화와 사회'와의 관계에 대
한 질문은 여전히 숙제로 남아 있다. 그 외에도 카프영화 진영과는
별개로 그러한 투쟁적 영화 활동을 지향한 그룹이 있었다. 주인규를
위시하여 일명 적색노조영화를 지향한, 함경북도를 기반으로 한 인
물들이었다. 하지만 이 모든 시도는 1931년부터 시작된 카프 검거
선풍에 의해 좌절되고 만다.

2부의 세 번째 장에서는 카프영화운동이 막을 내릴 무렵부터
〈춘향전〉이 만들어진 시기까지를 다룬다. 이 시기 조선의 식민지 상
황은 더욱 엄중해졌다. 1931년 만주사변을 시작으로 일본은 제국주
의적 행보를 노골적으로 드러내기 시작했으며, 경제상황은 참혹할
정도로 어려워졌다. 하지만 이런 가운데서도 대중문화계는 생존을
위한 변화를 시도해야만 했다. 카프에 속한 인물들 사이에서 사회
비판성과 대중성을 두고 갑론을박이 벌어졌는데, 실제 극심한 검열
로 인해 비판적인 표현 자체가 봉쇄되자 대중문화 서사는 점차 통속
적 취향으로 변해갔다.

최독견崔獨鵑, 1901~1970은 이 시기 대표적인 통속 작가로, 그의 대표

작 『승방비곡』僧房悲曲은 1930년대 초반 조선 대중문화 서사의 대표적인 한 형태이며 영화로도 만들어졌다. 자연스레 조선영화 역시 일본 영화로부터 영향을 받는 동시에 근대 조선의 세속적 흥미거리를 놓치지 않고 필름에 담았다. 현재 무성영화 필름의 형태로 남아 있는 안종화의 〈청춘의 십자로〉1934는 그런 점을 확인할 수 있는 유일한 자료이다. 하지만 이런 상황에서도 이규환李圭煥, 1904~1982의 〈임자 없는 나룻배〉1932는 일본을 전면에 내세우는 대신 근대 문물을 내세워 조선인의 저항 심리와 미래에 대한 참담한 불안을 드러냈다. 이렇게 경향영화에서 대중영화로 방향을 바꾼 조선 영화계는 1935년 토키영화 〈춘향전〉이 나올 무렵에는 완전한 변화를 겪게 된다. 일제의 전쟁 동원에 끌려다니며 민족적 저항 심리를 드러내는 것이 원천적으로 불가능해진 가운데, 발성영화 제작에 뛰어든 영화계는 보다 큰 규모의 경제와 기술적 숙련을 필요로 했기 때문이다.

1   1920년대 중반, 조선영화 장場의 각축

1926년 〈아리랑〉의 제작은 한국 근대영화사의 중요한 사건이었다. 이 영화를 통하여 조선영화는 독자적인 발걸음을 뗄 수 있었기 때문이다. 1920년대 후반 근대영화사를 나운규 중심으로 보자면 조선영화의 선구자였던 이경손·변사 출신 감독 김영환 등이 주축이 된 연희 활동으로부터 자연스레 영화로 옮긴 그룹과, 영화를 근대문물의 하나로 각별히 인식하여 그 사회적 의미와 고유한 미학 등을 고민하면서 활동한 심훈 등 근대교육을 충실히 받았던 그룹 등으로 구분할 수 있다. 나운규의 활동은 이 가운데에 위치한, 조선영화 절반 이상의 비중을 가진 구심이었다. 이 시기의 자연발생적 영화 활동도 그 의미가 과소평가되어서는 안 되겠지만, 자의식적인 대중문화와 영화 활동 또한 검토할 필요가 있다. 특히 후자의 경우와 관련해서는 라디오 방송 등 신매체 등장과, 대중문화 엘리트들이 자신들만의 영화 영역을 구축하려 했던 '찬영회'讚映會 활동 등에 주목할 필요가 있다.

근대영화의 출발, 유랑하는 이경손·변사 감독 김영환

1926년 『동아일보』는 〈아리랑〉의 흥행 성공에 고무되어 급히 영화 배우 소개란을 개설한다. 그 첫 회 대상 인물이 이경손李慶孫, 1905~1977[1]이었다.[2] 서울이 본적인 그는 개성보통학교를 졸업하고 제일고보·인천상선학교·서울신학교 등을 중도 퇴학한 후 잠시 기독교 전도

조선영화 제작 초창기 영화
계의 중심인물이었던 이경손.

사와 상선의 선원 생활을 했으며, 현철玄哲과 함께 예술학원을 운영
하기도 했다. 그가 십대 시절 여러 학교와 몇몇 직업을 전전한 것으
로 미루어 그의 유랑적 기질과 가계 분위기를 어느 정도 짐작할 수
있다. 이후 그의 새로운 것, 즉 근대적 세계를 향한 유랑은 1923년
에 이르러 잠시 중단된다. 예술학원 학생들과 함께 무대예술연구회
를 결성하여 체호프의 단막극 등을 공연하는 연극 활동으로 귀결된
것이다. 이후 이경손은 무대예술연구회에서 자금난을 겪으면서 영
화계로 발을 옮긴다.[3] 이러한 영화 활동 외에도 동요와 동시, 그리고
희곡1927, 1929년 잡지 『신민』에 게재을 창작하기도 했다.

　　이경손의 영화계 활동은 크게 3단계로 나눌 수 있다. 첫 번째 단
계는 부산의 조선키네마주식회사에 무대예술연구회 단원들과 함께
입사하여 〈해의 비곡〉1924 각색과 조감독을 맡은 것으로 시작한다.
이후 그는 백남프로덕션에서 〈심청전〉1925과 〈개척자〉1925, 고려키네마 합동
제작의 감독을 맡았고, 계림영화협회에서도 〈장한몽〉1926과 〈산채왕〉
1926 등을 연출한다. 조선영화 제작의 초창기라고 할 수 있는 이 시기
에 이경손은 단연 영화계의 중심인물이었다. 비록 윤백남이라는 거
목이 있기는 했으나 영화 제작의 중심은 이경손이었다. 나운규, 주
인규, 김태진, 전창근全昌根, 1907~1972, 이창용李創用, 1906~1961, 정기탁鄭基鐸,
1905~1937, 심훈 등 조선 무성영화시기 핵심 인물들이 그의 제작 활동
을 중심으로 모여들었던 것이다. 이 시기 이경손의 작품 성향은 대
중적인 흥미를 불러일으키는 경향(〈심청전〉, 〈장한몽〉)과 은유적인 형
태로나마 민족주의를 내면에 감춘 경향(〈개척자〉, 〈산채왕〉) 등 일관
되지는 않았지만, 그는 명망있는 조선영화 개척자였다. 그가 영화계
로 끌어들여 각각 독자적 영역을 확보한 나운규와 심훈, 카프영화보

다 더 실천적인 활동을 보였던 주인규와 김태진, 상해에서 조선영화
의 명맥을 확장하려고 했던 전창근과 정기택, 나운규 영화의 촬영기
사이자 훗날 유명 제작자가 된 이창용 등이 모두 이경손의 인맥에
속했다.

두 번째 단계는 이미 자신을 넘어선 나운규와는 별개로 자신만
의 독자적인 길을 모색하던 시기였다. 나운규가 일본인 요도 도라조
淀虎藏가 설립한 조선키네마프로덕션에 김태진, 이규설, 이창용 등과
입사한 1926년 무렵, 이경손은 그의 영화에 출연했던 정기탁이 설
립한 회사(정기탁프로덕션)에서 〈봉황의 면류관〉을 감독한다. 〈아리
랑〉의 스타 신일선과 유명한 기생 강향란, 그리고 정기택이 출연한
영화였다. 이 영화가 흥행에 실패하자 그는 다시 출자자 김동평(소
설가 김동인의 동생), 정기탁 등과 함께 〈춘희〉1928를 만든다. 『춘희』
는 알렉상드르 뒤마Alexandre Dumas 원작인 『동백꽃을 들고 있는 여인』
La Dame aux camélias이 일본식으로 번안된 것이다. 〈춘희〉는 고급 창녀와
명문가 청년의 비극적 사랑 이야기로 당시의 신파극(영화)과는 달랐
다. 당시 대표적 신파극인 『장한몽』은 돈과 사랑 중 하나를 택해야
만 하는 도식적인 인물 구성과 급격한 스토리 반전, 감정 과잉 등이
그 특징이라고 할 수 있다. 이러한 당시의 신파물에 비해 〈춘희〉는
근대적 애정 유희를 담은 것이었지만 흥행에는 실패하고 만다. 이
시기에 그는 『은행나무 밑』1927 등의 창작 희곡과 번안 희곡『돈만 아
는 사람들』『신민』, 1927, 마사무네 하쿠초正宗白鳥 원작 등을 발표하기도 한다. 또
한 문학과 영화를 다룬 잡지 『문예와 영화』19284를 창간하였고, 「조
선 연극인이 나아갈 길」5 등의 논설을 통해 근대 연극에 대한 관심을
피력하였다.

이경손은 연극과 영화 외에도 최초의 영화소설 『탈춤』심훈, 1926이 나오자 자신 또한 영화소설 『백의인』白衣人, 『조선일보』 연재, 1927.1을 집필하였으며, 소설 『파멸』최승일의 라디오 드라마를 각색하였다. 또한 자신의 희곡 『은행나무 밑』을 라디오 방송에서 낭독했으며, 미국영화 〈동도〉D. W. Griffith, 1920를 5막 희곡으로 각색하여 공연에 올리기도 하였다. 연극 〈동도〉는 토월회에서 박승희가 연출하고 윤심덕이 주연을 맡았다.[6] 조선인 최초의 다방 '카카듀'를 운영한 것도 상해를 떠나기 전 일이다.[7]

이처럼 다양한 활동을 벌이던 이경손은 1928년 갑자기 상해로 떠난다. 그 이유는 다양하고 분주했던 활동이 성공적 결과를 낳지 못했기 때문이기도 했겠지만, 안주하기보다는 끝없는 호기심으로 세상을 향해 나아가고자 했던 그의 기질과 중국 지향적 성향에서 비롯된 것으로 보인다. 그는 〈봉황의 면류관〉1926을 개봉했을 때에도 중국 상해 수출을 시도했는데,[8] 그의 상해행은 당시 대부분의 인텔리들이 일본으로 갔던 것과는 대조적인 일이었다. 일제의 간섭이 없으며 임시정부가 존재했던 상해의 환경이 그 행로의 배경이라고 추측된다. 상해에서 그가 「중국 좌익 작가의 영예와 수난」『조선일보』을 쓴 것을 보면 사회주의 계열에 관심이 있었던 것으로 보이며, 기회가 되면 독일로 유학가려고 했던 것[9]으로 보아 근대문물에 대한 끝없는 호기심과 열정을 지녔던 것으로 보인다.

이경손이 상해에 가기 전 이미 그곳에 있던 정기탁은 그를 중국 영화계에 소개한다. 정기탁은 몽양夢陽 여운형呂運亨, 1886~1947의 소개로 대중화백합영편공사大衆化百合影片公社에서 작업을 하고 있었다. 이어서 배우 전창근, 촬영기사 한창섭 등이 상해로 건너오자 그들은 합심해서 동방예술협회를 결성하게 된다. 이렇게 시작된 이경손의 제3기 영화 인생은 1932년 4월 윤봉길의 의거 후 그 짧은 막을 내리게 된다. 당시 동방예술협회는 중국 상해고성영편공사上海孤星影片公社와 합작하여 영화 〈양자강〉1931을 제작한다. 전창근이 각색과 주연을, 한창섭이 촬영을, 이경손이 감독한 이 영화는 중국 군벌에게 어머니와 애인을 잃은 한 중국 남성이 전투에 나가 다리 하나를 잃고 돌아와서 실의에 빠졌다가, 다시 가난한 이들을 위해 전선으로 나간다는 줄거리이다.[10] 이경손 스스로는 "그다지 자신까지는 가지지 못할 작품"[11]이라고 했고 국내에서도 스토리, 연기, 촬영 등이 조선영화보다 각별히 나은 것은 없지만 스케일이 크고 배경이 훌륭하다는 평[12]을 받았는데, 다음 심훈의 평가는 좀 더 정확하고 풍부해 보인다.[13] "심혈을 기울인 촬영 과정이 역력히 보여서 눈물겨웠다. 기대 이상의 작품이다. (중략) 혁명과 삼민주의를 고조한 듯하다가는 공장이 나오고, 계급의식을 고취하는 듯하다가는 금세 민주주의적 전쟁 장면 (복사한 것이지만)이 튀어나온다. (중략) 한 작품 속에다가 온갖 극적 요소를 집어넣으려는 것은 원작자의 욕심이다. (중략) 이경손 씨의 도연導演, 감독은 그가 고국에 남겨놓은 수다한 작품에 견줄 바 아니다. (중략) 그만한 노력도 못하고 있는 내지 영화인의 한 사람으로서 그의 꾸준한 열성에 감사하지 않을 수 없다."

이경손은 〈양자강〉 외에도 상해에서 임시정부의 3·1절 기념식 연극을 연출하고 중문 및 일어 희곡 등을 창작, 집필하였다.[14] 이후 중국을 떠난 이경손은 태국에 정착하여 예술 외에 여러 일을 하였는데, 1966년에는 방콕 거류민 단장을 맡았으며 1977년에는 그의 투병과 사망 소식이 알려졌다. 태국에서 낳은 두 딸이 2013년 한국을

변사 출신 제작자이자 감독
으로 영화계와 대중음악계에
서 활동한 김영환.

방문하여 한국영상자료원을 찾기도 하였다.

김영환金永煥, 1898~1936은 변사 출신으로 영화계와 대중음악계에서
활동했던 인물이다. 1920년대 후반 대중문화 시장이 괄목할 만한
성장을 이룬 시기에, 그 성장의 나이테를 상징적으로 보여주고 있는
인물이기도 하다. 이것은 그가 변사, 영화감독, 대중음악 작곡가, 가
수 등 다양한 전문 활동과 더불어 카프의 경향적 활동에도 참가했기
때문이다. 그는 1898년 진주 출생으로 휘문의숙을 졸업했다고 알려
졌으며[15] 1924년에 단성사의 변사로 영화계 일을 시작했다. 변사로
서 유명했던 김영환이 영화 제작에 뛰어든 것은 〈장화홍련전〉1924에
서부터였다. 『장화홍련전』은 조선 관객들이 매우 좋아하는 레퍼토
리로, 영화로 제작되기 전부터 연극으로 곧잘 공연되곤 했다.[16]

박정현, 이필우 등이 단성사 지배인 박승필을 설득하고 김영환
이 가세해서 만든 이 영화는 일본인 회사 조선키네마주식회사에서
제작한 〈춘향전〉1923의 흥행 성공에 고무되어 만들어진 것으로 보인
다. 조선총독부가 지원한 저축 계몽영화 〈월하의 맹서〉윤백남, 1923 이
후 윤백남, 이경손, 나운규, 안종화본명 안용희 등이 소속된 조선키네마
주식회사와 단성사를 중심으로 한 박정현, 이필우, 박승필, 김영환
등의 조선 영화인들이 경쟁적으로 영화 제작에 뛰어들게 된 것이다.
이러한 구도는 해방이 될 때까지 계속 이어지지만 사실상 영화 제작
과 흥행을 통하여 이득을 취한 사람들은 조선 흥행계의 큰손인 일본
인 요도淀, 소노다園田, 조선인으로는 임수호 등의 흥행사들이었다.[17]

김영환은 이후 〈낙화유수〉이구영, 1927의 각본을 썼고 〈세 동무〉1928,
〈약혼〉1929 등에서는 직접 감독을 맡았다. 〈낙화유수〉의 주제가 '낙
화유수'는 당시 최고의 인기를 누렸는데, 김영환은 〈세 동무〉의 감

독을 맡으면서 김서정이라는 예명으로 주제가도 작곡했다. 또 변사로서 유명했던 김영환은 〈약혼〉 상영에서는 변사까지 맡아 하였다. 임화林和, 1908~1953는 김영환의 작품에 대해 "아주 속화하고 상업주의화한 작품"[18]이라고 평가절하했지만 〈세 동무〉와 〈약혼〉 개봉 당시 평가는 김영환 역시 경향파 문예의 영향을 받았음을 보여준다.

〈세 동무〉는 3명의 고아 출신 친구들이 도시 공장에서 쫓겨나 어느 어촌 마을에 들어갔는데, 그곳에서도 돈과 권력에 얽힌 일들이 난무하는 가운데 그중 한 명이 사랑의 갈등을 겪다가 죽게 되자 나머지 두 명이 따라서 죽는다는 줄거리이다. 너무 복잡한 배경 설명과 인과성의 부족 탓에 "감독이 초대 역(첫 작업 - 필자 주)인 만큼 이 영화를 만들기에 초조한 마음이 있었"고 "영화화하기에는 영화로서의 모든 조건보다도 그 스토리가 너무 복잡"했다는 평이 이 영화의 전모를 잘 드러내는 것으로 보인다.[19]

〈약혼〉에 대해서는 여러 가지 평이 있다. 원작자인 팔봉八峰 김기진은 "원작의 주제와 완전 동떨어진 이야기도 아니며 제작진들의 열성과 노력을 인정하지만, 원작자와 감독의 이데올로기가 같지 않은 관계로 원작이 말하고자 하는 바가 제대로 표현되지 않았던 점이 불만"이라고 지적하였다.[20] 반면 이 작품에 대한 우호적인 평가는, "당연히 검열에서 잘릴 부분을 제외한 채 만든 영화에 사랑타령이 남은 것은 당연한 것이고, 감독·주연(나웅)·카메라 등은 다른 작품에 견줘 빠지지 않는다."[21]고 했다. 심훈은 이 영화에 대해 "극적 모든 조건을 갖추지 못한 스토리였다. 그리고 주인공의 성격묘사의 시튜에이션이 분명치 못하여 좀 더 가슴을 핍박하는 힘과 긴장미가 있어야 할 때 가서 느슨하게 풀어놓은 군데가 더러 있다."고 하면서도 "억지로 이데올로기를 주입해서 공리적 효과를 나타내려고 하지 않은 것이 도리어 실감을 준다. (중략) 원작, 각색, 감독, 출연을 모두 종합해놓고 볼 때 이제까지 나온 조선의 모든 영화 중에서 가장 높은 레벨에 올 수 있는 작품이라는 것을 말하기에 주저하지 않는다."고 호평을 하였다.[22]

미진한 완성도에 대한 부정적 비판과 함께 적지 않은 긍정적 평가를 이끌어낸 평문을 감안하면 〈약혼〉은 꽤 주목을 받은 영화라고 할 수 있다. 김기진 원작이라는 점도 주목받은 요인일 것이고 변사 출신이 경향적 작품을 만든 것 또한 그 요인일 것으로 추측된다. 1920년대 후반 조선 대중문화계에서 나운규 등 스타급 인물이나 김유영, 서광제 등의 경향파 영화인, 그리고 심훈본명 심대섭沈大燮, 안석영安夕影, 본명 안석주安夕柱 등의 인텔리 그룹과는 달리 김영환은 안종화, 이경손 등과 함께 초기 영화인 그룹의 일원이었다. 특히 그는 당대의 일류 변사로서 감독으로 변신하면서까지 변사의 통속적 정서와 민족적 혹은 경향적 성향을 통합하려고 시도했던 점에서 자신만의 독자성을 추구했다고 볼 수 있다.

근대영화사의 절반, 나운규

영화 〈아리랑〉1926의 감독으로 조선영화의 전설이 된 나운규는 일명 '붉은 잉크' 사건으로 구속된 바 있다.[23] 함경북도 회령 출신인 그는 고향에서 보통학교(초등학교)와 신흥학교 고등과를 마치고 간도間島의 명동중학교를 다니던 19세(1919년)에 독립군에 입단한다. 이후 청진과 회령을 연결하는 청회선 철도를 파괴하려다 미수에 그친 것이 발각되어 경찰에 잡혀갔는데, 당시 그는 서울 중동학교 고등예비과에 적을 두고 있었다. 이 청회선 파괴 사건 즉 '붉은 잉크' 사건의 판결에서 나운규와 윤봉춘은 각각 징역 1년 6개월을 선고받았다. 일제의 강탈에 맞서 싸운 3·1운동의 열기 속에서 이루어진 청년의 기개는 이후 영화로 옮겨지게 되는데, 그 최초의 결과물이 바로 〈아리랑〉이었다.

당시 기록으로 영화의 주제와 내용, 관객의 반응 등을 종합해보면 〈아리랑〉은 민족의 애환을 은유적으로 다루었고 대중들이 좋아하는 통속적인 요소를 담았기 때문에 환영받았던 것으로 보인다. 비록 필름이 남아 있지 않지만 지금까지 '춘사春史 나운규'와 〈아리랑〉은 민족영화의 전범으로 각인되어 있다. 그것은 나운규의 평생 지기였던 윤봉춘 등이 끊임없이 그 신화를 반복 생산했기 때문이다.[24] 여기에는 〈아리랑〉에 내재된 신파적 성향이나 외국영화의 영향 등은 전혀 고려되지 않았다. 이는 해방 전 필름이 거의 사라진 빈약한 한국영화사를 지탱하기 위한 한국 영화인들의 암묵적인 합의에 의한 것이라고 볼 수도 있다. 이러한 암묵적 합의는 독립을 주도적으로 쟁취하지 못한 채 맞이한 해방과, 6·25전쟁으로 인한 남북의 극단적인 대치상황 속에서 이루어진 것으로 보인다. 대한민국이라는 국가를 지탱하는 정신적 요체 즉 '반공'과 '반일' 감정을 강화시키기 위해 '민족주의'라는 국가 이데올로기가 필요했던 것이고, 나운규와 〈아리랑〉은 그러한 시대적 요청에 의해 윤색되고 과장된 것이라고 말할 수 있다.

나운규가 '붉은 잉크' 사건으로 구속되었다가 출옥한 것은 1922년 말쯤이었는데, 그 시기 나왔던 조선영화들이란 대부분 전래소설을 영화로 만든 것이거나 일본 신파물을 번안한 것이었다. 전래소설을 영화로 만든 〈춘향전〉하야카와 고슈루川孤舟, 1923, 〈심청전〉이경손, 1925, 〈놀부 흥부〉김조성, 1925 등과 일본 신파극을 토대로 만든 〈해의 비곡〉다카사간초高佐貫長, 조선 이름 왕필렬, 1924, 〈장한몽〉이경손, 1926 등이었다. 〈아리랑〉 역시 전래민요인 '아리랑'을 소재로 하고 치정 살인극이라는 신파적인 요소와 서구영화의 인기있는 장면을 도입하였다. 그럼에도 불구하고 〈아리랑〉은 '최초로 조선의 현실을 반영한 영화'라는 점에서 독보적 가치를 지니고 있다. 즉 '조선 현실을 토대로 한 고유의 이야기'라는 성격을 처음으로 획득했으며, 그것이 민족적 울분을 반영했다는 점에서 가치가 있는 것이다.

나운규는 고향인 회령에 극단 예림회가 공연을 오자 여기에 가입하였는데1923, 이후 예림회가 해산하자 서울로 상경하여 그들을 따라 조선키네마주식회사에 들어가게 된다. 〈운영전〉윤백남, 1924의 가마꾼 역이라는 단역으로 출발한 나운규는 이후 백남프로덕션에서 만든 〈심청전〉의 심봉사 역과 〈농중조〉籠中鳥, 이규설, 1926의 주연으로 주목을 받았다. 나운규는 영화인으로 활동한 약 12년 동안 30여 편에 이르는 영화, 연쇄극, 연극 등에 관여한다. 이 중 직접 각본, 감독, 주연을 맡은 영화는 10편이 넘는다. 하지만 불행하게도 나운규의 작품은 한 편도 남아 있지 않다.

나운규의 활동은 크게 3기로 나누어 살펴볼 수 있다. 1기는 〈아리랑〉1926부터 〈벙어리 삼룡〉나운규, 1929을 연출한 시기까지,[25] 2기는 〈아리랑 그 후 이야기〉이구영, 1930부터 극단 활동을 병행했던 1934년까지, 3기는 재기를 모색했던 〈무화과〉나운규, 1935부터 마지막 작품인 〈오몽녀〉五夢女, 나운규, 1937를 제작한 시기까지이다. 이 중 1기와 2기 작

〈야서(들쥐)〉(왼쪽)와
〈잘 있거라〉(오른쪽)의
나운규.

품들은 전부 소리가 없는 무성영화이며, 그가 감독한 영화 중 토키
영화(발성영화)는 〈아리랑 3편〉과 〈오몽녀〉뿐이다.

　1기는 나운규의 재능이 불처럼 타오른 시기라고 할 수 있다. 이
시기 나운규의 다른 작품들 즉 〈야서(들쥐)〉野鼠, 〈금붕어〉 등도 좋은
평을 받았지만,[26] 〈아리랑〉만큼이나 전국적 환호를 받은 〈사랑을 찾
아서〉1928와 인기작 〈풍운아〉1926 등은 〈아리랑〉 그리고 유작인 〈오몽
녀〉와 함께 나운규의 4대 작품으로 불러도 무방할 것이다. 나운규는
일본인 소유의 조선키네마사를 뛰쳐나와 차린 '나운규프로덕션'에
서 〈잘 있거라〉1927, 〈벙어리 삼룡〉 등 다섯 편의 영화를 만든다. 이
시기 나운규는 조선 영화계를 독점하다시피 했는데, 사실 이 기간은
나운규의 몰락이 동시에 진행된 시기이기도 했다. 문예운동의 지도

117

자였던 임화로부터 "나는 조선영화의 전 사이렌트시대를 나운규시대라고 하고 싶다."[27]는 극찬을 받았지만, 그는 영화 흥행 성공으로 부를 축적하지도 못했고, 프로덕션 운영을 정상 궤도에 올려놓지도 못했다.

2기는 그가 나운규프로덕션의 문을 닫은 후 〈아리랑〉의 후편인 〈아리랑 그 후 이야기〉의 각본과 주연을 맡으면서 시작된다. 〈아리랑〉에서처럼 각본, 감독, 주연을 담당하는 1인 3역의 제작 방식은 이 기간에 만든 〈철인도〉鐵人都, 1930 등에서도 마찬가지였다. 나운규는 자기 작품의 주연을 맡는 것이 내키지 않았지만 투자자들의 요구 때문에 어쩔 수 없었다. 또 일본인 제작사의 영화 〈금강한〉金剛恨, 나운규·시마다 아키라島田章 공동 연출, 1931에서 색한 역을 맡아 많은 비난을 받기도 한다. 이후 그는 일본으로 건너가 한동안 지내다가 1932년 귀국하면서 〈개화당이문〉開化黨異聞, 나운규, 1932을 내놓지만, 이마저 실패하고 만다. 나운규가 다시 자신의 명성을 세운 계기는 신인 감독 이규환 李圭煥, 1904~1982의 〈임자 없는 나룻배〉1932의 주연을 맡은 일이었다. 이후 나운규는 돈과 사랑 사이에서 갈등하는 인물과 플롯을 지닌 전형적인 신파 연애극 〈종로〉양철, 1934[28]에 주연으로 출연하기도 한다. 이렇듯 나운규의 2기 활동은 영화만을 대상으로 보면 실패한 시기라고 할 수 있다. 하지만 이 시기 나운규는 연극 활동을 통하여 다른 돌파구를 찾았던 것으로 보인다. 그는 1932년부터 극단 신무대에서 노동투쟁과 지식인 비판이 전면에 나와 있는 작품 〈양산도〉梁山刀, 신불출 작, 〈젊은이여 울지 말자〉, 〈홍길동(전)〉, 〈신라노〉新羅老★ 등 3편의 연쇄극에 직·간접적으로 참여한다. 이어서 〈암굴왕〉번안, 각색, 감독, 출연, 1932, 〈칼멘〉구성, 1933 등의 제작에도 주도적으로 참여하였으며, 1934

★ 프랑스의 희곡 〈시라노 (Cyrano De Bergerac)〉의 제목을 음차한 것이다.

〈철인도〉의 한 장면.
오른쪽이 나운규.

년 무렵부터는 신파극단 '현성완 일행'(형제좌)에 소속되어 전국을 유랑하였다. 이 시기 나운규의 영화 작업은 대부분 실패했지만, 그가 관심을 기울였던 것은 상대적으로 표현이 자유로운 연극이었던 것으로 보인다.

나운규의 3기는 형제좌 순회공연에 참여하면서 동시에 영화 제작 준비를 시도하는 것으로 시작된다. 그는 자신의 성공작인 〈아리랑〉의 투자자 요도濟로부터 다시 투자를 받아 〈무화과〉 등 두 편의 영화를 제작하게 된다. 제작비도 부실하며 흥행 수익조차 거의 다 넘기기로 한 최악의 조건에서 이루어진 계약이었다. 이 일을 계기로 나운규는 요도와 다시 손을 잡고 요도가 후원하는 신파극단인 예원좌 지방 순업을 마지못해 따라나서는 한편 〈칠번통 소사건〉1935에서 각본, 감독, 주연을 맡기도 하였다. 하지만 영화 제작의 결과는 신통치 않았으며, 지병인 폐병은 점점 악화되었다. 이런 가운데서도 나운규가 극단 신무대 연극 활동에 열성을 쏟았던 것은 영화의 연속된 실패를 만회하려 했기 때문일 것이다. 〈아리랑 3편〉[1936]을 제작하는 와중에도 극단 신무대의 인천 공연에 출연할 정도였다.[29] 이러한 고생 끝에 나운규는 1935년 〈무화과〉, 〈그림자〉, 〈강 건너 마을〉, 〈칠번통 소사건〉 등 4편의 영화를 제작한다. 다른 세 작품과는 달리 〈강 건너 마을〉[한양영화사]은 나운규가 새로운 제작자를 만나 새로운 출발을 의욕적으로 기획할 만큼 흥행에서도 비교적 좋은 성적을 내었다. 여기에 용기를 얻은 나운규, 윤봉춘, 차상은 등은 〈아리랑 3편〉[한양영화사] 제작에 나서게 된다.

〈아리랑 3편〉은 제작비 문제로 큰 고충을 겪다가 우여곡절 끝에 완성은 되었지만 스태프들이 인건비 문제를 제기함으로써 파동을 겪게 되었고, 그 결과 편집 등 후반 작업은 나운규의 손을 떠나 진행되었다. 이후 나운규는 조선 발성영화 장을 주도한 경성촬영소에서 이태준 원작의 〈오몽녀〉[1937]를 만든다. 나운규는 하루 만에 각본을 완성하였고[30] 12월에 촬영을 시작해서 1937년 1월에 개봉하였다. 이 역시 호평과 악평이 난무하는 가운데 뚜렷한 성과를 남기지는 못했다. 하지만 병이 깊어진 나운규는 1937년 8월 9일 세상을 하직하고 만다. 그 와중에도 그는 〈황무지〉와 〈불가사리〉 등의 작품을 준비하고 있었다고 한다. 그가 평생을 염원했던 제작사다운 제작사 즉 어느 정도 경제적 규모를 갖추고 영화로부터 발생한 이윤이 다시 영화 제작에 투입되는 시스템을, 나운규는 보지 못하고 죽은 것이다. 이 무렵에서야 조선에는 고려영화협회(이창용), 조선영화주식회사(최남주崔南周), 반도영화제작소(이구영) 등 회사다운 회사를 지향한 이른바 '영화 기업'들이 생겨나기 시작했다.

〈아리랑〉, 통속성과 외래성 그리고 민족성

1938년『조선일보』주최 조선일보영화제에서 무성영화 33편, 발성
영화 12편을 상영한 후 일반 관객 호응도를 투표한 결과 무성영화
부문에서 〈아리랑〉이 4,974표로 1위, 발성영화 부문에서는 〈심청
전〉이 5,031표로 1위를 하였다. 나운규의 다른 영화로는 〈임자 없는
나룻배〉이규환가 2위, 〈사랑을 찾아서〉가 8위, 〈풍운아〉가 9위 그리고
〈오몽녀〉는 발성영화 부문 2위를 차지했다. 〈아리랑〉은 그의 대표작
이기도 하지만 조선 근대영화의 기념비적 작품이기도 하다. 흥행 성
공뿐만 아니라 관객과의 소통이라는 측면에서도 그러하다. 유입된
외국영화를 단순 모방하던 단계에서 스스로 '이야기를 만들고' 관객
들과 '어떻게 소통할 것인가'를 진지하게 고민한 첫 영화가 〈아리랑〉
이라고 볼 수 있기 때문이다.

〈아리랑〉, 중앙 인물이
최영진 역의 나운규.

지금에 이르러 생각나는 것은 그 〈아리랑〉을 촬영할 때에 내 자신은 전신이 열에 끓어오르던 것을 기억합니다. 이 작품이 세상에 나아가 돈이 되거나 말거나 세상 사람이 좋다거나 말거나 그러한 불순한 생각을 터럭 끝만큼이라도 없이 오직 내 정신과 역량을 다하여서 내 자신이 자랑거리 될 만한 작품을 만들자는 순정이 가득하였을 뿐이외다. 그래서 이 한편에는 자랑할 만한 우리의 조선 정서를 가득 담아 놓는 동시에 '동무들아 결코 결코 실망하지 말자.' 하는 것을 암시로라도 표현하려 애썼고…[31]

〈아리랑〉 제작 시기를 회고하며 쓴 이 글에서 나운규는 '순정', '조선 정서', '희망'이라는 단어를 사용하고 있다. 식민지 현실에서나마 희망을 잃지 않는, 조선인만의 정서를 담은 영화를 만들겠다는 순정이 있었다는 말이다. 당시 나운규의 지적知的 역량은 이광수의 『무정』 구절을 읊조리는 '백조' 동인의 아류 정도 수준[32]이었고 이후 많은 독서와 경험을 통하여 변모를 거듭해왔다고 볼 수 있다. 영광과 고난을 두루 겪고 난 이후 나운규는 좋은 원작의 필요성을 절감하게 된다.[33] 그 결과물이 바로 〈오몽녀〉였다. 하지만 나운규는 이미 〈아리랑〉에서 자신이 무의식적으로 『무정』의 어느 부분을 옮겨왔다는 것을 의식하지 못했다. 임화는 〈아리랑〉에 대해 '조선영화 최초로 타자의존에서 독립해본 성과'이며, '독립적인 영화정신이 농후한 조선영화'라고 평가하면서, 그의 작품들이 당시의 문학작품과 깊은 관계를 맺고 있다고 보았다. "그의 전 작품 계열 가운데 들어 있는 문학작품의 영화화는 말할 것도 없거니와 그 밖에 전 작품 가운데서 그가 구사한 성격은 직접으로 당시의 문학작품과 깊은 관계를 맺고 있다."고 본 것이다.[34]

임화의 이러한 해설은 인물 전형화와 성격화를 염두에 둔 것으로 해석되고 있지만,[35] 구체적으로 〈아리랑〉만을 놓고 볼 때 이 영화의 캐릭터가 다른 소설의 인물을 참고한 것이라고 할 수 있다. 임화는 구체적으로 참고가 된 문학작품을 언급하고 있지는 않지만, 나운규가 〈아리랑〉 제작에 얽힌 사연을 밝힌 글을 보노라면 '재미있고 템포가 빠르고 스피드가 있는 작품'을 크게 염두에 둔 듯하나 당시의 문학을 의식적으로 참고한 것 같지는 않다.[36] 하지만 〈아리랑〉에 등장하는 인물들의 성격은 이광수의 소설 『무정』에 나오는 인물들의 성격을 부분적으로 차용하고 있다는 점을 부인하기 어렵다. 다만 기록으로만 남아 있는 〈아리랑〉에 대한 파악은 영화소설 『아리랑』1929과 관련 자료들을 바탕으로 할 수밖에 없다.

〈아리랑〉에서 주인공들의 사랑을 방해하는 것은 빚(가난)이며 그 빚은 부당한 관계에서 잉태된 계급적 모순의 매개체로 작동한다. 〈아리랑〉이 신파의 전형, 예컨대 『장한몽』 등에서 보이는 급격한 반전이나 감정 과잉 그리고 '돈과 사랑' 사이에서 선택해야만 하는 극단적인 인물 설정 등으로부터 완전히 벗어난 것은 아니지만, 그럼에도 불구하고 사회 현실을 토대로 한 배경과 계몽적 성격이 가미된 인물 설정 등은 『장한몽』 유와 구분되는 지점이기도 하다. 이런 맥락에서 주목할 부분은 『무정』의 서브플롯subplot, 주변부 사건 및 에피소드인 '영채가 고생하는 부분'이 〈아리랑〉에서는 주요 플롯이 되었다는 점이다. 즉 빚 탕감을 위해 여성을 팔아야만 하는 것이 내러티브narrative, 서사 혹은 이야기 구조의 동력이라는 것이다. 여기에서 『무정』의 영채와 〈아리랑〉의 영희는 지켜져야 하는 순결성의 상징이며, 동시에 '희생'의 상징이기도 하다.

『무정』과 〈아리랑〉의 또 다른 닮은 점은, 발표 시기의 사회적 분위기와 주제의식의 차이에도 불구하고 영채와 영진의 희생을 통해서만 문제가 해결되는 '무정'한 세상이 배경이라는 점이다. 구체적으로 〈아리랑〉에서 모순을 야기한 것은 전근대적 적폐, 즉 가혹한 소작제도와 지주의 경제 외적 지배였으며, 『무정』에서 영채 가족의 불행을 야기한 것 또한 사재를 털어 신식 학교를 운영했던 박진사의 헌신 같은 전근대성의 극복 노력에서 비롯된 것이었다. 일제 식민 치하였지만 그 부당성을 현실의 주요 모순으로 드러낼 수 없는 상황에서, 이 작품들은 모두 조선의 전근대성과 지배계급의 폭압성만을 전면에 드러내고 있다. 이를 배경으로 인물들 사이에는 계몽과 교육이라는 요소가 반복적으로 강조되고 있다는 것 또한 공통점이다. 〈아리랑〉의 마을에는 박선생이 있고, 영진의 친구인 대학생 현구는 영희를 가르치려 한다. 『무정』의 영채 아버지 박선생은 근대교육을 시도하였고, 이형식은 주변의 사람들을 가르친다. 다만 『무정』 시기에는 희망만을 얘기해도 되었지만, 〈아리랑〉에서는 "자랑할 만한 우리의 조선 정서를 가득 담아 놓는 동시에 '동무들아 결코 결코 실망하지 말자.' 하는 것을 암시로라도 표현하려 애썼고"라는 나운규의 말처럼 '너무 절망하지만 말자'[37]는 '절망적 희망'에 그치고 마는 점이 차이라면 차이일 것이다.

〈아리랑〉의 주제 및 서사가 조선 현실과 조선적 서사를 토대로 한 반면 스타일은 서구 영화를 참조하였다. 임화는 "어떻게 말하면 조선영화는 조선의 문학이나 그 타의 예술에 의지한 것 이상으로 외국영화에 의존하고 있었다고 말할 수가 있다. 그것은 주로 기술적 이유에 의한 것으로 당연한 현상이라 아니할 수 없다. 그것은 문학이나 그 외의 문화예술이 서구의 그것을 모방하고 추종한 것과 조금도 사정이 다르지 않다."[38]면서도 독자적인 제작 형식을 추구하는 과정에서 "장래 조선영화의 가장 독자적인 성질 내지는 가치 있는 요소가 될 수 있는 것"이라고도 보았다.[39] 여기서 '기술적 이유'란 영화 기자재의 테크닉 측면이 아니라 장면과 장면을 이어붙이는 방식을 말한다. 이와 연관된 나운규 본인의 진술은 다음과 같다.

그 당시 조선에 오는 양화를 수로 보면 서부활극이 전성시대요, 또 대작 연발시대다. 그리피스의 '폭풍의 고아'를 보던 관중은 참다못하여 발을 굴렀고 그리피스의 '로빈 훗'은 조선 관객의 손바닥을 아프게 했다. (중략) 이 작품을 시작할 때에 깊이 느낀 것은 졸립고 하품 나지 않는 작품을 만들리라. (중략) 템포가 빠르고 스피드가 있었다. 외국영화를 흉내 낸 이 작품이 그 당시 조선 관객에게 맞았던 것이다. 물론 그 외에 원인도 있었다. 다만 이상에 말한 원인이 절대로 크다.[40]

나운규의 활극에 대한 정의는 '동작이 많고, 스펙터클한 것'으로 요약된다. 〈아리랑〉에서 활극적 요소로 짐작되는 부분은 영진과 기호의 싸움, 광인狂人 영진의 활동적인 동작, 마을 잔치 모습, 영진이 기호를 낫으로 찔러 잡혀가는 장면과 이를 슬퍼하는 마을 군중들의 모습 등이다. 이를 두고 〈아리랑〉의 활극성이 긴장과 스릴, 대립과 갈등의 사건들로 속도감 있게 배치되어 있으며, 외국 영화들을 보면서 축적된 조선 관객들의 영화적 경험 등을 포괄적으로 고려하여 구성된 것이라고 보는 해설은 적절해 보인다.[41] 이는 관객들이 발을 구르며 보았다는 〈폭풍의 고아들〉Orphans of the Storm, D.W. Griffith, 1921의

몇 장면에서 추리할 수 있다. 〈폭풍의 고아들〉 후반부에는 시민들이 정부군을 무찌르고 감옥에서 사람들이 석방되는 장면이 10분 이상 (70~80분 부분) 나온다. 이후 혁명의 승리에 기뻐서 춤을 추는 장면이 나오고 이어 앙리에트가 귀족 남자로부터 성적 희롱을 당하는 장면과 함께 그녀를 구하는 다른 남자의 활극 장면이 평행 편집*으로 진행된다. 이 장면은 〈아리랑〉에서 농민들이 단 하루의 축제를 즐기는 가운데 기호가 영희를 겁탈하려 하고 영진이 낫으로 기호를 찌르는 장면과 무척 흡사하다.

　나운규 영화의 매력에 대해 말하면서 김태진은 기법보다는 나운규의 '퍼스낼리티'personality를 언급한다. 여기에서 기법이란 서사와 스타일 전부를 말하는 듯하다. 퍼스낼리티에 대해 김태진은 "그것이 관념적이었기 때문에 조선 팬을 특히 질겁힐 수가 있었다는 한 개의 핸디캡으로 추찰하여 그 퍼소날리티는 국한받은 것이오."[42]라고 다시 설명한다. 이는 나운규의 퍼스낼리티가 관념적이어서 조선의 영화 팬들을 질리게 할 수가 있었다고 받아들이면 될 것이다. 〈아리랑〉 풍의 영화들과 그의 그 외 다른 작품들은 완전히 다른 것처럼 보인다는 말이다. 즉 나운규만의 독특한 어떤 느낌이 작품 전체의 매력으로 발산되는 것은 사실인데, 이것은 한정적인 효과만 있는 것이고 다른 작품에서는 빛을 발하지 못한다는 주장인 셈이다. 그리고 평판이 좋은 작품조차 "어딘가 경망되고 초조한 것" 또한 "그를 기획하는 봉건 흥행사들의 압력 때문"이라고 보았다. 그럼으로써 작품에 "씬세러티"sincerity, 진정성가 없어 보인다고 하였다. 이런 악조건에서도 '나운규'가 될 수 있었던 것은 특유의 퍼스낼리티와 연출력 덕분이었다. 나운규의 연출력이란 김태진이 "맹랑한 연출 쎈스"라고 표

★　평행 편집(parallel cutting)은 둘 이상의 장소에서 동시에 벌어지고 있는 연관된 숏을 교대로 보여주는 편집 방법이다. 시간대가 서로 다른 장면 사이에 일어나는 연관된 숏을 제시하는 것도 포함한다. 진행되는 사건들의 시간을 압축하거나 서스펜스를 강화시키는 효과가 있다. 예를 들어 적군에게 잡혀서 고문을 당하는 상황과 이들을 구출하기 위해 달려오는 아군의 모습을 번갈아 보여줌으로써 서스펜스가 창출되는 것이다. 하지만 앞의 예로 든 사건들이 같은 시간대에 벌어지는 것일 경우에는 교차 편집(cross cutting)으로 부르는데, 인터커팅intercutting이라고도 한다.

현하면서 열거한 것으로 바로 복선의 배치, 리듬과 템포 조절, 능숙한 편집 등이었다.[43] 한편 안석영은 나운규와 그 영화의 매력을 '방랑성'이라고 보면서, 그것은 장점이자 한계였다고 지적한다. 이것은 그가 독립운동에 관여한 후 러시아 일대를 도망 다니며 고생했던 경험과 무관하지 않을 것이다. 동시에 그 영화에 녹아 있는 "니히리틱한 것"니힐리즘, 허무주의 역시 매력이자 그를 오래 살지 못하게 한 것이었다고 보았다. 이어서 그는 나운규가 조선영화 최고의 경험자이며 공로자인 것은 인정하지만 그가 주관성을 버리고 외국의 지식을 적극적으로 받아들였다면 훨씬 좋은 작품과 평판을 남겼을 것이라고 아쉬움을 표한다.[44]

심훈과 '먼동이 틀 때'

심훈이 감독 데뷔한 1927년은 조선 영화계에 새로운 판이 형성되려는 시기였다. 나운규 그룹, 카프 그룹, 찬영회 등 인물과 조직을 중심으로 각자 조선의 대중문화 장에서 유리한 위치를 선점하기 위해 달려나가던 때였다. 심훈은 카프에 가입했지만 곧 그만두었고, 카프와 불편했던 염상섭, 이광수 등 문인들과도 거리를 두었다. 오히려 문예계 밖의 큰 인물, 가령 여운형 등과 가깝게 지내거나 새로운 대중문화의 장에 더 관심을 두었다. 하지만 심훈은 위에서 언급한 어느 편에서 보더라도 특정 집단에 국한된 인물이 아닌, 당대의 인텔리 미남자 문학인으로서 영화를 자신의 본업으로 생각했던 인물이었다.

심훈은 서울 출신으로 경성제일고보(경성고보)에 재학 중이던

문학가이자 영화인이었던 심훈. 연출작으로 유일하게 〈먼동이 틀 때〉를 남겼다.

1917년에 조혼早婚하였고, 재학 중 3·1운동 관련으로 투옥된 후 퇴학당하였다. 출옥 후에는 중국으로 건너가 상해 등을 거쳐 항주의 지강대학을 다녔으며1921~1923, 이 시기 민족주의자 이동녕과 이시영, 무정부주의자 신채호와 이회영, 공산주의자 박헌영(경성고보 동기)과 여운형 등 당대의 인물들로부터 사상적으로 영향을 받았다. 귀국한 후 최승일崔承一, 1901~?, 김영팔金永八 등과 극문회劇文會를 조직하여 활동하다가『동아일보』기자로 일하게 된다. 이 시기 〈장한몽〉이경손, 1926의 주연이 촬영 도중 사고를 당해 그 역할을 대신 맡으면서 영화계에 첫발을 딛게 된다. 이후『동아일보』에서 임금 인상 투쟁을 벌이다가(일명 철필구락부 사건) 퇴직한 뒤 카프에 가입하였고, 1926년에 조선 최초의 영화소설『탈춤』을『동아일보』에 연재하면서 필명을 심훈[45]으로 삼는다. 1927년에는 3개월간 일본을 다녀온[46] 후 〈먼동이 틀 때〉를 감독하였는데 비록 흥행에는 실패했지만 영화감독으로 깊은 인상을 남기게 된다. 당시『조선일보』에는 "우리가 모든 조선영화를 불태워버린다 하더라도 이 영화를 남겨놓는 것은 과히 부끄럽지 않"다는 평이 실려 있다.[47]

역시 시나리오로만 남아 있는 〈먼동이 틀 때〉1927는 〈아리랑〉1926의 이야기 구조와 닮은꼴이다. 주인공 광진은 〈아리랑〉의 영진처럼 감옥에 잡혀갔다가 출소한 인물이며, 마름 기호가 영희를 향해 강간을 시도하는 〈아리랑〉의 배경과 주요 사건은 〈먼동이 틀 때〉에서 도시를 배경으로 철이라는 인물이 노점상을 하는 광진의 아내를 겁탈하려는 시도와 내용이 유사하다. 이 과정에서 기호와 철은 죽음에 이르게 되고, 주인공 광진은 〈아리랑〉의 영진처럼 경찰에 끌려간다. 이러한 설정에는 당연히 격투 장면이 따랐는데, 이는 〈아리랑〉에서

심훈의 감독 데뷔작
〈먼동이 틀 때〉에서
김광진 역의 강홍식.

도 시도된 서구영화가 지닌 활극성을 답습한 것으로 볼 수 있다. 그리고 〈먼동이 틀 때〉의 파토스pathos, 열정 혹은 페이소스 역시 현실의 참담함을 보여주고 비극적으로 끝맺기는 하지만, 작은 희망을 암시한다는 점에서 〈아리랑〉의 그것과 닮아 있다.

이 영화에 대해서는 호평과 악평이 동시에 존재했다. 개봉 직후 카프의 윤기정尹基鼎, 1903~1955, 이명異名 윤효봉은 "이 영화는 우리가 정히 요구하는 것이 못 된다."고 비판했고, 심훈의 친구 최승일은 "서로 모순적인 스토리로 구성돼 납득할 수 없는 결말을 가진, 조선의 현실을 반영하지 못한 작품"이라고도 했다. 하지만 익명의 필자는 "3·1운동을 하다가 감옥에서 나온 김광진은 그가 무엇을 하는 사람인지, 돈은 어디서 생기는지 등 모든 것이 분명하지 않고 무엇인가 그리려다 용두사미가 되고 만 서양영화를 흉내 내다가 실패한 작품이지만, 여태까지 본 조선영화 중에서 가장 나은 작품이며 촬영도 뛰어난 작

품"이라고 했다.[48] 삽화가, 영화인 등 다재다능함으로 유명했던 안
석영은 무슨 이유에서인지 처음에는 호평을 했다가는 번복을 했다.
그만큼 〈먼동이 틀 때〉는 주목을 받으며 화제가 되었던 것이다.[49] 가
장 긍정적인 평가는 의외로 당대의 독설적인 영화 평론가였던 서광
제로부터 나왔다. "작품이 처음부터 예술적 감흥을 일으키며 묵직한
맛과 인간사회의 실감을 일으켜준다. 비루한 격투와 쓸데없는 살인,
파괴, 이별, 증오 이리이러한 것은 이 작품에서 찾아볼 수가 없"[50]으
며, 촬영과 카메라, 연기 모든 면에서 우수하다는 평을 남겼다.

　하지만 이 영화가 개봉된 지 8개월이 지나서 카프 측의 만년설
萬年雪, 한설야과 임화는 〈먼동이 틀 때〉를 공개적으로 다시 비판하는데,
이는 한국영화사에서 흔치 않았던 논쟁 중의 하나이기도 했다. 만년
설의 「영화예술에 대한 관견」1928[51]과 이에 대한 심훈의 반박문 「우리
민중은 어떠한 영화를 요구하는가? ─ 를 논하여 '萬年雪' 군에게 ─」
1928[52] 그리고 임화의 재반박문인 「조선영화가 가진 반동적 소시민성
의 말살 ─ 심훈 등의 도량跳梁에 항抗하여」1928[53] 등이 바로 그것이다.
심훈은 프롤레타리아 영화가 진정한 영화예술이라는 점은 인정하
지만 조선의 현실은 자본주의적 모순이 집약된 미국이나 정부의 지
원 아래 영화가 존재하는 소련도 아니라고 하였다. 소련의 〈전함 포
템킨〉The Battleship Potemkin, 1925 등이 압수되는 일본의 상황을 뻔히 알면
서도 "'일본에도 무산자당이 생겨서 대의사代議士까지 선거되었다는
것은 꿈이 아니면 기적이 아니냐.' 하고 젖냄새 나는 소리"를 하면서
조선의 현실은 망각하는 비현실성을 지적한 것이다. 그는 "총독부
안에 있는 활동사진 검열계에 가서 조선영화가 받는 대우와 그네들
의 취급하는 태도를 두어 시간 동안만 구경만이라도 하고 나오기를

권한다."고 덧붙이면서 비현실적인 카프의 태도를 반박하였다.

　이런 논쟁은 이념 지향적인 카프와 대중 지향적인 심훈의 화해하기 힘든 지형으로부터 출발한 것이었다. 심훈의 영화 〈먼동이 틀 때〉를 두고 벌어진 논쟁은 대중문화 지향적인 심훈과 운동성을 강조하는 카프 측의 대립인 만큼 애초부터 어긋날 수밖에 없었다. 심훈은 예술가들을 "실생활에서 쓸모없는 부유층浮遊層에 속하는 비생산적인 존재"[54]라고 보는 한편 이중적인 태도를 취하는 좌파 이론가들에게 "철면피"라는 표현을 쓰기도 하였다.[55] 외국 잡지를 베껴서 자신의 이론인 양 내세우는 당시의 풍조를 비판하거나 의리 없는 좌파 인물들의 행태[56]를 지적하기도 했다. 이는 자기애와 윤리의식이 강했던 자기 자신에 대한 비판이기도 했다.

　심훈이 사회주의에 우호적이었음에도 불구하고 카프 특히 카프 영화계와 불화했던 것은 단지 그러한 논쟁 때문만은 아니었던 것으로 보인다. 많은 경험과 다양한 지적知的 환경에서 배태된 그의 안목이 카프 측의 도식적 구호나 태도와는 맞지 않았기 때문이었을 것이다. 김유영 등과 거의 동년배임에도 불구하고 이미 1920년에 안종화를 만나[57] 연극을 논했을 정도로 심훈은 조숙하였고, 비현실적인 논쟁보다는 실질을 중요시한 것으로 보인다. 이는 삶의 현장과 개인의 내면 심리를 중요시하는 심훈의 주장에서도 잘 드러나는데, 심지어 "궁여일책이긴 하지만" 작품에서 성애 문제(결혼 이혼 문제, 양성 위주 도덕, 남녀 해방 문제 등)를 중요하게 다루자고도 주장한다. "무릇 애욕 문제처럼 인간의 영혼을 들볶고 복잡한 갈등과 심각한 비극을 자아내는 것은 없거니와 조선에서는 더욱이 그 정도가 우심尤甚"[58]하다고 보았기 때문이다.

　　심훈의 영화 현실에 대한 판단은 "영화 그것은 자체가 문학적 산물이 아닌 동시에 이 환경에서 민족주의를 고취하는 깃대가 되거나 계급의식을 표방한 투쟁의 도구가 되기 어려움을 알아주어야" 하며 "속되지 않은 오락을 중심으로 제작할 수밖에 없다."는 말 속에 집약적으로 담겨 있다.[59] 또 조선의 관객들이란 '대중이나 민중'과는 거리가 먼 사람들로 구성되어 있다고도 보았다.[60] 이러한 비관적인 영화 현실 인식과 관객관이 심훈이 지닌 '대중성'의 근저가 되었던 것이다. 이 논쟁에서 임화는 부분적으로 심훈의 주장을 수용하면서도 조목조목 반박하고는 그가 진정 대중을 생각한다면 카프와 함께 단결해야 한다고 주장했지만 소용없었다. 심훈은 방법을 얘기한 것이고, 임화 등은 심훈의 '현실 추수적追隨的인 태도'를 비판한 셈인데, 이는 운동론의 근본적인 차이에서 비롯된 것이기도 했다. 문제는, 논쟁이 〈먼동이 틀 때〉가 개봉한 지 8개월 만에 다시 벌어진 이유에 있다. 이 시기는 카프영화 〈혼가〉昏街, 김유영, 1928와 〈암로〉暗路, 강호, 1928의 제작 완료 시기이기도 했다. 따라서 카프영화 측은 이미 주목을 받은 〈먼동이 틀 때〉의 명성에 기대면서도 다른 한편으로는 자신들이 만든 영화는 대중적 영화인 〈먼동이 틀 때〉와는 다른 프롤레타리아 영화라는 점을 홍보하고자 했던 것으로 보인다. 임화는 〈혼가〉의 주연배우였으며, 〈혼가〉와 〈암로〉 이 두 영화는 개봉을 못하고 있다가 1929년 1월 단성사에서 〈먼동이 틀 때〉와 함께 '조선영화주간'이라는 기획 상영 형태로 개봉된다.[61]

　　이후 심훈의 소설 『동방의 애인』1930과 『불사조』1930의 『조선일보』 연재가 검열에 의해 중단되었고, 경성방송국에 취직했으나 사상문제로 퇴사1931하게 된다. 물론 최승일, 김영팔 등과 함께 방송국

일을 간헐적으로 하고 집필도 했지만 시집 『그날이 오면』이 검열로 출간 취소되는1932 등 고난은 끊이지 않았다. 최서해 원작 『홍염紅焰, 1932을 각색하였지만 영화화하지는 못한 그는 1932년 재혼한 후 양친이 있는 당진으로 내려가서 농사와 집필을 병행하며 왕성한 창작 활동을 하게 된다. 그런 가운데 『상록수』1935가 『동아일보』 공모에 당선되자 출간과 함께 시나리오로 개작하여 제작을 도모하던 중, 장 티푸스 감염으로 1936년 9월 16일 급서하고 만다. 이 시기 조선 문예계는 카프 2차 검거 사건1934으로 카프가 와해되었으며, 나운규 또한 연극 활동을 하며 내리막길을 걷던 시기였다.

대중문화 시장의 각축, 라디오 매체의 등장과 경성방송국

영화에 이어 새롭게 등장한 라디오 매체는 문학, 연극인들을 유인했다. 이는 기존의 예술 매체들인 문학과 연극 등이 근대적 모습으로 변하는 가운데, 새롭게 등장한 영화가 그것에 매혹된 청년들뿐만 아니라 기존 예술인들을 유인한 것과 비슷한 현상이었다. 세계 최초의 라디오 방송이 미국에서 시작된 것은 1920년이었다. 조선의 라디오 매체는 도쿄방송국JOAK, 1924, 오사카방송국JOBK, 1925, 나고야방송국JOCK, 1925에 이어 일본이 네 번째로 1927년 2월 조선에 개설한 경성방송국JODK에 의해 탄생했다. 1927년 조선의 라디오 대수는 총 5,260대(그중 한국인 등록 949대, 일본인 등록 4,161대)였는데, 1944년에 이르면 약 30만 대가 된다. 개국 당시 라디오 방송은 오전 9시 40분에 미두米豆, 쌀과 콩 시세 방송으로 시작하여 오후 9시 30분 다음 날 프로그램을 공지하는 것으로 끝을 맺었는데, 실제 방송시간은 대략

6시간 30분이었다.[62]

경성방송국은 일본어 7, 조선어 3의 비율로 방송했으며 명창대회, 창극(광무대의 「춘향전」 5회 공연 등), 영화 해설(방송영화극), 라디오 드라마, 방송무대극, "라디오 풍경"★ 등이 대중의 인기를 끌었다.[63] 경성방송국에서 기존 연극 및 예술인들에 의해 이루어진 대표적인 방송물은[64] '가극 「춘희」 노래'윤심덕, 1926.7. 시험방송, '단막 무대극 「새벽종」'1926.11.6. 시험방송★, '소설 낭독'1인 다역, 복혜숙, '영화 〈금붕어〉 방송영화극'1927.7.5.★, '극연구회 제7회 공연대본, 「어떤 무대감독의 이야기」'1927.10.★, '입센 탄생 백년제 『인형의 집』 3막'1928.3.20. 등이었다.

조선인을 위해 이런 방송물을 제작한 사람들은 주로 기존 예술 분야의 인물들이었는데, 그중 대표적인 인물이 최승일崔承一이다. 무용가 최승희의 오빠로 더 잘 알려진 그를 중심으로 김영팔, 이경손, 안석영, 심훈, 안종화 등 영화인들이 경성방송국 초기의 방송물 제작에 참여하였다. 이들은 개국 3개월 만에 '라디오드라마연구회(라디오극연구회)'라는 단체를 조직하여 활동하였는데[65] 회원은 김영팔, 이경손, 심대섭, 고한승, 최승일, 박희수, 유일순 등이었다.[66] 심훈, 안석영, 안종화 등의 이름이 빠져 있지만 심훈이 1927년 5월 일본에서 돌아오자마자 입센Henrik Ibsen의 『인형의 집』 드라마를 방송했을 때 입센의 생애를 발표한 것을 보면 실질적 회원이었던 것으로 생각된다. 이는 안종화와 안석영의 경우도 마찬가지다. 안종화가 맡은 프로그램은 '일시一時이야기 "짝기, 쿠간"'★1931.2.14., '일시一時취미 이야기 조선연극사 로만스 2'1931.8.11. 등이었고, 안석영은 '강연, 국외자가 본 조선의 영화'1927.11.18. 등을 맡았는데, 제목으로만 보면 일반인들이 평소에 쉽게 접하지 못하는 연예 관련 방송물로 짐작된다.[67]

★ 스토리가 아닌 사생문寫生文(스케치)을 방송한 것으로, 일본 방송의 '경물시'를 참조했다고 한다.

★ 복혜숙, 변기종, 권창일 출연, 연출 및 아나운서 최승일.

★ 해설자와 관현악단, 나운규, 신일선, 김정숙 출연.

★ 창작 라디오 드라마, 김영팔 작, 심훈, 이경손, 류일순, 최승일, 김영팔 출연.

★ 찰리 채플린의 〈키드〉(The Kid, 1921) 등에 나온 무성영화 최고의 아역 스타 재키 쿠건 Jackie Coogan을 말한다.

1930년은 경성방송국이 재정난으로 여자 아나운서 2명을 퇴사시킬 정도로 어수선한 시기였지만, 이후에도 이들의 방송 활동은 계속된다. 심훈의 경우 1931년 당진으로 내려간 후에도 라디오에 출연했는데, 그가 진행한 '예술소설과 통속소설' 강연이 호평을 얻었다고 한다.[68] 이후 1934년 4월 26일부터 경성방송국은 제1방송은 일본어, 제2방송은 한국어 방송을 하는 이중 방송체제로 운영된다.

경성방송국 개국 시기인 1927년의 라디오 방송은 문자(문학, 신문) 혹은 실제 연행, 그리고 무성영화 형태로 존재하던 당시 예술계에 기계장치를 통하여 무작위로 전파되는 '소리'가 대두했음을 의미한다. 최승일은 라디오를 "신문과 극장을 합친 것" 혹은 "낮에는 신문, 밤에는 유성기"라고 표현하였다.[69] 근대 문물인 증기기관과 자동차 등이 과시한 속도감은 빛을 통한 영화, 소리를 통한 라디오 등으로 점점 확장되고 있었던 것이다. 당시의 문사文士들에게는 구조적으로 새로운 기회 공간이 주어진 셈인데, 이는 문사들이 권력을 강화할 수 있는 또 하나의 기회이기도 했다. 즉 당시 라디오 방송은 조선 예술가들에게 경제적, 이념적, 미적 자기표현의 장을 제공했던 것이다.[70] 또한 당시 취업 상황이 열악했던 조선 인텔리 예술가들에게 또 다른 경제적 기회를 제공했던 만큼 돈 때문에 예술을 등한시한다는 자괴감을 불러일으키기도 했다. 한 예로, 최승일은 잡지 설문에서 방송국에서 일한 것을 타협과 굴종의 어조로 고백하기도 했다.[71] 한편 다른 이유도 있었겠지만 최승일, 김영팔, 안석영 등은 방송국 근무를 이유로 카프에서 제명되기도 하였다.

방송 일은 조선 인텔리에게 경제적 기회와 함께 애국계몽·민중교육·문화개량을 할 수 있는, 즉 주권 회복을 위해 무엇인가 할 수 있으리라는 이념적 기회를 제공하는 것이기도 했고, 기존 문예 형식을 변형하여 새로운 문예를 개발할 수 있는 기회이기도 했다. 그 결과 장르를 넘나드는 새로운 형식의 대중예술로서 라디오 방송은 기존 신문, 잡지, 문학, 전통음악, 영화, 연극, 유성기 등과 결합하여 여러 문화 양식을 창출하였다. 라디오는 라디오 드라마·영화방송극·낭독소설·동화극 등을 실험했고, 유성기 음반은 민요·영화 주제가·영화 해설·음반극·만담 등을 담았으며, 신문은 영화소설을 연재하고, 잡지는 음반의 넌센스나 스케치, 영화해설을 활자화했다. 고전문학과 신문 연재소설이 영화화되고, 뉴스영화(『조선일보』 뉴스)가 제작되기도 하였다.[72]

이렇듯 경성방송국 개국은 당시 조선 근대에 주어진 또 하나의 강력한 문화적 인자였다. 이로써 당시 대중예술계는 새롭게 생긴 문화 영역 즉 팽창하는 영화 시장을 비롯하여 라디오, 음반, 새로운 문자 매체 등을 놓고 조선 문예 인텔리들이 각축을 벌이는 시대로 진입하게 되었다. 조선영화예술협회[1927.3], 라디오드라마연구회[1927.5], 영화인회[1927.7], 찬영회[1927.12] 등 각 단체의 발족은 이런 상황을 잘 보여주고 있다. 영화인회 결성도 "조선의 영화열은 나날이 높아져서 이제 와서는 거의 전 사회적으로 전염되어 로유老幼를 물론하고 키네마 팬의 수효는 나날이 증가"[73]했기 때문이었고, "금년에 이르러서는 일반 연예계가 매우 번창하였"[74]기 때문이라는 찬영회의 결성 이유는 당시 문화 시장의 팽창을 증명하는 것이기도 하다. 위 네 개 단체의 구성원은 서로 겹치는 경우가 많지만 그럼에도 라디오드라마연구회에는 비카프 성향의 영화인들이 주로 참여하고 있고, 찬영회는 신문기자들로 구성되었으며, 나머지 두 영화인 단체는 당시의 영화

열기를 집결한 일시적인 단체였던 셈이다.

영화를 찬양하는 모임, 찬영회

찬영회讚映會, '영화를 찬양하는 모임'이라는 뜻의 이 단체는 1927년 12월 6일에 당시 4대 일간지로 불렸던 『동아일보』의 이익상, 『매일신보』의 이서구, 『조선일보』의 안석주, 『중외일보』의 김기진 등 문예 담당 기자들과 심훈, 김을한, 정인익, 최독견본명 최상덕崔象德 등이 회원으로 참가하여 발족하였다. 이후 1929년에 있었던 찬영회 활동에 불만을 품은 영화인들의 공격으로 1930년 1월 공식 해체되었다. 그 중심인물은 간사를 맡았던 이서구李瑞求, 1899~1981로 1920년부터 기자 생활을 시작하여 『매일신보』 사회부장1926~1929, 영화사 전무(〈승방비곡〉 제작), 동양극장 전무, 레코드 회사 부장, 경성방송국 작가1938, 조선연극협회 회장1940 등을 맡았던 인물이다. 구성원 면면을 보면 카프 초창기에 이 조직과 관련을 맺었다가 떨어져 나온 인물(이익상, 안석주, 심훈 등)이 있는가 하면, 카프 초기의 지도자였다가 1930년대 들어서는 소수파가 된 김기진, 대중 작가로 유명한 최독견 등으로 다양하다. 이들의 공통점은 언론계, 그중에서도 안석주(안석영)와 심훈을 제외하고는 전부 『매일신보』 라인이라는 것이다.

창립 당시 찬영회가 밝힌 내용은 "일반 연예계가 매우 번창"하여 "보도 및 비평 등이 매우 복잡"해졌기에 "사계斯界에 대한 연구 및 소개에 대한 충실을 기하"기 위해 결성되었으며, 첫 사업으로 특별 명작을 골라 연말에 영화제를 개최한다는 것이었다.[75] 여기에서 주목할 점은 계획된 사업이 '명작 상영회'라는 점이다. 당시 조선영화가 극장가에서 차지하는 비중이 미미했다는 점을 고려하면 찬영회 회원들이 주목한 것은 외화 시장이었겠지만, 〈아리랑〉의 성공과 조선영화예술협회 발족과 활동 또한 찬영회 회원들을 영화계로 이끈 요인이었다.

당시 외화 수입 회사로는 파라마운트 계열 알렌상회, 유니버설 계열 모리스상회 및 테일러상회 그리고 기신양행 등이 있었다. 기신양행은 메트로골드윈사, 일본의 구미지사 등을 통하여 러시아와 미국 일부 영화사 영화의 조선 배급권을 가진 조선인 회사였다.[76] 기신양행의 사무실이 찬영회 창립 공간이었다는 사실은 찬영회와 외화 수입 업체와의 관계 및 지향성을 어느 정도 암시하고 있다. 따라서 그들이 내세운 명분에도 불구하고 연극인 박진은 "찬영회라는 글자 그대로의 부업"[77]을 만든 것으로 평가하기도 했다.

찬영회의 첫 사업은 1927년 연말에 6일간 조선극장에서 파라마운트 제작의 영화 세 편 〈로이드 형제〉The Kid Brother, 1927, 〈멍텅구리 해군기〉We're in the Navy Now, 1926, 〈윈비칸다〉Kid Boots, 1926[78] 등을 상영한 것이었다. 이후 1927년부터 1929년까지의 찬영회 활동을 정리해보면 제1회 망년영사회1927.12.26~31, 영화 강연회1928.11.5, 영상 상영 및 모의 촬영1928.11.29~30, 망년영사회1928.12.22~27, 명화 감상회1929.2.1~6, 동양영화사 설립1929.5, 경북기근동포구제 명화 감상회1929.6.6~7, 명화 감상회 및 김연실 독창회1929.8.10~12, 무용·극·영화의 밤1929.12.5~7, 동양영화사의 〈승방비곡〉 제작1930 등이다. 총 여덟 번의 행사 중 강연회가 1회, 영화만 상영한 행사가 4회, 다른 행사를 곁들인 상영회가 3회였다.[79] 여기에서 다른 행사란, 영화 〈카추샤〉 상영 전후에 나운규가 주삼손, 전옥 등 배우들과 함께 〈장한몽〉 두 장면의 모의 촬영 상황을 보여준 것 등을 말한다. 찬영회는 1929년에 이서구를 중심으로 동양영화사를 차려 독일 우파사 영화를 수입하고 조선 최초 영화 촬영소 건립을 시도했다. 또 최독견의 인기 소설『승방비곡』을 영화화한 〈승방비곡〉이구영, 1930을 제작했다. 이후 '찬영회 사건'으로 찬영회가 해체되자 동양영화사의 활동도 정지되고 만다.

찬영회 사건이란 조선 영화인 80여 명이 송년회를 하다가 신문사와 동양영화사, 그리고 찬영회 회원들의 집을 급습, 폭력을 행사하여 이 일로 28명이 종로경찰서에 구금된 일을 말한다. 이 중 김형용 등 5인은 검찰로 송치되고 나운규 등 7명은 서류로만 검찰로 송치되었으나[80] 이후 광주학생의거로 시국이 복잡해지자 모두 석방되는 것으로 종결되었다. 이는 평소 찬영회에 불만을 품었던 영화인들이 『중외일보』에 실린 「조선영화배우의 생활내막」[81]이라는 음해성 폭로 기사를 계기로 일으킨 사건으로 알려져 있다. 이 사건에 대해서는 두 가지 설이 있다. 카프 영화인들이 나운규를 자신들의 편으로 끌어들이려다 실패하자 나운규 성토를 준비했는데 이를 눈치챈 나운규가 화살을 찬영회로 돌린 것이라는 설과,[82] 찬영회가 영화 홍보를 위해 과다한 접대를 요구하고 외화를 우대하는 것에 불만을 품은 영화인들이 『중외일보』 기사를 계기로 터뜨린 것이라는 설이다.[83] 또 카프 측의 김형용(본명 김송)은 "이는 단순한 폭력이 아니라 찬영회와 조선의 일반 영화인들과의 오래된 숙원관계가 그 사건을 일으"킨 것으로, 찬영회는 반동 단체이며 "조선 민족의 입이며 눈인 보도기관의 신문을 이용하여 구미영화의 편을 들며 조선영화를 짓밟고, 나아가서는 대중을 기만하고 자신들의 배를 채웠다."[84]는, 카프의 주도하에 일어난 사건이라는 당시의 주장도 있지만 전적으로 믿기는 어렵다.

찬영회 사건에 대해 말할 수 있는 분명한 것은 찬영회가 언론 권력으로서 영화인들의 원성을 샀다는 점과, 찬영회 회원들이 자신들의 독자적인 영화 수입 및 제작 시스템을 도모했다는 사실이다. 따라서 기자라는 지위를 이용한 '외화 우대와 이를 통한 수입'과 '영화인에 대한 공개적 비난'은 조선 영화인들의 견제 심리와 집단 반발을 불러일으킬 수밖에 없었던 것이다. 당시 대중문화계에서 명망가들이었던 찬영회 구성원이 대체로 『매일신보』 계열이었다는 점과 그들이 영화계에서 자신들의 영역을 확보하기 위해 구체적으로 행동했다는 점을 감안하면, 그들은 대체로 1928년 국내 저항운동의 퇴보와 함께 '민족과 계급' 문제를 자신들의 힘으로 극복하기 힘든 문제로 파악했던 듯하다. 즉 이 일련의 상황은 조선 독립에 대한 희망이 사라져가는 정국이었지만 대중문화는 폭발적으로 팽창하는 가운데, 찬영회로 대표되는 '새로운 명망가 세력'과 '기존 영화 세력' 간의 갈등이었던 것이다. 이 갈등은 찬영회가 자신들의 지위를 지나치게 또는 부당하게 활용함으로써 폭발하고 마는데, 이것이 찬영회 사건의 본질이었다고 볼 수 있다. 하지만 찬영회가 독자적으로 외화 수입과 영화 제작을 시도하면서 선진적인 영화 제작사 건립을 누구보다 먼저 착안한 선구적인 단체였던 것은 간과하지 말아야 할 것이다.

2 조선영화의 새로운 시도

조선영화예술협회가 발족한 1927년부터 조선 최초의 발성영화가
나온 1935년 사이 조선영화는 중대한 기로에 놓이게 된다. 정치적
으로는 민족운동 진영과 사회주의운동 진영이 협력하여 신간회를
만들어 한껏 민족운동에 대한 기대가 높아졌다가 신간회 해체, 몇
차례 검거된 공산주의 조직 사건 등으로 침체되었으며, 경제적으로
는 1930년대 초반 세계적 공황 속에서 불황을 거듭하고 있었다. 일
제는 1931년 만주사변에서 승리함으로써 더욱 더 침략과 탄압을 강
화하였으며 조선 내 민족 독립을 향한 기운은 점차 동력을 잃어가고
있었다.

　이렇게 급변하는 환경 속에서 조선 영화인들은 1930년대 초까
지만 하더라도 제한된 표현이긴 하지만 영화를 통해 사회적 문제를
직간접적으로 표현하려 애썼다. 그 대표적인 예가 바로 카프영화운
동이었으며, 영화가 문화산업으로서만 존속 가능한 것이 아니라 사
회 변혁과 대중 계몽을 위한 무기가 될 수 있다는 신념을 토대로 한
것이었다. 조선 근대영화의 새로운 시도였던 카프영화운동은 서울
키노, 신흥영화예술가동맹 등 다양한 이름의 조직으로 활동하였다.
또한 카프동반영화 등의 이름으로도 불렸던, 카프영화운동의 수준
과 비슷하거나 혹은 그보다 강력한 노동계급 영화 제작을 지향했던
적색노조영화도 그러한 흐름의 하나라고 볼 수 있다. 이런 새로운
영화적 시도는 향후 조선 영화계의 방향을 결정하는 데 중요한 초석
이 될 수 있는 것이었다. 하지만 당시 영화운동의 역량은 그러한 정

치경제적 환경을 극복하기에는 역부족이었다. 사상은 혼란스러웠고, 전문 역량은 부족했으며, 제작 환경은 터무니없이 열악했고, 심지어 생존을 위해 서로 경쟁해야만 했기 때문이다. 그럼에도 불구하고 1930년 전후 전개된 조선 영화운동의 사례가 구체적인 역사(성)라는 것은 부인할 수 없다.

조선영화예술협회

1927년 3월 조선영화예술협회가 발족할 무렵 나운규는 일본인 요도도라조淀虎藏가 설립한 조선키네마프로덕션에서 영화를 만들다가 독립해서 나운규프로덕션을 직접 설립하여 운영했다. 조선영화예술협회의 정신적 구심이었던 이경손은 이 시기 야심적으로 추진한 〈봉황의 면류관〉1926, 정기탁프로덕션이 기대 이하의 결과를 낳자 안종화 등과 합심하여 이 단체를 기획한 것으로 보인다. 나운규가 이 협회의 연구반에서 특강을 했다는 기록이 있지만,[85] 이경손은 〈아리랑〉의 성공에 고무되는 한편 나운규를 경쟁적 차원에서 볼 수밖에 없었을 것이다. 안종화, 김을한, 일본인 촬영기사 니시카와 히데오西川秀洋 등이 일본 수출까지 꿈꾸면서 협회를 창설할 당시만 하더라도 이 단체는 예술적이며 체계적인 프로덕션을 지향했던 것으로 보인다. 즉 투자자의 의지대로만 움직이면서 상업적 목표가 뚜렷했던 기존 영화 프로덕션과는 다른 전망을 가졌던 것이다.[86] "조선 영화계에서 상당한 인기를 가지고 있는 이경손 씨를 중심으로 사계에 뜻을 두는 안종화, 이우, 서천수양西川秀洋 씨 등 삼씨의 발기로 이번에 조선영화예술협회를 창립하고 순문예영화를 제작을 할 터라는데 (중략) 내용을 충실하게 하여 현금 일본에서 제작되는 일본영화보다 못하지 아니한 것을 만들어 일본에라도 수출"하겠다는 기사가 초창기 의지를 보여주고 있다. 이런 점은 단체 이름에 '예술'이라는 단어가 포함된 것과 더불어 예술 지향성이 드러난 이경손의 당시 비평 등을 통해서도 확인할 수 있다.[87] 하지만 이러한 시도는 경제적 뒷받침 없이는 공허한 것이었다.

발족 후 얼마 안 가 이경손은 다시 정기탁과 〈춘희〉[1928]를 제작하기 위해 협회 일에서 손을 뗀 것으로 보인다. 이렇게 협회 운영이 지지부진해지자 자연스레 안종화는 실무를 주도하면서 연구반 개설 등의 변화를 꾀하게 된다. 문인인 김영팔, 이종명李鍾鳴, 윤기정 등과 신진 인물인 임화, 김유영, 서광제 등이 합류한 것은 이 무렵이었다. 그럼으로써 협회는 기존 영화인 단체라기보다는 신진들과 문인들이 주축이 된 단체로 변한 것으로 보인다. 이에 대해 각본 집필 등을 위해 문인들을 끌어들였다는 주장과, 아무런 사업 성과가 없을 때 카프 계열 인물들이 들어와서 단체가 활성화되었다는 상반된 주장이 있다.[88]

이 단체의 결성 배경에는 신간회 영향과 〈아리랑〉의 성공이라는 두 가지 요인이 있다. 일제의 탄압에 대항하여 사회주의 세력이 민족주의 세력과 손잡기를 결의한 정우회 선언[1926]을 토대로 국내 운동 세력들이 좌우를 막론하고 집결했던 신간회 결성[1927] 움직임이 카프 계열 문인들로 하여금 기존 영화인 단체인 조선영화예술협회에 가입하는 데 영향을 끼친 것이다. 다른 한편에서는 조선인의 현실과 정서를 담았을 뿐 아니라 외화의 재미있는 요소를 흡수한 영화 〈아리랑〉이 흥행에도 성공함으로써, 문인들과 시네필cinephile 청년들에게 영화계 진입을 재촉하였던 것이다.

이후 조선영화예술협회는 안종화가 중심이 되어 진행 중이던 영화 〈이리떼〉의 제작 계획을 무산시키고 김유영에게 감독을 맡긴 〈유랑〉流浪, 1928을 제작한다. 이 과정에서 카프 계열 문인들과 신진 인물들은 안종화를 축출하였으며, 결과적으로 경향적인 영화가 세상에 처음으로 알려지게 된다. 당시 좌파에 우호적이었던 언론 환경에 힘입어 이 협회의 신진 인물들인 김유영과 서광제는 영화계의 신진 감독과 평론가로 등장하게 되었다. 출자자에 대한 기록은 없지만, 〈유랑〉의 제작과 배급 방식은 기존 조선 영화계의 관행을 벗어나지는 않았다. 이후 이 단체는 프롤레타리아 영화의 모태 역할만 한 채 서울키노에 이름을 넘겨주고 소멸된다.

1928년 조선영화예술협회에서 안종화가 김유영 등으로부터 축출당한 사건은 '카프영화'라는 새로운 경향(세력)이 조선 영화계에 추가되었다는 의미인 동시에, 신진 세력들의 등장을 상징하는 것이었다. 윤백남과 단성사를 중심으로 편재된 조선 영화계의 주요 인물들인 윤백남, 이경손, 나운규, 안종화 외에도 새로운 인물들이 등장한 것이다. 바로 주인규, 김태진(남궁운) 및 카프 계열의 김유영, 서광제, 강호본명 강윤희 등이다. 여기에는 나웅羅雄, 1909~?, 『뽕』의 작가 나도향의 조카, 석일양石一良, 1910~?, 추적양秋赤陽, 1910~?, 추민, 본명 추완호 등 소수이긴 하지만 일부 사회주의적 색채를 수용한 배우들도 포함된다.

석일양은 카프의 두 번째 작품 〈혼가〉의 제작을 맡으면서 배우로 활동하게 되었다. 1933년 일본 프로키노Prokino★에서 발간하던 잡지 『영화클럽』을 국내에 불법 유포한 사건으로 검거되었지만 핵심인물이 아니었기 때문인지 바로 풀려난 듯하다. 이후 석일양은 이

★ 프로키노Prokino는 전일본무산자예술연맹(나프NAPF) 소속 영화운동 단체로서 일본 프롤레타리아 영화동맹(日本プロレタリア映畵同盟, Nihon Puroretaria Eiga Domei)의 약칭이다.

왼쪽 위부터
시계방향으로
강호, 김유영,
서광제, 안종화.

사건의 여파를 피해 일본으로 도피한다.[89] 추적양은 영화뿐만 아니라 이동식 소형극장, 신흥미술동맹 등에서 활동하였다. 둘은 모두 카프 2차 검거사건에서 체포되어 기소되었다. 기소된 23인 중 영화인은 김유영, 박완식朴完植, 1908~?, 필명 박철민, 나웅, 석일양, 추적양 등 5인이었다. 출옥한 추적양은 1936년 강호, 김일영 등과 함께 광고미술사와 공산주의 작가협의회에 가담했다가 1938년 체포당해 1942년까지 수형생활을 했다.[90]

조선영화예술협회 안에서 감독 자리를 두고 벌인 쟁투에서 1902년생 안종화는 1909년생인 김유영에게 패배하고 만다. 이에 대해 안종화는 모략에 의해 협회를 탈취당한 것이라고 주장한다.[91] 하지만 당시의 기사는 안종화의 부정 사건에 의해 〈이리떼〉 촬영이 중단되고 안종화가 제명된 것으로 보도하고 있다.[92] 안종화의 주장은 1962년에 간행된 『한국영화측면비사』의 내용인데, 안종화 자신이 1940년에 발표한 글은 김유영을 전혀 다르게 평가하고 있으므로, 결과적으로 그의 주장은 신빙성이 낮다고 볼 수 있다. 안종화는 카프영화에 대해, "용감히 도전을 해온 신경향파에 속한 신흥영화예술운동이 조선 영화계에 대두하였다. (중략) 대개 영화예술협회 출신들이었으니 급기야 〈유랑〉이란 영화가 제작"[93]되었다고 평했다가 1962년에 말을 바꾼 것이다. 1962년의 주장은 박정희 군사반공주의 시대에 안종화가 김유영 등을 이념과 도덕적으로 음해하면서 자신의 우위성을 증명하는 과정에서 나온 주장으로 볼 수 있다.

안종화는 매동梅洞학교와 이 학교에서 운영한 간이상업簡易商業을 졸업하고[94] 배우의 길로 들어선 1세대 신파배우였다.[95] 1924년에 윤백남 아래에서 배우로서 영화계에 입문하였다. 이후 그는 〈꽃장사〉1930, 〈청춘의 십자로〉1934 등을 감독했고, 1939년에는 친일 단체인 조선영화인협회 회장을 맡았으며, 해방 후에는 이승만 단독정부의 촬영소장(대한영화사, 구 적산 조선영화사), 정부의 공보처 영화과장(6·25전쟁 중), 서라벌 예술대학장 등을 역임했다. 안종화의 작품에 대한 감독으로서의 평가는 그의 대표작인 〈은하에 흐르는 정열〉1935을 두고 이루어진 "안씨의 작품에는 인간의 심오한 그림자가 없는 것이 이상한 일이다. 그는 화려한 장면을 좋아해서 어느 때는 현실에서 볼 수 없는 것을 꾸며내는 때가 있다. 그리고 화면의 연락聯絡, 연결을 무시하는 것 같다."[96]는 당시의 평을 고려하면 그리 높지는 않았던 듯하다. 〈청춘의 십자로〉는 흥행에 비교적 성공한 편이지만 〈꽃장사〉 등은 그를 좌절시킨 작품이기도 하다. 그가 근대영화사에서

〈은하에 흐르는 정열〉의
이원용과 신일선.

중요한 인물로 자리매김된 것은 조선 영화계의 명망 있는 연장자라
는 사실로부터 시작된 것으로 보인다. 친일 청산이 이루어지지 않았
던 상황 속에서 친일 단체인 조선영화인협회 회장을 맡았던 이력 등
은 그의 출세에 더 도움이 되었을 것이다. 물론 당시 대부분의 문예
인들이 일제에 협력한 것은 사실이지만, 대표적인 영화계 친일인사
로 거론될 만한 그의 처신에는 명망과 연장자라는 불가피한 요소 외
에도 김유영 등으로부터 받은 상처와 그의 불우했던 시절에 대한 보
상 심리도 하나의 원인으로 작용했으리라 짐작된다.[97]

　〈유랑〉을 감독한 김유영과 이 영화의 주연이었던 임화는 1921
년 보성고보(보성고등보통학교) 입학 동기였다. 이 시기 보성고보를

★ 경성제대 법문학부, 독일 베를린대학에 유학한 후 공산주의 운동가로 활동하다 북한에서 박헌영과 함께 처형되었다.

다녔던 유명 인물로는 이강국,★ 조선 최고의 미술사가 고유섭, 작가 이상, 해외문학파로 교수였던 이헌구 등 이루 열거하기 힘들 정도다. 조선 인구 2천만 명이었던 1933년만을 놓고 보면, 당시 경성의 고등학교 즉 제일, 보성, 배재, 양정, 휘문 등 10여 개의 고보 졸업생은 800여 명이었으며 이 중 상급학교 진학자는 500여 명에 불과했다.[98] 당시 양정고보는 '일본어와 육상'으로, 배재고보는 '영어와 싸움질'로, 보성고보는 '얌전한 학생들과 사상 면에서 신서적新書的 독서가 앞선 학교'라고 소개되었는데, 김유영 등에게 보성고보는 그들의 사상적 요람이었다고 볼 수 있다.[99] 카프 주도 인물 팔봉八峰 김기진의 술회에 따르면 당시는 '서구의 각종 철학, 미학, 문학론 따위가 일시에 수입되어 중구난방으로 전개되었던' 시기였다. 그에 따르면 "1919년 이래로 신문예계는 정히 장관이었으니 신시류 소설류의 다수한 발표는 각지에 청년 단체가 족생簇生하던 사회현상과 동일한 현상이며 문예이상주의, 자연주의, 낭만주의, 신인생주의, 예술지상주의, 악마주의, 상징주의 등의 조류가 잡연히 충일하여 각인각색"이었다.[100] 이후 수입된 마르크스주의와 프롤레타리아 문예이론 또한 그런 맥락에서 수용된 것으로 볼 수 있다. 〈유랑〉을 제작할 무렵만 하더라도 임화는 11편의 아방가르드 시를 쓰면서 마르크스주의를 공부하고 있었다. 따라서 "아나키즘, 마르크스주의, 미래주의, 구성주의, 표현주의, 다다이즘 등 당시로선 최첨단의 사상과 예술에 매혹된"[101] 임화를 통하여 김유영의 정신세계를 어느 정도 짐작할 수 있다.

조선영화예술협회에서 안종화의 패배는 개인적인 것을 넘어 시대적인 것이기도 했다. 연령적 위계가 상대적으로 약했던 당시이긴

하지만 일곱 살 아래의 김유영 등에게 안종화가 패한 것은, 윤리성 문제를 제외하더라도 인원수와 지적 수준의 절대적 차이 또한 큰 요인으로 작용했을 것이다. 김유영은 윤기정의 권유로 1927년 조선영화예술협회에 가입한 후 그해 12월 카프에도 가입한다.[102] 임화, 강호, 서광제 등 열혈 청년들 역시 같은 맹원盟員이었다. 안으로는 인본주의 혹은 애국애족의 내용을 담고, 겉으로는 현란한 마르크스주의 언사를 구사하는 다수의 공세를 보통학교 부속 간이상업학교를 졸업한 신파배우 출신 안종화가 이겨낼 수는 없었을 것이다. 이는 안종화 개인만의 처지가 아니라 안종화와 비슷한 경로를 걷고 있던 기성 조선 영화인들 대부분의 처지이기도 했다. 이런 배경에서, 작품 수와 인원수가 상대적으로 적음에도 불구하고 김유영 등의 조선 영화계에서의 존재감은 적어도 1930년대 중반까지 이어진다. 이렇듯 카프영화운동은 비록 공언한 만큼의 작품은 내지 못했지만, 현실에 안주하는 조선 영화계를 비판하면서 영화의 사회적 역할을 강조하는 중요한 흐름이었다.

신흥영화예술가동맹의 결성과 해체

조선영화예술협회의 이름을 내리고 서울키노 간판을 올리는 과정에서 김유영 등은 윤기정에 의해 카프에 가입한다. 하지만 김유영, 서광제 등과 카프와의 관계는 카프 내 다른 문학인들처럼 직접적이며 긴밀한 것은 아니었던 듯하다. 서울키노라는 명칭은 '서울'과 '키노'라는 다소 생경한 이름의 조합으로 '탈 전근대'의 의지를 보여주는 것이기도 했다. 하지만 1년도 못 되어 신흥영화예술가동맹으로 개칭되는데, 이는 일본 프롤레타리아 영화운동 단체인 프로키노의 영향으로 보인다. 프로키노의 기관지 『신흥영화』1929년 창간의 '신흥'과 영화 단체만의 독자적인 '동맹'이란 단어를 쓴 것은 그들의 결연한 의지를 표현한 것이기도 했다. 하지만 이러한 의지는 카프 지도부와의 마찰로 인해 꺾이고 마는데, 이는 카프영화 진영 내의 조직 논쟁인 동시에 '영화적 세계관' 및 '전략과 전술'의 차이에서 비롯된 것이기도 했다.

카프영화의 명실상부한 조직 논쟁은 신흥영화예술가동맹 결성에서 비롯된다. 1930년 4월 카프 중앙은 '진정한 예술운동의 대중조직 건설'이라는 모토 아래 조직을 재편하면서 기술부를 두고 이 산하에 영화부 등을 두게 되는데, 프로덕션 수준이었던 카프영화 활동이 조직적 활동을 전개하는 첫 시도였던 셈이다. 이 과정에서 1929년 12월에 결성된 신흥영화예술가동맹은 카프 중앙으로부터 해산 권고를 받게 되었고, 신흥영화예술가동맹 주축이었던 김유영 등은 이를 거부하였다. 원래 이 동맹은 윤기정 등 카프운동의 핵심 멤버와 김유영, 서광제 등이 합작하여 조직한 단체였다. 1928년부터 카프는 '예술작품을 공장, 농촌으로'라는 슬로건과 함께 내부에서는 이론적 논쟁을 벌였고, 외부로는 민족주의 문학가들과 형식과 내용에 대한 논쟁을 벌였다. 하지만 카프영화인들은 이러한 첨예한 논쟁으로부터 비교적 자유로웠던 것으로 보인다.[103] 당시 카프영화의 실상은 〈혼가〉와 〈암로〉의 실패로 허덕이던 시기였다. 1929년에 카프영화가 한 일은 12월에 이른바 찬영회 사건에 적극 가담한 것이 전부였다. 카프는 1927년 방향 전환 이후 카프 맹원이 늘어나면서 대중적 조직이 되었지만 오히려 비예술적인 정치조직이 되었기 때문에, 1930년의 재조직은 '예술적인 대중조직'을 지향한 것이었다.[104] 영화 창작 조직으로서 다수의 전문적 인원을 필요로 했던 신흥영화예술가동맹이 카프의 조직 해산 권유에 응하지 않은 것은 표면적으로는 합리적인 결정으로 보인다. 하지만 해체 권고에 저항했던 김유영과 서광제는 이에 불복하다가 여론의 비판에 못 이겨 결국 단체를 해체하고 만다.[105] 이후 1931년 김유영은 『동아일보』에 "당면자인 나 자신이 과오를 청산"[106]하겠다는 의견을 공개적으로 피력하기에 이른다.[107]

신흥영화예술가동맹의 해체를 요구한 1930년도에 카프는 방향전환론을 발표한다. 여기에는 세 가지 배경이 있다. 첫째는 소련 코민테른의 '12월 테제'★에 따른 것이었다. 인텔리 중심의 조직 노선을 버리고 농민과 노동자 속으로 들어가야 한다는 지침이었다. 이는 중국 국민당이 공산당을 공격한 사례를 이유로 소련 공산당이 조선 사회주의자들에게 민족주의 세력과 결별하라고 내린 지시이기도 했다. 둘째는 국내 정치 상황이었다. 1929년 광주학생운동 때 일제의 탄압에 적극적으로 대응하는 대신 조선인들이 힘을 길러 정치적 자치권을 확보하자는, 이른바 자치론을 주장하는 세력들이 생겨났다. 물론 이 자치론의 형성에는 일본의 공작도 개입되었는데, 이를 계기로 강경노선이 대두되었다. 즉 사회주의자들은 1931년에 신간회를 해체하면서 자신들만의 독자적인 조직과 활동을 도모하게 된다. 세 번째는 이전의 조직 확장 과정에서 확보된 비전문적 맹원들을 정리하고 선명한 정치적 예술성을 갖기 위한 조치였다. 즉 카프가 예술적 역량이 있는 기술자(전문 예술가) 조직이 되어야 한다는 논리였다. 이는 1929년 일본 프롤레타리아 작가동맹의 이데올로기 방향

★ 정식 명칭은 조선 농민 및 노동자의 임무에 관한 테제. 1928년 12월 소련 공산당 지도부인 코민테른 집행위원회 정치서기국이 채택한 조선공산당 재조직에 관한 결정서를 말한다. 약칭 '12월 테제'라고 한다. 소련 공산당의 명령을 수용하고 지원을 받던 조선의 사회주의자들은 이 테제를 받아들였고, 그 결과 당시 좌우 합작으로 이루어진 신간회도 해체된다.

전환과 1929년 러시아 프롤레타리아 작가동맹 총회의 '볼세비키화' 결의 등에서 이루어진 전문 예술가들의 사회주의적 예술운동 강조를 받아들인 것이었다.[108]

김유영 등이 해체 권고를 거부하자 카프 지도부는 신흥영화예술가동맹이 "카프에 대한 악선전을 부르주아 저널리즘에 뿌리고 결국에는 조직적 항쟁(그들은 카프 중앙부의 여러 사람에게 ××의 협박장을 보낼 정도의 만용을 부리기도 했다)을 시도함으로써, 조선 프롤레타리아 예술운동을 교살시키려는 음모를 꾀할 정도로 사실상 ××자본주의의 사주使嗾를 받고 있다."고까지 비판했다.[109] 하지만 특히 임화로부터 합법주의자, 개량주의자라고 비판받았던 김기진의 판단은 달랐다. 당시 상황을 고려하면 기술자가 턱없이 부족한 가운데 카프를 기술자 조직으로 구성한다는 것은 시기상조라고 본 김기진의 주장에 분명 합리적인 면도 있다.[110] 앞의 여러 점들을 고려하면, 신흥영화예술가동맹의 결성과 해산은 코민테른의 결정과 중국의 상황에 영향을 받은 신간회 결성 및 해산과 깊이 관련되어 있다는 것을 알 수 있다. 따라서 카프 문인들에게 공산당원은 절대적 권위를 지닌 존재들이었지만, 그런 부분에 상대적으로 둔감했던 김유영과 서광제는 카프의 해체 권고를 받아들이지 못했던 것이고, 정황 또한 그들의 판단이 옳았던 측면도 분명히 있었던 것으로 보인다. 해체 권고에 불응하면서 김유영과 서광제가 카프에서 탈퇴하고 윤기정이 신흥영화예술가동맹에서 탈퇴하면서 새로운 조직을 구성하게 된다.[111] 현장 지향적이며 투쟁적인 프로키노의 강령1930.5.에 비해 신흥영화예술가동맹의 강령[112]이 그렇지 못했던 것은 현실의 당연한 귀결이겠지만, 강령만 놓고 보더라도 '계급성'을 지향하는 것 외에는 어느 것도 명확하지 않았다. 하지만 실제 카프 조직이 그 시기[1930.4.] 실행한 것은 문학부, 연극부, 영화부, 미술부, 음악부 등 기술 부문별로 조직을 개편한 것뿐이었다.

카프의 방향 전환 즉 볼세비키화 주장의 핵심은 노농勞農통신운동과 일체의 부르주아 이데올로기와의 투쟁이었다. 이러한 방향 전환은 특히 일본 나프NAPF의 활동을 지향한 것이었는데, 실제 조선의 정치적 상황은 대단히 불리했으며 카프 구성원들의 예술적 역량이 크지 않았던 점을 고려하면 그 결정은 비현실적인 것이었다. 따라서 계급성이 약하다고는 하나 영화 제작의 토대와 능력을 전혀 갖추지 못한 상태에서 신흥영화운동의 입장을 정립하는 동시에 비평과 기술을 연마하는 것을 우선 과제로 둔 신흥영화예술가동맹의 방침은 훨씬 더 현실적 합리성을 갖춘 논리였다고 볼 수 있다. 하지만 이후 신흥영화예술가동맹은 별다른 활동을 보여주지 못하다가 슬그머니 조선시나리오작가협회를 조직[1930.12.]하면서 스스로 해산하고 만다.[113] 김유영 등의 이러한 태도 변화를 설명하는 자료적 근거는 없지만 그렇다고 추측이 아주 불가능한 것은 아니다. 즉 카프의 권위가 예술 활동 전반에 큰 영향력을 발휘했기 때문에 이들은 거기에 굴복할 수밖에 없었을 것이다.

근대영화의 시도, 카프KAPF영화

조선영화예술협회가 결성된 1927년 3월 이후 협회의 첫 영화 〈유랑〉이 발표된 때는 1928년 4월이었다. 이 시기는 협회의 이름을 벗고 서울키노라는 제작소를 차리는 동시에 카프 조직과 긴밀한 관련을 맺던 시기였다. 이후 서울키노 1회 작품으로 〈혼가〉[1929]를 내놓았다. 이 시기에 나온 다른 영화로는 〈암로〉[1929]가 있는데, 이는 카프 맹원인 강호가 자신의 연고지인 진주에 가서 남향키네마라는 제작사 이름으로 만든 영화이다. 이 세 편 모두 현재 영화가 남아 있지 않은데, 그나마 〈유랑〉만 이종명 원작의 영화소설[『중외일보』 1928.1.5~1.25]로 남아 있다. 〈혼가〉와 〈암로〉는 관련 기사 또한 적은 편인데, 특히 〈암로〉는 진주 명승지를 배경으로 열악한 농촌환경을 그린 것이라는 기록과 윤기정의 평문밖에 남아 있지 않다. 이 두 편의 영화는 1928년 5, 6월 무렵 개봉이 예고되었지만 실제 상영은 해를 넘긴 1929년 1월 단성사에서 이미 개봉된 〈먼동이 틀 때〉[심훈, 1927]와 함께 '조선영화주간'이라는 기획 상영회에서 개봉되었다.[114]

영화소설 『유랑』은 주인공 영진이 근 십년 만에 고향에 돌아오는 것으로 시작된다. 이 마을에서는 강병조라는 부자가 마름인 박춘식을 앞세워 곡식을 빌려주고는 고리로 마을 사람들을 괴롭히고 있었다. 영진은 계몽운동을 하는 한편 순이와 사랑을 하게 된다. 이후 순이는 강병조 집에 며느리로 팔려가서는 자살을 시도하였다가 영진의 도움으로 살아난 후 그들의 추적을 따돌리며 그녀의 아버지, 그리고 영진과 함께 마을을 탈출한다.[115] 원작자인 이종명은 기술과 자본의 부족은 인정하였지만[116] 〈유랑〉이 5년이 지난 순간에도 상영되는 현실을 지적하며 "스크린 위에 원작 이종명이라는 자막이 나타날 것을 생각하니 얼굴이 뜨거워지는 것 같습니다. 돈이 있으면 판권을 도로 사가지고 불질러버리고 싶"[117]다고 썼다.

이 영화의 줄거리가 〈아리랑〉과 유사한 점을 발견하는 일은 어렵지 않다. 주인공 이름이 '영진'으로 동일하며, 갈등의 주도 인물

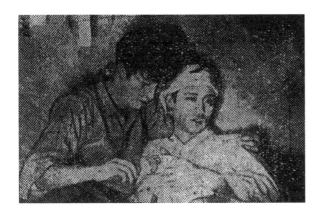

서울키노의 1회작
〈혼가〉의 한 장면.

역시 대지주 천상민〈아리랑〉과 강병조〈유랑〉이고, 악행을 실행하는 이들
은 마름 오기호〈아리랑〉와 박춘식〈유랑〉이다. 구체적인 갈등은 오기호가
빚 대신에 영희와 결혼 승낙을 압박〈아리랑〉하는 것과, 강병조의 지적
장애자 아들 윤길과 여주인공 순이를 빚 대신에 혼인시키려는 압박
〈유랑〉이다. 또한 영희와 순이가 위기에 처했을 때 이들을 구하는 것
은 광인인 영진〈아리랑〉의 낫질과 지적장애자 윤길〈유랑〉의 돌팔매질이
다. 그리고 이 모든 사건들의 전제는 '영희와 영진의 친구 현구와의
사랑'〈아리랑〉과 '순이와 영진의 사랑'〈유랑〉이라는 요소이다. 또 다른 유
사점으로 이 영화들에 교육자(〈아리랑〉의 박선생, 〈유랑〉의 계몽운동)가
등장한다는 점도 빼놓을 수 없다. 아무튼 두 편 모두에서 사랑의 장
애물은 빚이며, 그 빚은 계급적 모순의 매개체가 된다. 하지만 〈아
리랑〉을 모방한 〈유랑〉은 김유영의 첫 작품인 동시에 검열과 기술적
결함이라는 치명적인 한계에 의해 실패한 작품으로 기록되고 있다.
　〈혼가〉는 김유영이 감독하고 임화·추용호·이영희·남궁운(김태
진) 등이 출연한 영화로, '근무 중 부상당해서 해고된 노동자', '퇴학

카프의 중심인물로, 배우와
영화평론가로 활동했던 임화.

당한 고학생', '역마차의 화부' 등 상경한 세 청년이 주인공으로 등장한다. 희망을 품고 전근대적 공간에서 근대적 공간으로 이전하지만 역시 근대의 냉혹한 질서에 배척당하는 인물들을 그린 작품으로 짐작되는데, 이는 근대사회에 대한 비판이 담긴 서사 작품에서 흔히 볼 수 있는 경향이기도 하다. 하지만 조선영화예술협회와 카프영화운동을 같이 했던 선배 윤기정으로부터 "산만하고 인물 성격이 잘 드러나지 못한, 〈유랑〉보다는 나아졌지만 결점이 많은 작품"이라고 평가받았다.[118] 윤기정이 쓴 이 평론의 절반 이상은 연기 비판에 할애되었는데, 특히 마부 역을 맡은 임화가 미남자로 보이기 위해 지나치게 짙은 화장을 한 점을 지적하기도 하였다. 윤기정이 〈암로〉의 평에서도 배역에 대한 평을 주로 한 것을 보면, 당시 관객의 관심이 배우에 집중되었던 현상을 짐작할 수 있으며 영화 비평의 수준 또한 가늠할 수 있다.

〈유랑〉이 만들어질 시기 조선영화예술협회의 다른 연구생 강호[119]가 만든 〈암로〉는 기계문명(정미소)에 의한 농촌(물레방앗간)의 몰락을 다루고 있다. 이 영화에 대해 윤효봉은 "원작과 각색의 문제와 더불어 신scene들의 연결이 논리적으로 맞지 않는 점"을 지적하는 동시에 배우들의 연기에 대해서도 혹평했다.[120] 서광제 역시 "주역 강호 군의 표정은 처음부터 끝까지 광인의 표정과 같다", "공연한 격투가 이 사회에 대하여 자포자기하는 것과 무엇을 세우려는 희망도 없이 그저 술이다, 돈이다. 그리하여 나중에는 할 수 없이 고향을 떠나고 애인을 뺏긴다. 우리는 이제 그러한 것에는 싫증이 났다."[121]고 비판한다. '광인의 표정'이란 〈아리랑〉의 광인 영진(나운규)의 이미지를 연상케 하는 부분이다. 즉 〈암로〉 또한 〈아리랑〉을 부분적으로 추종하였으며 비판받은 격투 장면도 서양영화의 격투 신으로부터 배운 〈아리랑〉의 영향으로 보인다.

이렇듯 카프영화인들은 한꺼번에 세 편의 작품을 만들었는데, 그들의 능력이 턱없이 부족하여 흥행과 비평 모두에서 실패하고 만다. 그들이 이토록 조급하게 영화를 만들었던 것을 보면 당시의 영화 붐이 얼마나 이들을 들뜨게 하였는가를 짐작하게 한다. 또 당시의 정치적 상황, 즉 민족주의자들과 사회주의자들의 단합된 행동(신간회 결성)과 문화운동이 중시되는 분위기도 그들의 움직임에 요인이 되었을 것이다. 특히 〈아리랑〉의 성공 사례는 그들을 들끓게 했을 것이며, 그만큼 그들의 영화는 〈아리랑〉의 자장 아래 있었다. 하지만 이 외에 1928년 무렵 조선영화 산업의 팽창 변화라는 사실에도 주목할 필요가 있다. 이 시기는 『매일신보』, 『조선일보』, 『중외일보』, 『동아일보』 등의 연예 담당 기자들을 중심으로 한 찬영회 1927.12~1929.12가 영화계 흥행에 큰 힘을 발휘하던 시기였다. 찬영회의 발기는 기자들의 문화적 야심과도 관련 있는 것인데, 이는 이 시기 세계 각국으로부터 많은 영화가 수입되어 영화시장이 커지자 주도권 경쟁이 벌어졌다는 것을 의미하기도 한다. 카프의 활동 또한 사회주의사상을 기반으로 한 문화운동이라는 점 외에 이런 맥락에서도 이해되어야 할 것이다.

1930년 카프 중앙과 신흥영화예술가동맹의 분쟁으로 분리된 카프영화인들은 각각 〈지하촌〉강호, 1931, 청복키노 제작과 〈화륜〉김유영, 1931을 만들게 된다. 카프영화운동의 마지막 창작물인 된 이 두 편의 영화 또한 현존하지 않는다. 〈화륜〉은 개봉 당시 큰 논쟁을 불러일으켰는데, 작품에 대한 신랄한 평가와 함께 카프 영화인들 간의 갈등을 보여주는 것이었다. 반면 〈지하촌〉에 대한 자료는 거의 없다시피 하다. 작품 수준도 윤봉춘의 일기를 통해 짐작할 수 있을 뿐이다. 윤봉춘은 '촬영감독 손용진이 〈지하촌〉 필름을 헐값에 사서 재편집하여 지방 흥행을 시도했지만 검열을 통과하지 못했다는 사실'과 함께, 자신의 일기에 혹평을 남겼다. 그는 "'지하촌'이란 것을 '승리자'라고 개명하였기에 다시 '그네들'이라 개명하라고 하였다. 작품 전체를 눈을 뜨고는 볼 수 없으리만치 되지 않은 작품이었다. 아무리 오륙 년 전의 것이라 하나 그처럼 생각이 없이 만들 줄은 몰랐다."[122]고 썼다. 하지만 〈지하촌〉이 영화적으로는 형편없었을지 모르지만, 도시 공장을 배경으로 노동자, 룸펜, 현장 활동가 등을 등장시킨 점은 진일보한 설정이라고 할 수 있다. 따라서 현장성과 투쟁성을 강조한 만큼 〈지하촌〉은 검열로 거세될 수밖에 없었을 것이다.

　〈지하촌〉의 줄거리는 도시 빈민가에 위치한 한남철공장 노동자 김철근이 비참한 현실을 타개하기 위해 조직 구성을 시도하던 중 실업자를 조사하러 나온 어느 그룹의 조사위원 민효석을 만나 동생 김성근과 함께 빈민 대상 학교를 개설하는데, 여기에 룸펜 노동자 허재민 등도 참여하면서 한남철공장 사장과 맞서 싸운다는 내용이다.[123] 즉 노동자, 소부르주아 인텔리, 룸펜 실업자, 도시 빈민 등이 주역으로 등장하여 계급투쟁을 벌인다는, 카프영화가 줄곧 주장했던 계급적 인물 설정과 투쟁적 플롯을 취한 것으로 되어 있다. 이런 플롯은 운동과 연관되어 투옥되거나 사라졌던 인물이 영화의 공간으로 다시 돌아오는 것으로 시작하는 〈아리랑〉, 〈먼동이 틀 때〉, 〈유랑〉, 〈화륜〉 등과 구분되는 특징이기도 하다. 이러한 급진적 태도는 이후 일본의 조선 유학생 사회주의자 그룹에서 발간한 『무산자』無産者

국내 배포 사건과 함께 카프 1차 검거의 도화선이 되었다.

〈화륜〉은 시나리오와 당시의 비평을 통하여 작품 윤곽을 어느 정도 알 수 있다. 신흥영화예술가동맹의 해체를 둘러싼 분쟁 이후 김유영과 서광제는 안석영, 『메밀꽃 필 무렵』의 작가 이효석과 함께 조선시나리오작가협회를 결성한다. 단지 네 명으로만 구성된 이 단체는 『화륜』을 집필할 때만 유효한 조직이었다. 집필은 이효석, 안석영, 서광제, 김유영 순으로 이루어졌는데, 김유영의 집필 부분이 다른 사람에 비해 두 배 정도 많다. 시나리오에는 신파적 특성이 있는가 하면 러시아(구소련)의 소비에트 몽타주,★ 서양영화와 〈아리랑〉에서 볼 수 있는 격투 신 등이 혼재되어 있다. 인물들 간의 관계는 전적으로 신파적 설정에 의존하고 있다. 주인공 철호가 출옥한 후 길을 가다가 매 맞는 아이를 발견하는데 그 애가 바로 자신의 아들이며, 철호의 10년 수감 기간 아내가 동거했던 남자가 철호의 계급적 적으로 설정되어 있다. 이는 비평가들로부터 투쟁적 상황을 치정적 설정으로 바꾸었다고 비판받았던 부분이다. 이 외에도 주제 전개에 필요하지 않거나 작위적인 인물 설정 등은 김유영 등이 당시의 관습적이고 통속적인 요소를 무의식적으로 차용하고 있음을 보여주는 부분이다.

이런 신파적이며 통속적인 설정에도 불구하고 〈화륜〉이라는 영화를 구성하는 서사의 핵심은 투쟁이었다. 철호는 두 번이나 파업을 주도하는데, 처음은 철공장이었고 두 번째는 탄광이었다. 이 파업은 둘 다 실패로 끝나고 철호가 잡혀가는 것으로 막을 내린다. 하지만 이 과정에서 탄광의 파업뿐만 아니라 철호 아내가 일하는 고무공장에서의 파업 등 전국적인 파업 열풍이 활기차게 제시된다. 파업

★ 1917년 볼셰비키 혁명에 성공한 소비에트연방공화국(현 러시아)은 정부 차원의 예술운동을 지원하고 장려하였다. 이에 따라 소련영화는 자신만의 미학을 발전시켰는데 그 대표적인 것이 몽타주 이론이다. 특히 에이젠슈테인은 숏과 숏의 연결은 단지 결합하는 것이 아니라 충돌하고 갈등하는 관계라고 주장하면서 실제 자신이 감독한 영화 〈전함 포템킨〉(The Battleship Potemkin, 1925)에서 증명해 보였다. 즉 그에게 숏 A와 B의 결합은 A×B=C로서 두 숏이 충돌하여 새로운 의미가 창출된다는 주장이었다.

김유영의 세 번째 연출작
〈화륜〉의 한 장면.

에 대한 적극적인 묘사를 통하여 투쟁의 파생적 가능성을 제시한 것이다. 반면 철호는 도망갈 수 있었지만 잡혀갔고 그와 함께했던 김 노인은 민족주의자였던 자신이 이제 사회주의로 사상을 바꾸었다고 웅변하기도 한다. 즉 〈아리랑〉, 〈먼동이 틀 때〉에서처럼 주인공이 잡혀가는 방식을 택한 것이다.

실제 영상을 확인할 수는 없지만, 시나리오 『화륜』을 통하여 김유영의 '스타일적 야망'을 읽는 것이 불가능하지는 않다. 시나리오의 지문은 무수히 많은 몽타주를 지시하고 있는데, "그의 심각한 몬타쥬의 배열은 장차 이 영화의 제작 진로에 따라 기대"[124]를 모았다. 철광 파업의 첫 장면은 이런 몽타주로 시작하는데, 여기에는 페이드 아웃F. O, 용암溶暗과 페이드인F. I, 용명溶明이 겹쳐서 쓰인 용전溶轉이나 오버랩을 뜻하는 이중二重 등이 무수히 지시되어 있다. 〈아리랑〉의 대표적인 장면으로 꼽히는 '고양이와 개' 몽타주는 〈화륜〉에서도 나오며, 돼지를 지배계급으로 개미떼를 민중으로 설정한 대조적이며 상징적인 숏들의 배치는 충돌의 몽타주montage of collision로 볼 수 있다. 또 운율의 몽타주(난투극 장면 전후), 소비에트 몽타주에 대한 노골적인 오마주(사자 동상이 포효하는 장면이 들어 있는 〈전함 포템킨〉의 장면을 그대로 쓴다고 표기) 등도 주목할 부분들이다. 김유영 등이 당시 〈전함 포템킨〉 등을 실제로 볼 수는 없었지만 일본 프로키노의 잡지 등을 통해 알 수 있었을 것이고, 또한 파업에 관한 적지 않은 다큐멘터리를 만든 프로키노의 작품들로부터 받은 영향 또한 짐작할 수 있다. 나운규 스스로 말했듯 〈아리랑〉 등이 서구영화의 스펙터클과 운동감을 차용했다면, 〈화륜〉은 소비에트 영화의 방식을 통하여 투쟁적 상황을 묘사함으로써 스펙터클을 시도하려 했던 것이다.

〈화륜〉은 석일양의 〈혼가〉에 이은 두 번째 투자였는데, 배우 김연실金蓮實에게 마음을 두고 투자한 것으로 짐작된다.[125] 〈화륜〉의 각색은 서광제와 김유영이, 편집은 이효석과 서광제가 맡았다. 비평을 토대로 보건대 영화 〈화륜〉은 시나리오 『화륜』과는 다른 것으로 보인다.[126] 탄광 관련 장면들은 없어지고 인물 설정이 바뀌었으며, 시나리오의 여러 투쟁 장면들 대신에 노동자 간의 거친 몸싸움 장면이 포함되었다. 이런 점을 두고 "파업을 무뢰한의 편싸움으로 만들고도 부족하여 계집싸움"으로 전화시켰다고 비판을 받았다.[127] 특히 임화가 가장 크게 문제 삼은 것은 철호, 철호의 아내, 덕삼 등으로 설정된 치정 삼각구조였다. 즉 계급 갈등이 신파 치정극으로 바뀌었다는 것이다. 그리고 공장 취직 이유가 단지 생계를 위한 것이었다는 점, 서브플롯에 나오는 남녀 젊은이들이 상해로 가는 점, 파업 시 구체적인 요구 사항이 제시되지 않았던 점 등도 비판받은 요소였다.

사실 이러한 임화의 비판 대부분은 당시 검열 상황을 고려하지 않은 원론적인 비판이었다. 하지만 서광제와 김유영은 심훈이 〈먼동이 틀 때〉에 대한 카프 진영의 비판에 대해 정면으로 반박한 것과는 대조적인 방식으로 반응한다. 서광제는 오히려 모든 책임은 김유영에게 있으며 자신은 신흥영화예술가동맹의 해체를 권고받았을 때 이에 긍정적으로 부응했다는 요지의 글을 발표한다.[128] 이에 김유영은 서광제가 사실 관계를 호도한다고 비판하며 임화가 "조선의 객관적 정세를 관찰하지 못했다."[129]고 항변하면서도 자신은 카프를 지지한다고 덧붙인다. 이후 서광제는 김유영의 글에 대해 반박하지 못하고 논쟁은 종결된다. 세 사람 사이에 벌어진 논쟁을 종합하면, 서광제가 분파적 행위를 한 것은 사실이며 서광제와 김유영이 시나리오를 각색한 결과 비판받을 만한 점이 적지 않았다는 것과 김유영의 연출적 결함이 있었던 것은 사실로 보인다.

영화 〈화륜〉에 대한 이런 논쟁은 당시 조선 영화계 실상의 단면을 보여주는 것이기도 했다. 그동안 카프영화인들이 나운규 등이 만든 조선영화를 비판했던 것에 비해 다른 영화인들은 〈화륜〉에 대해 어떤 비판도 하지 않았다. 이는 당시 영화 비평 지형은 좌파들이 주도하는 구조였으며, 카프영화인을 제외한 조선 영화인들은 그 누구도 저돌적인 그들과 논쟁적 전선을 만들려고 하지 않았다는 것을 보여준다. 사실 이 시기 조선 영화계, 특히 1930년을 예로 든다면, 총 11편이 제작되었는데 그중 노동자가 주인공으로 등장한 영화가 8편이나 되었다. 온전한 계급투쟁적 영화라고 보기에는 미흡하겠지만, 그럼에도 이런 통계는 당시 카프영화계의 논리가 조선 영화계에서 어느 정도의 영향력을 발휘한 증거로 볼 수 있다. 물론 이것을 카프영화 논리의 영향력만으로 해석할 수는 없다. 1930년에 일어난 원산 총파업과 광주학생운동 전후 국내 저항 세력의 기운과도 관련이 있을 것이기 때문이다. 이 시기 카프영화를 둘러싼 또 다른 풍경은 카프의 새로운 지도자로 부상한 임화가 보성고보 동기동창인 김유영을 향해 날선 비판을 하고, 오랜 동지였던 서광제와 김유영이 공개적으로 서로 비판하다가 1932년에 함께 교토로 떠나는 장면이다. 이 장면들은 좌파들의 강박적 내면과 함께 일제 탄압과 새로운 문화(산업) 장에서 각자도생을 위해 서로 싸우면서 협력하는 즉 '협업적 투쟁'을 벌일 수밖에 없었던 그들의 각박한 내면을 암시하는 것이기도 하다.

주인규 그룹과 적색노조영화

카프영화운동이 전개되던 1930년 전후 조선 영화계에는 노동자의 생활을 다룬 영화가 적지 않게 발표되었다. 1930년에 개봉된 조선영화 총 11편[130] 중 8편이 노동자를 주인공으로 삼은 작품이었다.[131] 그 전에도 이런 성향의 영화가 없었던 것은 아니지만 1930년의 이런 경향은 당시 사회적 분위기를 반영하는 것이기도 했다. 즉 1929년에 4개월간 벌어진 원산 총파업과 같은 해 광주학생운동 등이 노동운동, 이른바 적색노조 설립을 촉진한 것이 주요 배경 원인이라고 볼 수 있다. 또한 계급적 영화의 필요성과 그 정당성을 조선 영화계에 전파한 카프영화운동 또한 어느 정도 역할을 했다. 하지만 문학계에서는 1928년에 장단편 소설 모두 합하여 발표된 20편 중 무산계급을 다룬 작품이 16편이었다가, 1929년에는 장단편 소설 총 90편 가운데 무산계급 관련 작품이 21편으로 줄었던 것과 대조적이라는 점은 시사하는 바가 있다. 즉 당시 검열로 위축된 상황과 문학계의 실정을 고려한다면, 1930년에 개봉된 노동자가 주인공인 영화 8편을 제대로 된 계급영화로 보기 어렵다는 것이다. 주인규와 동향同鄕으로 같이 활동하기도 했던 이규설은 이 영화들에 대해 "신파적 영화에다 대중적 운동의 모습을 삽입하여 대중에게 영합키 위한 상업주의에 불과한 것"[132]이라고 평가했는데, 오히려 이 평가가 정확하다고 볼 수 있을 것이다.

이 작품들 중 여러 약점을 인정한 채 노동자 계급의 현실을 그린 영화로 볼 수 있는 작품으로 〈도적놈〉윤봉춘, 1930과 〈바다와 싸우는 사람들〉양철, 1930을 들 수 있다. 이런 경향의 작품은 1927년부터 볼 수 있는데, 여주인공이 식당 종업원인 〈먼동이 틀 때〉심훈, 1927, 〈뿔 빠진 황소〉김태진, 1927, 주인규·이규설 출연, 〈낙원을 찾는 무리들〉황운, 1927, 남궁운·주인규 출연, 〈세 동무〉김영환, 1928, 〈약혼〉김영환, 1929 등이 그런 영화였다. 반면 카프영화계는 노동계급성 영화를 만들 것을 주장했지만 〈유랑〉김유영, 1928과 〈암로〉강호, 1929는 농촌 현실을 바탕으로 한 것이었고, 〈혼가〉김유영, 1929에서야 '근무 중 부상당해서 해고된 노동자', '퇴학당한 고학생', '역마차의 화부' 등을 주인공으로 등장시킨다. 이런 경향은 1930년을 정점으로 급속히 사라지는데 〈딱한 사람들〉황운, 1932과 카프의 〈화륜〉김유영, 1931, 〈지하촌〉강호, 1931 등만이 당시의 그러한 경향을 유지한 작품들이었다.

카프문학계에서는 카프에 직접 가입하지는 않았지만 카프문학이 주장하는 문학적 이념을 대체로 수용한 작가의 작품들을 동반작품이라고 명명하였다. 1930년대 발표된 평문 중 하나는 조선의 작가들을 민족주의 작가, 소부르주아자유주의 작가, 프롤레타리아적 경향과 그에 동반하려는 진보적 작가 등으로 구분하고 있는데,[133] 이는 당시 여러 글에서 볼 수 있는 표현이다. 분류에서 보듯 카프동반작가란 명칭은 본인들의 수용 여부와 관계없이 카프문학과 동류의 범주에 두고자 하는 자의적인 규정인데, 이는 그들을 끌어들이려는 카프의 시도인 동시에 여차하면 그들을 비판할 규정이기도 했다. 이러한 카프문학과 카프동반문학과의 관계와는 달리 카프동반영화라는 말은 당시에 쓰인 말이 아니라 후에 규정된 것이다.[134] 앞에서 언급한 영화들 중 카프에서 만든 영화를 제외한 작품들을 일컫는 말이었다. 하지만 현재 영화도 남아 있지 않고 작품의 내용을 밝혀줄 자료 또한 미진한 상태에서 당시의 기록과 관련 인물들의 성향만을 고려하여 카프동반영화라고 규정하는 것은 적절치 못한 것으로 보인다.

따라서 1930년에 개봉된 11편의 영화 중 8편이 노동자 등을 주인공으로 삼았지만 이 작품 모두를 카프동반영화라고 부르기 힘든 것은, 이 영화들의 주제와 플롯이 노동자 계급을 중심으로 한 것이라고 확언하기는 대단히 어렵기 때문이다. 또한 이러한 호명을 위해서는 특정 인물의 성향과 그 지속적 경향을 고려하지 않을 수 없다. 카프동반영화와 연관된 인물로는 주인규, 황운黃雲, 남궁운(김태진), 김영환, 이규설, 심훈 등이 있는데, 이 중 주도적인 역할은 하지 않았지만 카프 조직 계보에 소속되었던 인물은 김태진과 이규설뿐이다. 따라서 초기에 잠깐 카프에 가입했던 심훈이나 카프와 직접적인 관련이 전혀 없었던 주인규, 황운, 김영환, 양철梁哲, 윤봉춘 등은 다른 시각에서 볼 필요가 있다. 특히 주인규가 카프에 조직적으로 결합하지 않은 것은 적색노조운동에 주력했기 때문에 다른 공개 단체에 가입할 수 없었던 사정[135]이 있었거나, 혹은 카프 운동이 지닌 분

원제가 〈삼걸인三乞人〉
이었으나 검열로 제목이 바뀐
〈세 동무〉의 한 장면.

원제가 〈삼걸인三乞人〉
이었으나 검열로 제목이 바뀐
〈세 동무〉의 한 장면.

파성과 경직성에 반대했기 때문일 것이다. 따라서 주인규를 비롯해
그와 함께 활동했던 인물들이 개입하여 만든 민중들의 고난과 투쟁을
다룬 영화들을 적색노조영화라고 명명하는 것이 더 적당할 것이다.

　〈먼동이 틀 때〉의 인물과 이야기는 〈아리랑〉에서처럼 감옥에서
출소한 자가 그의 아내를 겁탈하려고 하는 인물을 죽이고 잡혀가는
구조이다. 서브플롯은 주인공이 식당 여종업원을 도와 먼 길을 떠나
도록 되어 있다. 엔딩에서 인물들이 떠나는 형식은 카프의 〈유랑〉에
서 반복되기도 한다. 또한 이 세 편의 영화 모두에는 격투 신이 중요
하게 자리 잡고 있다. 반면 〈뿔 빠진 황소〉김태진, 1927와 〈낙원을 찾는
무리들〉황운, 1927은 노동자가 주인공으로 등장하지만 주요 플롯은 사
랑과 연관되어 있다. 〈뿔 빠진 황소〉에서는 사랑하는 연인의 비참함
과 노동자 친구의 죽음이 제시되고, 〈낙원을 찾는 무리들〉은 "어떤
의지 없는 청년 한 사람과 가정의 따뜻한 맛을 모르고 자라난 소녀,

금욕에 빠진 아버지와 순진한 그의 딸, 그이에게 야심을 품고 있는 악독한 사나이와 남모르게 그 소녀를 사랑하는 청년 실업가 등이 모두 얼크러져 삼각 사각으로 전개되는 연애극"[136]이라고만 되어 있어 전모를 파악하기는 힘들다. 변사 출신이자 단성사의 주역 중 한 명인 김영환은 카프와 조직적인 관계는 맺지 않았지만 동반작품이라고 볼 수 있는 두 편을 연달아 발표한다. 〈세 동무〉는 고아원 출신의 세 친구가 서울의 공장을 떠나 한 어촌 마을에 도착해 벌어지는 이야기다. 〈약혼〉은 카프의 이론가 김기진의 원작으로 만든 것이기에 이러한 성향의 작품으로 분류될 수는 있으나 개봉 당시에는 비판 또한 적지 않았다.

나운규의 친구이자 훗날 한국영화계의 지도자로 각인된 윤봉춘의 감독 데뷔작 〈도적놈〉[1930] 역시 이런 성향의 작품으로 분류할 수 있다. 독립운동 전력 탓인지 평생 카프와는 거리를 둔 윤봉춘은 이 작품에서 주인규를 주연으로 캐스팅하면서 대본 집필 또한 그에게 맡겼다. 검열의 가위질도 당했고 첫 작품이라 서툴다는 평을 받기도 한 〈도적놈〉은 카프 측으로부터 비판도 받았지만 "계급 대립의 표현"[137]이라고 인정받기도 하였다. 동네 부자에게 집과 직업 그리고 사랑까지 빼앗긴 사람들이 도시에서 철공장 일을 하는 비참한 모습을 그린 이 영화의 엔딩은 도적이 된 그들이 소동을 일으킨 후 잘 살 수 있는 곳을 찾아가는 것으로 끝맺는다.[138]

황운이 지휘하고 양철이 연출한 것으로 알려진 〈바다와 싸우는 사람들〉은 도시에서 온 신사에게 매수된 어업조합에 의해 착취당하는 어민들의 모습을 그리고 있다. 여기에도 역시 사랑이 있고 그 사랑을 권력으로 농락하는 손길이 있는데, 마지막은 주인공들이 투쟁을 하는 동시에 폭풍을 무릅쓰고 바다로 출어하는 것으로 끝을 맺는다. 이 작품에 대한 평은 적지 않았는데, 여러 결점에도 불구하고 작가의 진지한 태도가 모든 결점을 덮고도 남음이 있다는 호평을 받기도 하였다.[139] 하지만 카프 측의 박완식은 긴 평문을 통하여 부분적으로 인정하면서도, 황운이 2년 동안 할리우드에 가서 경험한 것을 염두에 둔 듯 '아메리카니즘'과 계급과 현실 인식의 철저하지 못함을 비판하였다.[140] 주인규의 적색노조 활동이 발가되는 와중에 제작된 〈딱한 사람들〉은 이른바 구조조정으로 해직된 두 인텔리 청년이 룸펜 생활을 하다가 자각하여 노동자로서 새로운 출발을 한다는 내용만이 전해지고 있다.[141]

카프영화와는 다른 경로로 계급투쟁적인 성향의 영화를 만들던 영화인들의 중심인물이었던 주인규는 영화배우이자 사회주의 노동운동가였다. 배우로서의 첫 출발은 〈심청전〉[이경손, 1925]의 심봉사 역이었는데, 상당한 인기를 얻었다고 한다.[142] 그는 "남성적인 듬직한 체구와 억세고도 부드러운 음성 그리고 굳센 의지의 소유자로 〈아리랑〉 이후 악역으로만 나왔으나, 그의 연기는 조선뿐만 아니라 외국에서도 찾기 어려운 다이내믹한 선과 특성을 갖춘"[143] 것으로 기억되고 있다. 뿐만 아니라 백남프로덕션에서 고려키네마사와 공동으로 〈개척자〉를 제작할 때 주도적인 역할을 맡았던[144] 실력자이기도 하다. 그는 〈개척자〉[이경손, 1925], 〈아리랑〉[나운규, 1926], 〈풍운아〉[나운규, 1926] 등에도 출연했으며 특히 〈아리랑〉에서 악역인 마름 역을 맡아서 주목을 끌었다. 이 영화들에 같이 출연한 남궁운(김태진)은 카프영화계에서도 활동했지만 남궁운, 주인규, 황운, 이규설 등은 카프영화와는 또 다른 계급영화 창작 그룹이었다고 할 수 있다. 이들은 심훈이 영화소설 『탈춤』1926을 『동아일보』에 연재할 때 함께 스틸 사진에 출연하기도 하였다.

이후 일본인 회사인 조선키네마에서 일할 때 나운규의 독주에 반감을 가졌던 주인규 등은 그곳을 탈퇴하여 〈낙원을 찾는 무리들〉황운, 1927을 만들었고, 나운규가 조선키네마를 탈퇴하자 다시 조선키네마로 돌아가서 〈뿔 빠진 황소〉김태진, 1927를 만들었다. 〈낙원을 찾는 무리들〉의 의지할 곳 없는 주인공과 〈뿔 빠진 황소〉의 탄광 노동자 주인공 등의 설정은 작품의 결함에도 불구하고 그들의 지향점을 보여주고 있다. 이후 주인규는 "영화 공부를 위해 소련으로 간다는 소문을 남기고 사라졌으며 황운 또한 영화 공부를 위해 할리우드로 간다는 소문을 남기고 사라졌다. 이 둘이 동시에 영화계에 다시 등장하게 된 것은 공교롭게도 1930년이었다."145

나운규의 친구로서 배우로 활약하던 윤봉춘의 감독 데뷔작 〈도적놈〉1930에서 각색과 주연을 맡은 주인규는 "이번에도 믿음성 있는 연기를 발휘하였다. 대장간에서 일하는 발달된 근육은 힘의 표현 같다. 노동자 역으로 적역"146이라는 호평을 받았다. 철공소를 배경으로 한 이 작품은 1927년의 작품들보다 더욱더 노동운동을 가시화하는 경향의 작품이었는데, 카프의 윤기정으로부터도 "계급 대립의 표현인 것은 사실"이라는 호평을 받기도 하였다. 비록 이후 윤봉춘과 주인규가 이런 방식의 작업을 하지는 않았지만, 만약 주인규와 당시 지식과 인품으로 영화계에서 존중받았던 윤봉춘의 결합이 지속되었더라면, 카프와 나운규의 장점은 확장시키고 결함은 축소된 모습으로 나타났을 것이다.

한편 황운은 양철이 감독한 〈바다와 싸우는 사람들〉1930의 총지휘를 맡아서 어민 계층의 분투를 영상에 담았다. 이 영화에 대해 카프 측의 박완식을 비롯한 평자들은 '할리우드식' 영화라고 비판하면서도 계급적 주제를 담으려고 노력했던 점은 대체로 인정했다.[147] 이후 황운은 함흥에 길안든영화사를 세우고 〈딱한 사람들〉[1932]을 제작한다. 흥남 조선질소회사의 불합리한 해고 사건을 소재로 삼았다는 것 외에는 알려진 것이 없는 이 영화는 황운이 제작·감독·각본·촬영·배우 등 1인 5역을 맡았고, 홍개명洪開明·주인규 등이 출연하였다. 이 시기 김태진(남궁운)은 카프 내부의 활동에 치중하는데, '우리동무사건'[1932.11]과 '영화클럽사건'[1933.3] 등 두 사건 모두에 연루되어 체포된다. 문예를 통한 김태진의 저항적 활동은 연극과 영화 분야를 아우르는 대중적 운동을 지향했지만 날로 거세지는 일제의 탄압에 의해 좌절되었다. 이후 이 두 사건으로 김태진이 투옥 중일 때 카프 2차 검거가 진행되면서 카프운동은 막을 내리게 된다.

고려공산당원인 매형 도용호의 영향을 받은 주인규는 1932년 〈딱한 사람들〉을 만들 당시 비밀리에 노조운동도 하고 있었는데, 제작 도중 이른바 '태평양노조사건'의 적색노조 출판부 책임자로 체포되어 3년간 투옥된다. 이후 주인규는 심영 등과 함께 극단 고협高協을 결성하여 전국을 순회하면서 연극인으로 명성을 날리다가, 전창근 연출의 〈복지만리〉福地萬里, 1941에 출연한다. 이즈음 주인규는 조선영화령에 의한 영화인 등록제에 배우로 등록하고 야스카와 분치安川文治로 창씨개명하였으며, 친일 영화로 분류할 수 있는 〈망루의 결사대〉望樓の決死隊, 이마이 다다시, 1943, 〈태양의 아이들〉太陽の子供たち, 최인규, 1944, 〈거경전〉巨鯨傳, 방한준, 1944 등에 출연하며 해방을 맞게 된다. 해방 이후 조선공산당 함남도당 검찰부장을 역임하였으며, 1947년 2월 북조선인

〈복지만리〉의
주인규(앞)와 심영(뒤).

민위원회가 결성한 북조선영화동맹의 위원장으로서 촬영소 건립 등을 주도하게 된다. 그는 1956년 9월 종파청산운동의 틈바구니에서 살아남기 위해 배우로 복귀하였으며 탄압에 견디다 못해 자살했다는 설도 있고,[148] 이후 행적이 명확하지 않다.

카프 검거사건

신흥영화예술가동맹과 카프 중앙과의 갈등 후 카프 직속 영화 프로덕션인 청복키노에서는 〈지하촌〉[1931]을 만들었고, 김유영 등이 속한 서울키노(2기)는 〈화륜〉[1931]을 만들었다. 이후 김유영과 서광제가 빠진 서울키노에서는 석일양과 추적양을 중심으로 새로운 진영을 구성하여 신문지상에 단단한 계획을 발표한다. 우선 농촌영화부와 가두영화부를 만들어 조직을 혁신하며, 농촌영화부에서는 조명희 원작 『낙동강』을 영화화할 준비를 하고 가두영화부에서는 막심 고리키 원작 『어머니』의 제작을 계획하고 있다는 것, 그리고 기록영화와 소형영화를 제작한다는 계획 등이었다.[149] 또한 일본 프로키노가 자신들에게 우호적인 영화팬들을 모아 외곽 조직으로 결성한 '영화의 친구' 같은 '서울키노 우인회' 조직도 시도하였다. "영화에 대한 교양의 상호 조장을 도모하고 회원에게는 키노에 대한 제의권을 주어 새 발전을 하기로 하여 동 키노 선전부에서는 남북조선으로 순회하리라는데 이런 기회를 이용하여 다수 참가하기를 바란다."[150]고 광고하기도 했다. 이는 운동성에 대해 치열한 고민이 부족했던 1기 서울키노와의 모습과는 다른 2기 서울키노의 몸부림이었다. 하지만 조직 개편, 제작 계획 및 우인회 조직 등은 아무런 성과도 없었다. 그것은 일본 프로키노의 활동을 조선에서 재현하려는 좋은 시도였지만 서울키노의 역량이나 조선의 상황에는 들어맞지 않는 것이었다.

1931년 카프 1차 검거사건을 겪은 후 1932년 서울키노와 청복키노가 결합하여 동방키노를 발족시켰으며, 이는 박완식이 주도하게 된다. 카프 1차 검거사건은 '조선공산당 공산주의자협의회사건'과 연루된 것이었다. 『무산자』의 국내 배포와 영화 〈지하촌〉 건으로 임화, 김남천, 안막, 권환 등 무산자파와 그 외 박영희 등 11명의 동맹원이 체포되었는데, 고경흠 등의 공산주의 조직원들과 카프동맹원으로는 유일하게 김남천만이 기소되고 나머지는 불기소 처분을 받고 풀려나오게 된다. 이 사건은 특히 공산당 재건 그룹과 무산자파가 손을 잡고 선전선동의 임무를 수행했다는 점이 특징이었다.[151] 이는 일제가 카프를 잠재적인 위험 세력에서 실질적인 위험 세력으로 보게 된 계기이기도 했다. 이후 좌파 예술가들을 향한 일제의 탄

압과 검거는 한층 강화되는데, 이는 일본 본토의 좌익 사범 처리와
도 관련이 있다. 간헐적으로 존재했던 일본의 좌익 탄압은 1932년
에 들어서자 대규모 검거와 고문 및 처형 등으로 이어졌다. 좌익에
게는 공포의 기억인 5·15사건, 1933년의 일본 공산당 지도자 사노
마나부佐野学와 나베야마 사다치카鍋山貞親의 전향 선언 등은 일본 좌
익의 기반을 뿌리째 뒤흔들었다. 이 과정에서 일본의 프롤레타리아
문예운동과 프로키노 등도 큰 타격을 입게 된다. 이는 조선에도 영
향을 끼친 것으로 보이는데, 특히 일본 지도자들을 비롯한 많은 좌
익들의 전향이 일어난 1933년에, 조선에서 카프 지도자였던 박영
희가 그 유명한 "얻은 것은 이데올로기요 잃은 것은 예술"이라는 말
을 남기며 전향을 선언하고, 김유영이 사회주의와는 무관하거나 다
소 적대적인 예술인들과 구인회九人會를 결성한 것은 우연만은 아닐
것이다.

　　1931년까지만 하더라도 김유영은 「영화가에 입각하여 – 금후
푸로영화의 기본방침은 이렇게 하자」『동아일보』, 1931.3.라는 대단히 선
동적인 영화운동론을 발표하는 동시에, 비록 실패했지만 강호(강윤
희)와 함께 중외영화사 설립를 도모하였다. 이후 그는 같은 해 9월
다시 『시대공론』을 창간했지만 곧 폐간하고 만다. 『시대공론』은 숙
부, 소설가 아내 최정희 등과 함께 만든 잡지로서 정치경제 기사와
예술 기사로 구성되었다. 1931년 김유영의 강력한 영화운동론과 뜬
금없는 『시대공론』 창간의 심리적 배경에는 세계적 경제공황을 배
경으로 강력한 노동계급의 투쟁에 의해 세상이 변할 것이라는 비현
실적 정세 판단이 있었던 것으로 보인다. 이후 김유영은 카프 1차
검거사건과는 거리를 둔 채 서광제와 함께 일본으로 떠난다.

1차 검거사건 이후 카프운동은 다시 '우리동무사건'1932.12.과 '영화클럽사건'1933.3.을 겪게 된다. '우리동무사건'은 카프 연극부인 신건설사에서 기관지로 발행한 『우리동무』 관련자들이 잡지의 불온성을 이유로 검거되었다가 출판법 위반으로 구속된 사건을 말한다. 관련 구속자는 신말산(신고송), 이찬, 김태진(남궁운)[152] 등이었다. '영화클럽사건'은 일본 프로키노의 동호회 회지인 잡지 『영화클럽』을 수입하여 판매함으로써 영향력과 수익을 꾀한 일과 자체 기관지 『영화부대』를 발간했던 것이 탄압받은 사건을 말한다.[153] 여기에 연루된 인물은 카프 미술부원인 이상춘(출판업)과 강윤희(강호, 출판업), 김태진(남궁운, 배우), 나준영(나웅, 배우), 이필용(이엽, 무직), 김대균(학생) 등이었다. 이 두 사건이 의미하는 것은 일제가 본토에서 프롤레타리아예술운동(나프)의 활동을 더 이상 방관하지 않고 철저히 탄압했던 것처럼 조선에서도 조그만 싹이라도 자르려 했다는 점이다.

이런 가운데 카프영화운동은 비록 아무런 실천적 활동을 성사시키지는 못했지만 동방키노를 중심으로 이론을 정립해나갔다. 강호가 구속되기 전에 쓴 것으로 짐작되는 「조선영화운동의 신방침」 『조선중앙일보』, 1933.4.6.과 박완식의 「금후 영화운동의 원칙적 중심과제」 『신계단』, 1933.5. 등이 그런 글들이었다. 그들은 당시의 탄압 정국과 자신들의 빈약한 역량을 인정하는 가운데 기존 상업영화 판로를 벗어난 활동 방식을 탐색하였다. 16밀리 소형영화 제작과 기존 배급 경로와는 다른 배급망 구축이 선결 과제였던 셈이다. 이러한 기획은 세계적 공황 상태를 긴박하고도 낙관적인 정세로 보면서 자신들의 열악한 제작 역량이나마 노동자, 농민, 대중 속으로 들어가 쏟아 부으려는 시도이기도 했다. 물론 이는 프로키노 활동을 모델로 삼은 것이기도 했다. 하지만 이 기획은 실제 실행되지는 못했다.

이후 1934년 3월 카프 중앙집행위원회는 각 부문 운동의 독자적인 활동을 권고하는 결정을 내리는데,[154] 이는 카프가 제 수명을 다했음을 의미하는 것이기도 했다. 이런 정세 속에서 카프영화계는 1934년 5월 카프영화부의 잔존 인력 대부분을 망라한 단체 조선영화제작연구소를 결성하게 된다. 강호의 강경론 대신에 김유영의 현실론이 수용된 결과였다. 김유영은 과거의 강경한 입장을 철회하면서, 과거에 제안과 이론은 많았지만 이론에만 그치고 실행은 제대로 하지 못했으니 이제는 꼭 실행하겠다는 각오로, 영화를 직접 제작하지는 못하더라도 진정한 영화예술을 '연구하는 단체'로 재출발하자는 이른바 준비론적 태도로 전환하였다.[155]

하지만 조선영화제작연구소의 출발은 동시에 카프와 카프영화운동의 종말을 의미했다. 여기에는 일명 '신건설사[156]사건'으로 불린 카프 2차 검거사건이 직접적인 계기가 되었다. 카프의 연극부인 신건설사의 전주 공연 중 발견된 전단을 일제가 문제 삼아 취조하면서, 카프 맹원들을 상대로 한 전국적인 검거사건이 된 것이다. 이는 위법 사실 여부를 떠나 좌익 예술가들과 카프를 완전 소탕하겠다는 일제의 의지 관철이었다. 극단 신건설사는 반전反戰 작품인 〈서부전선 이상없다〉에리히 레마르크 원작, 무라야마 도모요시村山知義 각색를 1933년에 창립 공연하였다. 이 작품의 대중적 반향을 본 카프 지도부가 1934년 전국 순회공연을 시작하자 일제는 선전전단 문구의 불온성을 빌미 삼아 카프 조직원 전체를 마구잡이로 검거했다. 1934년 5월부터 10월까지 약 100여 명을 검거하여 1935년 6월에 23명을 최종 기소한 이 사건은, 1935년 12월 구속된 인사 대부분이 직간접적인 전향 서약을 하고 집행유예로 풀려나는 것으로 막을 내린다.

여기에 연루된 영화인은 나웅, 박완식, 김유영, 추완호, 석일양 등 5명이었다. 이 중 김유영은 구인회 결성[1933]을 주도함으로써 카프 와 실질적으로 결별했는데도 이미 공개적으로 전향 선언한[157] 상태 였던 카프 초창기 지도자 박영희만큼이나 억울하게 구속되었다. 그 의 과거 활동을 비롯하여, 그가 조선영화제작연구소[1934.5.]의 중심인 물이었기 때문일 것이다. 이로써 1925년 8월에 결성된 카프는 2차 검거에서 제외되었던 카프 지도부 김남천과 임화가 1935년 5월 경 기도 경찰부에 카프 해산계를 제출함으로써 10여 년의 활동을 마감 하게 된다.

3 1930년대 초반, 조선영화 장場의 변화

1930년대 초반 조선 영화계는 한국 근대영화사의 차원에서 보면 수면 아래에서 질적 변화가 일어나는 과도기적 현상을 보이고 있다. 정치적으로 일제의 침략전쟁이 시작되면서 국내 탄압이 더욱 강화되고 있었고, 경제적으로는 세계 경제공황 여파로 불황과 빈곤이 더욱 깊어졌다. 이에 따라 영화 주제의 선택과 투자자를 구하는 일은 더욱 어려워졌다. 그나마 영화계에 활력을 불어넣던 카프영화도 이 시기 막을 내리고 있었는데, 그 대신 이규환 감독 등 일본에서 경험을 쌓은 신진 영화인들이 등장하기 시작했다. 또한 근대적 대중문화가 국내에 소개되어 민족 독립운동의 퇴조와 맞물리면서 보다 통속적인 대중문화 장이 펼쳐지게 된다. 이는 최독견 등 대중 작가의 인기가 상승하고, 카프영화계를 이끌던 김유영이 순수문학 단체인 구인회를 결성하며, 김기진의 '대중소설론'이 논쟁에 휘말리는 현상 등으로 구체화된다.

또한 나운규와 함께 혹은 그보다 먼저 활동했지만 그에 가려져 빛을 보지 못하던 윤봉춘, 안종화, 이구영 등이 이러한 대중문화계의 변화에 따라 기회를 갖게 된다. 반면 1932년부터 내리막길을 걷기 시작한 카프영화 및 저항적인 영화들은 1934년 카프 2차 검거를 겪으면서 완전히 막을 내리게 되는데, 〈임자 없는 나룻배〉^{이규환, 1932}와 〈딱한 사람들〉^{황운, 1932}은 그러한 경향의 막차를 탄 작품들이었다. 특히 〈임자 없는 나룻배〉는 혼성성^{hybridity}의 차원에서 파악할 필요가 있다. 이 시기는 세계 최초의 토키영화(발성영화) 〈재즈 싱어〉^{The Jazz}

Singer, 1927가 나온 이후 전 세계적으로 토키영화가 소개되던 시기이기도 했다. 즉 영화 제작을 위해서는 보다 큰 제작비가 요구되었으며, 토키를 제작할 수 있는 새로운 인력이 필요하던 시기였다. 조선 최초의 토키영화 〈춘향전〉1935은 감독 이명우李明雨, 1903~?에 의해 나오게 된다. 이명우는 조선 최초 촬영기사인 이필우의 동생이며 그 또한 촬영 등 기술 분야에 종사하던 인물이었다. 현재 이 시기 영화 필름으로 남아 있는 것은 〈청춘의 십자로〉안종화, 1934가 유일한데, 이 영화를 통하여 당시의 영화 문법 등을 파악할 수 있다. 역시 필름으로 현존하는 1936년 작 〈미몽〉양주남 감독, 최독견 각본은 이 시기 대중문화의 흐름과 영화 경향을 헤아릴 수 있는 귀중한 자료이다.

근대영화의 대중성, 최독견·윤봉춘·이규환·안종화

1930년 전후 시기 조선 영화계 관련 자료 중에는 실제 인원이나 작품 수에 비해 카프영화 관련 자료가 큰 비중을 차지하고 있다. 신문과 잡지 등에 나름의 입장으로 논리적인 글을 쓸 수 있는 사람들 대부분이 인텔리 출신인 카프영화인들이었으며, 영화를 다루는 신문과 잡지 종사자들도 카프에 우호적이었기 때문이다. 이런 조건에서 최독견과 윤봉춘 등이 상징하는 바는 당시 조선 영화계의 또 다른 측면을 보여준다.

최독견은 황해도 신천 출신으로 3·1운동의 영향으로 상해로 건너가서 혜령전문학교 중문학과를 졸업한 후, 조선에서 신문기자 및 소설가로 사회활동을 시작했다. 영화소설의 형태로 『조선일보』에 연재된 『승방비곡』1927은 그의 출세작이자 대표작으로 영화로도 제

최독견의 영화소설
『승방비곡』 표지,
국립중앙도서관 소장(왼쪽)

〈승방비곡〉의 한 장면(오른쪽).
원작보다 영화에서 부각된 불
행한 남매, 명숙 역의 김연실
과 명진 역의 윤봉춘.

작되었다. 1935년 이후에는 조선 최대의 권위과 명성을 지닌 극장
이었던 동양극장 지배인이 되어 조선 연극계의 거물로 성장하였지
만, 최종적으로는 대중작가라는 딱지와 말년의 불행 때문에 부정적
으로 기억되고 있다. 하지만 1930년 전후 최독견은 사회비판적인
경향성과 순수문학의 측면에서 최고 엘리트였던 최서해, 이기영, 홍
명희 등과 함께 "이미 젊은 대중작가로 재치있는 말과 새로운 감각
의 문구를 구사"[158]한다는 평가를 받았다.

　소설의 인기에 힘입어 만들어진 영화 〈승방비곡〉[이구영, 1930]은 삼
각관계, 색마의 등장과 성의 착취, 운명적인 인물 설정, 불교적 배
경, 자동차 추격 신, 격투 신 등 대중 영합적인 요소들의 결합체로
서 흥행에는 성공했지만 비평에서는 절반의 성공을 거뒀다.[159] '승
방비곡'에 당시 조선영화의 지배적인 내러티브 ─이 시기 조선영화

들 속에 주로 사용된 이야기 구성— 중 운명적 관계에 놓인 인물이 설정되어 있고, 당시의 중요한 흥행 요소였던 격투 신만큼이나 '자본의 횡포와 성적 착취' 등이 포함되어 있었기 때문일 것이다. 이는 카프영화나 적색노조영화, 즉 경향적 영화에서도 볼 수 있는 당시의 관습적 장치였다. 〈승방비곡〉에서 색마 역을 맡은 이경선과 함께 남자 주역을 맡았던 윤봉춘은 훗날 자신이 감독한 〈윤봉길 의사〉1947의 주역을 이경선에게 맡김으로써 그의 '색마' 이미지를 다소나마 불식시켰다.

윤봉춘은 동향인 나운규의 〈아리랑〉1925 성공에 고무되어 영화계로 나와서 〈도적놈〉1930으로 감독 데뷔하기 전까지 십수 편의 영화에 출연했다. 그는 당대의 유명한 감독으로 주목받지는 못했지만 조선 영화계에서 신망받는 인물이었다. 예를 들어 1929년 찬영회 사건이 대립으로 치달을 때 영화인 대표로 수습에 나섰고, 그가 남긴 '일기'를 보면 많은 영화인들이 일을 도모하거나 문제가 있을 때 그와 의논했던 것을 발견할 수 있다. 윤봉춘이 대표적인 민족적 영화인으로 각인된 것은 나운규와 함께 일제에 저항하다 투옥된 경력과 더불어 일제에 협력한 경력을 남기지 않았으며, 특히 해방 후 〈윤봉길 의사〉, 〈논개〉1956 등 민족의식을 강조한 영화를 만들었기 때문이다.

1930년 전후 시기 윤봉춘은 카프 측의 신흥영화예술가동맹 등에 대항하기 위해 "우익 그룹과 상설관 자본과의 합동으로 성립된"160 조선영화동인회를 안종화와 함께 이끌었다. 하지만 각본과 주연을 맡은 주인규와 함께 〈도적놈〉을 만든 것을 감안하면, 그가 멀리했던 것은 '극단적 태도를 지닌 카프 소속 인물들과의 교류로 인한 위험성'이었던 것으로 보인다. 따라서 그가 해방 후 유독 민족주의를 강조했던 것에는 내면의 자기 합리화도 부분적으로 작용했던 듯하다. 그의 '일기'를 통해 짐작컨대 자기 성찰력이 뛰어난 장남으로서의 부담이 컸던 윤봉춘은 투옥된 경험도 있던 터라, 카프와는 거리를 두었던 것으로 짐작되기 때문이다. 그는 1935년부터 1937년까지 거의 하루도 빠짐없이 일기를 썼는데 당시 조선 영화계의 풍경, 개인적 고민과 영화인의 생활상 등을 알 수 있는 귀중한 자료이다.[161] 인원이 얼마 되지 않았던 1930년대 조선 영화계에서 윤봉춘은 왼손으로는 주인규, 오른손으로는 최독견, 이구영, 이경선 등과 손을 잡았다. 최독견 등에게 민족의식과 그 표출이란 용기있는 자들의 선택으로 보였을 것이고, 윤봉춘과 주인규 등에게 카프영화인들은 행동보다 말이 앞서는 무리들로 보였을 것이다. 윤봉춘은 자본의 편에 서서 우익적으로 자신을 위장했지만 주인규 등과 함께 저항의 편에 서려는 노력을 아주 포기하지도 않았던 것으로 보인다.

〈도적놈〉은 시골 대장간을 배경으로 한다. 노인과 청년 2명 그리고 야학을 지도하는 도시 출신 여성 등의 노력이 마을 부호에 의해 좌절되자 그들이 마을을 떠나는 것으로 시작하여, 10년이 지난 후 이들이 마을로 돌아와 부호를 응징한다는 줄거리이다. 여기에는 야학의 여선생을 사랑하는 청년과 부호의 색욕, 부호의 강탈로 인한 마을 사람들의 비참한 생활 등도 포함된다. 치정관계 설정이라는 한계와 인물 성격이나 사건 구성에 문제가 없는 것은 아니었지만, 나름대로 현실을 계급적 차원에서 해석하고 묘사하려 했던 점은 카프 측으로부터도 어느 정도 긍정적인 평가를 받았다.[162] 〈큰 무덤〉윤봉춘, 1931은 인천의 어느 공장에서 일하는 주인공이 만주 고향집에서 중국인에 의해 일어난 비극에 대해 복수한다는 내용을 담고 있다. "과거의 신파적 영화에다 대중적 운동의 평형이라도 삽입한 것은 시장에 있어서 대중에게 영합키 위한 상업주의에 불외"[163]하다는 평을 받을 만큼 사건은 우연에 의지하고 기차 탈주 활극, 해양 활극 등이 볼거리로 배치되어 있다.

이규환은 대구 출신으로 휘문의숙, 계성고 등을 다니던 학창시절 영화에 매료되었다. 3·1운동 이후 숨어 지내다 1922년 도쿄의 일본영화연구소에서 6개월간 수학했다. 이후 중국을 거쳐 다시 일본으로 돌아가 신흥키네마에서 스즈키 시게요시鈴木重吉의 조감독으로 일했다. 그는 김성춘(조명), 박기채朴基采, 1906~?(연출), 양세웅梁世雄, 1906~?(촬영) 등 이 시기 일본 영화사에 적을 두고 일을 배우던 사람들과 함께 일본의 영화적 세례를 받은 조선 무성영화 후기의 대표적인 인물이다. 〈임자 없는 나룻배〉1932는 조선일보영화제에서 〈아리랑〉에 이어 무성영화 부문 2위로 꼽혔으며, 나운규는 이 영화에서 주연을 맡아 한껏 퇴색된 이미지를 만회할 수 있었고, 문예봉文藝峰, 1917~1999은 이 영화를 통해 새로운 스타 탄생을 예고하기도 했다. 〈밝아가는 인생〉1933, 〈나그네〉1937 등이 해방 전의 대표작으로 해방 후에도 〈해연〉海燕, 1948, 〈춘향전〉1955 등을 감독했다. 친일 영화인 〈군용열차〉서광제, 1938의 원작자이자 일제 말기에는 일제에 협력하기도 하였다.

〈임자 없는 나룻배〉의 줄거리는 다음과 같다. 시골 출신 춘삼이 땅을 빼앗긴 후 서울에서 인력거를 밀며 사는데, 아내의 난산 탓에 돈을 훔치다가 감옥에 가게 된다. 이후 출옥한 춘삼은 아내가 도망간 것을 체념적으로 받아들이며 시골로 내려와 뱃사공으로 딸과 함

〈임자 없는 나룻배〉에서
뱃사공(춘삼) 역의 나운규와
딸 역의 문예봉.

〈임자 없는 나룻배〉에서
춘삼 역의 나운규와
아내 역의 김연실.

께 생활을 영위한다. 어느 날 강에 다리가 세워지게 되면서 공사 기사가 딸을 겁탈하려 하자 그는 도끼로 기사를 죽이고 침목과 철교를 부수며 저항한다. 이 과정에서 춘삼은 기차에 치어 죽고, 딸은 춘삼이 쓰러뜨린 등잔불에 의한 화재로 죽고 만다. 이 영화에 대한 평은 대단히 긍정적이었다. "과거에 나온 작품 중에서 제일 뛰어난 좋은 작품"[164]이라거나 "조선 영화계에서 일찍 보지 못했던 새로운 감독과 명쾌한 촬영으로 된 영화"[165]라는 평을 받았다. 그런 만큼 이 영화는 〈아리랑〉을 잇는 민족주의 영화 계보에서 주목할 만한 위치를 부여받았다.

1932년은 〈화륜〉[1931]이 여러 차원의 비판을 받고, 정세의 엄중함 등 외부적 요인에 의해 비판적 영화의 명맥이 희미해지던 시기였다. 이규환이 〈임자 없는 나룻배〉에서 사용한 방법은 우회적 표현이었다. 현실에서 벌어지는 일이라 당연하다고 여겨진 현상을 나름의 저항적 사고를 통해 해석하고 이에 문제를 제기하는 방식이었다. 감옥에 간 것은 돈이 없는 절박한 상황 탓이었고, 철교가 들어서는 것은 누구나 수용할 수 있는 변화였다. 그는 이런 정황을 운명적으로 설정하였지만 운명에 도전하는 방식으로 현실을 환기시키려고 한 것이다. 비극적 결말은 체념을 극한으로 몰고 가서 역설적으로 그 상황을 다시 상기시키는 것이었다. 또한 신파적 설정, 그중에서도 우연한 사건 설정을 최소화한 것은 당시 조선영화의 복잡하고 운명적인 치정관계 설정과는 분명 다른 점이었다. 이규환과 그의 스승인 스즈키 시게요시 감독이 공동 연출한, 일본의 인기 원작으로 만든 〈나그네〉[1937]의 설정은 〈임자 없는 나룻배〉의 이러한 점을 더욱 상기시킨다. 이 영화의 촬영은 오쿠보 다쓰이치大久保辰一가 맡았으며 일본 신흥키네마에서 미술, 편집, 녹음, 현상을 하였다. 즉 이규환과 배우를 제외하면 거의 일본인의 손에 의해 만들어진 것이었다.

〈나그네〉에서 품팔이꾼 주인공 아버지의 죽음과 그의 아내를 탐하던 인물이 바로 범인이라는 설정, 치한에 대한 복수와 구속 등 인물 및 플롯 설정은 〈임자 없는 나룻배〉의 그것들과 부분적으로 겹치기도 한다. 〈아리랑〉만큼 민족영화로 인식되어온 〈임자 없는 나룻배〉는 사실상 〈아리랑〉이 신파적 설정을 완전히 벗어나지 못한 채 이광수 소설의 계몽적 인물과 서양영화의 격투 신 등을 수용하였던 것처럼, 당대 근대소설과 일본의 영향을 담고 있다. 즉 〈임자 없는 나룻배〉의 설정은 일제에 직접 저항하는 것이 아니라 다른 사회적 조건이나 인물 등에 대항하는 간접 방식으로 이루어졌다. 당시 일본과 조선의 좌파 근대소설이 취했던 플롯과 인물 재현 방식이기도 했던 이러한 내러티브는 당대의 문화 경향을 단적으로 보여준다. 이규환 감독이 1930년대 과도기적 상황의 대표적 인물이라는 것은 그의 영화 〈임자 없는 나룻배〉와 〈나그네〉에서 볼 수 있듯, 독자성과 외래성으로 조합된 혼성성hybridity에서 비롯된다고 볼 수 있다.

〈청춘의 십자로〉1934는 안종화의 감독 데뷔작 〈꽃장사〉1930에 이은 그의 세 번째 연출작이다. 조선영화예술협회 창립의 주도, 조선 최초 영화제인 조선일보영화제1938의 기획 등 그는 기획자의 면모와 배우, 감독의 면모를 동시에 지닌 인물이었는데, 이런 측면은 그가 자의 반 타의 반 친일단체인 조선영화인협회의 회장을 맡게 된 배경과도 연관이 있을 것이다. 1920년대 후반부터 반일적(민족주의적) 암시나 계급적(프롤레타리아 문예적) 성향이 배제된 예술작품들은 대부분 공개적으로 비판당했는데, 안종화의 작품 역시 예외가 아니었다.

〈청춘의 십자로〉의 한 장면.
왼쪽부터 장개철 역의 박연,
주명구 역의 양철,
영옥 역의 신일선.

〈청춘의 십자로〉에서
영복 역의 이원영과
계순 역의 김연실.

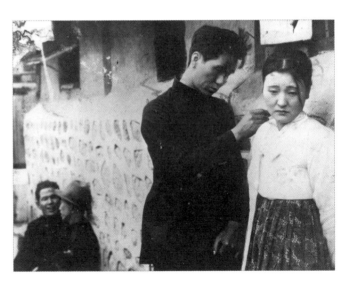

하지만 조선일보영화제의 무성영화 부문에서 〈청춘의 십자로〉가 6위였고 〈인생항로〉1937가 3위였던 것을 감안하면, 그의 작품에 시대적 공감대가 있었던 것은 분명해 보인다.

불완전하기는 하지만 〈청춘의 십자로〉는 한국에서 가장 오래된 조선영화 필름으로, 현재 볼 수 있는 러닝타임은 73분이다. 안타깝게도 발굴 당시 이 영화의 첫 부분으로 추정되는 1롤(10분가량)은 복원이 불가능한 상태였다.★ 볼 수 없는 1롤의 내용과 위치는 기록에 의거하여, 영화의 가장 앞부분인 '주인공이 상경하기 전 농촌 장면'으로 어렵지 않게 추정할 수 있다. 한편 무성영화인데도 자막이 없는 점은 "흥미 없는 자막을 피하고"[166]라는 기록을 통해, 역시 유실된 것임을 알 수 있다. 이 영화의 스토리는 그의 두 번째 작품인 〈노래하는 시절〉1930의 이야기와 자주 겹친다. 시골과 서울로 구분된 공간, 돈 있는 자에게 빼앗긴 청춘의 분노, 연회장의 습격 등은 두 영화에서 공통적으로 발견할 수 있는 요소들이다. 데뷔작 〈꽃장사〉에서의 겁탈당한 하녀와 쫓겨난 노동자의 사랑과 방랑을 암시하는 엔딩 또한 〈청춘의 십자로〉와 겹치는 부분이다. 하등 생활 조건이 나아진 것은 없지만 허무주의적이고 근거없는 희망으로 끝나는 것 또한 카프영화나 〈아리랑〉 등을 비롯한 많은 조선영화들의 결말이 취했던 '상투'이기도 했다. 이러한 상투성이 절제되지 않은 채 배치된 것은 안종화의 무신경한 창작력과도 연관 있어 보인다.

주인공 영복과 투병 중인 아버지를 둔 계순과의 사랑, 영복 동생 영옥의 상경과 농락당하는 삶, 영복의 첫 여자를 빼앗은 후 상경한 명구와 모던보이 개철 그리고 영복의 친구 두 명이 숨 가쁘게 사건을 진행시키는데, 주요 단계는 신파적 설정 혹은 우연의 플롯에

★ 그동안 나머지 9롤은 비닐에 밀봉되어 있었지만, 소장자가 그 한 롤만 필름 캔을 열어보아서 '백화현상'이 일어났기 때문이다. 백화현상은 실온에 장시간 노출된 필름이 밀가루처럼 변하는 것을 말한다.

의해 추동된다. 주인공 영복이 데릴사위로 있던 집의 딸을 빼앗아간 명구를 영복이 서울에서 다시 만나는 것이나, 계순을 농락하고 빚 독촉을 하고 영복을 구타한 개철이가 영복의 동생 영옥을 겁탈한 후 계순까지 겁탈하려는 설정 등은 당시 조선영화 내러티브의 특징을 짐작케 한다. 즉 통속적이며 우연으로 점철된 신파적 플롯을 이 영화 역시 취하고 있었던 것이다. 그런 점에서 필름으로 남아 있는 일제시기 유일한 무성영화 〈청춘의 십자로〉는 당시 조선영화의 대중적 화법을 짐작하게 하는 이정표이기도 하다.

〈청춘의 십자로〉에는 〈장한몽〉1920으로 대표되는 신파적 특징 즉 운명적인 인물 관계와 우연적인 사건에다 시골 소작인의 가난과 이로 인한 치정적 불행, 도시 노동자의 빈한한 삶 등이 추가되어 있다. 게다가 빠질 수 없는 것이 〈아리랑〉조차 차용한 할리우드의 격투 신, 찰리 채플린식의 우스꽝스러운 유머(영복의 친구 두 명이 행하는 뜬금없는 행동) 등이다. 어쩌면 격투 신을 보여주기 위해 설정되었다고 볼 수도 있는 이런 신파적 인물 구성과 우연의 플롯이라는 요소들은 조선 관객들에게 거부감을 주기보다 영화 관람의 스키마schema, 즉 너무나 익숙하게 영화를 이해하고 감정에 빠져들게 하는 관습이었는지도 모른다. 이렇듯 신파적이면서도 무엇인가로부터 차용한 복잡한 인물 관계로 사건이 진행되는 〈청춘의 십자로〉의 분석을 통해 조선영화 미적 흐름의 전후맥락을 어느 정도 파악할 수 있게 된다. 즉 앞서 나온 '추격 – 격투 – 삼각 치정'으로 이루어진 〈승방비곡〉이구영, 1930, 최독견 원작이나 뒤에 나온 〈미몽〉양주남, 1936, 최독견 극본에 이르는, 적어도 1930년대 전반기 과도기적 상태에 놓인 근대영화의 인물 설정과 사건 구성 등의 맥락을 이해할 수 있게 되는 것이다.

〈청춘의 십자로〉가 근대영화사의 이정표로서 갖는 또 다른 의미는 이 영화를 통하여 조선 무성영화의 스타일★을 한계 속에서나마 찾을 수 있다는 점이다. 우선 서울이라는 도시의 풍경, 유한층이 누리는 각종 생활용품들, 그리고 기차와 자동차의 질주, 골프 치는 모습 등은 그것을 보는 동시대 관객들에게 일종의 희열이었을 것이다. 말로만 들었지 눈으로 확인할 수 없었던 근대적 삶, 그것이 비록 자신들에게 신기루 같은 것일지라도 스크린은 관객들에게 충분할 정도로 시각적 쾌락을 충족시켜주었을 것이다. 여기에는 '모던 걸'들이 외양을 탐닉하는 동시에 그들이 자신들의 운명 혹은 잘못 선택한 욕망 때문에 망가지는 모습을 보는 것 또한 포함된다. 이러한 볼거리 즉 미장센으로서의 스타일보다 더 각별한 것은 숏 안에 주어진 소품 등이 갖는 의미와 편집이다. 실내 촬영 조건의 불리함에서 비롯된 거울 이미지★의 사용과[167] 사과, 발, 그림자 등을 각별한 의미로 사용한 클로즈 업 숏 등을 비롯한 숏의 배치와 편집은 주목할 만하다.[168]

〈청춘의 십자로〉의 숏을 분석해보면, 이 시기 조선영화가 일본 무성영화 화면 구성 방식을 배우거나 자기 식으로 원용했다는 사실을 알 수 있다. 또한 할리우드를 비롯한 서구영화의 촬영과 편집 방식을 사용하고 있다는 것도 느낄 수 있다. 물론 독자적인 영화 제작 방식을 확립하지 못한 조선 영화계에서 외국 영화의 제작 방식을 배우는 것은 당연한 일이었을 것이다. 하지만 '돈에서 비롯된 치정적 사건' 그리고 격투 신 등을 표현하기 위한 조선 무성영화들의 설정 즉 신파적 인물과 관습적인 플롯 등은 조선영화만의 미학적 특징이

★ 영화의 구성은 크게 주제(theme), 서사(내러티브 narrative), 스타일style로 나눠서 파악할 수 있다. 이 중 스타일은 촬영(shooting), 편집(editing), 사운드sound 그리고 미장센mise-en-scene 등으로 나눠서 파악할 수 있다. 미장센이란 화면 내 구도, 인물 동선, 소품의 의미와 시각적 느낌, 분장과 의상, 조명과 색채 등 화면을 구성하는 모든 요소를 일컫는다.

★ 영화의 한 장면에서 거울이나 유리창에 인물이나 배경이 비치는 경우가 있는데, 이 모든 것을 거울 이미지(crystal image)라고 부르지는 않는다. 거울 이미지 즉 크리스탈 이미지라고 부르는 경우에는 비친 인물이나 배경이 실제 이미지가 비친 것이라고 인지되면서도 독자적인 의미 혹은 의미 있는 맥락에서 해석될 수 있는 경우에 한정해서 불린다. 즉 화면 속 실제 인물과 거울에 비친 인물이 어느 것이 진짜인지 혼동됨으로써 주체의 파악이 혼동되거나 인물 심리의 다중적 갈등이나 혼돈을 드러내는 미적 효과를 나타내는 것이다.

라고도 할 수 있다. 그런 점에서 〈청춘의 십자로〉는 조선 무성영화의 미학적 특징을 담고 있는 중요한 자료라고 할 수 있다. 제작 주체들의 역량과 상업적 의도를 고려하더라도, 〈청춘의 십자로〉는 일본영화와 서구영화의 영향을 받으면서도 이에 대항한 조선적 내러티브와 제작 상황의 혼성적 흔적인 셈이다.

경향영화에서 대중영화로

조선시나리오작가협회는 카프의 신흥영화예술가동맹 해체 권고 과정에서 파생된 단체이다. 카프 지도부가 신흥영화예술가동맹의 해체를 권고하자 서광제 등은 이에 저항했지만 곧 해체를 결의하는데, 이들은 카프와의 관계를 명확하게 정리하지 않은 상태에서 독자적인 다음 행동을 모색해야만 했다. 이때 김유영, 서광제와 함께 행동했던 인물들은 배우 석일양과 나웅 등이었다. 카프와의 마찰로 그로부터 지원이 불가능해진 가운데 김유영 등은 영화 제작을 위해 자본을 독자적으로 구하거나 자본을 끌어들일 만한 요소를 개발해야만 했다. 물론 최종적으로 〈화륜〉의 제작비는 카프영화에 속했던 석일양으로부터 나왔지만, 김유영이 비교적 쉽게 할 수 있었던 것은 친분이 있던 명망 있는 인사들과 무엇인가를 도모하는 것이었다. 그중하나가 연작 시나리오를 지상에 발표하여 홍보와 동시에 제작 자본을 물색하는 일이었다. 조선시나리오작가협회는 이런 과정에서 김유영과 친분이 깊었던 소설가 이효석, 신문 삽화가로 유명했던 안석영 등이 결성한 작은 단체였다. 앞서 밝힌 대로 그들은 『중외일보』에 시나리오 『화륜』[1930]을 연재하였고 이는 곧 영화화되었다. 이렇게 완성된 영화 〈화륜〉1931은 임화의 비판 등 여러 사람의 논쟁으로 비화되었다.

조선시나리오작가협회 결성은 나운규조차 제작 자본을 구하기가 힘들었던 시기에 김유영 등이 취할 수 있는 당연한 방식이었다. 하지만 이런 시도가 가능했던 것은 김유영이 나운규 등 기존 영화인들과는 달리 필력이 있었고, 또 필력을 보강해줄 이효석, 안석영 등이 곁에 있던 덕이었다. 영화소설 『탈춤』심훈, 1926이 『동아일보』에, 영화소설 『유랑』이종명, 1928이 『중외일보』에 실렸었지만 시나리오가 장기간 연재된 배경에는 『황원행』荒原行, 1929, 총 131회의 성공이 있었다. 즉 1929년에 카프와 소원했던 염상섭, 현진건, 이익상 등과 카프 소수파였던 김기진 등이 『동아일보』에 연재한 이른바 '연작소설' 『황원행』의 성공이 결정적인 배경이었다. 이전에도 『홍한녹수』紅恨綠愁, 1926(『매일신보』에 총 6회 연재, 최서해·최승일·김명순·이익상·이경손·고한승 집필) 등의 연작소설이 있었지만 장기간에 걸친 명사들의 릴레이 소설 쓰기는 김유영 등에게 중요한 모델일 수 있었다.

조선시나리오작가협회의 연재 시나리오 『화륜』의 집필은 단지 『황원행』의 사례를 쫓은 것만이 아닌, 그 집필진들의 반反 카프 지도노선의 추종을 의미하는 것이기도 했다. 초기 카프의 이론적 지도자였지만 임화가 주도권을 잡은 후 소수파로 몰린 김기진이 내세운 '대중소설론'을 김유영이 선택한 것이었다. 김기진의 '대중소설론'은 당시 카프로부터 극렬하게 비판받은 논리였다. "극심한 탄압 속에서 노동자, 농민 계급 속으로 작품을 갖고 들어가야 하는데, 그것은 『춘향전』이 가진 계급 비판적 성격의 7할 정도만 가진 것이라도 무방하다는 논지"169로 집약되는 김기진의 '대중소설론'은 사실 염상섭 등이 먼저 주장한 것이기도 했다. 이러한 주장의 배경에는 몇 가지 사회문화적 요인이 있었다. 엄중한 정국에서 문화 수준이 낮은 대중들을 대상으로 한 계몽적 수단으로서 통속성의 필요, 무산계급 작품 수의 급격한 위축,[170] 카프 자체 출판사 '무산자사' 설립으로 인한 비카프인들의 위기감 등 정치와 문화 그리고 생계 문제가 복합적으로 작동한 것이었다. 특히 카프가 볼셰비키화 노선을 취하면서 무리하게 방향전환을 한 시기였던 만큼, 김유영 등이 비록 신흥영화예술가동맹을 타의에 의해 해체했다고 하더라도 자신들이 취하려고 했던 노선을 조선시나리오작가협회를 통해 발현한 셈이다. 이후 영화 〈화륜〉이 발표되고 논쟁적 비판이 거세진 가운데 김유영이 취한 태도는 앞에서 밝힌 대로 불확실했지만, 강경한 극좌 노선을 선택했다가는 다시 '구인회'[1933]라는 대중문예 노선으로 방향을 변경하는 것이었다.

김유영은 〈청춘의 십자로〉에 대한 평에서 이런 말을 서두에 깔아놓는다. "과거에 내외 제 영화 가운데는 소위 경향영화라고 해서 어리석은 소 브루팬의 호주머니를 텅 비이게 한 일이 적지 않았다."[171] 1933년 6월, 그가 일본에서 돌아와 1934년 카프 2차 검거사건에 휘말리기 전이었다. 프롤레타리아 예술운동의 강경한 입장을 견지했던 1931년만 하더라도 『동아일보』에 「영화가에 입각하여 – 금후 프로영화의 기본 방침은 이렇게 하자」는 글을 실어 프롤레타리아 영화운동의 혁신을 꾀하고 투쟁의지를 드러내보였던 그였다. 그가 이런 호언장담의 투쟁의지를 드러낼 수 있었던 것은 1929년 말부터 시작된 미국의 대공황을 자본주의 몰락과 노동계급 봉기의 신호로 오판했기 때문이다. 사실 1930년대 초반 조선의 현실은 암울하기 그지없었다. 1931년 만주사변을 통하여 일본이 중국까지 진출했을 무렵, 거리에서 스크럼을 짜고 붉은 기를 흔들며 시위하는 것이 가능했던 일본에서도 좌익들은 대부분 잡혀가거나 지하로 숨었다. 1910년대 일본에서는 사회주의가 대중적으로 퍼졌고, 중국에서는 '자유'와 '진보'를 외치는 것이 유행이었다. 1920년대에 들어서자 조선 지식계층에게 사회주의는 대세였다. 하지만 예나 지금이나 엄중한 시기가 오면 논객들은 입을 닫고 대중들은 귀를 닫기 마련이다. 〈화륜〉의 실패 이후 김유영이 서광제와 함께 일본으로 건너간 것은 1932년이었다.

1930년 소설가 최정희와 결혼한 김유영은 연이은 영화 실패와 단 2호로 폐간한 『시대공론』 발간으로 집안 재산에까지 막대한 피해를 입혔다.[172] 이후 그는 1932년 5월 장기간의 일본 체류를 계획하고 조선을 떠났지만 몇 달 후에 돌아오고 만다.[173] 이 시기 그가 의지했던 당시 좌익 작가이자 해방 후 민주당 지도자가 된 유진오俞鎭午, 1906~1987의 편지는 일본 시절 김유영의 내면을 보여준다. 유진오와 이효석 그리고 김유영은 상당히 친한 사이였다. 아마도 김유영이 일본에 비해 절망적인 조선의 문화 수준에 대해 말한 것에 대한 답신인 듯, "이 뒤처진 조선의 문화를 일본의 레벨까지 아니 세상의 레벨까지 끌어올리는 것은 우리들의 책임이 아니겠습니까."라고 유진오는 적고 있다. 이 사실을 모르지 않았을 김유영이 새삼 그런 푸념을 한 것은 그동안 그토록 중요하게 여겼던 이데올로기의 허망함을 느꼈기 때문일 것이다. 이제 그 앞에 중요하게 나타난 것은 예술적 생산을 가능케 하는 대중적 문화 수준이었던 것이다.

유진오는 이어서 "일시의 환락, 한 컵의 맥주가 어떻게 우리의 의지를 꺾겠습니까. 폐일언하고 하루바삐 그곳에서 지반을 잡으시오."[174]라고 권한다. 궁핍한 생활에 대한 한탄과 포기하고 싶은 좌절감을 토로하는 김유영의 편지에 대한 유진오의 일침이었다. 이어서 유진오는 최정희가 저널리즘에 너무 경도되지 말고 다독다작할 것을 김유영이 말해줄 것을 권하는데, 이는 아마도 김유영에게도 하고 싶은 말이었던 듯하다.[175] 한때 카프 소속이었지만 곧 탈퇴한 문학평론가 백철은 김유영을 두고 '성품이 느슨하고 노력을 별로 하지 않는다.'[176]라고 평한다. 1928년 조선영화예술협회에서 시작한 김유영의 영화 활동은 1930년 이후 3년간 극단적인 변화를 보인다. '신흥영화예술가동맹 – 조선시나리오작가협회 – 〈화륜〉 제작 – 급진적 영화운동론 발표 – 『시대공론』 발간 – 일본 촬영소 유학 – 구인회 결성' 등 변화무쌍한 행보는 정치적 상황의 변화도 변화지만 그의 개인적 성품과도 연관이 있었던 것으로 보인다.

임화는 「조선영화발달소사」에서 불과 10년 전의 일을 먼 과거의 작은 에피소드처럼 카프영화에 대해 회고하면서, 김유영을 카프를 대표하는 감독으로 서광제를 조선 최초의 평론가다운 평론가로 언급한다.[177] 사실 임화는 초기 카프영화에 배우로 출연했던 것과 〈집 없는 천사〉의 한국어 대사 담당 작가, 영화에 대한 몇 편의 글 집필 외에는 구체적인 영화 활동을 한 적이 없다. 그런데도 한때 카프 지도자였던 점과 문제적 인물이었다는 사실 때문에 영화에 대한 임화의 발언은 과도하게 주목받기도 한다. 하지만 이러한 약점은 그의 남다른 비평적 통찰력이 덮고 있다. 정반대로 카프영화운동 시절 같이 활동하다가 월북한 강호는 김유영을 "연구생 시절부터 약삭빠르기로 유명했"다고 평하는 한편, 서광제에 대해서는 "아버지가 전

당포를 경영하고 있었고 어머니가 고리대금업을 하고 있던 주책망나니"라고 혹평하고 있다. 또한 신흥영화예술가동맹의 결성은 "자기들의 분파행동의 지반을 만들려고 획책"한 것이라고 비판한다.[178] 일제 지배를 영구적인 것이라고 볼 수밖에 없던 상황에서 살았던 임화도 그렇지만, 독재체제 속에서 단일 이데올로기로써만 말해야 했던 강호 또한 당시에 살았으면서도 애써 카프영화의 속살을 들여다보지 않았던 것이다.

서울에서 태어나 보성전문을 중퇴한 서광제는 나운규의 〈아리랑 후편〉[1930]을 인신공격에 가까운 필설로 공격하였고 이로 인해 논쟁이 벌어지면서 필명을 세상을 알렸다. 이후 모든 글에 '프롤레타리아'와 '계급'이라는 단어를 도배하다시피하면서 카프 영화이론의 전위로서 활약했다. 하지만 그는 영화 〈화륜〉 제작을 둘러싼 갈등과 논쟁을 겪은 이후 만주사변과 일본 견학[1932]을 거치면서 카프와의 관계를 끊게 된다. 이후 서광제의 평론에서 과거의 좌익적 언설은 찾아볼 수 없게 되는데, 1935년에 그는 영화 기업화론을 주장한다. 또한 최초의 친일 영화라고 부를 수 있는 〈군용열차〉[1938]를 연출함으로써 감독으로도 데뷔한다. 일제 말기에는 친일 단체에서 활동하였고 해방 후에는 좌익 계열에서 활동하다가 월북하였는데, 1950년대 말 숙청된 것으로 추측된다.

반면 김유영은 행인지 불행인지, 양심과 생존 사이에서 선택을 강요받았던 일제 말기라는 난감한 상황을 겪지 않은 채 〈애련송〉[1939]과 유작인 〈수선화〉[1940]를 남긴 채 요절하고 만다. 자고 나면 새로운 사상이 몰려왔던 시절이자 진심을 모국어로 당당하게 말할 수 없었던 시절. 일제가 허용한 대중문화 공간은 항상 위험한 기회의 장이자 유혹적인 위기의 공간이었다. 변혁의 수단일 수도 여흥과 위로의 수단일 수도 있는 영화를 두고, 카프영화는 전자를 통하여 영화의 본질적 역할을 추구하였지만, 이는 제국주의와 자본주의의 점령하에서는 자라날 수 없었던 것이다. 영화적 본질에 대한 카프의 실천적 추구는 한국근대영화사의 커다란 물결이었다. 역사에 가정은 무의미하지만, 영화의 존재에 대한 질문과 실천적 미학이 조금이라도 명맥을 유지했더라면 한국영화사는 지금과는 다른 모습이었을지도 모른다. 카프영화와 적색노조영화는 한국현대사의 흐름을 따라 1960년 전후 시기와 1980년대 후반에 다시 시도된다.

1935년 최초의 토키영화 〈춘향전〉^{이명우}이 나오자 기다렸다는 듯이 조선 영화계는 질적 변화를 겪게 된다. 몇 배의 제작비가 소요되는 토키영화의 대중화는 비록 여전히 무성영화가 제작되기는 했지만 자본의 집적과 합리적 운영을 자연스럽게 요구하게 되었고, 이는 영화계의 세대교체를 촉진하는 계기이기도 했다. 〈춘향전〉 이후 나운규와 1930년대 초반 이후 꾸준히 영화를 연출한 이규환을 제외하면 기존 영화인들은 대부분 퇴조기에 접어들었고, 일본 촬영소에서 훈련받은 후 〈살수차〉¹⁹³⁵로 데뷔한 방한준을 비롯하여 최인규崔寅奎, 1911~?, 신경균申敬均, 1912~1981 등 신인 감독들이 등장하게 된다. 김유영은 〈화륜〉 이후 거의 십 년 만에 다시 영화를 찍게 되지만, 그보다는 한때 카프영화운동을 같이했던 안석영, 서광제 등이 감독으로 더 활약한다. 일제의 탄압이 심화되고 독립 의지가 약해지는 것과 동시에 경향영화가 퇴조하고 새로운 대중문화적 경향이 나타났다. 그러자 일제가 요구하는 영화와 조선 영화인들이 상상한 영화는 결국 '영화 기업화론' 즉 규모 있는 제작 시스템을 통하여 조선과 일본 시장까

지 포괄하는 영화를 만들자는 '영화 같은 상상'으로 그 타협점을 찾
게 되었다.

1935 — 1945

3부

발성영화시기에서 전시체제까지

정종화

발성영화시대에 진입한 1935년부터 해방을 맞이한 1945년까지의 조선영화를 한마디로 정의하자면, 끊임없는 '생존'의 모색이라는 말이 가장 어울릴 것 같다. 즉 '조선영화'라는 이름을 지키기 위한 지난한 과정이었던 것이다. 물론 이것은 일본 제국주의를 벗어나 나라를 되찾으려는 독립운동의 차원에는 조금도 미치지 못한다. 조선 영화인들은 기본적으로 식민지 자본주의하의 상업영화 장場에서 개인의 명예뿐만 아니라 돈을 벌기 위해 영화를 만들었고, 이러한 흥행성은 자본가를 만족시킴과 동시에 본인의 영화 작업을 이어가기 위한 것이기도 했다. 일제 말기 국책영화의 장에서도 그들은 계속 영화를 만들기 위해 자발적으로 그 속으로 걸어 들어갔다. 하지만 그들이 만든 영화는 기본적으로 조선인 관객들을 대상으로 한 것이었다. 국가와 자본이 복잡하게 얽혀 있는 이 영화에 나라 잃은 2등 민족의 감정과 자의식이 전혀 반영되지 않았다고 단언할 수는 없다. 바로 대중매체로서 조선영화라는 영역이, 해석의 복잡성을 피할 수 없는 대목인 것이다.

2000년대 이전까지 제국주의 일본과 식민지 조선의 관계를 설정하는 역사학적 관점은 크게 두 갈래로 나뉘었다. 일제강점기를 '저항·억압'과 '친일·협력'의 이분법적 인식으로 설명하는 '식민지 수탈론'과 일본 제국주의시기가 한국의 근대화에 이바지했다는 '식민지 근대화론'이다. 하지만 두 관점 다 창작자와 자본과 당국, 그리고 관객과 텍스트가 복잡하게 직조된 식민지기 조선영화라는 영역을 설명해내기에는 쉽지 않은 형편이다. 2000년대 이전의 한국영화사 역시 해방 이전은 저항과 탄압의 역사로, 즉 '식민지 수탈론'적 관점을 기반으로 서술되었다. 하지만 2000년대 중반 이후 중국전영자료관을 통해 9편의 조선영화 필름들이 차례로 발굴되며 사정은 복잡해졌다. 실제로 조선영화를 볼 수 있게 되자, 기존 영화사에서 민족 저항적 관점으로 서술되었던 '리얼리즘 영화'가 '친일국책영화'의 표면을 띤 것으로 판명되어 연구자들을 당혹스럽게 만들었다. 더욱이 여러 각도에서 재차 분석을 거듭해 보니 단순히 친일 영화로만 단정할 수도 없는 텍스트였다.

예나 지금이나 영화 제작은 국가제도와 상업자본과의 긴장관계 속에 놓이는 일이었다. 조선영화 역시 조선총독부로 상징되는 당국의 정책과 일상적인 검열에 늘 부대끼기 마련이었고, 조선영화를 만드는 일은 재조선 일본인 흥행사들의 자본을 유치하기 위해 끊임없이 협상해야 하는 과정이었다. 서구가 발명한 영화 만드는 기술은 어떠한가. 조선 영화인들은 조선에 건너온 일본 영화인의 도제 시스템 속에서, 즉 일본영화를 통해 방법을 배우며 성장할 수밖에 없었다. 이러한 무성영화시기의 제작 형편은 발성영화시기에도 반복되었다. 무성 말기인 1930년대 전반에는 1926년 나운규의 〈아리랑〉이 촉발시킨 조선영화의 가능성과 역동성이 점차 쇠락해갔고, 제작 편수도 크게 줄어 1932년, 1933년에는 한 해 2, 3편 공개에 그치는 상황이었다. 조선 영화인들은 '토키'라는 진기한 기술을 조선영화를 되살릴 새로운 기회로 포착했고, 다시 정책 당국과 재조선 일본인 흥행사의 자본 그리고 일본영화의 기술과 협상해가야 했다. 무성영화기에도 발성영화기에도 조선 관객이 모이는 조선영화는 일본인 흥행사가 자본을 낼 수 있는 투자처였고, 영화의 흥행 성공은 조선 영화인들이 다음 영화 작업을 이어나가는 기반이 되었다.

1930년대 중반 발성영화 국면이 결정적으로 이전 시기와 달라진 점은 일본의 영화 촬영소에서 수련하고 돌아온 조선의 영화 청년들이 대거 조선 영화계에 진입한 것이다. 무성영화시기부터 잔뼈가 굵어온 선배 영화인들과 그들로부터의 도제로 성장한 영화인들이 있었고, 거기에 이른바 2세대 일본 유학파 영화인들까지 합류한 것이다. 발성영화라는 새로운 기술 방식을 놓고 조선 영화계는 다시 한 번 집중하게 되었다. 이러한 흐름 속에 '조영'과 '고영'이라는 영화기업이 탄생해 그나마 안정적인 기반이 갖춰졌고, 그들은 조선영화 시장을 식민지 조선으로 한정하지 않고 '내지'內地★로 규정된 일본 본토, 만주 등 일본 제국주의 영역으로 확장할 길을 모색한다. 물론 제국 일본이 설계한 영화국책 시스템 내에서 가능한 작업이었음은 주지의 사실이다.

　　발성영화시기 조선영화는 일제로부터 일방적인 억압을 받았다고 할 수도, 또 전적으로 식민 당국과 일본의 자본으로 기업화되고 근대화되었다고 할 수도 없다. 그렇다고 해서 조선 영화인들의 정신과 문화적 기반을 억압하고 통제하지 않았다는 말은 아니다. 그 가운데서 조선 영화인들은 일제 당국과 협상하며 영화 작업을 이어나갔고, 영화관에 관객을 모아 이윤을 추구한다는 상업영화의 논리 앞에 일본인 흥행사와 조선 영화인 그리고 일본 영화인은 한 배를 탈 수밖에 없었다. 역사학자 윤해동의 도전적인 명제에 의하면 모든 근대는 '식민지 근대'이다. 이는 제국과 식민지를 바라보는 대안적인 시각을 제시한다.[1] 식민지는 일국적一國的이고 자족적인 정치·경제·사회적 단위가 아니라 제국의 일부이고, 제국과 식민지는 상호작용하는 하나의 '연관된 세계'를 구성하는 것이다.[2] 친일 혹은 반일, 협력 혹은 저항이라는 이분법적 인식으로는 설명할 수 없는 '식민지

★　식민지기 '내지內地'는 '조선'과 '대만'을 외부로 규정짓기 위해, 오키나와와 홋카이도까지 포함한 일본을 가리키는 용어로 사용하게 된 것이다. 이 글에서 일본 본토를 지칭하는 '내지'라는 용어를 사용할 때는, 제국주의 일본의 차별적 구도, 즉 제국(내지)과 식민지(외지)의 관계상을 드러내기 위함이다. '일본 내지'라는 용어 자체가 제국주의적 팽창의 욕망을 보여주기 때문이다.

근대성'이라는 복잡하고 다채로운 문화적 역동성이 조선영화에 새겨지고 있었다.

1937년 중일전쟁 발발 이후 식민지 조선 영화계에는 일제의 영화국책이 본격적으로 가동된다. 스크린의 반 이상은 '방화'邦畵가 상영되어야 한다는 규정이 실효성을 보였고, 〈군용열차〉1938 같은 국책영화들이 민간의 영역에서 조일朝日 합작으로 등장했다. 그리고 조선의 민간 영화사들은 1942년 '조선영화제작주식회사'라는 단 하나의 국책영화 제작사로 통합되고 만다. 흥미로운 점은 일제 당국과 조선총독부를 앞세워 조선 영화인과 재조선 일본인이 함께한 조선 영화계의 협상에 의해, 조선영화라는 이름과 조선영화라는 특수성은 남았다는 것이다. 물론 조선 영화인들은 일제의 국책에 철저히 복속하는 형태였고 국책영화라는 이름에 걸맞게 만들어진 조선영화들이었지만, 영화라는 텍스트가 그렇게 단순하게 만들어지지는 않는다는 것을 강조하고 싶다.

최인규의 영화 작업에서 증명되듯이 감독이 의식했든 의식하지 않았든 식민지적 현실은 영화 텍스트에 반영되기 마련이었고, 일제의 지도력에 균열을 내는 형태로 조선 관객과 만났을 것이다. 또 조선 관객들은 〈조선해협〉1943을 보면서 국책성이라는 단단한 표면보다 문예봉과 김신재金信哉, 1919~1998가 뿜어내는 아우라와 눈물을 훔치게 하는 멜로드라마 서사에 매혹당했을 수도 있다. 영화 텍스트와 관객이 만들어가는 상호작용은 결코 균질하지 않다. 영화를 아예 만들지 못하게 했으면 모를까, 제국이 영화 매체를 완전히 장악하는 것은 애초에 불가능한 일이었다. 전혀 균질적이지 않은 이름의 '조선영화'는 그렇게 살아남았고, 그 이름 그대로 해방 공간으로 이어졌다.

1 발성영화라는 모색

1935년 10월 4일 조선 최초의 '발성영화' 〈춘향전〉이 단성사에서 개봉했다. 이로써 조선영화의 발성시대가 시작되었다. 발성영화는 사람의 목소리 등 소리sound가 영화 스크린의 화면에 맞춰 나오는 것을 말한다. 영화 매체는 처음 등장할 때 무성영화silent film의 상태였고, 1927년 워너 브라더스Warner Bros. Pictures가 제작한 장편 토키 〈재즈 싱어〉The Jazz Singer를 기점으로 할리우드를 비롯한 세계의 영화산업은 본격적인 발성영화의 시기로 진입하게 된다. 1900년대 초 대한제국기 한국에서 서구 근대문물인 영화를 영어 이름의 직역인 '활동사진'moving pictures으로 불렀던 것처럼, 1926년 조선 극장가에서 처음 선보인 발성영화 역시 영어 이름을 번역한 '말하는 활동사진'talking pictures으로 부르기도 했다. 영화를 부르는 무비movies와 발성영화를 뜻하는 토키talkies는 각각 전자와 후자의 명칭을 줄인 표현이기도 하다. 그렇다면 식민지 조선에서 발성영화 즉 토키의 역할은 어떤 것이었을까.

발성영화라면 의례히 외국영화로서 거기서 짖거려 나오는 외국어는 들어도 모르는 채 궁금히 넘기는 것이 일대유감이었던 차에 어색하고 서투르나마 알아들을 수 있는 정도의 조선어가 화면에 움직이는 조선인의 입에서 들리는 것이 마치 양요리에 질린 사람에게 김치 맛이 정다웁 듯하야 보기와 듣기에 어지간히 호감이 돌게 될 것도 당연한 일이다.[3]

극작가 서항석(徐恒錫, 1900~1985)의 당시 기록에서 볼 수 있듯이, 조선 최초의 토키는 기술 자체의 성공 여부를 넘어 특별한 의미를 지니는 것이었다. 조선의 생활과 풍경이 지니고 있던 소리들 특히 조선 사람의 말이 처음으로 스크린에서 들렸던 것이다. 토키 〈춘향전〉의 등장은 "그것만으로도 조선에 있어서는 한 개 주목에 치(値)하는 사건"[4]임이 분명했고, 안석영의 표현대로 "조선 영화계에 큰 쇼크를 주었다."[5]고 할 만했다. 〈춘향전〉을 보고 듣기 위한 관객이 쇄도해 "상영 초일부터 매일 매야 초만원의 성황을" 이룬 덕에 조선 영화계 전체는 새로운 자극을 받게 된다. 토키 제작 열기가 불붙은 것은 물론이고, 조선영화에도 이제는 기업이 생겨나야 한다는 '영화 기업화론'이 이런저런 지면을 빌려 떠들썩하게 등장했던 것도 바로 이 시기다.

물론 조선 영화계가 〈춘향전〉을 기점으로 단번에 토키 제작 국면으로 진입한 것은 아니다. 하지만 1930년 중반 식민지 조선의 영화인들이 발성영화를 1926년 〈아리랑〉의 폭발적인 흥행으로 촉발된 조선영화 붐을 재현할 또 한 번의 기회로 삼았던 것은 분명해 보인다. 1930년 1월부터 경성 흥행가에서 상영되기 시작한 서구 발성영화는 조선인 관객들의 흥미를 끄는 진기한 구경거리였고, 이러한 토키의 상업성은 첫 번째 조선 토키 〈춘향전〉으로 확증되었기 때문이다.

이처럼 발성영화를 지향한 1930년대 중반의 조선 영화계는 나운규, 이필우, 안종화 등 초창기 조선영화를 일군 선배 영화인들에 이창용, 이명우 등 그들과 함께 성장한 후배 세대 그리고 박기채(1906~?), 방한준(1905~1950), 신경균(1912~1981) 등 일본의 영화촬영소를 경험하고 돌아온 신진 영화인들까지 결합하며, 가장 풍부한 인력이 준비된 시기였다. 문제는 녹음을 해야 하는 촬영 현장부터 후반 작업까지 토키 기자재의 확보와 영화를 만들 자본이었다. 〈아리랑〉[1926]을 제작한 '조선키네마프로덕션'의 요도 도라조淀虎藏, 경성의 '대일본영화흥업회사' 대표이자 경성극장과 경성촬영소의 소유주인 와케지마 슈지로分島周次朗 등 무성영화시기의 재조선 일본인 흥행사가 초기 발성영화 장에서도 여전히 영향력을 발휘하고 있었던 이유는, 이들이 여전히 조선 영화인들이 영화를 제작하기 위해서 교섭하고 협상해야 할 비빌 언덕 즉 자본주였기 때문이다.

토키의 시도(들)

프랑스, 미국, 영국 등 영화를 발명하고 영화 기술을 선도한 서구 국가들에 비해 한국을 비롯한 일본, 중국 등 아시아 국가들이 서양영화의 수입과 감상으로 영화사映畵史를 시작한 것은 주지의 사실이다. 발성영화 역시 마찬가지였다. 경성 극장가에 "말하는 활동사진"이 처음 선보인 것은 1926년 2월, 미국의 발명가 리 드 포레스트Lee de Forest 박사의 포노필름phonofilm 단편영화들이 우미관에서 상영되면서부터이다.[6] 이는 신기술을 시연하는 일회성 이벤트였다. 경성 극장가에서 '토키' 장편극영화의 상영이 본격화된 것은, 1930년 1월 말 음력 정초에 조선인 측 영화상설관 두 곳에서 경쟁적으로 흥행하면서다. 단성사에서는 미국 파테Pathé Exchange가 배급한 〈도라몬드 대위〉Captain Swagger, 1928, 〈순회극단〉The Spieler, 1928 등이, 조선극장에서는 파라마운트사Paramount Pictures가 배급한 〈네 날개〉The Four Feathers, 1929, 〈야구시대〉Fast Company, 1929 등이 토키로 상영되었다.[7] 각각 R.C.A 포토폰Photophone

단성사 발성영화
〈도라몬드 대위〉 광고,
『조선일보』
1930.1.27.

조선극장 발성영화
〈네 날개〉 광고,
『조선일보』
1930.1.28.

방식과 폭스 - 케이스Fox-Case의 무비톤MovieTone★ 방식이었다.

　1930년에 시작된 조선인 측 영화관의 토키 상영을 통해 두 가지 사실을 파악할 수 있다. 첫째 세계 곳곳에서 각축을 벌였던 서구의 토키 시스템이 조선인 극장가에서도 모두 선보이고 있었고, 이는 조선 영화인들이 이런저런 방식을 참조해 발성영화 제작을 시도해 나가는 바탕이 된다. 둘째 조선인 측 영화관의 토키 흥행은 주로 일본영화를 상영했던 일본인 측 상영관에 비해[8] 상당히 앞서 시작되었다. 조선인 극장은 원래 서양영화 전문 상영관으로 자리 잡고 있었고, 간간히 제작되는 조선영화가 스크린에 함께 걸리고 있었다. 서구 토키가 상영되자 조선인 극장가에 일본인 관객까지 몰리는 상황이 연출되었고, 이는 조선 영화인들의 토키 제작 시도에 분명한 동기가 되었을 것으로 보인다.

　무엇보다 "조선에 수입된 서양 발성영화 즉 '토키'는 말 때문에 큰 환영을 받지 못하여 극장 측에서는 그리 좋은 영향을 받지 못하였든 바"[9]라는 기록에 주목할 필요가 있다. 조선인 관객들에게 서구 발성영화에서 흘러나오는 외국어는 진기함에서 금세 피로함으로 바뀌었기 때문이다. 조선 영화인들은 무성영화로는 더 이상 활기를 찾지 못하고 지지부진했던 1930년대 초반의 조선영화 산업을 일시에 부흥시킬 프로젝트로 조선어 토키를 생각했다.

더구나 외국물(발성영화)의 수입이 시작된 오늘의 우리는 그것을 바라고 있을 수는 없다. 우선 알아보자. 어떠한 것인지 알고 난 후에 가능하다든지 불가능이라든지 판단을 할 것이다. 하는 데까지는 해 보는 것이 영화 제작자가 된 책임이요, 의무가 아닐까. 무성활동사진 제작 사업이 조선서

★　1920년대 미국의 4대 발성영사 시스템은 마이크로부터 들어온 전자 신호를 광학적으로 필름에 직접 기록하는 포노필름, 최종적인 디스크 녹음 방식(sound-on-disc)으로 정착된 워너브라더스의 바이타폰, 포노필름이 개선된 농도형 방식의 필름 녹음 시스템(variable-density sound system)인 폭스-케이스의 무비톤, 면적형 방식의 필름 녹음 시스템(variable-area sound system)인 R.C.A 포토폰이었다.

209

불가능이라고 일반이 생각하고 있던 10년 전을 돌아보면 우리는 이 발성영화 사업도 결코 불가능은 아닐 것이라고 믿는다. 그러므로 한번 해 본다는 것이다. 그 결과는 단언할 수 없다. 그러나 이것으로 조선서 발성영화 제작 사업의 가능, 불가능을 판단하는 운명을 결정짓는 것으로 알고 착수하는 것이다.[10]

조선인 영화관에 발성영사 시스템이 장착되어 상영되기 시작한 1930년 1월 말부터 1935년 10월 조선 최초의 토키 〈춘향전〉이 상영되기까지 5년여간, 조선 영화계의 발성영화 제작 시도는 없었을까? 그 예로 무성영화 최고의 스타 나운규와 최초의 조선인 촬영기사 이필우가 만난 영화 제작사 원방각사에서 시도한 〈말 못할 사정〉을 들 수 있다. 인용문은 바로 1930년 4월 이필우가 조선 최초의 토키 작업에 착수하며 남긴 글이다.

이필우는 디스크 방식의 파라마운트 발성영화[11]를 본 후, 나운규와 함께 필름에 직접 녹음하는 것이 아니라 별도의 디스크에 녹음하는 방식이라면 해볼 만하다고 판단한다.[12] 그리고 그는 일본을 오가며 디스크 방식인 바이타폰vitaphone 시스템으로 토키 제작을 도모한다. 당시 『조선일보』에는 4월 19일자부터 9월 1일자까지 거의 5달 가까이 매일 〈말 못할 사정〉을 바이타폰 발성영화로 제작한다고 홍보하는 작은 박스 광고가 실렸다. 광고에서 볼 수 있는 것처럼 극장 단성사도 원방각사의 지분을 가지고 있었다. 단성사는 외부 프로덕션의 영화에 제작비를 대고 완성된 영화를 받아 개봉하는 식이었다. 그 역할은 단성사의 매니저 박정현이 맡았다. 이 광고는 원방각사와 단성사의 토키 제작을 예고하고 제작 자본금을 끌어오는 등 두 주체

〈말 못할 사정〉 광고,
『조선일보』
1930.7.1.

〈말 못할 사정〉 광고,
『조선일보』
1930.8.9.

의 사업적 의도에서 나온 것이었겠지만, 한편으로 조선 최초 토키를 성공시키려는 제작진의 열망과 관객의 기대까지 읽어낼 수 있다. 결국 〈말 못할 사정〉의 제작은 마치 영화 제목처럼 무산되었지만 다음 해 영화소설과 SP 음반★의 영화극[13]으로 발매되어 대중들과 만날 수 있었다.

★ SP(Standard Play) 음반은 축음기라고 불리는 유성기의 전용 음반을 말한다.

도전적인 영화기술자 이필우의 시도는 멈추지 않았다. 그의 증언에 따르면, 1931년 봄 만주 안동현을 포함해 선천, 원산, 청진 등 '북조선' 순회를 마친 배구자裵龜子 일행을 따라 다시 일본으로 건너갔고, 일본전기전화주식회사 이하二鶴 박사의 소개로 오사카 쇼치쿠자松竹座의 악사인 쓰치하시 다케오土橋武夫, 이어 나카가와 다카시中川堯史, 본명 나카가와 사이치로中川佐一郎를 만났다. 그들의 토키 장치를 살펴본 그는 다시 상해로 가 폭스 17호 뉴스반의 토키 장치 레코더를 살펴본 뒤 오사카로 돌아왔고, 쓰치하시 다케오와 나카가와 다카시를 만나 "일본 내의 권리는 너희들이 가지고 조선에서 내가 필요로 할 때는 언제든지 도와줘야 한다."는 계약서를 썼다.[14]

잘 알려진 것처럼 쓰치하시 다케오는 쓰치하시식土橋式 토키를 개발해 쇼치쿠松竹 가마타蒲田촬영소에서 제작한 일본 최초의 발성영화 〈마담과 아내〉マダムと女房, 고쇼 헤이노스케五所平之助, 1931의 녹음을 성공시킨 인물이다. 한편 나카가와 다카시는 1934년 일본 교토의 치에프로片岡千惠蔵プロダクション에서 쓰카코시 세이지塚越成治의 쓰카코시식塚越式 토키의 조수로 활동했고, 본인이 직접 나카가와식中川式 토키 장치도 개발한 인물이다.[15] 쇼치쿠키네마松竹キネマ의 쓰치하시 시스템의 경우 미국 R.C.A의 포토폰Photophone 시스템을 모델로 삼았으므로,[16] 이필우 역시 면적형 필름 녹음 시스템variable-area sound system★의 개발을 진행했던 것으로 보인다. 그는 조선으로 돌아와 단성사에 토키 제작을 제안하지만 여의치 않자, 발성영사 시스템 제작에 착수한다. 바로 1933년 7월 발표한 "어떠한 영사기에든지 곧 그대로 장치할 수 있는" 'P.K.R식 발성장치기'였다. "구미나 일본산품에 비해" 반값인 "조선산품"[17]으로 홍보된 이 시스템은 사실 속사정을 들여다보면 이필우가 무성영사기를 기반으로 개조해 만든 것이었다.[18] 그리고 2년 후, 드디어 그는 〈춘향전〉의 토키 제작에 성공한다. 1935년 9월자 일본 영화잡지 『키네마순보』キネマ旬報는 당시 〈춘향전〉 제작 현장을 이렇게 전하고 있다.

★ 사운드 필름에 물결 모양으로 기록된 면적을 변화시키며 소리의 고저를 녹음하는 방식이다. 반면 농도형 필름 녹음 시스템(variable sound system)은 광학적으로 기록되는 농도의 증가와 감소에 따라 소리의 크기를 녹음한다.

이필우와 P.K.R식 발성장치기,
『동아일보』, 1933.7.26.

경성 혼마치本町에 촬영소를 가지고 있는 와케지마 슈지로 씨가 경영하는 경성촬영소에서는 이번에 동 스테이지[12칸, 8칸]를 방음 스테이지로 개장하고 그 밑에 이(필우), 명(우) 두 형제 감독이 촬영 제작 중인 문예물 〈춘향전〉을 조선영화 제1회 토키로 하기 위해, 교토로부터 초청한 나카가와中川식 토키 나카가와 다카시 기사의 손으로 녹음 크랭크 중이다.[19]

　이필우가 일본에서 만난 나카가와 다카시가 〈춘향전〉의 토키 작업에 함께한 것이다. 그는 1935년 1월 교토의 에토나エトナ 촬영소 내에 오디오시네마연구소를 설립하고, 에토나영화사의 〈철의 손톱鉄の爪 완결편〉고토 다이산後藤岱山, 1935을 본인이 개발한 나카가와식 토

문예봉(춘향 역)과
한일송(이도령 역)이 주연한
토키 〈춘향전〉.

〈춘향전〉에서
향단 역의 노재신과
방자 역의 이종철.

키, 즉 'N.T 시스템'으로 녹음했다.[20] 에토나영화사가 1934년 7월부터 1935년 5월까지 짧은 기간 운영되었으므로, 나카가와는 에토나영화사가 해산하자 조선 행을 택한 것으로 보인다. 이필우의 요청을 받은 나카가와는 자신이 만든 녹음 기계를 들고 조선으로 건너왔고, 이필우는 이를 1,200원에 구입했다. 당시 나카가와는 기계를 만드느라 빚을 많이 지고 있어서 빚쟁이 셋이 함께 동행했을 정도였다.[21] 〈춘향전〉에 사용된 토키 녹음 장치 '조선폰'은 이렇게 시작된 것이다. 이필우가 나카가와로부터 인수받은 토키 시스템이 바로 〈춘향전〉에 사용된 '조선폰'이 되었고, 이후 개선을 거쳐 이필우가 속한 경성촬영소의 발성영화는 모두 이 시스템으로 녹음하게 된다.

하지만 토키 〈춘향전〉이 개봉하고 흥행에 성공했다고 해서 1935년 10월 시점의 조선영화가 일거에 발성으로 전환될 수는 없었다. 1937년까지 〈순정해협〉신경균, 청구영화사 〈인생항로〉안종화, 한양영화사 등의 무성영화가 잔존했고, 1938년 2월에 개봉한 〈청춘부대〉홍개명, 화랑영화사처럼 완전한 발성영화가 아닌 '사운드판' 영화도 나왔다.[22] 이는 배우의 목소리는 나오지 않고 음악과 음향만 후시녹음after recording한 것으로, '유음영화'sound picture[23]라고도 불린 과도기적 기술이었다. 1935년부터 1937년까지의 조선 영화계를 개인 일기 형태로 남긴 윤봉춘의 기록에 따르면, 1937년 시점 토키 제작비는 〈심청〉안석영이 만 5천 원, 후시녹음한 〈나그네〉일본 개봉명: 다비지旅路, 스즈키 시게요시鈴木重吉·이규환가 만 원, 제작 중이던 〈한강〉방한준, 1938이 만 6천 원 정도 수준이었다. 이런 상황에서 윤봉춘은 단 2천 원으로 〈청춘부대〉1938[24]를 제작했는데, 극장 서너 군데만 흥행하면 제작비를 회수할 수 있도록 의도한 것이었다.[25] 또한 1928년작 무성영화 〈사랑을 찾아서〉나운규가 후시녹음을 통해 다시 발성판으로 재탄생하여[26] 1937년 4월 단성사에서 개봉되기도 했다.[27] 조선 영화계 전체로 보아 흥행 방편으로서의 토키에 대한 관심이 지대한 가운데, 기술과 자본력은 여전히 부족했던 상황을 엿볼 수 있다.

경성촬영소의 협업協業 시스템

조선 영화계의 초창기 발성영화 장을 주도한 것은 바로 〈춘향전〉을 제작한 경성촬영소였다. 다음 인용문은 1937년까지 경성촬영소의 일원이었던 스가야 에이이치로菅谷英一郎가 남긴 회고이다. 이는 경성촬영소의 실제 풍경을 상상하게 하는 귀중한 기록인 동시에 조선인과 일본인의 협업 관계로 움직였던 조선영화 제작 시스템에 대한 생생한 증언일 것이다. 스가야는 발성영화시기의 경성촬영소에 가담하고 있었다. 그의 기록에 따르면, 당시 경성의 번화가인 본정本町 3정목三丁目 경성극장 뒤편에 위치했던 경성촬영소는 120평 정도 규모였고 30여 명이 작업하고 있었다.

촬영소의 소장은 이필우라는 사람으로 조선의 영화계에서는 이미 오래된 사람이었다. 그는 감독 일도 했고 카메라도 다뤘고 현재는 녹음도 혼자서 하고 있을 것이다. 그때 나카가와中川 시스템의 녹음을 나카가와 씨와 둘이 담당하고 있었다. 실로 열심인 사람이었다. 또한 감독한 영화는 손해를 본 작품이 한 편도 없다고 말해질 정도로 명프로듀서였다. 소장의 동생인 이명우 씨라는 사람이 있었다. 그는 명우明雨라는 이름으로 카메라를 담당하였고 명우라는 이름을 약간 변경하여 명우銘牛라는 이름으로 메가폰을 잡

고 있었다. 꽤 야심이 있는 사람이었고 우리들과 이야기할 때에 날카로운
영화 감각을 번뜩이기도 했다.[28]

　사실 경성촬영소는 무성영화시기 중반부터 조선영화 제작의 한
축을 담당하고 있었다. 경성촬영소가 처음 언론에 등장한 것은 1930
년 11월의 일이다.[29] 만주와 조선 등지로 순업 공연을 다니던 일본영
화 시대극의 검극 배우 도야마 미쓰루遠山滿가 조선으로 건너와 프로
덕션 설립을 모색하고 있었는데,[30] 당시 경성 흥행계의 실력자였던
와케지마 슈지로分島周次朗의 '대일본영화흥업주식회사'와 결합한 것이
었다. 1930년 12월 13일 원산프로덕션의 경성촬영소 개소식이 있었
다. 처음 위치는 현재 용산구 동자동인 고시정古市町 19번지였다.[31]

　1931년 경성촬영소의 위치는 지금의 신당동, 당시 경성운동장

경성촬영소 전경.
1934년경으로 추정되며,
뒷줄 중앙이 조수 시절의
양주남 감독.

원산프로덕션
경성촬영소 설립 기사,
『경성일보』
1930.11.22.

〈금강한〉광고,
『매일신보』
1931.1.14.

(옛 동대문운동장 자리) 북쪽 인근으로 이전되었다.[32] 첫 해 도야마 미쓰루遠山滿의 총지휘와 시마다 아키라島田章의 연출로 현대극 〈금강한〉金剛恨, 〈남편은 경비대로〉夫は警備に가 공개되었다. 특히 나운규는 각색을 맡기도 한 〈금강한〉에서 악역을 맡아 조선 영화계의 공분을 사기도 했다. 여름 무렵부터 경성촬영소는 2부 조직으로 운영되었는데 1부는 현대극의 원산프로덕션, 2부는 시대극의 신흥프로덕션으로 구성되었다. 신흥프로덕션에서 제작한 영화가 〈방아타령〉김상진, 1931으로, 이때부터 합류한 이명우가 촬영했다.

　도야마 미쓰루는 1931년 실질적으로 경성촬영소를 떠난 것으로 보이고, 1932년 6월경에 쇼치쿠키네마松竹キネマ의 교토촬영소[33] 감독

본정(현 충무로) 이전 후 '경성촬영소' 작품 목록[38]

연도	제목	사운드	감독	촬영	출연
1934년	전과자	무성	김소봉	이필우	이경손, 김연실
1935년	춘향전	발성	이명우	이명우	문예봉, 한일송
	대도전	무성	김소봉	이필우	김진문, 현순영
	홍길동전	무성	이명우	이필우	김연실, 이소연
	아리랑고개	발성	홍개명	이명우	문예봉, 최운봉
1936년	미몽	발성	김소봉·양주남	황운조	나웅, 문예봉
	장화홍련전	발성	홍개명	이명우	문예봉, 문수일
	홍길동전 속편	발성	이명우	최운봉	이금룡, 나웅
1937년	오몽녀	발성	나운규	이명우	윤봉춘, 노재신

이었던 야마자키 후지에山崎藤江가 합류했다. 그는 경성촬영소에 입사하며 야마자키 유키히코山崎行彦로 이름을 바꿨고, 조선영화의 크레디트에는 한글 이름 김소봉金蘇峯을 사용했다.[34] 그리고 1933년 여름 조선영화 기술의 선구자로 활약하던 이필우가 토키 연구를 끝내고 합류한 것으로 보인다.[35] 당시 기사에 의하면 경성촬영소의 본격적인 출발은 1934년 10월경이었다.[36] 이때 와케지마가 경영하던 본정의 경성극장(지금의 충무로 옛 스카라극장 자리) 뒤편으로 이전했다. 그리고 12월 말 "경성촬영소 창립 제1회 작품"으로 〈전과자〉가 완성되었다.[37] 김소봉이 연출하고 이필우가 촬영, 현상을 맡았다.

1930년대 중반 조선에서 발성영화 제작 기반은 조선인과 일본인의 협업 시스템으로 운영되던 경성촬영소가 유일했다. 조선인 기술 인력인 이필우·이명우 형제뿐만 아니라, 일본인 감독 야마자키 후지에(조선 이름 김소봉)가 연출과 각본을 담당하는 핵심 인력이었다. 그 외에도 양주남이 조감독으로 소속되었다. 김소봉은 〈전과자〉 이후 〈대도전〉1935을 연출했고 이후 이명우, 홍개명, 양주남이 각각 경성촬영소에서 데뷔했다. 특히 이명우와 양주남은 발성영화에서 김소봉과 공동 감독으로 이름을 올린 것으로 보아, 경성촬영소가 김소봉의 도제시스템 혹은 그와의 협업을 기반으로 작동되었음을 인지할 수 있다. 특히 〈미몽〉은 양주남의 데뷔작으로 알려져 있지만 『삼천리』 1940년 5월호에는 양주남, 김소봉 공동 감독으로 기록되기도 하였다.[39] 이 같은 경향은 〈춘향전〉의 한 기록에서도 마찬가지다. 일본인 감독 김소봉의 존재감이 일정하게 감지된다.

〈춘향전〉 이는 이명우, 김소봉 양씨의 감독 작품으로 소위 녹음 시스템을 조선폰이라 하여 중천中川, 이필우 양씨가 책임 녹음을 한 조선 최초의 발성영화이었었다. 이것이 토키로서 영화적으로는 어찌되었든지 현하現下 조선의 정세로서 발성영화가 제작되었다는 것은 조선영화의 발전을 시사했었다. 경성촬영소가 생긴 이후 이 촬영소에 수다한 작품을 내어놓았으나 조선 최초의 소위 발성영화를 내어놓게 된 것은 조선 영화계뿐만 아니라 일반 사회에도 여간한 큰 자극이 아니었었다.[40]

이처럼 경성촬영소의 진용을 통해 조선 영화인과 일본 영화인의 협업 그리고 일본인 감독의 도제에서 공동 연출 과정을 거쳐 데뷔하거나 일본 영화계와의 제휴를 통해 기술을 완성시켰던 조선 영화계의 사정을 파악할 수 있다. 한편 나카가와는 경성촬영소의 2회

발성영화인 〈아리랑고개〉까지 조선에 남아 녹음에 참여했다. 사실 〈춘향전〉에서는 동시녹음에 실패하여 후시녹음으로 마무리했지만 이 영화에서는 처음으로 동시녹음에 성공했다.[41] 경성촬영소의 발성 영화 3회 개봉작인 〈홍길동전 속편〉[1936]부터는 이필우가 단독으로 녹음을 맡았고, 영화 전체를 동시녹음하는 데 성공했다고 한다. 한 편 〈미몽〉의 소개 기사에서 "노이스레스 P.L 시스템 조선폰"[42]을 사 용했다고 기록한 것처럼, 이필우는 〈춘향전〉에서 처음 '조선폰'이라 고 명명한 토키 녹음장치를 꾸준히 개선했던 것으로 보인다. 하지만 〈홍길동전 속편〉 촬영 당시에도 여전히 "음량 조절과 증폭의 효과가 불완전한"[43] 상태였다. 연간 제작 편수 10편을 넘기기 힘들었던 조 선 영화계 규모에서 발성 시스템에 대한 투자는 이 정도 수준에 그 쳤던 것이다.

조선 발성영화의 산실이었던 경성촬영소는 1938년 11월 동양 극장 지배인 최상덕과 고려영화사의 이창용에 의해 공동 인수된 다.[44] 1937년 8월 시점부터 경성촬영소 인수와 영화 제작을 모색하 던 동양극장은[45] 이를 계기로 고려영화사와 협동으로 〈사랑에 속고 돈에 울고〉[1939]를 경성촬영소에서 공동 제작했다. 경성촬영소 인수 건은 1930년대 후반의 짧은 기간이었지만 조선 영화계를 조선 영화 인이 주도하는 하나의 신호가 되었다. 이창용은 1939년 9월 경성촬 영소의 기자재를 전부 이전시키고 도쿄에서 새로 토키 시스템을 구 입해 고려영화사의 남대문촬영소를 만든다. 이는 1930년대 후반 최 남주의 '조선영화주식회사(약칭 조영)'와 함께 조선 영화계의 대표 제작사였던 '고려영화사(약칭 고영)'가 두각을 나타내는 물적 기반이 되었다.

〈홍길동전 속편〉
동시녹음 촬영 현장.
사진 상단에 카메라와
연결(동기, sync)되어 있는
마이크 장비가 보인다.

〈홍길동전 속편〉광고,
『조선일보』
1936.6.10.

조선 영화인의 분투, 한양영화사

독자: 저는 소년 시부터 남달리 영화에 흥미를 가져 금반 상경하야 영화계
에 나가고자 하오니 입사 수속과 현재 경성에 있는 영화촬영소 소재와 지
금 영화 촬영을 하는지 하교下教하여 주십시오. ─ 대구만생

기자: 경성에는 경성촬영소, 한강통촬영소 등이 있습니다. 지금도 영화를
제작하는 중입니다. 입사 수속은 직접 물어보십시오.[46]

 1930년대 중반 조선 영화계에서 진행된 영화 제작의 대부분은
자본주가 나서면 그제야 제작사 간판을 걸고 영화를 만들기 시작하
는 방식이었다. 그나마 착수는 했지만 제작비가 부족하기 일쑤여
서 이리저리 흥행업자나 극장으로부터 추가 자본을 조달해 겨우 완
성하게 되고, 용케 영화를 개봉하고 나면 그 영화사는 없어진다. 이
러한 '일사일작'一社一作의 형편 속에서도 일본인 흥행가 소유의 경성
촬영소처럼, 몇 곳이나마 사명社名을 유지하고 있었던 조선인 자본
의 영화사가 있었다. 바로 1936년 신문 지면의 귀퉁이에 실린 한 영
화청년의 간절한 질문과 기자의 간결한 답변 속에 등장한 '한강통촬
영소'를 소유한 '한양영화사'였다. 1934년부터 1937년까지 영화 제
작을 이어갔던 한양영화사는 조선 영화인들의 고군분투를 보여주는
대표적 사례일 것이다.

 한양영화사의 첫 작품은 1935년 7월 13일 촬영을 시작한[48] 〈강
건너 마을〉이다. 한양영화사 일원이었던 전택이에 의하면, 한양영화
사는 1934년 그와 나운규가 자본주 없이 일단 간판부터 내건 회사
였다.[49] 〈강 건너 마을〉에 출연한 윤봉춘은 개인 일기에서, 1935년 7

한양영화사 작품 목록[47]

연도	제목	사운드	감독	촬영	출연	비고
1935년	강 건너 마을	무성	나운규	손용진	전택이, 현순영	차상은 자본의 1기
1936년	아리랑 3편	발성	나운규	이신웅	나운규, 신일선	
1937년	인생항로	무성	안종화	이신웅	이원용, 차상은	1936년 금강키네마와 합작
	도회의 뒷골목	-	이영춘	-	전택이, 최성훈	제작 중단
1939년	귀착지	발성	이영춘	이신웅	이금룡, 현순영	김갑기 자본의 2기
1941년	신개지	발성	윤봉춘	이신웅	이금룡, 김덕심	1942년 개봉
	처녀도	발성	신경균	이병목	김한, 독은기	제작 중단

월 9일 자본주가 금광업자인 김규영에서 차상은으로 바뀌어 영화가 착수되었다고 하였다. 자본을 댄 차상은은 사실 배우에 뜻이 있었는데, 이후 1기 한양영화사의 모든 작품에 직접 출연한다. 이후 신문 지면에 한양영화사의 〈강 건너 마을〉 기사가 등장한 것은 후반 작업과 검열을 준비하던 8월 중순이었다.[50] 〈강 건너 마을〉의 흥행 성적이 그리 좋지는 않았지만[51] 한양영화사는 두 번째 작품을 규모를 더욱 키운 발성영화로 이어간다. 바로 이때 한강통 이태원에 차상은이 3만 원을 투자해 촬영소를 만들게 된다. 또 나운규와 차상은이 도쿄로 가 웨스턴 토키 장비를 구입했고, 녹음을 위해 일본인 기사가 함께 들어왔다. 1935년 10월 말 이렇게 발성영화 〈아리랑 3편〉에 착수했다.

1935~1936년 시점 조선 영화계에서 경성촬영소 제작 외의 토

한양영화사의 1회작
〈강 건너 마을〉.

한양영화사의 3회작
〈인생항로〉.

한양영화사의 마지막 작품
〈신개지〉.

키 작품은 한양영화사의 2회작 〈아리랑 3편〉과 '오케이영화제작소'의 '전발성全發聲 음악영화' 〈노래조선〉1936이 유일했다. 후자는 오케이 레코드회사 소속 가수와 악단이 공연 차 간 도쿄에서 촬영한 영화였는데,52 후반 작업 등 기술 지원은 역시 경성촬영소가 담당했다. 한편 〈아리랑 3편〉의 촬영 중 기사를 보면 "E.P.식 전발성"으로 녹음했으며 녹음 지도를 '이시와라 도시후미'石原敏史가 맡고 있다고 전했고,53 최종 크레디트의 녹음 기사는 '누카가 기요토'額賀靑人로 기록되었다.54 윤봉춘의 일기에 따르면 1935년 11월 18일 도쿄에서 온 녹음기사는 누카가였고 그날 환송회가 있었다.55 영화는 시행착오 끝에 이창용의 고려영화사 배급으로 1936년 5월에 개봉된다. 〈아리랑 3편〉 촬영 당시에 대해 배우 전택이가 남긴 회고는 물론 개인적인 관점의 기록일 수 있지만, 여전히 일본인 자본주의 경성촬영소에 대한 민족적 감정과 일본영화의 기술에 의지할 수밖에 없었던 영화계 현실을 드러내고 있다.

경성촬영소에서는 조선 최초의 발성영화 〈춘향전〉이니 뭐니 해 가지고 우리들을 비웃는 듯이 단성사에다 올렸다. 누구나 할 것 없이 조선 영화계를 위하여 하는 노력인 줄 알면서도 그때는 경성촬영소 패들이 어찌 밉든지 모조리 한바탕 해내고 싶었다. 그러나 기술이 부족하니까 할 수 없는 일이었다. 그래, 우리는 하는 수 없이 이창용 씨의 힘을 빌려 몇 군데를 다시 촬영하고 녹음을 해 가지고 동경 가서 '시아게(필자 주-마무리)'를 하였다. 이러는 동안에 우리는 남의 빚을 상당히 지게 되었다. 일을 계속할 수 없게 되어서 뿔뿔이 헤어지는 수밖에 별도리가 없었다.56

하지만 한양영화사라는 이름은 유지되었다. 1937년 한양영화사는 금강키네마와 합작으로 〈인생항로〉안종화를 만든다. 당시 금강키네마는 안종화 감독과 배우 이원용을 주축으로 〈청춘의 십자로〉1934, 〈은하에 흐르는 정열〉1935 같은 신파활극 장르로 흥행영화의 공식을 만들고 있었다. 한양은 다시 자력으로 〈도회의 뒷골목〉에 착수하지만, 자본 문제로 제작이 중단되고[57] 영화사도 문을 닫게 된다. 이후 윤봉춘, 차상은, 전택이 등은 1938년 다른 자본주의 자금으로 〈청춘부대〉조선흥예사 제작, 조선키네마 제공를 제작했다.[58]

전택이와 윤봉춘은 김갑기라는 자본주를 만나 1938년 〈귀착지〉로 한양영화사를 재건한다. 여전히 회사 사정은 어려웠다. 〈귀착지〉의 경우 1938년 7월 촬영을 시작해 9월에 후반 작업까지 완료했지만 해를 넘긴 3월에야 개봉했다. 이기영 원작으로 윤봉춘이 연출에 데뷔한 〈신개지〉新開地 전후편의 경우 1939년 6월에 촬영을 시작해 1940년 3월에도 곧 완성된다는 기사가 등장했으나[59] 착수 3년 만인 1941년 7월에 '비일반용' 영화★로 검열에 통과했고, 조선문화영화협회 배급으로[60] 1942년 1월 10일에 경성다카라즈카극장京城寶塚劇場에서 개봉했다. 〈순정해협〉1936으로 데뷔한 신경균이 입사해 연출을 맡은 〈처녀도〉處女圖는 1939년 10월 말에 촬영을 시작했으나 결국 제작을 중단했다. 1939년 4월 일본 영화법 제정과 1940년 1월 조선영화령 제정 사이 기간 동안 조선 영화인들은 당국의 영화국책 가동을 조선영화의 새로운 기회로 판단해 각자 자신들이 주도하는 영화기업 설립을 모색하고 있었다. 하지만 이는 헛된 꿈迷夢이었다. 한양영화사 역시 1939년 9월 주식회사 창립을 기획 중이라는 기사가 등장하지만[61] 일제의 영화 통제 국면에서 민간영화사는 사라진다. 이미

★ '비일반용' 영화는 14세 미만은 보지 못하는 영화를 의미한다. 조선의 경우 1940년 8월 조선영화령이 시행되면서 조선총독부에 의해 '인정' 제도가 실시되었고, 1941년 1월부터 일반과 비일반의 관람 제한 규정이 추가 실시되었다.

〈신개지〉 촬영 당시의
한양영화사 제작진.
뒷줄 왼쪽에서 세 번째가
윤봉춘 감독.

조선 영화계는 일제의 전시체제로 진입하고 있었다.

일본영화 촬영소 유학파

1930년대 중반 조선영화 제작 지형에서 주목해야 할 부분은 일본영화 스튜디오에서의 도제 경험을 거쳐 조선으로 돌아온 인력들이다. 조선영화 초창기를 개척한 이들을 1세대라고 부른다면, 이들은 2세대라 칭할 수 있을 것이다. 1930년대 중반 일간지에 조선으로 돌아온 2세대 영화인 즉 방한준, 박기채, 신경균, 양세웅[1906~?] 등의 '금환`錦還` 기사가 실릴 정도로 조선 영화계는 일본에서 공부한 새로운 영화인들의 출현을 반겼다. 이 시기 조선영화 장場에서 일었던 활기는 일본 유학파를 비롯한 신진 인력들이 추동한 것이었다. 이들은 신문과 잡지 지면에 연극적이지 않은 '영화적인cinematic 영화'를 키워드로 다수의 평문을 발표했다. 또 일본영화 스튜디오에서의 본격적인 제작 경험을 기반으로, 조선영화 담론장에서 발성영화론 그리고 이와 결부된 영화 기업화론을 주도했다. 당시 조선 영화계의 사정은 다음 인용문이 잘 보여주고 있다.

3, 4년 침체 후 소화 9년(필자 주-1934년)경부터 조선영화는 재건기에 들어가는 감이 있어서 기술적으로 아주 새로운 시기를 개척하기 시작하였다. 감독도 윤백남, 이경손, 나운규와 같은 사람들은 제1선으로부터 퇴각하고 **이규환, 방한준, 박기채, 윤봉춘 등 신인들이 등장**하였으며, 안종화 씨가 연극으로부터 다년간 방기하였던 영화 진출을 하였다. 또 배우에도 심영, 김한, 독은기, 전택이, 김일해 등 남우와 문예봉, 김소영, 김신재, 현순영 등 여우에게서 보여지는 바대로 새로운 제너레이션이 성장했다. 요컨대 소화 8, 9년(1933, 1934년)간의 조선 영화계는 사일런트시대의 말기였었고 토키시대를 맞으려고 속으로 초조하였던 시대였다.[62](※ 강조는 필자)

흥미로운 점은 일본에서 돌아온 이들이 1935년 이후 조선영화 감독으로 연달아 데뷔하면서, 어느 정도 제작 기반이 갖춰진 경성촬영소가 아닌 신규 제작사를 통해 무성영화를 연출한 점이다. 그들이 무성영화로 데뷔한 가장 큰 이유는 당시 조선 영화계의 발성영화

제작 기반이 한정되어 있었기 때문일 것이다. 즉 조선인과 일본인의 협업 시스템으로 발성영화를 주도했던 경성촬영소의 연출 인력은 김소봉(일본인 야마자키 후지에), 이명우, 홍개명 등으로 충분했을 것이므로, 신진 인력들은 자본주를 찾아 새로운 제작사를 차리는 방식을 택했다.

2세대 영화인들의 행보를 일본 스튜디오 경험, 귀환 후 영화기업화의 시도, 일본 영화사와의 합작 추진 등의 궤적으로 그려본다면, 가장 먼저 이규환부터 거론해야 할 것이다. 그는 2세대 영화인들과 비슷한 시기에 일본 시대극 영화의 산지인 교토의 영화 스튜디오에 있었지만, 그들보다 이른 1932년 3월 조선에 돌아와 외국행 자본을 지원해주었던 강정원의 출자로 유신키네마를 설립하여 〈임자 없는 나룻배〉로 데뷔했다.

사실 그는 19세였던 1922년 일본 도쿄로 건너가 간다神田의 일본영화예술연구소에서 6개월간 수학한 후 귀국했었고, 다시 할리우드에서의 본격적인 영화수업을 위해 1928년경 상해로 떠나기도 했다.[63] 할리우드행에 실패한 이후 이규환은 대부분의 조선 영화인들과 마찬가지로 영화를 배울 수 있는 가장 현실적인 선택지로 교토 지역을 선택했다. 1930~1931년 사이 그는 교토의 데이코쿠키네마 帝國キネマ 우즈마사太秦촬영소에서 도요타 시로豊田四郞와 스즈키 시게요시鈴木重吉의 조감독으로 일했다. 당시 데이코쿠키네마에는 방한준과 이창용 그리고 김성춘(조명부) 등이 있었고, 같은 교토의 도아키네마 東亞キネマ 교토촬영소에는 박기채와 양세웅(촬영조수)이 있었다.[64] 데이코쿠키네마 우즈마사촬영소는 1931년 신코키네마新興キネマ의 우즈마사촬영소가 된다. 이규환은 신코키네마에서 스즈키 시게요시 연출의 〈무엇이 그녀를 죽였는가〉何が彼女を殺したか, 1931에 참가한 후 조선으로 돌아왔다.

방한준 역시 같은 시기 신코키네마의 현상실에서 일했고,[65] 대부분의 조선 영화인들이 교토의 영화 촬영소에서 경험을 쌓은 것에 비해 이후 도쿄의 쇼치쿠키네마 가마타浦田촬영소에서 일했다.[66] 방한준은 조선으로 돌아와 신코키네마에서 같이 근무하던 조명기사 김성춘이 제작한 〈살수차〉1935로 연출 데뷔한다.

박기채는 1927년경 교토로 건너가 도시샤同志社대학을 다니며 영화계 활동을 모색했다.[67] 1930년 교토 도아키네마에 1년 기간의 의탁생*으로 입사했고[68] 이후 도아키네마에 남아 계속 일했던 것으로 보인다. 1933년 다카라즈카키네마寶塚キネマ로 옮겨 조감독으로 활동했고, 당시 기사에 따르면 조선인으로는 처음으로 일본영화에서 감독으로 데뷔했다.[69] 1935년 조선으로 돌아와 영화시대사의 〈춘풍〉으로 조선영화에서도 연출로 데뷔한다.

신경균 역시 박기채와 같은 해인 1934년 조선으로 돌아왔다. 1930년경 영화 공부를 위해 일본으로 건너가 교토영화연극학원[70]을 다녔고, 교토의 신코키네마와 J.O 스튜디오에서 영화 제작 경험을 쌓은 것으로 알려졌다. "조선 최초 녹음기사"로 불린 것으로 보아 J.O 스튜디오 내에 설립되었던 우즈마사太秦발성영화주식회사에 근무할 때 녹음부에 소속되어 있었던 것으로 보인다.[71] 조선으로 돌아온 신경균의 연출 데뷔작은 1936년 청구영화사가 제작한 〈순정해협〉이다.

박기채, 신경균의 데뷔작 〈춘풍〉, 〈순정해협〉, 방한준의 두 번째 작품 〈한강〉의 촬영은 교토의 촬영소에 함께 있었던 양세웅이 맡았

★   위탁생委託生을 말하는 것으로 보인다.

231

방한준의 데뷔작
〈살수차〉.

〈춘풍〉촬영 현장.
카메라 아래 앉은 이가
당시 촬영조수 김학성,
그 왼쪽 옆이 감독 박기채,
그 위로 배우 문예봉,
맨 오른쪽이
촬영기사 양세웅이다.

다. 그는 1927년경부터 도아키네마 교토촬영소에서 활동하다 1932
년 도카쓰키네마東活キネマ에서 조선인 최초로 촬영기사가 되었다. 그
는 일본 이름 신도 미노루進藤実로 도카쓰의 1932년작 〈눈물의 새벽〉
淚の曙 등을 촬영했다. 카프 출신 김유영과 서광제가 1932년 5월 14일
잠시 교토로 견학을 떠난 곳도 바로 양세웅이 있던 도카쓰였다.[72]

한편 〈춘풍〉에서 양세웅의 조수로 일했던 김학성金學成, 1913~1982은
일본에서 학업을 마치고 국내에서 도제를 거쳐 다시 일본에 유학한
케이스다. 1932년부터 1934년 3월까지 일본 도쿄 센슈대학專修大學에
서 수학하고 귀국해 1934년 5월 경성촬영소에 입사했다. 그는 도제
경험을 쌓은 후 1936년 2월 이규환의 주선으로 다시 일본으로 갔다.
도쿄 신코키네마에 촬영조수 신분으로 들어가 배웠고, 1939년 3월
일본촬영기술협회 시험에 합격해 촬영기사 정회원이 되면서 신코키
네마에서 촬영기사로 데뷔했다.[73] 일본 이름 가나이 세이이치金井成一
로 1940년 〈처여 어디로〉妻より何処へ行く, 〈어느 여변호사의 고백〉或る女弁
護士の告白의 촬영을 맡았다. 사실 김학성은 1938년 10월 조선에서 먼
저 촬영기사로 데뷔했는데, 바로 방한준의 세 번째 작품 〈성황당〉에
서다.[74]

1930년대 중반 이후 조선영화가 제작 시스템을 갖추기 위해 고
민하고 오랜 염원이었던 영화기업화 실천을 모색하고 있을 때, 추진
주체가 된 것이 바로 일본 유학파 출신의 2세대 신진들이었다. 그들
은 일본 촬영소 경험과 인맥을 바탕으로 일본 영화사와의 기술 제
휴·합작을 추진할 수 있었고, 일본 '내지' 그리고 만주 등지로의 수출
을 계획한다. 조선인 자본의 제작사 '조영'과 '고영'의 창립으로 상징
되는 1930년대 후반의 제작 활기는 그들을 기반으로 삼았던 것이다.

2세대 영화인의 데뷔작 일람[75]

연도	제목	사운드	제작사	감독	촬영	출연
1932년	임자 없는 나룻배	무성	유신키네마	이규환	이명우	나운규, 문예봉
1935년	살수차	무성	조선중앙영화사	방한준	손용진	김일해, 김성춘
	춘풍	무성	영화시대사	박기채	양세웅	문예봉, 김일해
1936년	순정해협	무성	청구영화사	신경균	양세웅	김일해, 김영옥
1939년	성황당	발성	반도영화제작소	방한준	김학성	현순영, 최운봉

무성에서 발성까지, 조선영화의 스타일

박기채: 내 생각에는 다른 나라 사람들이 보지 못하고 듣지 못하고 알지 못하는 정서 풍경 생활제도 등을 아름답게 그려내서 널리 보이는 그런 길을 취하여야 성공할 줄 알아요.

김유영: 거기는 나도 동감이나 그러나 그렇다고 아프리카^{亞弗利加} 만지^{蠻地}의 풍속관습 소개하는 식으로 해서는 안 되지요. 북부 애란(필자 주-아일랜드)의 풍광을 사실적 수법으로 그렸으면서도 만인 공통의 정서와 스토리를 담았든 저 〈아랑〉(필자 주-Man of Aran, 1934)이나 체코슬로바키아의 풍물을 그린 〈흐름〉^{流れ}(필자 주-Reka, 1934) 같은 예술적으로 몹시 우수한 것을 내어야 하겠지요.

나운규: 나는 두 분 의견과는 다릅니다. 조선 갓 조선 도포 입고 백인 그런 식 영화를 내보낸다는 것이 아니라 〈파리제〉〈서반아광상곡〉〈외인부대〉

등과 비견할 수 있는 아주 예술적으로 우수한 영화를 만들기에 전력하여야 할 것이지요. 산하 풍물을 소개하는 길은 혹은 부차적으로 그런 효과를 나타낼지는 몰라도 그것은 단명하고 또한 그네의 호기벽好奇癖밖에 만족시키는 길이 아니니 우리의 원할 바 아니오. 우리 속에도 에밀 야닝스나 클라크 케이블, 그레타 가르보, 디트리히 같은 명우가 나고 스탄버그 같은 명감독이 나고 톨스토이, 옙스키, 웰스 같은 큰 문호가 나서 본질적으로 그네들을 이길 생각을 하여야 하겠지요.[76]

1936년 9월 조선 영화계의 주요 감독과 배우 그리고 『삼천리』 기자들이 참가한 좌담회에서 신진 세대인 박기채, 1920년 후반 카프영화의 김유영, 1920년대 중반의 초창기 세대인 나운규가 각각 조선영화의 향방에 대해 내놓은 흥미로운 발언들이다. 이는 자신들이 지향하는 영화를 밝힌 것이었지만 1936년 시점까지의 조선영화가 지향해온 영화적 스타일의 변화상을 일정 정도 반영하고 있는 대목이기도 하다. 거의 필름이 남아 있지 않은 조선영화의 스타일적 양상에 대한 논의는 이처럼 당시의 담론 지형을 통해서나마 구체적인 힌트를 얻을 수 있다.

가장 선배격인 나운규는 1926년 〈아리랑〉으로 조선영화의 전거를 만들어냈던 인물이다. 선배 감독 이경손 등이 당시 조선영화의 가장 현실적인 모델이었을 일본의 신파영화를 참고하고 모방하고 있을 때 그는 이미 당대 관객들의 눈에 익숙해져버린 할리우드 대작영화의 스타일을 연출 목표로 삼았고, 이에 덧붙여 서구 예술영화의 스타일까지 흡수했다. 즉 〈아리랑〉은 일본 신파에서 온 대중적 정서를 기반으로 〈폭풍의 고아들〉Orphans of the Storm, D. W. 그리피스, 1921 같은 할

★　영화에서 '몽타주mon-
tage'는 영화 필름의 가장 기본
단위인 숏shot과 숏을 연결하는
작업 즉 편집(editing)을 의미한
다. '몽타주'라는 용어는 1930년
대 중반 조선영화 연출과 비평
담론을 주도했는데, 세계영화사
에서의 용례와 마찬가지로 조선
영화에서도 대체로 두 가지 의미
를 지닌다. 가장 좁게는 이른바
에이젠슈테인으로 대표되는 소
비에트 몽타주 중 충돌의 몽타주
(montage of collision), 넓게는
영화 편집과 동의어로 쓰이는 숏
과 숏의 연결방법과 숏 전환방법
을 의미한다.

★　일본에서 '신파영화'의 영
화사적 개념은 연극사에서 협의
의 신파극(서구 연극의 번안)에
만 한정되지 않고, 경우에 따라
서는 신극(서구 연극의 번역)의
주제도 받아들인, 넓게는 현대극
을 의미하는 영화 장르였다(우에
다 마나부(上田学) 편집, 『기획전
도록: 닛카쓰 무코지마와 신파영
화의 시대전(日活向島と新派映
畵の時代展)』, 와세다대학 쓰보
우치연극박물관, 2011, 3쪽). 역
사적으로 신파영화는 현대적 소
재를 다루는 극영화를 지칭하는
것에서 출발했으며, 비극뿐만 아
니라 활극적 요소도 결합되었다.

★　프랑스 인상주의 영화
(french impressionist cinema)
는 1913년에서 1928년까지 프
랑스에서 아벨 강스Abel Gance,
루이 델뤽Louis Delluc, 장 엡스
텡Jean Epstein 등의 감독 및 이
론가들에 의해 주도된 프랑스 영
화의 예술적 탐구를 지칭한다.

리우드 대작 멜로드라마의 규모와 속도감이 직조되었고, 또 민족의
식까지 상징적 기법으로 내포되어 조선영화의 첫 번째 걸작이 되었
다. 말하자면 〈아리랑〉은 '조선영화'라는 인식과 의미를 처음 만들어
냈다고 할 수 있다. 당시 조선의 영화 관객이 경성 같은 도시부에 한
정되었을 것을 감안해 보면, 대부분의 조선인들이 처음 영화라는 매
체를 알게 된 계기가 〈아리랑〉을 통해서였다고 할 정도로 대중적 파
급력이 컸기 때문이다. 이후 나운규는 유럽 예술영화로의 지향은 전
면으로 내세우지 못한 채 〈풍운아〉1926, 〈야서(들쥐)〉野鼠, 1927, 〈금붕
어〉1927 등 대중 관객들을 위한 일련의 통속 활극영화를 내놓으며 조
선 무성영화의 스타로 등극했다.

　　카프KAPF영화는 〈아리랑〉이 선보인 영화 매체의 영향력과 일제
에 대한 저항으로서의 가능성을 감지하고 출발했다. 스타일 역시
〈아리랑〉에서 인상적으로 선보인 몽타주montage★ 기법을 이어받았
다. 정서적으로는 일본 신파의 비활극悲活劇★ 양식이 유지되었지만,
스타일적으로는 1920년대 프랑스 인상주의★와 소비에트 몽타주 영
화의 방법론들을 지향한 것이다. 당시 이효석, 안석영, 김유영, 서광
제가 연작으로 쓴 〈화륜〉김유영, 1931의 시나리오는 순간적인 숏을 급속
하게 나열하며 시각적 리듬을 만들어내는 플래시 기법, 이중 노출을
통한 숏의 연결에서 연상적 몽타주association montage의 숏 배열까지 카
프의 스타일적 지향을 확인할 수 있는 대표적인 사례이다.

　　이처럼 1930년대에 들어서 조선영화는, 기술적 완성도를 차치
해 두자면 서구에서 발신된 영화예술의 표현 방식들을 습득했고, 무
대를 기록한 듯한 연극적인 영화에서 영화적인 영화로의 전환도 이
루어졌다. 필름으로 현존하는 최고最古 극영화인 〈청춘의 십자로〉안종

화, 1934는 무성영화 말기의 조선영화가 '고전적 할리우드 영화'Classical Hollywood Cinema의 연속편집continuity editing★ 스타일을 부분적으로 취하면서도 유럽영화의 몽타주를 기반으로 삼아 영화적인 영화의 단계로 진입했음을 제시한다. 이는 당대 일본영화의 스타일, 구체적으로 말하면 구성적 몽타주constructive montage에 기반한 숏 배열 방식과 매우 유사한 것이었다.[77]

1930년대 중반 이후 일본영화 촬영소를 경험하고 돌아온 2세대 영화인들은 '로컬 컬러'를 화두로 조선영화의 예술적 지향과 상업적 판로를 동시에 만족시킨다. "극영화라고 하면서도 영화의 반 이상은 조선 그 자체의 실제 풍경을 넣은" "반실사풍의 작품"[78]이라는 당시 〈한강〉에 대한 평가에서, 극영화와 기록영화의 사이에서 사실주의적인 작법을 선보인 조선영화의 양식적 지향을 엿볼 수 있을 것이다. 한편 박기채, 신경균[79] 등 일본 유학파들이 연출에 데뷔하기 전 영화비평 지면에서 활동할 때 그 화두는 '몽타주'였음에 주목할 필요가 있다. 예컨대 박기채는 무성영화 말기작 나운규의 〈강 건너 마을〉1935에서 연상적 몽타주 즉 '견인의 몽타주'montage of attraction★의 사용은 인상적이지만 여전히 조선영화가 숏과 숏의 자연스런 연결, '구성적 몽타주'의 영역으로는 진입하지 못했다고 비평한다.

그러나 어딘가 나운규 씨의 특성을 가끔 관시觀視할 수 있는 작품이었다. 농촌생활의 단면을 묘사하려고 고심을 한 감과 조선의 정서를 그리려고 주력을 하였었으며 신 영화적 수법의 몽타주 사용 같은 데 있어서도 유의미한 씨의 영화적 구성법이었다. 그 반면 화면의 연결이 통일되지 못한 데가 많았으니 이가 불만하였다면 불만하였다고 볼 수가 있었다.[80]

그들은 영화만의 고유한 예술성을 주장하며, 카메라의 광학적 기법과 효과를 통해 인물의 내면 심리를 암시하고 관객들에게 강력한 시각 효과를 경험하게 하는 '포토제니Photogenie' 개념을 강조했다.

★ 할리우드 영화의 고전적 스타일(Classical Hollywood Style)은 1917년경부터 1960년 사이에 제작된 할리우드 스튜디오 영화의 일관된 스타일을 가리킨다. 이는 비가시적(invisible) 편집, 투명한 스타일, 영도(zero-degree)의 스타일(노엘 버치) 등과 동의어인 '연속편집(continuity editing)'으로 구현된다. 미국식 몽타주를 지칭하는 연속편집은, 정사·역사(shot·reverse shot), 시선의 일치(eyeline match), 행위의 일치(match on action)의 180도 체계를 기반으로 작동되는 공간적 연속성 그리고 컷의 연결법뿐만 아니라 디졸브, 페이드, 와이프 등의 '시간의 생략' 기법을 활용하는 시간적 연속성으로 작동된다.

★ 에이젠슈테인은 1923년 「어트랙션 몽타주(Montage of attractions)」, 1924년 「영화 어트랙션의 몽타주(The Montage of Film Attractions)」라는 논문을 통해 '견인의 몽타주(montage of attractions)' 이론을 제기한다. '견인의 몽타주'는 관객이 의도된 주제를 연상할 수 있도록 만드는 단편적 조각들 사이의 비교 즉 연상적 비교(associational comparison)로 정의할 수 있다.

　　1935년 박기채의 조선영화 데뷔작 〈춘풍〉 그리고 2회작 〈무정〉
1939을 놓고 서광제와 박기채가 지면에서 벌인 논쟁은 '영화 연출이
란 무엇인가'를 놓고 할리우드 영화와 일본영화라는 두 스타일의 차
이가 전면화한 흥미로운 사건이었다. 서광제는 1932년 일본 교토로
영화 유학을 다녀온 이후 특이하게도 고전적 할리우드 영화의 연속
편집을 비평과 연출의 기준으로 삼았다. 그는 일본 영화계에서 데뷔
해 일본영화 스타일을 체득한 박기채의 영화 〈춘풍〉이 마치 변변한
스토리 없이 아름다운 풍경을 장면에 많이 넣었던 10여 년 전 영화
와 같다고 평가하며 "〈춘풍〉이 조선영화라는 지위를 얻고 싶으면 오
늘이라도 자막을 고쳐가지고 동경 등지로 가지고 가면 조선에서의
〈춘풍〉보다는 동경 등지에서 조선의 〈춘풍〉이요 영화로서의 위대(?)
한 지위를 얻을지는 모른다."[81]라고 일본영화와의 친연성을 비판한
다. 이후 서광제 역시 할리우드 장르영화의 양식을 차용한 〈군용열
차〉1938로 연출에 데뷔했지만, 만족할 만한 결과를 얻지 못했다. 둘
의 논쟁은 다시 〈무정〉에서 본격화된다.

　　"이 초보적인 영화 지식을 금일의 조선영화 감독들이 모르고 있
다면 이것은 누구의 수치가 될 것인가?"[82]라고 일갈한 서광제의 비
판에 대해 박기채는 "평자로서 초보적이나마 토키기술은 알아야 할
것인데 스스로 백지라는 것을 말하고 있으니"라며 "무성영화시대의
영화기술을 그대로 연장"하는 것이 아닌 "토키의 영화 연결법"은 바
로 이것이라고 응수한다.[83]

어떤 물체로부터 공간으로 가져간 연결이라면 토키에 있어서 관중에게 제
작자의 친절한 태도일 것이며 그렇지 않고 그 물체에서 다이얼로그 한 마

앞은 〈무정〉에서
박영채 역의 한은진,
그 뒤가 계월화 역의 현순영.

〈무정〉에서
김선형 역의 김신재.

디로라도 다음 컷으로 넘어가되 그가 10리를 가나 1,000리를 가나 시간적 경과에 있어서 조금도 부자연하지 않은 것이다. 〈무정〉과 같은 이러한 화면 연결을 최근 봉절封切된 일본 내지영화에서 근사近似한 예를 볼 수 있다.[84]

박기채가 발성영화 연출 기법의 대표적 사례로 제시한 일본영화는 바로 조선에서 〈도모다치〉ともだち, 1940를 연출하기도 했던 시미즈 히로시清水宏의 작품 〈아이의 사계〉子供の四季, 1939다. 〈아이의 사계〉는 〈무정〉과 비슷한 시기에 공개되었다. '춘하 편'春夏の卷이 1월에, '추동 편'秋冬の卷이 2월에 도쿄에서 처음 개봉되었고, 〈무정〉은 한 달 뒤인 3월 경성에서 개봉된다. 1930년대 중반 일본의 촬영소에서 수련한 이력답게 박기채는 일본영화의 스타일을 동시대적으로 교감하고 있었고, 또한 연출의 준거로 삼고 있었음을 알 수 있다. 이처럼 박기채를 비롯한 일본 유학파 2세대 영화인들이 주도하게 된 1930년대 중후반의 조선영화는 자연스럽게 일본영화의 스타일을 참고하는 형태로 연출되었다.

2   조선영화 제작 지형의 변화

1937년 이후 조선 영화계는 발성영화 제작 기반이 안착되고 제작 지형도 전례 없는 활기를 띠게 되었다. 이른바 '조영'과 '고영'으로 대표되는 조선인 제작사와 산하의 스튜디오, 그리고 이를 운용하는 프로듀서가 등장하며 안정적인 제작 기반이 갖추어졌고, 일본 '내지' 영화계와의 협업이 타진되고 또 실현되는 등 제작과 상영 영역도 조선 영화계라는 범위를 넘어섰다. 이처럼 1930년대 중후반 조선영화 제작 지형이 변화 양상을 보이게 된 것은 어떤 요인들 때문이었을까? 조선 영화계 인력과 자본들은 무엇에 자극받고 움직이게 되었을까, 또 합작 상대인 일본 영화계는 어떤 이유로 조선영화를 주목하게 되었을까?

그 배경으로 가장 선명하게 인식되는 것은 역설적이게도 제국주의 일본의 영화 통제 국면이다. 1934년 8월 7일 '활동사진영화취체규칙'의 공포로 식민지 조선에 대한 일제의 영화 통제가 본격적으로 착수되었는데, 그 시행 세칙에 포함된 '외국영화의 상영 제한'에 주목할 필요가 있다. 조선의 각 영화 상설관은 1935년 말부터 단계적으로 외국영화 상영을 줄여 1937년부터는 매달 반 이상 일본영화를 상영해야 하는, 이른바 '일본영화 스크린쿼터'가 도입된 것이다. 바로 이 국산영화에는 일본영화뿐만 아니라 조선영화도 포함되는 것이었다. 다시 말해 '방화'邦畵★의 상영을 강제한 규정의 시행을 조선영화가 "소생의 시기"로 받아들인 것은 분명 흥미로운 대목이다. 이에 조선 영화계는 배급과 제작 방면 모두 조선총독부의 움직임을

★   방화邦畵는 본방영화本邦映畵의 줄임말로, 일본어로 '우리나라 영화'를 지칭한다. 『키네마순보』지면을 검토하면, 서구영화에 대해 일본영화의 인식이 본격화되었던 시기인 1922년의 기사 코너 이름에서 '본방영화本邦映畵'가, 1925년 기사 코너 명으로 '방화邦畵'가 등장하는 것을 확인할 수 있다.

살피고 일본영화와의 접점을 모색하며 생존의 길을 찾아간다.

최남주와 이창용이라는 제작사 대표 혹은 프로듀서는 1936년이라는 시점에 왜 영화기업을 해봐야겠다고 마음을 굳혔을까? '조선어 토키'의 등장으로 이제 조선영화는 조선 관객과 더욱 밀착할 수 있을 것이라는 흥행적 가능성, 조선영화가 일본영화와 함께 국산영화에 포함되었으므로 제국 일본의 배급 권역으로 시장까지 확대할 수 있다는 희망, 그리고 무성영화시기부터 단련된 인력들과 일본영화 스튜디오를 경험하고 돌아온 인력들까지 합류한 신뢰할 수 있는 인적 기반을 본 것이 아니었을까. 순조롭지는 않았지만 결국 그들은 각각 '조영'과 '고영'을 출항시켰고, 과정이 순탄치 않았으나 1938년과 1939년 차례로 첫 영화를 내놓는 데 성공했다. 그리고 기술 도입과 기획, 제작, 배급 등 여러 측면에서 일본영화와의 교류를 강화한다.

조선 영화계와 주요 일본 영화사와의 합작이 본격적으로 추진된 것은 성봉영화원聖峯映畵園의 〈나그네/다비지〉1937가 보여준 '내지' 시장에서의 상업적 가능성 때문이었다. 이에 조선 영화계는 한반도를 넘어 일본 '내지'뿐만 아니라 만주 등지로 영화 시장을 확대할 가능성을 엿보았고, 상대인 쇼치쿠, 도호東寶, 신코 등 일본 영화사들은 합작으로 영화를 제작한 후 일본 지식인층을 겨냥한 예술영화 배급 라인으로의 공개나 오사카, 교토 등 조선인들이 많이 거주하는 간사이關西 지역 도시의 개봉을 추진했다. 하지만 그 결과는 어떠했을까. 도와상사東和商事의 배급 사례에서 볼 수 있는 것처럼 '내지' 시장에서 조선영화는 일본영화와 독일, 프랑스 등 유럽영화의 틈바구니에서 예술영화로 인정받기도 힘들었고, 상업적 성공을 불러오지도 못했다. 무엇보다 제국이 원하는 이데올로기 역시 좀처럼 만족시키지 못했다. 1930년대 후반, 조일의 민간 영화사들이 주체가 되어 '조선영화'라는 상업적 가능성을 타진해본 시간은 그리 길게 지속되지 않았다. 1940년을 전후한 전시체제 국면 속에서, 조선영화는 또다시 요동치기 때문이다.

'영화 통제'라는 역설적 기회

지나사변 발발 이후 우리나라의 영화정책에 관한 방침의 하나로서 나온 양화 수입 금지는 필연적으로 국산영화열을 고양하게 했는데, 이로써 일본 영화 제작계는 역사적 전기를 앞두게 되었으며 이 전체적 동향의 일환인 반도영화계가 그 대국에서 제외될 리가 없었던 것이다. 드디어 우리 회사(고려영화사-필자 주)는 산에이샤三映社의 위탁배급으로 5편의 조선영화를 내지에서 상영하게 되었고, 〈다비지〉에 이어 최근에는 도와상사東和商事가 〈한강〉을 히비야영화극장에서 개봉했다. 또한 우리 회사의 배급부는 만영을 통해 조선영화를 만주에서 활발하게 상영하는 등 조선 작품이 조선 이외에서 상영할 수 있는 본격적 궤도를 생각할 수 있게 되었는데, 이 새로운 현상은 조선영화 그 자체의 실력과 공적에서 오는 것이 아니라 영화국책으로 초래된 수동적인 것이다.[85]

'조영'과 '고영'으로 대표되는 규모 있는 영화 제작사가 출현하고, '내지' 영화사와의 합작이 진행되는 등 1930년대 후반 조선 영화계에서 일어난 활기는 확실히 일제의 영화 통제 국면과 맞물린 측면이 있다. 조선 영화계는 외국영화의 상영을 제한하고 '방화'의 상영을 강제한 규정의 시행을 "소생의 시기"가 온 것으로 받아들였기 때문이다. 서두의 인용문을 포함해 조선영화의 과거와 지금, 그리고 장래에 대해 써 내려간 이창용의 글은 마치 조선영화 프로듀서로서 본인의 출사표를 밝힌 것처럼 읽히기도 한다. 그는 이 문단의 말미에 "희망은 가질 수 있으나 안도할 수는 없다."고 썼다. 결과적으로 1940년대 초반 조선 영화계는 희망을 이어갈 수 없었다.

식민지 조선에서 영화 통제가 본격적으로 가동된 것은 1934년 8월 7일 조선총독부령 제82호로 '활동사진영화취체규칙' 13개 조가 제정 공포, 9월 1일부터 시행되면서다. 이는 1926년 7월 5일 공포된 조선총독부령 제59호 '활동사진필름검열규칙'에 의거해 제정된 것이었다. '활동사진필름검열규칙'이라는 명칭에서 파악할 수 있듯이 '필름 검열' 즉 영화 텍스트에 대한 통제를 표준화하고 중앙집중적 관리를 의도한 것이라면, '활동사진영화취체규칙'은 상영(흥행), 배급(수이출輸移出) 즉 영화산업에 대한 전방위적인 통제를 설정했음을 의미한다.[86] 특히 시행 세칙에 포함된 '외국영화의 상영 제한'이 조선 영화산업의 지각변동을 초래하는 단초가 되었다. 바로 식민지 조선에서 가장 먼저 시행된 제국 일본 최초의 '스크린쿼터제'로[87] 조선의 영화관은 외화관과 방화관 구분 없이 한 상영관에서 한 달 단위로 국산영화와 외국영화를 혼합해 상영하도록 했고, 특히 국산영화를 1935년 말까지 상영 영화 총 미터 수의 4분의 1 이상, 1936년에는 3분의 1 이상, 1937년 이후 2분의 1 이상 상영하도록 규정했다.[88] 조선 영화인들의 희망은 바로 이 국산영화에 조선영화 역시 포함된다는 것에서 기인했다.

당시 영화산업지를 표방했던 『국제영화신문』의 1938년 7월 하순 기사에 따르면, 조선 영화계의 약진이 주목된다며 그 원인을 "방화와 양화의 상영 할당량을 개정(2분의 1을 방화로 상영하게 한 일), 지나사변(중일전쟁 - 필자 주)의 영향, 내지 자본의 협력, 조선 영화인의 진지한 활약" 순으로 거론한다.[89] '내지'보다 한발 앞서 실시된 조선의 영화 통제는 무엇보다 서양영화 흥행을 줄이려는 강제책이었고, 이에 양화 배급소들은 타격을 받지 않을 수 없었다. 1938년 6월 시점의 한 기사는 1937년 10월부터 국산영화 상영 비율을 2분의 1로 한정시킨 결과, 의외로 방화 배급 부족을 초래했고 조선영화의 제작과 기획을 촉진시켰다고 진단하고 있다.[91] 확실히 일본 '내지' 영화사의 자본이 조선영화에 깊숙이 들어온 것은 1937년 중일전쟁 발발 이후인 것이다.

한편 조선 영화인들의 '진지한 활약'은 배급과 제작 양면에서 가시화되었다. 1935년 2월 26일, 민간을 중심으로 조선의 영화배급을 통일하겠다는 '내외영화업조합'이 설치되었다. 경성 흥행계의 실력자들인 도아東亞구락부의 도쿠나가 구마이치로德永熊一郎가 조합장, 도와상사 경성 대리점의 고인문高仁文이 부조합장이었고, 경성 흥행계의 원로인 경성촬영소의 와케지마 슈지로分島周次郎 등이 임원진으로 구성되었다. 이는 '외국영화의 상영 제한' 시행에 따른 업계의 대응책일 것이다. 표면적으로는 배급 사무에서 관과 원활히 소통하기 위해서라는 것이었지만[92] 실질적인 설립 목적은 업자 간 외화 배급권 쟁탈을 방지하기 위해서였다. 외화 상영이 통제되자 소수의 흥행력 있는 외화에 회사의 사운이 걸리게 되었고, 서구 영화사의 배급료 인상에 공동 대응할 필요도 있었기 때문이다. 매년 연초에 경성 흥행계의 주요 영화 배급업자들이 임원으로 선출되었고, 1936년부터는 '조선내외영화배급조합'이라는 명칭이 공식적으로 사용되었다.[93]

1939년 2월에는 민간 조합에서 조선총독부 인가로 재출발하게 되었다. 조합장에 닛카쓰日活 출장소장인 와타나베 쇼타로渡邊庄太郎, 부조합장에 고려영화사의 이창용 등 전 조선의 내외영화 배급업자 20명이 가입했다.[94]

한편 조선영화 감독들은 일본영화감독협회 가입으로 '내지' 영화계와의 연대를 구축한다. 1938년 6월 서광제, 윤봉춘, 김유영, 이규환, 안석영, 박기채, 방한준, 안철영安哲永, 안종화, 전창근 등 조선영화감독 10인이 일본영화감독협회 가입과 동시에 경성에 조선지부를 설치했다. "조선의 특수 사정에 의해 자치제를 하게 되었다."는 대목에서 영화 통제 상황에 다급해진 조선 영화인들이 생존을 모색했던 사정을 엿볼 수 있다.[95] 이미 '내지'로부터 "획기적 문화통제입법"인 영화법이 제출된다는 소식이 들려오고 있었다.[96]

조선 영화계의 활기, '조영'과 '고영'

돈이 없어 안되느니 기술이 모자라 못하느니 하고 거저 매암만 돌든 조선 영화계도 이제 자못 풍성한 바람이 불어서 작금 이래로 〈심청〉, 〈한강〉, 〈도생록〉圖生錄이 이미 나오고 이제 또 극연 영화부 제1회 작품 〈애련송〉, 극광영화사의 〈어화〉漁火 또 그 밖에 〈귀착지〉 등이 불원간에 개봉될 것이며 또 새로 창립된 고려영화주식회사에서도 월전月前부터 국경 방면에 촬영대가 떠났다. 이러는 때 반도 영화계에 가장 뚜렷한 존재인 조선영화주식회사에선 작년 여름에 본격적 기업회사로서의 면목을 완전히 한 후 아주 순조롭게 발전發展되어 제1회 작품 춘원의 〈무정〉을 비롯해서 동경으로부터 촌산지의村山知義(필자 주-무라야마 도모요시) 씨를 초빙하여 〈대춘향전〉을 제작하려고 준비하는 한편 〈여로〉旅路(필자 주 - 조선어 제목은 〈나그네〉)의 감독을 해서 세상에 알려진 이규환 씨의 〈새출발〉도 지금 현풍이라는 곳에 가서 촬영 중이라 한다. 이러고 보니 조선 영화계뿐만 아니라 일반 사회가 활기를 띤 듯한 느낌이다.[97]

『삼천리』의 한 기자는 조선영화주식회사의 "젊은 사장" 최남주를 인터뷰한 글머리에 1938년 말 시점의 조선 영화계를 이렇게 묘사한다. 1937년 7월 공칭자본금 50만 원의 조선영화주식회사를 창립하며[98] 조선 영화계의 유일한 "영화기업가"[99]로 평가받은 최남주는 사실 1920년대 말부터 영화 제작을 경험한 바 있다. 1929년 4월 안종화, 김영팔과 함께 '조선영화사'를 창립해 영화잡지 발행을 모색했고[100] 본인 원작인 『가화상』假花商[101]으로 첫 영화를 제작하고 주연을 맡기도 했다. 바로 1930년 3월에 완성한 안종화 연출의 〈꽃장사〉1930[102]였다. 곧이어 2회작 〈학생시대〉를 촬영한다는 기사[103]가 등장하지만 제작이 중단된 것으로 보이며 이후 최남주는 금광업, 출판업 등에서 정력적인 사업가로 활동한다.

조선영화주식회사라는 이름의 영화사가 다시 모색된 것은 1936년 시점이다. 5월 최남주는 박기채, 안석영, 김관(음악가) 등과 함께 자본금 50만 원 규모의 '조선발성영화제작소' 설립을 준비하다[104] 6월 조선영화주식회사를 발기 중이던 최일숙, 남정채 등의 계획에 합류한다.[105] 이후 주식 모집이 순조롭지 않았던 탓인지 1년이라는 시간이 더 지난 1937년 7월 최남주, 박기채를 중심으로 공칭자본금 50만 원(1회 불입 5만 원)의 '조선영화주식회사'('조영')가 설립된다. 임시 사무소와 스튜디오는 명륜정 4정목에 있었다. 스튜디오의 기자재는 박기채·이필우가 도쿄·교토 등지에서 구입한 것으로 채워졌고, 녹음실 장비로는 이필우의 녹음기가 설치되었다. 조직 기구는 최남주가 취체역(오늘날의 이사) 겸 사장으로, 오영석·이기세·이필우가 취체역으로 참가했다.[106]

1938년 2월 드디어 '조영'의 첫 번째 작품인 〈무정〉^{이광수 원작}이 박기채 연출로 착수된다.[107] 5월 촬영을 시작했지만[108] 제작이 순조롭게 진행되지는 않았다. 그 사이 최남주는 영화사의 외양 갖추기에 주력했던 것으로 보인다. 특히 왕평, 이규환, 홍찬, 서광제, 문예봉 등이 동인제로 운영하던[109] 성봉영화원을 잡은 끝에 '직영 프로덕션'의 형태로 흡수하였다.[110] 언론 지면을 떠들썩하게 장식했던 이른바 성봉영화원 분규 사건은 도쿄의 도호東寶영화와 조영의 인수전 암투 속에 벌어진 구성원들의 내분에서 비롯된 것이었다.[111] 결과적으로 성봉영화원을 합병한 '조영'은 우이동에 스튜디오를 만들려던 계획을 철회하고[112] 성봉이 건축 중이던 의정부 스튜디오를 완성시킨다. 1939년 4월 『삼천리』의 한 기자는 "조선에서 첫 번인 것은 물론이지만 일본 내지에 비등하여도 결코 손색이 없다고 하는" 의정부 스튜디오의 면모를 소개한다. 의정부 용연동에 위치한 스튜디오에는 140평의 토키 스테이지에 "시가 만여 원이나 간다는 촬영기가 걸려 있고 이동차가 두 대씩 놓여" 있는 "조선의 하리웃드"였고 음악실, 녹음실 등도 따로 갖추었다. 특히 140평 규모의 토키 스튜디오는 "일본 내지의 동보회사나 송죽회사 스테이지와 꼭 같은 설계와 평수"로 건축되었다.[113] 기자가 방문한 1월 23일 당시 녹음실에서는 도쿄에서 편집까지 마친 〈무정〉의 후시녹음 작업이 진행되고 있었다. 전해 8, 9월쯤에 개봉했어야 할 영화였지만 "조영창립기념작"이

〈무정〉촬영 현장.
양산 쓴 이가
배우 한은진이다.

〈무정〉의 관계자
시사 장면으로 보인다.
오른쪽부터 주연 한은진,
원작 이광수, 연출 박기채.

라는 타이틀을 위해 녹음실이 완성될 때까지 작업을 기다려야 하는 속사정이 있었다.[114]

이후에도 스튜디오 시설과 조직 기구의 보완은 계속되었다. 1939년 9월에 현상소가 설립되었고[115] 1940년 4월 영화계 전시체제 분위기에 발맞춰 문화영화부를 신설하는 등 제작 기구를 추가했다.[116] 5월에는 제작 인력도 확충되었다. 안석영을 전속 감독으로 맞았고[117] 배우 서월영徐月影, 김일해金一海와도 전속 계약을 체결한다.[118] 또 뉴스를 기록하는 조영 촬영대도 활동했다.[119] 조영은 설립 당시 연 6편의 영화 제작을, 1940년 조직기구 완성 시에는 연 8편을 목표로 한다고 언론에 공표했지만 실제 제작 상황은 순탄치 않았다. 〈무정〉을 제작 중이던 1938년 12월 시점 조영은 야심찬 행보로 도쿄로부터 연극 연출가 무라야마 도모요시村山知義를 초청하여 〈춘향전〉 제작을 준비 중이었고, 이규환의 〈새출발〉도 로케이션 촬영 중이었다. 당시 기사는 조영이 일본 신쿄게키단新協劇團에서 〈춘향전〉을 연출해본 무라야마에게 각색을 맡긴 이유를 "조선의 고전을 영화화하여 세계적 수준에까지 올리는 동시에 조선영화의 해외 진출의 길을 널리 개척"하기 위해서라고 적었다.[120] 세계와 조선 사이의 간극을 줄이는 가장 현실적인 대책은 일본의 연출가를 등용하는 것이었다. 기술 파트도 아니고 일본인이 조선 사람의 감정과 정서를 과연 잘 살릴 수 있을 것인가라는 조선 영화계의 비난 속에, 제작의 전권을 일임받은 무라야마 도모요시가 1939년 5월 도쿄에서 이몽룡 역에 무용가 조택원을 캐스팅했다는 기사까지 등장하지만[121] 결국 무라야마 버전의 〈춘향전〉은 완성되지 못한다. 〈대지〉The Good Earth, 1937를 떠올리게 한다고 평가받은 〈새출발〉만 완성되어 1939년 10월 30일 경성의 메이

'조영' 스튜디오 앞
〈새출발〉 제작진.

'조영'의 마지막 작품
〈수선화〉에서
김일해와 김신재.

지자^{明治座}와 대륙극장에서 동시 개봉되었다.

3회작이자 마지막 작품은 〈수선화〉였다. 1939년 11월 촬영을 시작했으나 1940년 1월 4일 촬영을 앞두고 감독 김유영이 별세, 영화는 8월에 공개된다. 1940년 들어 조영은 "일본 전토 및 만주를 지향한 작품 2편과 반도 및 만주를 지향한 작품 4편의 합계 6편"을 제작하고 배급하는 파트너로 도호와 제휴[122]하기로 하는 등 영화기업으로서의 모색은 계속된다. 하지만 조선 영화계의 첫 번째 주식회사였던 '조영'은 단 3편만을 남긴 채, 1942년 9월 단 하나의 조선 국책영화회사인 조선영화제작주식회사의 설립과 함께 결국 사라지게 된다.

"조선서도 2대 영화회사가 생기어 본격적으로 영화사업이 되어"[124]갔다는 1936년 시점의 희망 섞인 전망에도 불구하고, 조선영화 제작이 결코 순조롭지만은 않았다. 최남주의 '조선영화주식회사'가 "조선에서 하나뿐인 본격적 스튜디오"[125]라고 찬사받은 그 외양에도 불구하고 활발한 제작 활동을 보이지 못한 것에 비해, 이창용의 '고려영화주식회사'는 일제가 그리는 영화판을 다른 이들보다 한 발 앞서 읽어내는 기획력과 만주까지 시장으로 아울러 제작하는 추

'조선영화주식회사' 작품 일람[123]

연도	제목	감독	촬영	출연	비고
1939년	무정	박기채	이병우	한은진, 이백수	이병우의 일본 이름은 이노우에 칸(井上莞)
	새출발	이규환	양세웅	문예봉, 서월영	
1940년	수선화	김유영	황운조	문예봉, 김일해	

진력으로 1930년대 말 1940년대 초반의 조선 영화계를 선도하게 된
다. 이창용은 조선 영화계에서 '현대영화의 프로듀서'라는 명칭을
붙일 수 있는 유일한 인물이었다고 해도 과언이 아닐 것이다.

조선영화의 기업화를 꿈꾼
'고영'의 이창용.

이(창용—필자 주) 씨에게도 사업을 하려면 경쟁적인 상대자가 있어야 한다.
이 상대자는 어디 있을까. 우선 조영을 들 수밖에 없고 개인으로 치면 조
영의 젊은 사장 최남주 씨를 들 수밖에 없으니 이 씨는 자기의 육체가 정
신적인 활동을 자본으로 삼고 최 씨는 금광을 자본으로 삼는 까닭에 누가
조선 영화계의 권위가 되느냐가 문제다. 그러나 시대는 부지런하고 민감한
사람에게, 겸손하고 의리가 있고 영화인의 그 마음을 아는 사람에게 사업
의 길이 열리게 되었다.[126]

    이창용은 "일개의 카메라맨에서 몸을 일으켜서 양화 배급으로
써 중간 단계를 삼고 일약 고영 사장으로 뛰어"[127]오른 입지전적 성
공신화를 보여준 인물이다.[128] 요도 도라조의 조선키네마프로덕션이
제작한 여섯 작품에서 촬영기사 가토 교헤이加藤恭平의 조수 혹은 공
동촬영을 맡았고, 이후 나운규프로덕션의 세 작품에서 직접 촬영을
담당했다. 한국영화 초창기의 촬영기사로도 존재감이 큰 인물인 것
이다. 그는 1931년 일본으로 건너가 교토의 데이코쿠키네마에 이어
신코키네마 소속이었던 우즈마사촬영소의 기술부에서 수련했고, 조
선으로 돌아와 1935년 〈춘향전〉의 전국 배급권을 획득해 흥행에 성
공하며 일약 전도유망한 배급업자로 변신하게 된다.
    사실 '고려영화사'라는 사명을 이창용이 처음 사용한 것은 아니
었다. 1935년 4월 최인규가 신의주에서 고려영화회사를 창립했

'고영' 제작진.
오른쪽에서 네 번째가 이창용, 그 앞에 앉아 있는 이가 배우 심영, 그 오른쪽 뒤가 진훈, 왼쪽(앞줄)에서 네 번째가 전창근. 오른쪽에서 두 번째가 촬영기사 이명우.

고[129] 신의주의 신극장을 직영 상설관으로 두는 등 배급에 주력하다[130] 1936년 1월에는 발성영화촬영소를 신설하기도 했다.[131] 이 고려영화사를 경성으로 끌고 온 것이 이창용이었다.[132] 종로 동일상회 오덕섭吳德燮의 자본 지원을 받은 고려영화사는 조선영화 프린트는 모두 맡아 배급한다고 이야기될 정도로 배급업계를 주도하게 된다.[133]

이창용이 '고려영화사'라는 이름으로 처음 영화 제작을 시도한 것은 1936년 3월경이다. 심훈 원작·연출의 〈상록수〉를 제작할 계획이었지만 쉽사리 착수하지 못하다, 9월 심훈의 사망으로 중단되었다. 1936년부터 '고려영화주식회사'라는 이름을 정식으로 사용했지만 주로 영화 배급업에 전념하다[134] 1938년 9월 무산茂山 로케이션 촬영으로 착수된 〈복지만리〉1941년 3월 개봉로 첫 번째 영화 제작에 들어간다. 1938년 11월에는 동양극장의 최상덕과 함께 경성촬영소를 인수하여 제작 기반을 마련했다. 〈복지만리〉 촬영 중이던 1939년 4월

〈수업료〉 세트 촬영 중인
'고영'의 남대문촬영소 내부.

에는 만주영화협회의 영화를 배급하는 '만주영화조선배급소'를 신
설하기도 한다. 이는 고영이 제작할 작품의 만주 배급도 염두에 둔
것이었다. 이즈음부터 고영은 만주영화협회(이하 '만영')와 유사한
'고려영화협회'라는 사명을 주로 사용한다.[135] 조선영화령 시행 시점
인 1940년 8월, 이창용의 고려영화협회는 도와상사와 제휴하여 제
작, 배급 양 부문을 통합한 영화기업을 모색하기도 했다.[136]

1930년대 말부터 1942년 9월 29일 조선영화 제작계가 일제의
단 하나의 국책영화사인 '조선영화제작주식회사'로 통합되기 전까
지 이창용은 히로카와 소요廣川創用라는 창씨명으로 영화계 좌담회 등
조선영화 공론장에서 적극적으로 발언했고,[137] 제작 방면에서도 조
선 영화판을 주도했다. 〈복지만리〉의 제작이 늦어지면서 〈사랑에 속
고 돈에 울고〉[1939], 〈수업료〉[1940]를 먼저 개봉해 흥행 성공시키며 고
영의 입지를 굳혔고, 1941년에는 〈집 없는 천사〉, 〈복지만리〉, 〈풍년

255

'고영'의 1회작
〈사랑에 속고 돈에 울고〉에서
황철과 차홍녀.

'고영'의 창립작으로 기획된
〈복지만리〉에서
전옥과 유계선.

〈복지만리〉에서
진훈(강홍식)과 심영.

'고려영화사' 작품 일람[141]

연도	제목	감독	촬영	출연	비고
1939년	사랑에 속고 돈에 울고	이명우	최순흥	황철, 차홍녀	동양극장 영화부 제휴
1940년	수업료	최인규 방한준	이명우	스스키다 겐지 (薄田研二), 정찬조	
1941년	복지만리	전창근	이명우	진훈, 심영	
	집 없는 천사	최인규	가나이 세이이치	김일해, 김신재	
1942년	풍년가	방한준	가나이 세이이치	김신재, 문예봉	

가〉1942년 개봉를 연이어 완성했다. 그는 일본영화 관계자 그리고 조선 총독부 당국과 적극적으로 교섭하며 조선영화의 마지막과 함께했다.

국책영화사 창립이 민간 수준에서 결정될 수 없음을 감지한 이 창용은 1941년 5월 고영의 이사직으로 물러나고, 고영은 7월경 모든 기자재를 조선영화제작주식회사에 넘긴 채 해산된다. 그 사이 이 창용은 고영을 떠나 장곡천정長谷川町, 현재 소공동에 '조선영화문화연구소' 를 설립한다. 김정혁이 직원으로, 임화가 촉탁으로 참가했다. 사실 임화는 1939년 11월 시점 고영에서 〈김옥균전〉 영화화를 위한 자료 수집[138]과 서광제가 2회작으로 준비하던 〈북풍〉의 각색 작업[139]을 위 해 촉탁으로 근무한 바 있다. 바로 『영화순보』 1943년 7월 11일호 (조선영화특집호)에 '조선영화문화연구소' 이름으로 게재한 「조선영 화 30년사」, 「조선영화작품 연표」가 임화가 참가한 작업이다. 이창 용의 새 조직은 조사, 집필 사업에 머물지 않았다. 그는 11월 조선군 보도부가 제작하고 히나쓰 에이타로日夏英太郎, 조선 이름 허영가 연출한 〈그 대와 나〉君と僕, 1941의 조선 배급으로 활동을 재개한다.[140] 또 조선영화

제작주식회사의 촉탁으로 원래 고영의 기획이었던 〈망루의 결사대〉
1943 제작에도 가담했다. 촬영기사로서 배급업자로서, 그리고 영화기
업가로서 이창용의 모색은 이것으로 완료되었다.

〈나그네/다비지〉 그리고 일본영화와의 합작 경향

1935년, 1936년의 조선 영화계를 경성촬영소 주도와 일본에서 공
부하고 돌아온 방한준, 박기채, 신경균 등이 무성영화로 데뷔한 것
으로 개괄할 수 있다면, 1937년, 1938년은 '조영'과 '고영'을 필두로
한 조선인 자본의 영화사가 구체적인 행보를 보이기 시작한 것, 그
리고 일본 '내지' 시장을 염두에 둔 일본 영화사와의 합작 시도를 들
수 있을 것이다. 1937년 6~7월 『동아일보』에서는 「풍문과 사실」이
라는 코너명으로 영화·연예계를 취재하고 있었는데, 인용문은 바로
그 시리즈 중의 한 기사에 실린 내용이다. 기사는 1937년 시점의 조
선 영화인들이 일본영화와 손잡기 위해 바쁘게 움직였던 모색의 현
장을 생생히 전하고 있다.

동경 동보東寶계의 P.C.L.촬영소가 조선에 있는 모 신문사와 내면적으로 배
경을 두고 서광제, 이창용, 강홍식 제 씨 등이 영화제작소를 두기에 바쁘다
하고 조선영화주식회사 창립 위원이었던 최일숙 씨 등이 송죽松竹계 대선大
船촬영소와 합동하여 〈기녀단〉이라는 기생의 풍류적인 내면생활을 묘사하
는 내용으로서 제작에 준비 중이라 하며 경도京都에 있는 J.O.촬영소에서는
대구에다가 촬영소를 세운다는 말이 있고, 성봉영화단은 〈여로〉로서 단지
수지상으로만도 놀랄 만한 이윤이 있어서 역시 신흥키네마 대선촬영소와

결탁하여 이규환 씨 등 감독으로 〈해바라기〉라는 오리지널 영화를 계속하여 촬영한다고 들린다. 몇 해 전까지는 꿈에도 볼 수 없는 좋은 컨디션 밑에서 아름다운 꿈의 영화원映畵園이 현실화되는 듯하다.[142]

실제로 일본 '내지' 영화사가 조선에 직접 촬영소를 세우는 일은 '풍문'에 그쳤지만, 조선영화가 일본 영화사와의 제휴 혹은 합작 방식으로 발성영화 제작을 안착시킨 것은 '사실'이다. 한편 일본 영화평론가들은 이 시기 '내지'에서 개봉된 조선영화들의 '로컬 컬러(향토색)'에 주목하며 일종의 장르로서의 '반도영화', '조선영화'로 규정하고 명명했다. 이러한 경향의 출발점은 바로 이규환의 1937년작 〈나그네/다비지旅路〉였다. 조선 제목 〈나그네〉旅에서 한자가 추가된 일본 개봉명인 〈다비지〉는 그 자체로 이 시기 조선영화의 상황을 보여주는 것이다.[143]

발성영화는 무성영화의 두세 배가 넘는 제작비가 들었기 때문에[144] 자본 조달이 가장 큰 문제였고, 이를 만회하기 위해서는 기획 단계에서부터 배급 시장의 확대를 고려해야 했다. 〈나그네〉는 '내지' 개봉까지 고려해 조선의 영화사와 일본의 영화사가 합작한 첫 번째 사례로, 각각 성봉영화원과 신코키네마가 나섰다. 합작의 역할 배분은 조선의 성봉이 각본·감독·배우·로케이션 비용을 부담하고, 일본의 신코는 카메라 제공 및 촬영·현상·녹음 등 후반 작업을 맡았다. 말하자면 현물 지원의 기술제휴였던 셈이다. 감독은 이규환이 맡았고, 그의 일본 데이코쿠키네마 수련 시절 스승인 스즈키 시게요시鈴木重吉 감독이 '제작지도' 했다. 당시 조선에서는 스즈키 시게요시와 이규환이 공동 연출한 것으로 알려졌다.[145]

영화는 1937년 4월 24일 경성의 내지인 측 영화 상설관 메이지 자와 조선인 측 영화 상설관 우미관에서 동시 개봉해 조선 최고의 토키영화라는 평가를 받았고 흥행에도 대성공했다. 우미관에서는 조선판이, 메이지자에서는 일본판 프린트로 상영되었다.[146] "이 작품 이 어느 정도까지 일본인의 원조를 얻었는지는 별문제로 하고라도 토키시대에 들어온 조선영화를 비로소 반석의 토대 위에 올려놓은 작품"[147]이라는 임화의 기록처럼, 조선영화의 발성시대를 안착시킨 것은 실로 〈나그네〉의 공이었다. 같은 해 5월 일본에서는 〈다비지〉旅 路라는 제목으로 신코키네마의 직영관인 아사쿠사덴키칸浅草電気館, 신 주쿠다이도쿄新宿大東京 등 5개 관에서 개봉했다. 또한 6월 오사카에서 도 신코키네마 계열 2번관인 다마쓰쿠리자玉造座, 이로하자いろは座, 유 라쿠자有樂座 등 3개 관에서 개봉해 흥행에 성공했다.[148] 〈나그네/다 비지〉의 성공으로 조일 합작과 로컬 컬러의 묘사가 '내지' 수출의 지 름길이라는 공식이 성립된다. 이 영화의 성공을 발판 삼아 성봉영화 원은 왕평, 이규환, 문예봉 등의 동인제 회사로 조직되었고, 그해 12 월 의정부 용연동에 건평 260평 규모로 조선 최초의 토키촬영소 설 립에 착수한다.[149]

〈나그네〉의 편극 구성은 어떠하였는가? 이제 새삼스럽게 거론할 바는 아 니나 외국 시장에 판로를 얻기 위한 의도에서 제작된 영화라는 것은 틀림 없는 사실이다. 즉 영목중길鈴木重吉 씨의 독특한 수법은 종래의 빈약하고 졸렬한 조선 영화계의 영역을 떠나 비교적 예민한 관찰과 기술의 성과를 보였으나 종국은 일본 내지 시장에서 환영받을 사용가치의 이용을 선처 한 것에 불과하다. (중략) 최근 이규환 씨의 세련된 재능을 추종한다는 것

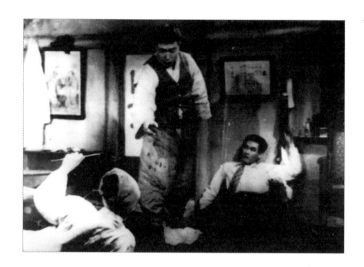

〈나그네〉에서
가운데가 복룡 역의 왕평.

보다 〈나그네〉와 같은 수이출輸移出 영화를 모방하여 보려는 영화인이 많은
모양이다.[150]

　독일 유학을 경험하고 돌아온 안철영은 〈나그네〉가 조선 영화
계의 '수이출 영화' 모델이 되었다고 날카롭게 지적한다. 그의 기록
처럼 이후 조선 영화계는 일본 '내지', 만주 등지로의 수이출을 위해
조선영화 자체를 일본영화의 하위 장르로 위치시키는, 상업화 전략
에 치중한 측면이 있다. 식민지기 일본의 각 영화잡지 지면에서 〈나
그네〉는 조선영화라는 존재를 본격적으로 알린 첫 작품으로 평가받
았고, "반도의 풍물을 넣은", "특수한 매력"의 '조선영화', '반도영화'
장르로 수용되었다. 동시에 이규환을 위시로 일본 촬영소 출신 조선
영화인의 이력과 연출 재능도 주목받았다.
　당시 영화평론가 이다 신비飯田心美는 조선 특유의 풍경이 화면의 주요 부분을 구성하고 있는 조선영화 현대극이라는 점에서 〈나그네〉에 이어 '내지'에 수입된 방한준의 〈한강〉을 동일한 관점에서 계열화한다.[151] 〈한강〉은 1937년 9월에 4개월간의 장기 로케이션 촬영을 마쳤지만[152] 이듬해 5월 경성에서, 그리고 1939년 7월 도쿄 히비야日比谷 영화극장에서 개봉했다. 앞선 조선 개봉까지 꽤 긴 시간이 걸린 것은 제작 도중 재정난에 빠졌기 때문이다. 영화는 결국 일본의 예술영화 배급사인 도와상사의 후원으로 완성했다.[153] 도와상사는 〈한강〉을 계기로 조선 영화계에 진출하는데, 주로 '고영'의 작품들을 '내지'에 배급하는 역할을 맡았다.

성봉영화원의 두 번째 영화는 도호와 합작한 〈군용열차〉1938였다. 이규환의 각본으로 카프 출신 영화평론가 서광제가 감독으로 데뷔했다. 이 영화부터 성봉은 도호영화 체인에 참가하기로 했고, 배급은 "조선을 제한 일본 내에는 도호의 손으로 하고 만주와 북지北支는" 조선 시장과 함께 성봉영화원에서 맡았다.[154] 〈군용열차〉는 시국을 반영한 국책 협력 영화로 제작 초기 큰 주목을 받았음에도 불구하고 조선과 '내지' 흥행에서 만족할 만한 결과를 얻지는 못했다. 이 영화의 공개 직후 도쿄에 머문 서광제는 "현재와 같은 조선영화가 내지의 어떠한 영화회사와 제휴를 한다고 하더라도 제일 먼저 그쪽에서 이곳을 기술적으로 믿지 않을 것이다. 원작이나 감독, 배우 모든 문제에 있어서 내지 영화회사의 이니셔티브에 맡기는 수밖에 없다. 그러면 종속 제휴와 같이 된 그 제휴 밑에서 훌륭한 영화를 바란다는 것은 연못에 들어가 고래를 잡아야 하는 격이다."[155]라며 합작 과정에서의 불만을 남기기도 했다.

일본 영화사에 의해 후반 작업을 지원받았던 〈한강〉의 사례처

〈한강〉에서
노뱃사공 명삼 역의
윤봉춘.

〈한강〉에서
젊은 뱃사공 성근 역의
최운봉.

〈군용열차〉의 촬영 현장.
카메라 왼쪽이 감독 서광제.

〈풍년가〉의 촬영 현상.
앞줄 오른쪽에서 세 번째
모자 쓴 이가 감독 방한준,
가장 왼쪽이
촬영기사 김학성.

럼 〈어화〉, 〈애련송〉, 〈성황당〉 등도 각각 일본 영화계의 기술 지원을 받았다. 〈어화〉는 독일에서 사진을 공부하고 돌아온 안철영이 서병각 등과 동인제로 설립한 극광영화사 작품이다. 1938년 5월 촬영을 마친 영화는 불과 1년 전 지면에 게재된 안철영의 우려에도 불구하고, 쇼치쿠키네마의 후반 작업에서 '반도영화' 장르로 다듬어져 10월 고가네자黃金座에서 개봉했다. 쇼치쿠 가마타촬영소蒲田撮影所 소속의 시마즈 야스지로島津保次郎 감독이 감수를 맡았고, 이후 감독으로 데뷔하는 요시무라 고자부로吉村公三郎가 편집을 맡는 등 쇼치쿠의 일본인 기사들이 후반 작업을 담당했다. 개봉 때에는 흥행을 위해 시마즈 야스지로의 이름을 내세워 홍보하기도 했다.[156]

　〈애련송〉은 1937년 10월 극예술연구회 영화부의 제작으로 명륜정 4정에 위치한 '조영'의 동소문東小門 스튜디오에서 촬영을 시작했다.[157] 1938년 6월 시점의 기사에 따르면 〈애련송〉은 도호의 기술 협조를 얻어 완성될 예정이었고, 일본 개봉도 도호가 맡기로 했다.[158] 일본에서의 후반 작업은 11월에 진행되어[159] 1939년 6월 27일 경성 메이지자에서 개봉했다. 〈성황당〉은 1938년 10월 로케이션 촬영을 시작했고,[160] 오즈 야스지로小津安二郎와 시미즈 히로시清水宏의 작품으로 잘 알려진 이토 센지伊藤宣二가 영화음악에 참가하는 등 일본 신코키네마 등에서의 후반 작업을 거쳐 1939년 9월 25일 경성 도호와카쿠사극장東寶若草劇場에서 개봉했다. 그렇다면 일본 영화사로부터 지원받은 이 영화들의 일본 '내지' 개봉은 순조롭게 진행되었을까?

1930년대 후반 조선·일본 합작영화[161]

연도	제목	제작사	감독	촬영	출연	비고
1937년	나그네 (旅路)	성봉영화원·신코키네마 합작	이규환	오쿠보 신이치 (大久保辰一)	문예봉, 왕평	
1938년	한강	반도영화제작소	방한준	양세웅	이금룡, 김일해	도와상사 제휴
	군용열차	성봉영화원·도호영화 합작	서광제	양세웅	문예봉, 왕평	
	어화	극광영화제작소	안철영	이병목	나웅, 박학	쇼치쿠 후원
1939년	애련송	극연좌 영화부	김유영	양세웅	문예봉, 김치근	조선영화주식회사 스튜디오 촬영 도호 녹음
	성황당	반도영화제작소	방한준	가나이 세이이치	현순영, 최운봉	영화음악 이토 센지(伊藤宣二)

조선영화의 이출移出과 '내지' 일본의 수용

어떤 것을 앞으로 지향해야 하는가라고 물어오면 어떤 것도 앞으로의 지향점으로 올바르다고, 명확하게 대답하면 된다. 〈다비지〉旅路, 〈한강〉, 〈성황당〉처럼 로컬 컬러를 겨냥해도 되고, 〈심청〉이나 〈춘향전〉처럼 전설에서 소재를 구하는 것도 좋을 것이며, 〈군용열차〉나 〈지원병〉처럼 국책에 협력하는 영화도 필요할 것이다. 〈다비지〉, 〈한강〉처럼 로컬적인 영화에 비해 〈도생록〉 또는 〈영춘〉迎春처럼 현대의 경성 생활을 그리는 것도 잊어서는 안 된다.[162]

조선영화가 '내지' 일본으로 보내져 공개된 것[163]은 조선영화 제작의 출발점과 궤를 같이힌디. 부산 조선키네마 작품 〈해의 비곡〉1924이 닛카쓰에 의해 1924년 11월 28일부터 도쿄의 산유칸三友館, 니

혼바시극장日本橋劇場에서 개봉한[164] 데 이어 1925년 〈총희의 연〉寵姬の恋, 운영전雲英傳, 〈신의 장〉원제 암광, 1925이 소개되었다. 그리고 조선키네마 프로덕션의 〈아리랑〉1926이 1926년 12월 야마니양행ヤマニ洋行에 의해 도쿄에서 배급되었다.[165] 이처럼 '내지'에 이출된 영화는 재조선 일본인이 대표로 있던 영화사가 제작한 작품으로, 기획 당시부터 이출을 염두에 두었을 것으로 짐작해볼 수 있다.

이 같은 경향은 1930년대 중반 경성촬영소의 작품으로 이어진다. 〈춘향전〉1935을 시작으로 〈아리랑고개〉1935가 "내지에서 전면적인 흥행에는 이르지 못했지만 유명해진 영화들"이었다.[166] 또한 경성촬영소의 조선어 토키영화 〈장화홍련전〉, 〈홍길동전 속편〉1936 역시 산에이샤三映社에 의해 일본에서 개봉되었다. 〈장화홍련전〉은 1936년 6월 오사카 신세카이新世界의 파크パ・ク극장, 도쿄 아사쿠사淺草 도쿄구락부東京俱樂部 등에서 상영되었다. 흥미로운 점은 조선인이 많은 오사카에서는 압도적으로 흥행이 되었지만, 도쿄에서는 〈유령은 말한다〉幽霊は語る라는 제목으로 개봉되었으나 그다지 화제가 되지 않았다.[167] 이어 〈홍길동전 속편〉 역시 파크극장에서 7월 15일부터 2주일 상영 예정으로 개봉되었다가, 오사카부 보안과로부터 일주일 만에 상영 중지 명령을 받기도 했다. 거의 모든 관객이 조선인이었던 것이, 즉 조선인 관객이 모여든 것이 실질적인 문제가 되었다.[168]

일본 '내지' 영화관에서 관객들에게 조선영화의 존재를 본격적으로 알린 작품은 〈나그네/다비지〉1937였다. 일본영화 스튜디오 출신인 이규환은 〈임자 없는 나룻배〉1932와 〈무지개〉1935로 '내지' 개봉을 시도했으나, 전자는 호치신문사報知新聞社에서의 시사회 후 원판(네거티브 필름)을 분실하는 등의 문제로 개봉에 이르지 못했고,[169] 후자는 닛카쓰 우즈마사太秦촬영소의 감독 후카가와 히사시深川久와 합작으로 진행했다가 제작 과정의 불화로 원판 도난사건을 겪기도 했다.[170] 하지만 교토 신코키네마 시절의 스승 스즈키 시게요시와 공동 연출한 〈다비지〉는 "조선에 영화가 있다는 것을 내지의 일반 팬들이 알게 된"[171] 본격적인 계기가 되었고, 일본 전역뿐만 아니라 상해, 만주, 하와이까지 배급할 50본의 프린트를 만들 정도로 성공해[172] 이규환의 이름도 각인시켰다. 역시 조선의 풍속을 담은 '향토색'이 영화를 화제로 만들었다. 일본 배급은 도와상사가 진행했다. 일본에서는 영화잡지 『키네마순보』의 우수 영화 투표에서 12위를 획득했고, 조선에서는 광범위한 대중의 흥미를 끌어 압도적인 흥행 성적을 기록했다.[173]

확실히 〈다비지〉 이후, 조선영화의 '내지' 개봉 시도가 활발해진 측면이 있다. 1938년 8월 도쿄에서 〈군용열차〉와 〈어화〉가 각각 도호와 쇼치쿠 체인으로 개봉했다. 〈어화〉의 경우 조선보다 먼저 개봉했지만 이후 조선에서의 흥행 성공에 비해[174] '내지' 흥행은 실패였고,[175] 〈군용열차〉도 마찬가지였다. 〈어화〉의 경우 시마즈 야스지로 감독의 재편집으로 "조선인다운 감각"을 볼 수 없고 "스토리에 쫓겨 배경이 되는 자연풍경은 놓치고" 있는 점이,[176] 〈군용열차〉 역시 "로컬 컬러가 뒷받침되는 부분"이 적은 것이 지적되었다.[177] 일본영화 평론계의 기준이 여전히 〈다비지〉에서 시작된 '향토성'에 고착되어 있음을 보여주는 대목이다.

유럽 예술영화의 수입 배급사였던 도와상사는 1937년 〈다비지〉에 이어 1938년 〈한강〉으로 예술영화 시장에서 조선영화의 가능성을 점친 것으로 보인다. 〈한강〉은 1939년 7월 도쿄의 히비야영화극장日比谷映畵劇場에서 정식 개봉했다. 〈한강〉은 "자연스러운 로컬색" 묘사와[178] "체코영화를 생각나게 하는 소박한 점"으로 좋은 평판을 받았으나[179] 역시 흥행에는 실패했다. 흥미롭게도 이후 오사카의 아사히회관朝日會館 상영에서는 성황을 이뤘다고 기록된다. 앞서 〈장화홍련전〉의 사례처럼 조선인 관객들이 몰렸기 때문이었다. 이후 도와상사는 〈도생록〉, 〈수업료〉, 〈복지만리〉, 〈집 없는 천사〉의 개봉을 시도했으나, 결국 일본 '내지'에서는 〈집 없는 천사〉 한 편만 개봉하게 된다.[180] 10월 2일 도쿄 지역의 쇼치쿠계에서 개봉한 〈집 없는 천사〉는 각 관의 개봉 첫날부터 흥행이 크게 저조하여 4~5일간의 단기 흥행으로 끝나며, 역시 조선영화는 흥행이 어렵다는 결론을 도출했다. 이 영화를 개봉한 긴자영화극장銀座映畵劇場의 경우 관객층의 60퍼센트가 조선인(원문은 '반도인'), 40퍼센트가 '내지인'이라는 당시 기록에서 볼 수 있듯이, 조선영화의 관객층은 조선문화에 관심을 가지고 있는 인텔리층과 조선인 관객이었음을 알 수 있다.[181]

한편 〈국경〉은 〈한강〉의 개봉 시점과 비슷한 1939년 8월에 산이샤 배급으로 도쿄와 오사카에서 개봉되었다. 오사카에서는 역시 조선영화가 주로 공개된 파크극장에서 개봉되었다. 도호와 신코에서 각각 후반 작업을 한 〈애련송〉과 〈성황당〉은 미쓰미상회光美商會가 개봉을 맡은 것으로 기록된다.[182] 1939년 9월 시점에는 교토와 오사카 지역에 적을 둔 반도영화배급사가 나운규의 〈아리랑〉 전후편과 〈사랑을 찾아서〉 발성판[1937]을 배급하기도 했다.[183] 또한 천일영화사의 〈도생록〉과 〈국경〉[1939]은 '내지'뿐만 아니라 만주에서 '국어(일본어) 자막판'으로 개봉했다.[184]

이처럼 1930년대 후반에서 1940년대 초반 조선영화의 '내지'

강원도에서 충청북도로
이어졌던 영화 〈한강〉의
로케이션 촬영 현장.

이출은 로컬 컬러의 시도, 그리고 방향 전환이라는 과정과 겹쳐진다. 〈어화〉, 〈한강〉 등이 '내지' 관객들의 관심을 받는 데 실패하면서 일본의 영화평론가들은 로컬 컬러의 묘사에 치중하는 "향토영화" 장르의 기획에서 벗어난[185] 〈수업료〉, 〈집 없는 천사〉 등에 주목한다. 재일 작가 장혁주 역시 "로컬 컬러를 내는 것에 주력을 기울여 일부러 이그조티시즘(필자 주 - exoticism, 이국 취향)을 겨냥해서 오히려 실패한 것"이라며 〈수업료〉의 기획에 호감을 보였다.[186] 하지만 〈수업료〉는 1940년 5월부터 도와상사에 의해 배급이 준비되어 1941년 9월 25일 도쿄 쇼치쿠 방화계松竹邦畵界에서 개봉한다는 광고가 등장했음에도 불구하고 결국 정식 개봉[187]되지 못했다. 〈수업료〉의 경우 내무성의 검열은 통과했지만 문부성에서는 '비일반 영화'로 인정認定되는 해프닝을 겪었다. 아동영화임에도 "14세 미만은 보지 못하는 영화"로 인정받은 결정적인 이유는, 문부성 입장에서는 조선에 수업료를 내지 못하는 학생이 존재한다는 사실을 담은 영화를 인정하기 어려웠기 때문일 것이다. '내선일체'內鮮一體라는 정책 구호가 무색하게 조선인 소학교는 일본 '내지'와 조선의 일본인 학교와는 달리 의무교육이 아니었다.

　문부성의 추천을 받은 〈집 없는 천사〉 역시 우여곡절을 겪었는데, 개봉 직전 내무성으로부터 재검열을 받아 개봉 버전인 개정판은 문부성 추천이 취소되기도 했다. 정확한 이유는 알려지지 않은 채 영화 속 조선어 사용과 복장이 문제가 되었을 것으로 짐작될 뿐이었다.[188] '수업료'를 내지 못하는 소학교 학생이 그려지는 것도 문제인데, 경성 시내에 부랑아동의 무리가 존재하는 것 역시 제국의 심기를 건드렸을 것이다. 이들을 구제하는 주체가 기독교의 조선인 목사

'내지' 일본으로 이출된 주요 조선영화 목록

제목	제작 연도	이출 연도	배급	제작	감독
해의 비곡	1924	1924	닛카쓰	조선키네마주식회사	왕필렬
총희의 연(운영전)	1925	1925	닛카쓰	조선키네마주식회사	윤백남
신의 장(원제: 암광)	1925	1925	닛카쓰	조선키네마주식회사	왕필렬
아리랑	1926	1926	야마니양행	조선키네마프로덕션	나운규
춘향전	1935	1936	산에이샤	경성촬영소	이명우
아리랑고개	1935	1936	산에이샤	경성촬영소	홍개명
유령은 말한다 (장화홍련전)	1936	1936	산에이샤	경성촬영소	홍개명
홍길동전 속편	1936	1936	산에이샤	경성촬영소	이명우
나그네/다비지	1936	1936	신코	성봉·신코	스즈키 시게요시·이규환
군용열차	1938	1938	도호	성봉·도호	서광제
어화	1938	1938	쇼치쿠	극광영화제작소	안철영
한강	1938	1938 (개봉 1939)	도와상사	반도영화제작소	방한준
도생록[미개봉]	1938	1939	도와상사	천일영화사	윤봉춘
국경	1939	1939	산에이샤	천일영화사	최인규
아리랑 전후편	1926 1930	1939	반도영화배급사	조선키네마프로덕션·원방각사	나운규
사랑을 찾아서 [발성판]	1937	1939	반도영화배급사	나운규프로덕션	나운규
애련송	1939	1939	미쓰미상회	극연좌 영화부	김유영
수업료[미개봉]	1940	1940	도와상사	고려영화사	최인규·방한준
집 없는 천사	1941	1941	도와상사	고려영화사	최인규
성황당	1939	1941	미쓰미상회	반도영화제작소	방한준
복지만리[미개봉]	1941	1941	도와상사	고려영화사	전창근

인 점도, 방수원方洙源 목사라는 실존 인물이 영화의 모델이었음에도 불구하고 받아들이기 힘들었을 것이다.[189] 〈집 없는 천사〉는 "도와상 사의 장사 수완에도 불구하고 도쿄에서는 부진한 성적이고, 또한 교토, 아이치, 후쿠오카 지방에서는 상영이 금지되는 등"[190] 흥행 역시 순조롭지 않았다. 역시 '고영'과 '만영'의 제휴 작품이었던 〈복지만 리〉[1941]도 1940년 8월부터 홍보를 시작하지만 정식 개봉에는 실패했다. 결론적으로 "조선영화가 일본영화의 유력한 한 부분으로 보조를 함께 해야 한다."[191]는 제국 일본의 국책적 요구는 만족시키지 못했다.

3 조선영화의 전시체제

1940년을 전후로 조선영화는 일본 영화계와 협업하고 조선총독부 당국과 적절히 협상해가며 어느 정도 안정적인 제작 궤도에 오른 듯 보였다. 하지만 이것은 조선 영화인들의 희망이 과도하게 앞선 탓에 그들에게 일종의 착시감을 준 것이있다. 조선 영화계는 자본도 기술도 기구도 여전히 빈곤했고, 특히 〈수업료〉1940, 〈집 없는 천사〉1941 같은 '고영'의 제작 사례에서 볼 수 있듯이 '내지' 시장에서의 흥행도, 제국 일본의 영화로 인정받기도 쉽지 않았다. 이 시기 조선의 민간 영화사들은 당국의 국책영화 시스템 속으로 급속히 재편되어갔다. 1939년 4월 일본 영화법에 이어 1940년 1월 조선영화령이 제정되면서 조선영화는 일제의 본격적인 전시체제 국면으로 들어가고, 1941년 8월의 영화신체제 선언과 12월 태평양전쟁 발발은 이를 가속화시켰다. 1942년 5월 '사단법인 조선영화배급사'와 9월 '조선영화제작주식회사'의 설립은 영화신체제의 궁극적 완성이자 또 다른 '조선영화'의 출발이었다. 한편 1937년 이후 일본영화 스크린쿼터가 안착했던 영화 흥행계는 어땠을까? 1941년경 경성 남촌의 극장가는 일본 4대 메이저 영화 스튜디오의 계열관으로 재편되었고, 이와 동시에 북촌의 조선인 극장가는 '내지' 영화사의 2번관으로 전락했다. 이처럼 '내지연장'內地延長이 실현된 조선의 극장가였지만 한편으로 제국체제의 균열과 오작동을 발신하는 장소이기도 했던 점은 분명 흥미로운 대목이다.

　이제 조선영화가 협상하는 당국은 조선총독부를 넘어 그들의 국가 즉 '내지' 일본의 차원으로 확대되었다. 동시에 민간 영역이었던 영화 제작은 더 이상 민간의 차원으로 허용되지 않았다. 그리고 '조선영화'의 구성원으로 조선 영화인, 재조선 일본인 그리고 민간 자본뿐만 아니라 조선총독부가 들어와 그 지분을 차지한다. 아니 조선총독부가 가장 중요한 패를 쥐고 있었다는 말이 맞을 것이다. 이제 식민지 조선에서 영화를 제작한다는 것은 '조선영화'라는 한배를 탄 조선총독부의 입장과 결정을 조선 영화인들이 지켜봐야 하는 상황이 되었다.

올해 조선 영화계는 내지 영화계의 급격한 혁신운동으로 인해, 조선 영화계가 생기고 나서 처음으로 중대한 시련에 직면하게 되었다. 국내 정세의 변화는 영화계뿐만 아니라 조선문화 전체의 혁신을 요구하게 되었다. 조선영화는 아직 그 역사도 짧고 예술적으로도 사업적으로도 그 기초가 불충분하다는 것은 이미 알고 있는 사실이다. 그러나 전시하에서는 어떤 상태에서도 국가가 원하는 책무를 수행하지 않으면 안 된다. 여기에 조선영화의 고민이 있다. 유치한 기술을 사용하고 빈약한 제작 기구를 동원하여 최고의 효과를 올려야만 하는 것이다.[192]

이창용의 언급처럼, 조선영화는 '내지'발 '영화신체제'를 시련이자 또 하나의 기회로 받아들인 측면이 있다. "당국의 지도와 내지 측 업자와의 교섭"을 통해 신속하게 영화국책을 수행하겠다는 그의 다짐은, 계속 조선영화를 만들겠다는 의지를 깔고 있는 것이기도 했다. 이창용을 비롯한 조선 영화인들은 왜 계속해서 영화를 만들려고 했을까, 그리고 그들의 영화 제작은 어떤 형태로 지속될 수 있었을까. 한편에서는 '내선일체'를 극영화 제작의 기회로 삼은 '국책 멜로드라마' 〈그대와 나〉가 만들어졌고, 다른 한편에서는 최인규의 연작 〈수업료〉와 〈집 없는 천사〉가 일제의 '내선일체' 정책이 현실사회에서 보여주는 균열들을 은밀하게 드러냈다. 전시하 계발선전의 임무를 새롭게 부여받은 문화영화 제작 영역을 놓고 민간 영화사들이 경합하던 것도 바로 이때이다.

 '조영'이 끝내 만들지 못한 〈춘향전〉은 흥미롭게도 조선 영화계에 대한 자기반영적인 영화 〈반도의 봄〉[이병일, 1941] 속의 조선 영화인들이 완성시켰다. 이 영화의 디제시스(영화 속 시공간) 속에서도 조선 영화 만들기는 인고의 시간 그 자체였고 온갖 악조건과 싸우는 과정에 다름 아니었다. 영화 말미에 결국 〈춘향전〉이 완성을 본 것은 한 조선인 소장 실업가가 등장해 반도영화주식회사가 설립되면서 지원을 받았기 때문이었다. 영화 속 영화기업은 당시의 '조영'이 모델이었을까, 아니면 또 다른 영화기업의 출현을 바라는 〈반도의 봄〉 제작진들의 기대가 반영된 것이었을까. 이 영화 역시 이병일이 설립한 명보영화사가 제작했지만 자금은 한 지방 영화관으로부터 받은 것이었다.[193] 야심차게 출발했지만 3회작으로 그친 '조영'의 사례에서 볼 수 있듯이, 조선영화의 기업화는 좀처럼 이루어지기 힘든 꿈이었다. 〈반도의 봄〉이 일본에 소개된 1942년 3월, 조선 영화계는 민간영화 제작이 막을 내리고 일제의 통제 영화사 '조선영화제작주식회사'의 출현이 준비되고 있었다. 영화 속에서 모든 것이 잘 해결되었음에도 불구하고, 이상하게도 해피엔딩처럼 느껴지지 않았던 이유가 바로 영화 밖에 있었던 것이다. '내지' 영화계를 방문하기 위해 도쿄로 떠나는 영일(김일해 분)과 정희(김소영金素英 분)가 경성역 플랫

폼에 서 있는 영화의 마지막 장면, 그들을 바라보는 영화 속 감독(서월영 분)의 근심에 찬 얼굴은 결과적으로 정확했던 셈이다.

조선영화령과 영화신체제

1939년 4월 일본 최초의 문화입법인 '영화법'이 법률 제66호로 제정, 10월 시행되었고, 조선에서는 "영화의 제작, 배급 및 상영 그 외의 영화에 관해서는 영화법 제19조(영화위원회 설치)의 규정을 제외한 동법에 의거한다. 단 동법 중 칙령이라고 한 것은 조선총독부령, 주무대신은 조선총독으로 한다."는 조선영화령이 1940년 1월 제정, 8월부터 시행되었다. 시행 세칙의 경우, 역시 영화법 시행 규칙에 준거하고 조선의 특수 사정을 감안해 수정했다. 제13조(16세 미만·여자 노동자의 심야노동 원칙 금지) 및 제43조(흥행시간 제한)가 조선에는 적용되지 않았고, 제25조의 뒷부분에서 '지방 장관에게 신청'이라는 사항 역시 없애고 조선 총독으로 일원화했다. 또 제28조와 제29조의 검열 표준 사항에서 '조선 통치상 지장이 있는 것'이라는 새로운 항이 추가되었다.[194]

이처럼 일제의 영화법에 이어 조선영화령이 시행되자, 조선 영화인들은 본격적인 '내지'발 영화국책 속으로 편입되었다. 혹은 자발적인 움직임이었을 수도 있을 것이다. 조선영화령이라는 법제 자체가 역설적이지만 조선영화라는 존재를 인정한 것으로 인식했을 수도 있다. 이러한 일제의 전시 통제 국면은 조선 영화인들에게 '영화 기업화', '조선영화 시장의 확대' 같은 꺼져가는 담론들을 살려낼 수 있는 마지막이자 유일한 기회로 받아들여졌기 때문이다. 김정혁

金正革이 언급한 것처럼 "국가가 영화를 국민문화로서 인정하였고 최초의 문화입법으로 제정"된 조선영화령의 실시를 통해 "조선영화의 기업적 통제"와 "조선 영화계의 장래에 활황을 기대"했던 것이다. 조선 영화인들은 "행정적인 영화 통제가 실현되는 바엔 경제적인 문화 통제까지 부수되어서 비로소 진정한 예술의 자유가 허락될 것"으로 즉 조선 영화계가 새로운 전기를 맞이할 것으로 믿었다.[195] 물론 '국가'의 힘을 이용하겠다는 그들의 계획은 허황된 꿈이었지만 말이다.

일본 영화법과 조선영화령 시행을 전후로 한 시점, 조선 영화계는 새로운 환경에 적응하기 위해 우선 공동 대응의 형태를 취했다. 대표적으로 제작계에서는 조선영화인협회와 조선제작자협회를 살펴볼 필요가 있다. 1939년 8월 16일 결성된 조선영화인협회는 1939년 4월 '내지'에서 영화법이 제정되자 조선에서의 영화계 입법을 예상하고 조직한 관민단체다.[196] 1940년 2월 11일 1차 총회를 통해 본격적으로 조선영화령에 따른 조직 강화와 기구 정비를 도모했다. 의장은 안종화, 이사는 안석영, 왕평, 이명우, 양세웅, 김일해, 감사는 이재명, 안종화, 평의원은 김한, 이규환, 이창용, 서월영, 김성춘, 모리타 이쓰키森田樹,[197] 이신웅이었다.[198] 협회 설립의 핵심 목적은 조선영화령 시행으로 제작 종사자의 등록제가 실시됨에 따라, 기술자들의 자질 및 기술 향상을 도모하는 것이었다. 이에 조선영화인협회 내부 기구로 관민으로 구성된 기능심사위원회를 설치했다. 먼저 영화인 등록을 받아 심사에 통과하면 기능증을 주는 제도를 수행했는데, 이는 1940년 10월부터 실시되었다. 멤버로는 위원장에 조선총독부 경무국 도서과장 혼다 다케오本多武夫, 위원에 경성제국대학 교수 가라시마 다케시辛島驍, 영화인협회의 야스다 다쓰오安田辰雄, 안종화 창씨명, 이와모토 게이칸岩本圭煥, 이규환 창씨명 등 11인의 총 12인으로 구성되었고, 도서과 직원屬 오카다 준이치岡田順一, 촉탁嘱託 김성균金聲均, 김정혁金正革 3인이 간사로 활동했다.[199]

1940년 8월 조선영화령 시행일부터 6개월간의 유예를 준 1941년 1월 31일의 첫 번째 등록 기한에 58명이 등록했다. 감독이 9명, 촬영이 7명, 연기자가 42명이었다.[200] 본인의 등록 신청 후 기능심사위원회에서 기능 심사를 받고 다시 소관 경찰서에서 신원조사를 거쳐 최종 등록되는 순이었다. 감독 등록자는 방한준, 안종화, 이규환, 박기채, 최인규, 서광제, 윤봉춘, 홍개명, 안석영이었다. 한편 당시 기사는 등록하지 않은 60여 명이 영화 제작에 착수할 시 엄벌에 처할 것이라 밝히고 있다. 『영화순보』의 '조선영화특집호'1943년 7월 11일호에 따르면 최종적으로 기능 증명을 받은 자는 연출 16명, 촬영 13명, 연기 63명 등 총 92명이었다.[201] 그리고 조선영화인협회는 1942년 10월 7일 해산된다. 대부분의 협회 소속 영화인은 1942년 9월 당국에 의해 조선 유일의 제작회사로 허가받은 조선영화제작주식회사로 입사했기 때문이다.

한편 조선영화제작자협회는 조선영화령 시행 직후인 1940년 12월 10일 결성되었다. 당국으로부터 1941년 7월 말까지 영화 제작 기구를 정비하는 것으로 1년여의 유예기간을 받은 상황에서, 대책 마련에 급한 제작사들이 자발적으로 설립한 단체였다. 하나의 국책 조직으로 통합되기 전 단계의 모체를 구성해 공동으로 대응하기 위한 것이었고, 가장 현실적인 문제로는 생필름 배급 건에서[202] 당국과 소통할 발언 기구가 필요했기 때문이었다. 물론 제작사들의 자발적인 합동운동은 당국으로부터도 환영받는 것이었다. 협회는 조선영화주식회사(대표 최남주), 고려영화협회(히로카와 소요廣川創用), 명보영화합자회사(이병일), 한양영화사(김갑기), 경성영화제작소(야나무라 기치조梁村奇智城), 조선구귀영화사(후루하타 세이조降旗淸三, 이후 황국영화사), 조선예흥사(서항석), 조선문화영화협회(쓰무라 이사무津村勇), 경성발성영화제작소(다카시마 긴지高島金次) 등 9개사가 가입했다가, 조선예흥사가 빠지고 평양 동양토키영화촬영소(구니모토 다케오國本武夫), 선만鮮滿기록영화제작소(구보 요시오久保義雄)가 가입해 최종 10개사로 구성되었다.[203] 결론적으로 조선영화제작자협회는 국책영화사인 조선영화제작주식회사가 설립되는 기반을 마련하고 해소된다.

전시기戰時期 국책영화 잡지인 『영화순보』의 '영화신체제 1주년 특집'1942.9.1호에 따르면 일본 영화신체제의 공식적인 출발점은 1941년 8월이었다. 8월 1일 미국에 대한 자산 동결의 영향으로 민간 수급용 생필름 생산이 불능인 상태로 판명,[204] 8월 16일 정보국이 업계 대표 3인을 비공식적으로 부른 자리에서 제5부장 가와즈라 류조川面隆三가 "민간수급용民需用 필름 1자도 없음"이라고 말한 것이 바로 신체제 선언의 출발이었다.[205] 다카시마 긴지高島金次는 『조선영화통제사』朝鮮映畵統制史에서 '영화계 개혁', '영화계 임전태세'의 목소리가 군부 및 정보국에서 높아지기 시작한 때를 1941년 6월로 기록한다. '영화신체제'를 곧이어 '영화임전체제'로도 부른 이유인 것이다.[206] 그리고 정보국 인사의 "영화회사 전부를 일단 두드려 가루로 만들어 두 개나 세 개의 경단을 만드는 것"이라는 발언이 있었고,[207] 1942년 1월 27일 '내지'의 극영화제작회사는 도호, 쇼치쿠, 그리고 신코·다이토大都·닛카쓰日活 제작 부문이 통합한 다이에이大映★의 3사체제

★ 대일본영화제작주식회사
大日本映畵製作株式会社

가 되었다. 이러한 일제의 '영화신체제'는 조선 영화계에도 예외가 아니었다. '내지'에 이어 네 번째로 승인된 극영화제작회사가 바로 1942년 9월 29일 설립된 '조선영화제작주식회사'였다.

물론 배급 부문도 전시 통제에 예외가 아니었다. 1939년 2월에 민간 조합이었던 '조선내외영화배급조합'이 조선총독부 인가로 재출발하게 되었다. 전 조선의 내외영화배급업자 20명이 가입했는데 조합장은 와타나베 쇼타로渡邊庄太郎, 닛카쓰, 부조합장은 이창용李創用, 고려영화협회, 이기세李基世, 기신양행, 평의원은 야마모토 기지山本季嗣, RKO, 데라다 미쓰하루寺田光春, 쇼치쿠, 우라노 하지메浦野元, 도와상사였고, 와케지마 슈지로경성흥행협회장도 상담역으로 가담해 건재함을 과시했다. 이 시기 『국제영화신문』의 기사는 "조선에서는 5년 전부터 이미 영화 통제가 시행되어왔는데, 최근 미국 영화회사가 하려고 하는 높은 요금 문제 등에 관한 대책을 마련하고, 영화계의 진정한 발달을 도모하기 위해" 재조선 내외영화배급업자를 하나로 모은 강력한 단체인 조선내외영화배급조합이 결성되었음을 전한다.[208] 1942년 5월 1일 이를 기반으로 일원화된 국책 배급 기구인 '사단법인 조선영화배급사'가 설립된 것은 주지의 사실이다. '조선영화배급사'는 조선영화제작주식회사에 앞서 조선영화령으로 허가를 받은 첫 번째 특수회사였는데, 그 업무 내용은 "조선 내 영화의 독점 배급, 영화의 수출입 및 이출입, 농산어촌에 대한 순회영사반의 설치, 조선영화 제작의 지도 조성 등"으로 규정되었다. 물론 '조선영화배급사'는 1942년 2월 1일 설립, 4월 1일 업무를 개시한 '내지' 일본의 사단법인 영화배급사와 계약하에 배급 통제를 받았다.

조선영화의 전시체제 경과

시기	사건
1939년 4월 5일	일본 영화법(법률 제66호) 제정, 10월 1일 시행(9월 28일 시행규칙 공포)
1939년 8월 16일	조선영화인협회 결성(1940년 2월 11일 1차 총회)
1940년 1월 4일	조선영화령 제정, 8월 1일 시행(7월 25일 시행규칙 공포)
1940년 12월 10일	조선영화제작자협회 결성
1941년 1월 31일	1기 영화인 등록 마감(등록자 58명)
1941년 8월 16일	일본 영화신체제 선언
1942년 5월 1일	사단법인 조선영화배급사 설립
1942년 9월 29일	조선영화제작주식회사 설립
1944년 4월 7일	사단법인 조선영화사 설립 (소선영화제작주식회사가 조선영화배급사로 흡수)

1940년대 초반 경성 흥행계

종로의 뒷길에 우미관이 있다. 그 부근의 길에는 물건을 팔거나 마술사의 노점이 나와 있어 걸을 곳도 없을 정도로 사람들이 몰려 있으며 불결하기 짝이 없는 모습인데, 영화관 자체도 내지의 외곽에 있는 영화관을 연상하게 한다. 때마침 상영하고 있던 영화가 〈당신을 노리고 있다〉あなたは狙われてゐる였던 까닭도 있지만 관내 분위기도 앞에서 서술한 거리의 분위기와 상통하는 점이 있는 듯한 느낌이 들었다. 좌석이 가득 들어차 있어서 설 자리도 없고 통로에도 앉거나 서거나 해서 문자 그대로 초만원인 모습이었다. 그러나 얼핏 보면 정돈되지 않은 잡다한 공기 속에서 의외로 영화의

대중이라는 존재를 진정으로 느끼게 된다.[209]

일본의 전시기 영화잡지 『영화순보』 기자였던 도키자네 쇼헤이 時實象平는 1943년 7월 경성의 조선인 영화관 거리에 대해 이처럼 기록한다. 조선인 거리의 대표적인 서양영화 개봉관이었던 우미관이 이제 '내지영화'의 2번관(재개봉관)으로 전락한 상황이지만, 조선인 극장이라는 민족 공간적 특성은 계속 유지되었던 것이다. 일본인이 보기에 조선인 관객들의 영화에 대한 열기는 기이한 것이었을지 모른다. 『영화순보』의 경성 영화관 소개 페이지에서, "조선은 내지에 비해 문화가 낮다고 하지만 양화에 달려드는 조선인의 심리는 불가사의하다."[210]라고 표현했듯이 말이다. 특히 서양영화에 대한 조선인 관객들의 오래된 관심과 끊이지 않는 열기는 식민 당국의 외화 상영 통제 이후에도 여전했다. 당시 기사에 의하면, 조선의 영화시장은 영화 관람자가 2천 100만 명을 넘는, 즉 1인당 1년에 1회씩은 영화관에 가는 비율이었다. 그중 백만 도시 경성이 40%를 차지하는 시장이었다.[211] 이처럼 대도시에 한정되었을 것을 감안하면, 대도시의 1인당 한 해 관람 비율은 더 높아질 것이다.

1930년대 초중반까지 경성의 영화 상설관은 조선극장, 단성사, 우미관, 제일극장 등 조선인 거리의 극장이 흥행 우위를 차지하고 있었다. 그 이유는 조선인 대상 영화관들은 서양영화 개봉관 혹은 재개봉관이었고, 이 서양영화들은 조선인 관객뿐만 아니라 재조선 일본인 관객들의 지지까지 받고 있었기 때문이다. "대부분의 조선인 관객은 양화만을 즐기고" 있었고, "일본영화를 상영하고 있는 관(필자 주-일본인 극장)은 양화의 첫 번째 개봉이 불가능해졌고, 자연스럽게 양화 전문관과 비교해서 2류관의 지위로 전락했다."는 기록[212]은 서양영화와 조선 관객이 주도한 경성 흥행계의 구도를 여실히 보여주고 있다. 이러한 구도가 역전된 것은 1936년 시점이었다.

1936년 남촌의 일본인 거리에 '내지'의 화려한 영화관을 참고한 대극장들이 속속 들어서면서, 1930년대 초중반까지 서양영화 전문관으로서 조선인 측 영화 상설관들이 가졌던 산업적 활력은 급격히 쇠퇴하게 된다. 이러한 흥행가의 재편은 제작뿐만 아니라 배급, 상영까지 조선 영화산업 전체의 판도를 바꾸게 되는 1934년 '외국영화의 상영 제한' 시행이 일차적인 원인으로 작용했다. 조선의 영화관은 외화관과 방화관 구분 없이 국산영화를 의무적으로 상영해야 했고, 1934년부터 점차 그 비중을 늘려 1937년부터는 매달 반 이상의 국산영화 상영이 규정되었다. 결과적으로 조선인 영화 상설관의 외화 상영 통제를 목적으로 한 이 규정의 시행은 주효했다고 할 수 있다.

1936년 1월부터 조선인 거리의 영화관 즉 우미관, 단성사, 조선극장 등은 일본 영화사의 2번관으로 전락하게 된다. 양화 전문관에서 양화가 빠지니 다이토大都 2번관(우미관), 닛카쓰 2번관(단성사), 쇼치쿠 3번관(조선극장), 신코 2번관(제일극장)이라는 '내지' 영화사의 2번관으로 등급이 조정된 것이다. 게다가 조선극장은 1936년 6월 12일 화재로 전소한다. 조선인 측 영화 상설관의 몰락을 상징하는 가장 대표적인 사건은 조선인 경영관이었던 단성사가 일본인 관주에 의해 인수된 것이다. 1939년 6월 메이지자 관주 이시바시 료스케石橋良祐가 단성사를 인수해 대륙극장으로 개명했고, 8월 쇼치쿠영화 2번관으로 개관한다.

1940년이 되면 경성의 일본인 거리 극장, 즉 메이지자明治座, 와카쿠사극장若草劇場, 경성다카라즈카극장京城寶塚劇場, 경성극장京城劇場이 4대 개봉관으로 자리 잡는다. 그리고 1년 남짓 기간 동안 극장들은 일본의 4대 메이저 영화스튜디오인 쇼치쿠, 도호, 닛카쓰, 신코와 각각 결합하게 된다. 메이지자가 쇼치쿠와 공동 경영, 직영의 수순을 밟으며 쇼치쿠메이지자로 이름을 바꾸고, 와카쿠사극장이 도호와카쿠사극장으로 개명해, 닛카쓰 개봉관인 경성다카라즈카극장 (1940년 5월 고가네자黃金座에서 개명)과 신코 개봉관인 경성극장의 4대 개봉관 체제로 자리 잡은 것이다. 즉 경성 4대 개봉관이 모두 '내지' 각 회사의 경영관으로 전환되면서, 조선의 영화시장은 '내지 연장'으로 구축이 완료된다. 또한 조선 전 도시의 영화관 역시 도호東寶, 쇼치쿠松竹, 닛카쓰日活, 그리고 신코新興라는 '내지' 일본의 영화사, 즉 '방화'邦畵 4개사로 계열화된다. 1941년 8월 시점의 조선 흥행계는 도호가 직영 2관, 공동경영 3관, 보합步合* 2관, 계약 68관, 쇼치쿠가 직영 1관, 보합 4관, 계약 65관, 신코가 직영 1관, 보합 3관, 계약 50관, 닛카쓰가 보합 3관, 계약 40관으로 각각 편성되었다.[213]

★ 보합步合제는 배급사와 극장(흥행자)이 미리 정한 비율로 수익을 나누는 것을 말한다.

1942년 4월 일본 '내지'의 '영화배급사'가 업무를 개시했고, 한 달 후인 5월 1일 '조선영화배급사'도 업무를 시작했다. 그리고 새로운 배급 프로그램이 편성되었는데 바로 홍백[214] 2계통제다. '내지'와 마찬가지로 '조선영화배급사' 역시 매달 6편을 개봉하되, 프린트는 각 2벌만으로 전국 극장을 순회하는 방식이었다. 1~3주차는 각기 다른 영화를, 4주차는 재상영으로 진행되었다. 조선 각 도시 영화관의 배급 순서번선番線는 과거 흥행 성적으로 정했다. 개봉계는 경성, 평양, 제2계는 청진, 부산, 제3계는 함흥, 대구, 제4계는 원산, 인천

경성의 영화관 :

①경성극장
②경성다카라즈카극장
京城寶塚劇場
③메이지자明治座
④와카쿠사극장若草劇場

「〔화보〕조선의 영화관」,
『영화순보』(제57호),
1942. 8. 21.

으로 순서가 정해졌다.[215] 그중 홍 계열은 경성(메이지자, 와카쿠사극
장), 평양(가이라쿠칸偕樂館, 평양키네마), 청진(야마토극장大和劇場),
부산(쇼와칸昭和館), 대구(대구키네마), 원산(원산관), 함흥(명보극장),
신의주(신에이극장新映劇場), 인천(인천영화극장), 홍남(기라쿠칸喜樂
館)이었고, 백 계열은 경성(경성다카라즈카극장, 경성극장), 평양(다이
슈극장大衆劇場, 평양영화극장), 부산(호라이칸寶来館), 대구(쇼치쿠松
竹영화극장), 청진(데이코쿠칸帝國館), 원산(다이쇼칸大勝館), 함흥(혼
마치本町영화극장), 신의주(신센자新鮮座), 인천(인천키네마), 홍남(고
난칸興南館)으로 결정되었다.[216]

　　1942년 5월 신배급제 실시로 필름 배급이 제한되고, 극영화는
한 달 6편 개봉에 프린트 각 2벌, 합쳐서 12벌만으로 조선 흥행에
활용되다 보니, 영화관의 프로그램을 영화만으로 채우지 못하는 상
황이 벌어졌다. 게다가 1941년 9월 이후 '조선내외영화배급조합'이
미국영화를 상영하지 않기로 합의했고 이어 태평양전쟁이 발발하면
서, 서양영화의 대부분을 차지하던 미국영화 수입과 상영은 전면 금
지된다. 이 틈새를 비집고 들어와 주객을 전도시킨 것이 바로 무대
위의 실연實演 즉 어트랙션attraction, 관객을 끌어들이는 구경거리 공연이었다.

　　사실 식민지기 내내 영화관 프로그램은 영화 상영을 전후해 혹
은 그 막간에 어트랙션 공연을 편성했는데, 주로 노래와 춤, 촌극,
기예, 만담 등으로 구성되었다.[217] 상영할 영화가 부족하다 보니, 이
러한 어트랙션 공연이 주가 되어 영화관 프로그램을 채우는 현상
이 발생한 것이다.[218] 물론 서양영화를 통제한다고 해서 일본영화를
더 많이 만들 수 있는 상황도 아니었다. 〈성황당〉방한준, 1939과 〈지원
병〉안석영, 1940이 쇼치쿠 계열에서, 〈아내의 윤리〉김영화, 1941가 도호 계

열 영화관에서 개봉하는 등 실제로 조선영화가 외화 상영 통제가 만든 공간으로 진입하기도 했다. 당시 기사 역시 "종래에(일본인 영화관에서-필자 주) 별로 봐주지 않았던 조선영화가 각사의 영화 부족의 결과 일본인 거리의 4대 개봉관에서 개봉한다."고 기록한다.[219] 돌발 방공 훈련 실시가 극장에 미리 통보되어 공습경보가 울렸음에도 상영을 계속했다든지, 피난 훈련 시에는 퇴장하면 요금을 돌려주지 않는다고 게시했음에도 관객의 환불 소동이 있었다든지, 또 어트랙션 공연의 댄서 의상이 지나치게 빨갛다고 당국의 주의를 받았다든지, 제국의 규율이 민간의 극장 흥행과 대면해 파열음을 내는 모습들도 조선 영화계 신체제의 또 하나의 모습이었다.[220]

조선영화와 내선일체內鮮一體

내선 영화계의 교류는 어떤 의미에서 이미 시작되고 있다. 예를 들면 〈수업료〉에서 야기 야스타로八木保太郎가 시나리오를, 스스키다 겐지薄田研二가 연기를, 〈도모다치〉ともだち에서 시미즈 히로시淸水宏가 연출을, 그리고 고려영화의 최근작 〈빛이여 영원히〉光り永遠に(필자 주-기획 단계에서 그침)에서도 시미즈의 조선 방문이 예정되어 있다고 한다. 이런 점에서 아직 얼마 되지 않은 조선 영화계에는 물론 아직까지 내지의 영화계로부터 협력을 바랄 정도의 위대한 작품은 없지만 가까운 장래에 반드시 실현될 것임을 나는 믿어 의심치 않는다.[221]

식민시기 조선영화와 일본영화의 교류는 1930년대 중후반 조선 영화 제작에서 일본영화 제작사와의 제휴나 합작 단계를 거쳐 1940

년 초반에 들어서는 일본영화 감독을 초청해 제작하거나, 일본 영화사가 조선을 배경으로 직접 영화를 제작하는 방식으로 이어졌다. 1940년대 상황에서 전자의 예가 시미즈 히로시淸水宏 감독이 조선으로 건너와 연출한 문화영화 〈경성〉京城, 1940, 〈도모다치〉1940 그리고 조선군 보도부 제작으로 히나쓰 에이타로日夏英太郎가 연출한 〈그대와 나〉1941라면, 후자는 이마이 다다시今井正 연출의 〈망루의 결사대〉1943 가 대표적이다.

　인용문은 히나쓰 에이타로 즉 조선인 감독 허영이 〈그대와 나〉 의 크랭크인 직전인 1941년 6월 3일, 경성에서 작성한 글의 일부이다. 그는 "내선 두 영화계가 협동체가 되어 왕성하게 교류하는 것" 을 통해 "새로운 조선영화에서도 조선 당국의 정치력의 힘이 미치지 않는 곳을 영화의 힘으로 보완하고, 국민의 의욕을 충족시켜가야 한다."고 썼다. 히나쓰 에이타로는 '내선일체'를 테마로 한 작품을 기획하고 '내선 영화인의 교류'를 통해 영화를 완성하며, 국책에 부응하는 조선영화의 역할을 호소했던 인물이다.

　〈경성〉, 〈도모다치〉의 제작은 시미즈 히로시 감독에 의해 조선을 무대로 한 반기록영화를 제작하겠다는 쇼치쿠키네마의 기획에,[222] 1939년 12월 시점 조선총독부 철도국이 쇼치쿠 오후나촬영소에 두 편의 선전영화 제작을 의뢰한 것에서 출발하였다. 1924년 쇼치쿠 가마타蒲田촬영소에서 감독으로 데뷔한 시미즈 히로시는 〈아리가토 상〉有りがたうさん, 쇼치쿠 오후나 제작, 1936에서 버스 창밖으로 보이는 조선인 노동자들의 모습을 연출하는 등 식민지 조선에 대해 어느 정도 관심이 있었던 것으로 보인다. 그는 1939년 10월 30일 조선에 왔고,[223] 다시 크랭크인에 맞춰 1940년 1월 22일, 4월 11일 두 차례에

걸쳐 경성에 도착했다.[224] 5월에 먼저 〈도모다치〉가 완성되었고[225] 6월에 〈도모다치〉와 〈경성〉이 모두 완성되었다는 기사가 뒤이어 등장한다.[226] 일본영화 데이터베이스에 의하면 두 작품 모두 대일본문화영화제작소大日本文化映畵製作所의 작품으로, 〈경성〉(3권)은 1940년 7월 19일 검열에 통과했고, 〈도모다치〉(2권)는 쇼치쿠의 배급으로 1940년 7월 20일 도쿄의 호라쿠자邦樂座, 무사시노칸武蔵野館, 다이쇼칸大勝館에서 개봉했다.[227] 그는 다시 일본으로 돌아가 연출한 〈여인전심〉女人転心, 쇼치쿠오후나 제작, 1940에서도 한복을 입은 여성들을 등장시킨다.

〈도모다치〉는 요코야마 준横山準이 분한 일본 '내지'에서 온 어린이와 이성춘李聖春이 분한 가난한 조선인 어린이 사이의 우정을 그렸다. 영화의 하이라이트인 수원화성의 성곽 위에서 일본인 학생과 조선인 학생이 깨끗한 교복과 남루한 한복을 서로 바꿔 입는 장면이 인상적인 작품이다. 영화는 "내선융화의 지도성을 아동에게 전달하여 국민교육에 유익한 작품"이라는 평가를 받으며 일본문화협회의 제2회 아동문화상을 수상하기도 했다.[228] 원래 2롤 분량의 토키영화로 현재 일본 도쿄에 위치한 국립영화아카이브에 사운드가 유실된 상태로 보존되어 있다. 〈경성〉은 모던 도시로서의 면모와 조선 500년 고도古都로서의 전통적인 모습을 함께 담아낸 기록영화이다. 〈베를린: 대도시 교향악〉Berlin: Symphony of a Great City, 1927으로 대표되는 1920년대 서구의 '도시교향악 영화'city symphony film의 영향을 받은 작품이라고 할 수 있다. 조선에서 활동한 영화평론가 미즈이 레이코水#れい子는 외래자의 시선에 머문 탓에 "진실로 그 모습을 전해주는 기록영화"에는 이르지 못한 것으로 평가하기도 했다.[229]

조선군사령부 보도부가 제작한 〈그대와 나〉는 조선인 허영으로

〈그대와 나〉의
독회讀會 장면.

알려진 히나쓰 에이타로가 감독을 맡았다. 1908년생으로, 1931년부터 마키노영화マキノ映畵에서, 1932년부터 쇼치쿠키네마에서 각본가와 조감독 등으로 활동했다. 그는 1938년 4월 시행된 조선인 지원병제를 소재로 한 제작 기획으로 감독 데뷔의 기회를 잡았다. 애초 '내지' 영화사들에 그의 기획이 받아들여지지 않자 그는 조선으로 건너와 조선군 사령관과 면담을 하게 되고, 협상 끝에 조선군 보도부의 제작이 결정되었던 것이다. 이 영화는 육군성 보도부와 조선총독부의 후원도 받았다. 각본은 영화평론가 이지마 다다시飯島正와 공동작업했는데, 촬영을 시작하고 나서 대부분 개정되었다.[230] 촬영에 들어가기 직전, 전쟁영화 〈오인의 척후병〉五人の斥候兵, 1938, 〈흙과 병대〉土と兵隊, 1939를 연출한 다사카 도모다카田坂具隆 감독이 연출 지도를 위해 조선으로 건너왔다. 크랭크인은 1941년 7월 1일이었고[231] 쇼치쿠 오후나에서의 세트 촬영과 후시녹음 작업은 10월 1일부터 진행되었

다.[232] 조선 영화인뿐만 아니라 고아興亞의 고스기 이사무小杉勇, 도호의 오비나타 덴大日方傳, 쇼치쿠의 미야케 구니코三宅邦子 등의 배우가 출연하는 것을 비롯하여 '내지' 각 영화 제작사들의 협업도 이루어졌다.

현재 남아 있는 필름은 전체 10롤 중 첫 번째 롤과 아홉 번째 롤에 해당하는 부분으로, 러닝타임으로 치면 전체 94분 중 24분 분량이다. 1롤은 조선인 최초의 지원병 전사자인 이인석 상등병이 전투에서 전사하는 장면으로 시작해 킹레코드의 테너가수 나가타 겐지로永田絃次郎, 조선 이름 김영길金永吉가 분한 가네코金子 등 병사들이 행군하는 신이 포함되어 있다. 9롤에는 만주의 소녀로 분한 이향란李香蘭, 야마구치 요시코山口淑子의 노래 장면을 포함해 가네코와 아사기리 교코朝霧鏡子가 분한 미쓰에美津枝의 내선연애를 담고 있다. '내지인'과 '반도인'을 뜻하는 〈그대와 나〉는 '내선일체' 영화라는 칭호와 함께 '내선 영화계 교류'의 결실로 인정받았고, 조선영화도 일본영화도 아닌 '국민영화'라는 호칭을 얻었지만 작품의 완성도나 '내지' 흥행 성적에서 좋은 평가를 받지 못했다.

도호영화가 제작한 〈망루의 결사대〉는 조선 국경 경찰관과 비적匪賊과의 전투를 다룬 작품으로 애초 고려영화협회 기획이었다. 조선총독부가 후원했고 조선영화제작주식회사가 '제작 응원'했다. 원안은 시나리오 작가 야기 류이치로八木隆一郎와 감독 이마이 다다시今井正, 제작자 후지모토 사네즈미藤本眞澄, 최인규 등의 공동작업으로 나왔고, 이후 시나리오 작가 야마가타 유사쿠山形雄策가 결합해 조선총독부 경무국 및 평안북도 경찰 당국의 지원을 받아 현지 시찰 및 자료 수집 끝에 각본이 완성되었다.[233] 1942년 1월 말, 압록강변 만포진의 로케이션 세트 건설에 착수하여 3월 로케이션 촬영을 시작하려 했

〈망루의 결사대〉에서
하라 세쓰코와 김신재.

지만 일찍 봄이 찾아와 망루 세트가 무너지는 바람에 촬영이 무산되
었다. 이후에도 혹독한 날씨와 망루 세트가 자리한 지형 탓으로 촬
영 중지와 재촬영을 거듭했다. 1943년 2월 세 번째 로케이션 촬영
을 끝내고 3월 도호촬영소에서 세트 촬영을 진행해 영화를 완성했
다.[234]

이마이 다다시가 연출한 메인 플롯은 신임 아사노浅野 순사사이토
히데오斉藤英雄 분가 국경의 남산리 주재소로 부임해, 국경 경비라는 혹독
한 시련 속에 책임자인 다카즈高津 경부보다카다 미노루高田稔 분와 상징적인
부자관계를 맺으며 임무의 중요성을 알게 된다는 것이다. 흥미로운
점은 이 영화에 연출보좌演出補佐로 참가한 최인규의 서브텍스트subtext
다. 〈집 없는 천사〉에서 배우 김신재가 분한, 의사가 되겠다는 고아
소녀 명자는 〈망루의 결사대〉에서는 경성에서 의대를 다니는 영숙
으로 이어진다. 영숙이 의대를 졸업해 '여의사'가 된다면 마을 여성

중 가장 상위계급을 차지하고 있는 다카즈 경부보의 아내 요시코^{하라}
세쓰코原節子 분의 자리를 넘게 되어, 민족적 위계ethnic hierarchy가 전복될 가
능성이 발생하는 것이다.[235]

　　일본영화에서는 보기 드문 활극 장르를 시도한 〈망루의 결사대〉
제작은 성공적이었다. "쇼와 10년경 선만 국경을 넘어 침입하는 비
적들과 싸우며 치안 유지에 힘쓰는 조선총독부 경찰관의 활약과 그
경찰 정신을 잘 표현했고, 아울러 기후적으로 곤란한 조건을 극복했
으며, 풍부한 지방색을 배경으로 관민이 일치하여 노력하는 상황을
다룬 점에서 추천할 만하다."라는 평가를 받으며 5회 문부성 추천영
화가 되었다.[236] 1943년에 제작된 영화 68편 중 흥행수입 29위를 차
지하는 등 '내지' 흥행에서도 좋은 성적을 기록했다.[237] 조선에서도
홍백 두 계통 동시상영으로 경성, 평양, 부산 세 도시를 합하여 관람
객 10만 2천 394명, 흥행수입 9만 7천 148원 7전이라는 좋은 성적
을 기록했다.[238]

문화영화 : '조선문화영화협회'와 '조선영화계발협회'

고^故 사이토^{齋藤} 총독은 반도문화를 보급하는 데 철저함을 기하면서 영화
를 이용하는 데 힘을 기울였고, 총독부 내에도 영화를 이용함에 있어 통일
을 도모해, 관방 문서과에서 이를 시행하게 되면서부터 조선의 영화문화운
동은 급전개를 보였으며, 총독부 각 부국部局 내는 물론이고 전 13도에 이
르기까지 비상한 발달을 보여 오늘날과 같이 영화를 이용하는 일들이 보
급되기에 이르렀다. 그 결과 13도 모두 영사반의 설비를 가지게 되었으며,
그 활동 범위는 여기저기 확대되고 있다. 그리고 현재 제작된 영화의 재고

가 679권 277,000여 미터에 이르는데, 쇼와 12년에는 경성부 직영의 영사회가 3,914회, 각 도는 무려 수천 회에 이르렀으며 그 보급 상황은 내지와 비교해도 손색이 없을 것이다.[239]

'문화영화'라는 어원은 일본이 독일 우파의 'Kulturfilm'을 번역한 것에서 기인한다. 1926년경 독일에서 일본으로 들어온 〈미와 힘으로의 길〉Wege zu Kraft und Schonheit, 1925이라는 영화에 '쿨투어 필름'이라는 명칭이 붙어 있었기 때문에 여기에서 직역한 단어가 생긴 것이다.[240] 이처럼 일본을 통해 수입된 '문화영화'라는 용어는 조선에서는 1934년 8월 7일 공포하고 9월 1일부터 시행한 총독부령 제82호 '활동사진영화취체규칙'에서 처음 그 개념을 드러낸다. "제6조 사회교화를 목적으로 하여 제작된 영화 또는 시사, 풍경, 학술, 산업 등에 관한 영화에서 조선 총독이 인정한 작품에 대해서는 앞 조 및 제8조 제2항의 규정을 적용하지 않는다."는 조항이 '문화영화'를 지시하는 것이다.[241]

식민지기 조선 영화계에서 '문화영화'라는 용어가 법제를 통해 구체화된 것은 1940년 1월 4일 조선총독부제령 제1호로 조선영화령이 공포된 이후이다. 구체적으로 언급하면, 조선영화령 시행규칙이 조선총독부령 제141호로 1942년 5월 11일 일부 개정 및 시행될 때 제37조가 전문 개정되면서이다. 이때부터 문화영화라는 명칭은 국책 선전영화로서의 분명한 성격을 부여받게 된다.

제37조 　① 영화법 제15조 제1항의 규정에 의하여 상영을 하게 하여야 하는 영화는 **조선총독이 인정한 문화영화** 및 시사영화로 한다.

② 전항의 문화영화라 함은 국민정신의 함양 또는 국민지능의 계몽과 배양에 도움을 주는 영화로서 극영화가 아닌 것을 말하며, 시사영화라 함은 시사를 촬영한 영화로서 국민에게 내외의 정세에 관하여 필수 지식을 얻게 하는 것을 말한다.

③ 영화 흥행자는 1회의 흥행에 대하여 제1항의 영화 각 1개 이상을 상영하여야 한다. 다만, 영화 흥행자가 영화법 제15조 제2항의 규정에 의하여 영화를 상영하는 경우 및 제16조 제1항의 추천을 받은 영화를 상영하는 경우에는 문화영화의 상영을 하지 아니할 수 있다.

④ 전항의 규정에 의하여 상영하여야 하는 문화영화의 길이는 250미터 미만일 수 없다.(※강조는 필자)

제국 일본과 식민지 조선에서 문화영화는 공히 문부대신과 조선총독의 '인정'으로 성립되었고, 그 실천 방법은 '강제 상영' 정책이었다. 일본 영화법·조선영화령 시행규칙에서 영화 흥행자는 한 번의 흥행마다 인정을 받은 문화영화, 시사영화 각 한 편 이상을 상영해야 했기 때문이다. 문화영화의 강제 상영 조항은 전시 상황에서 일본과 조선의 영화 제작사들에게 산업적 기회가 되었을 것이다. 1939년 일본 영화법 제정을 전후로 조선에서도 문화영화를 제작하려는 기획이 여러 곳에서 진행되었는데, 대표적으로 '조선문화영화협회'를 통해 조선 문화영화 제작의 구체상을 파악하는 것이 가능하다. 이 협회는 1939년 5월 조선총독부 관방문서과 촉탁囑託이었던 쓰무라 이사무津村勇가 대표로, 야마나가 유山中裕와 이익李翼 등 제조선 일본인과 조선 영화인들이 참가해 설립된 것이다.

조선문화영화협회는 "국민정신총동원하의 비상시국에 대응하여 내선일체의 정신, 반도문화의 진수를 영화로" 알리겠다며 "조선의 산업 및 흥업 개발영화, 교육문화관람영화의 제작 및 판매"를 사업 영역으로 내세웠다.[242] 1939년 창립기념작으로 〈국기 아래 나는 죽으리〉國旗の下に我死なん와 수산조합 선전영화 〈바다의 빛〉海の光을 제작했다. 두 작품 다 조선총독부가 지도·후원했고 전창태田倉太가 연출을 맡았으며, '조선어 전발성 국어(일본어 자막)판'으로 제작되었다. 이어 같은 해 〈산촌의 여명〉山村の黎明을 제작했고, 1941년 말부터 『경성일보』와 제휴해 〈조선뉴스〉를 월 2회 제작, 배급했다. 1942년 9월 조선영화제작주식회사가 설립되면서 해소되었고, 제작소는 조선문화영화협회의 가옥(경성부 광희정)을 증축해 자리를 잡았다.[243]

이동영사반이 멀리 떨어진 벽지의 촌락을 방문하면 2리 3리나 떨어진 부락에서부터 조선의 많은 아녀자들이 아기를 업고 도시락을 지참하여 도보로 오는데, 추운 겨울에도 화기가 적은 회장에서 마지막까지 영화 속으로 빨려 들어갈 듯이 열심히 보고 있다. 영화가 끝나고 나서 또 도보로 수 리 길을 돌아가는데, 이런 장면을 보면 '역시 영화밖에 없다'는 생각을 절실하게 하게 된다. 이런 힘을 지닌 영화가 과거에 그 스스로가 지니고 있는 중대한 사명을 과연 잘 사용해왔는지 반문해보면 유감스럽게도 조선의 영화는 제작, 배급, 상영의 각 부분에서 아직 만족스럽지 못한 점이 많았는데, 대동아전쟁은 조선의 영화계에도 결정적인 방향전환을 가져왔고, 작년 이후 시국에 호응하는 신체제를 조금씩 만들어가는 중이다.[244]

인용문은 1943년 시점 조선총독부 경무국 도서과장 모리 히로시森浩의 발언이다. 계발·선전을 목적으로 한 문화영화의 보급책 즉 순회영사 시스템은 조선총독부의 사업 내용을 확인할 필요가 있다. 1920년에 설치된 총독부 문서과 영화반의 대표적인 사업이 농촌 벽지의 순회영사였는데,[245] 이 기능이 1941년 4월 문서과 소속의 '조선영화계발협회' 설립으로 본격화되었다. 이 협회는 7월부터 전 조선을 4개 블록으로 나눠 순회영사용 필름을 배급했다.[246] 1942년 12월 사단법인 조직으로 선환, 총독부 관방정보과 내에 설치된 조선영화계발협회는 "① 영화 구입·차여借與 및 대부貸付 ② 영화 제작 알선 ③ 출장영화 및 순회영화 알선 ④ 각본 모집 및 연구, 강연회, 강습회 개최 ⑤ 영사기술자 양성" 등을 사업 범위로 삼고 영화를 통한 계발·선전을 통해 총독부 시정 방침 전달을 목적으로 삼았다. 회장으로 총독부 관방정보과장을 두고 정보과장 및 각 도道 대표를 제1종 회원으로, 각 도 이외의 가입 관청 대표자, 공공단체 또는 이에 준하는 단체를 제2종 회원으로 하여 조선 전역에 배급망을 확보한 것이 주목할 만한 부분이다.[247]

한편 1941년 12월 사단법인 조선영화배급사 내에 이동영사반이 발족했다. 조선 각 도에 한 반씩 도합 13개 반의 이동영사반을 조직해 영화 상설관이 없는 지방 특히 "농산어촌, 광산, 공장 등의 노무자 등에 총후寵厚의 건전 오락을 공급"하는 것을 목적으로 했다. '조선영화배급사'의 조성금을 사용해 입장료를 받지 않는 무료 영사였고, 매월 프로그램을 갱신했다.[248] 1944년 7월 1일부터는 사단법인 조선영화사 직속의 이동영사반도 조선영화계발협회로 통합되어 새롭게 발족되었다.[249]

최인규의 〈수업료〉와 〈집 없는 천사〉가 말해주는 것들

우리들이 명랑하고 밝은 영화를 많이 만들려고 해도 한편으로는 이 소재의 제한에 구애되어 손을 댈 수 없는 경우도 있으니, 이런 점을 아무쪼록 완화해주셨으면 좋겠어요. 지금과 같은 어둡고 힘든 법령이 아니라 좀 더 영화에 적합한 것을 말이에요. 명랑한 영화를 만들고 싶어요. 그렇게 되면 자연스럽게 밝은 영화도 만들 수 있을 거라고 생각해요.[250]

최인규는 1911년 평안북도 영변에서 태어났다. 당시 중국 국경과 접해 있던 평안북도나 함경북도는 신문물이 빨리 흡수되어 문학 예술계의 걸출한 모던보이들을 배출한 지역이었고, 이는 영화인들도 예외가 아니었다. 대표적으로 평안북도 의주 출신의 홍순언洪淳彦, 동양극장 설립자이 있고, 함경북도 회령 출신으로는 무성영화의 스타 나운규를 비롯해 이창용, 전창근, 신상옥 등이 있다. 어린 시절 최인규는 작문, 그림에 두각을 나타냈다고 전해지고, 영사기 등 기계에도 관심이 많았다고 한다. 평양고보平壤高普를 다니다 15세 되던 해 고향으로 돌아와 자동차 운전을 배웠고, 일본 오사카로 건너가 운전 조수 생활을 하며 교토의 영화촬영소 입사를 노렸으나 뜻대로 되지 않았다고 한다. 한편 도쿄배우학교를 졸업했다는 기록도 있다.[251] 1933년 경 조선으로 돌아와 형 최완규가 상무로 있던 신의주 신연상회新延商會 자동차부 부장으로 근무했고, 이즈음 회사의 타이피스트였던 김신재와 결혼했다. 영화에 대한 꿈을 실현하기 시작한 것은 1935년 신의주에서 형과 함께 고려영화사를 만들면서부터다. 외국영화 전문 상영관인 신의주 신극장新劇場을 고려영화사 직영 상설관으로 만들고

흥행, 배급뿐만 아니라 영화 제작도 모색했다.[252]

최인규의 본격적인 제작 경험은 〈심청〉안석영, 1937에서 이루어졌다. 조선영화 기술자 1세대인 이필우의 녹음부 조수로 참가했고, 부인 김신재도 이 영화를 통해 처음 배우로 출연, 이후 식민지 조선의 스타가 된다. 이어 직접 제작한 〈도생록〉윤봉춘, 1938에서 녹음기사로 데뷔했던 그는 1939년 〈국경〉으로 감독 데뷔한다. 줄리앙 뒤비비에 Julien Duvivier의 〈망향〉Pepe le Moko, 1937을 머릿속에서 복기해 국경의 압록강 지역에 대입한 액션영화로,[253] 첫 작품부터 그의 영화적cinematic 능력을 주목받았다.

그의 두 번째 작품인 〈수업료〉와 세 번째 작품인 〈집 없는 천사〉는 이창용의 '고영'이 제작했다. 이창용은 1930년대 후반 일제 당국과 적극적으로 교섭하며 조선영화의 생존을 모색했던 인물이다. 그리고 최인규는 고려영화의 창립작이었던 〈복지만리〉1941의 감독 전창근과 함께 제국 일본의 영화시장을 염두에 둔 소재로 영화를 만드는 실천 주체였다. 〈수업료〉의 원작은 조선총독부 기관지 『경성일보』의 소학생 대상 신문인 『경일소학생신문』京日小學生新聞 공모에서 조선총독부 학무국장상學務局長賞을 받은 광주 북정공립심상소학교北町公立尋常小學校 4학년 우수영禹壽榮 어린이의 작문이다. 이창용은 시나리오를 일본 영화계의 중견인 야기 야스타로八木保太郎에게 맡겼고, 이를 바탕으로 최인규의 촬영 대본과 연출을 통해 영화가 완성되었다.[254] 〈집 없는 천사〉는 경성의 부랑소년들을 모아 함께 생활한 향린원香隣園 방수원方洙源 목사의 실화를 바탕으로 했다. 조선총독부 경무국 도서과 촉탁이었던 니시기 보토사나西龜元貞가 방목사의 수기를 각색해 시나리오를 썼고, 〈수업료〉와 마찬가지로 최인규의 연출을 거치며

영화 〈국경〉
촬영 현장.

〈국경〉 촬영 현장,
왼쪽에서 두 번째가
감독 최인규, 오른쪽에서
두 번째가 배우 김소영.

영화는 원작 시나리오와 미묘한 차이를 나타내게 된다.

해방 후 최인규는 「〈국경〉에서 〈독립전야〉에 ─ 10여 년의 나의 영화 자서自敍」라는 글을 통해 〈수업료〉와 〈집 없는 천사〉의 연출이 각각 "일제 폭정의 일편一片으로 나 어리고 천진무구한 우리 소국민小國民(아동 ─ 필자 주)에게 수업료 징수라는 혹독한 처사를 과한 사실을 일부의 뜻있는 일본 내에 사는 사람들에게 호소하려는 의도"와 "무엇으로 인하여 조선의 가로에만 기지가 낭자하여야 하는가? 이것을 영화를 통하여 다시금 일본의 위정자에게 항의하려 함이 나의 진의도"였다고 밝힌 바 있다.[255] 해방 후 그의 발언을 신뢰하기는 결코 쉽지 않다. 특히 글의 서두에 인용한, 1941년 6월 시점 최인규가 고려영화 제작부장 직책으로 좌담회에 참가해 군관 당국을 향해 발언한 내용을 보면 더욱 그렇다. 영화를 만들려는 욕망이 더 컸던 나약한 식민지 예술가의 모습이 더 크게 보이는 것이다. 확실한 것은 영화화된 〈수업료〉와 〈집 없는 천사〉에는 그것이 최인규의 의도였던, 시나리오가 영화화되는 과정에서 의도치 않게 발생한 균열에 의한 것이었든, '반일적 효과'의 해석이 가능해지는 지점이 감지된다는 것이다. 결과적으로 〈수업료〉에는 반드시 수업료를 내고 학교에 가야 한다는 국책적 프로파간다의 의미보다는 식민지 조선에서 가난으로 인해 수업료를 내지 못하는 어린 소학교 학생의 상황이 부각되고 있고, 〈집 없는 천사〉는 영화 마지막의 황국신민서사 제창 신에도 불구하고 계몽의 주체가 극중 기독교의 목사이자 식민지인 방성빈方聖貧, 김일해 분이라는 점이 지워지지 않았다.

실제로 두 영화는 조선 개봉 때와는 달리 일본 '내지'에서 상당한 수난을 겪었다. 〈수업료〉의 경우 조선에서는 검열에 무난히 통

〈집 없는 천사〉
촬영 현장에서
카메라를 보며 앉은 이가
최인규.

〈수업료〉 영화 스틸.
흥미롭게도 교실 전면 상단
에 일장기가 걸려 있지 않고
오히려 프레임 위쪽에 만국
기가 걸려 있다. 한편 왼쪽에
는 한반도 지도가 걸려 있다.

〈집 없는 천사〉 포스터. "문부성 추천 최초의 반도영화"라는 문구로 보아 실제 일본 개봉 때는 사용하지 못했을 것으로 보인다.

과했고 흥행에도 성공했지만, 도와상사가 추진한 일본 '내지' 개봉은 1년 이상 타진되다 결국 이루어지지 못했다. 〈집 없는 천사〉의 경우 조선군 보도부의 추천을 거쳐 조선영화 최초로 일본 문부성의 추천을 받았지만 개봉 직전 내무성의 재검열을 받고 문부성의 추천도 취소되었다. 결국 218미터(8분가량)가 잘린 개정판으로 개봉되었지만 흥행은 참패했다. 결론적으로 두 작품은 제국 일본의 영화로 인정받지 못한 것이다.

최인규에게도 어떤 면에서 대중을 겨냥한 듯한 작풍이 있으므로 종합해서 통속적이고 대중적인 가치가 더해진 것이 결점이라고 할 수 있지만, 전체적으로 그 무엇도 구애받지 않는 시정詩情이 흐르고 있다는 것은 부인할 수 없다. 특히 전반부에 나팔을 불면서 교외로 아동들이 이사하는 장면, 원생들이 그 집단 내에서 생활하는 모습 등은 아마추어 아동들을 출연시킨 것만큼 틀에 박히지 않은 유연함이 있으며, 프랑스영화가 가지고 있는 고급스러운 부드러움조차 표현해내고 있다고 할 수 있다. 물론 그 아동들을 다루는 방식과 묘사가 뛰어났다는 점이 이를 뒷받침해주고 있을 것이다.[256]

이는 식민지 조선에서 영화평론 활동을 한 미즈이 레이코水#れいご가 조신영화 제작계에 대한 글을 남기며 최인규와 〈집 없는 천사〉를 평한 부분이다. "조금 무거운 전체 구성 속에서 작자의 재능이 도

처에서 빛나고 있는 것을 간과할 수 없다."[257]는 언급처럼 최인규는 일본의 평론가들로부터 조선의 대표 감독으로 인정받았고, 현존하는 〈수업료〉, 〈집 없는 천사〉 두 작품에서도 그의 영화적 재능과 야심을 확인할 수 있다.

1942년 9월 29일 조선영화 제작계는 단 하나의 국책영화사인 조선영화제작주식회사로 통합되었다. 일제 말기 최인규는 이 국책영화사에 입사해 일본 제국주의 논리를 옹호하고 선전하는 군국주의 국책영화 감독으로 영화 작업을 이어나간다. 원래 고려영화의 기획이었던 〈망루의 결사대〉이마이 다다시, 1943에 기획, 연출보좌로 참여한 것을 시작으로 〈태양의 아이들〉太陽の子供たち, 1944, 〈사랑과 맹세〉愛と誓ひ, 1945를 연출했다. 해방 이후 그는 협력 행적의 면죄부적 성격을 띤다고 할 〈자유만세〉1946, 〈죄 없는 죄인〉1948, 〈독립전야〉1948 등 이른바 '광복 3부작'을 만들었고, 미공보원 제작의 〈국민투표〉1948, 〈장추화무용〉1948, 〈희망의 마을〉1948 등 3편의 문화영화를 연출하기도 했다. 1950년 한국전쟁 당시 납북되었고 이후의 정확한 행적은 잘 알려지지 않았다. 마지막으로 그가 한국영화계에 남긴 것은 그의 도제였던 1950년대의 대표 감독들 홍성기, 정창화 그리고 신상옥이었다. 최인규는 식민지 조선영화 장에서도 한국영화사 전체를 관통해서도 가장 중요한 감독이자 문제적 인물이었다.

4 국책영화라는 장場

내지의 영화임전체제映畫臨戰體制에 호응하여 조선, 대만의 임전체제도 착착 준비가 진행되고 있음은 이미 보도한 대로이다. 특히 조선은 이번 문제 발발과 동시에 우선 제작 부문의 통제에 착수, 지금까지 10사 이상에 이르는 제작회사를 한 회사로 통합하고 자본금 300만 원의 신회사를 설립, 극영화 연 6편, 문화영화 연 6편, 시사영화 연 12편을 제작한다는 안이 정리되었다. 또한 배급 통제에 대해서는, 정보국으로서는 내지에 배급 기관이 생기면 조선에 이 지사를 설립한다는 방침인데, 이에 대해 조선 측은 독자적 배급 기관 설립을 희망하여 앞에서 말한 이후 총독부 관계관, 업자 대표들이 상경해서(도쿄로 와서-필자 주) 정보국 그 외 관계자들과의 절충을 행하고 있다. 결국 이상의 제 문제로 의견은 일치하지 않은 채, 다시 조선 측에 구체적 안을 제출하게 하고 물러났지만, 아직 결정까지는 수차례의 절충을 필요로 할 것이다.[258]

조선영화는 일제의 영화국책을 또 한 번의 기회로 판단한 것 같다. 기존처럼 자유경쟁 방식의 민간 영화 제작이 아니라 단 하나의 제작회사로 통합되어야 하는 전시체제 상황에서, 당국으로부터 그 한 회사로 선택받아 독점적으로 영화를 만드는 것이었다. 당시 총독부가 인정한 10개사로 정리된 조선 영화계는 이러한 전시체제 논리를 받아들이고 제각기 자사가 중심이 되기 위해 경쟁을 벌인 "암중모색시대"[259]를 이어갔다. 그들은 오직 영화를 계속 만들기 위해서 국책영화의 장으로 스스로 걸어 들어간 것이다. 바로 조선영화가 선택한 전시체제였다.

'내지'의 극영화 부문이 1942년 1월 27일 쇼치쿠, 도호, 다이에이ㅊ映라는 3사 체제로 재편되었고, 같은 해 9월 29일 조선 유일의 제작회사이자 일본 제4 제작회사인 '조선영화제작주식회사'가 설립되었다. '내지'의 세 제작사의 경우, 내각정보국 지시로 기존 민간 기업이 국책영화사로 탈바꿈한 것이었고, 조선영화제작주식회사의 경우 조선총독부가 주도하여 조선의 민간 영화 제작사들을 하나로 통합한 경우였다. 조선영화제작주식회사의 국책영화는 극영화, 문화영화, 뉴스영화 부문에서 각각 제작되었다. 일제는 영화 매체가 가지는 사명을 '계발 선전'뿐만 아니라 중요한 '국민 오락'의 영역으로 주목했는데, 조선영화제작주식회사의 첫 극영화 작업이 징병제 실시 기념 영화인 〈젊은 모습〉若き姿과 순오락편純娛樂篇, 순수 오락영화을 지향한 〈조선해협〉 두 편으로 착수된 것은 분명 흥미로운 대목이다. 창립작인 전자는 '내지'의 영화 제작 3사가 가세해서 조선과 일본을 오가며 만든 영화였고, 2회작인 후자는 조선인 스태프만으로 조선인 관객들을 염두에 두고 조선에서 만든 작품이었다. 그리고 이 두 방향의 국책영화는 일본의 국책영화잡지 『영화순보』가 1943년 7월 11일 발간한 '조선영화특집호'를 구성할 때 조선영화 신작으로 비중 있게 소개되었다.

주목해볼 부분은 국책 선전영화이지만 오락성도 포함시켜야 했다는 것, 또 오락영화를 지향하더라도 국책성이 강하게 투영되지 않으면 안 되었던 사정일 것이다. 다시 말해 국책 프로파간다를 지향하면서도 조선 관객들이 돈을 내고 입장권을 구입해 영화관에 들어오도록 대중성을 확보해야 했다. 도요타 시로가 연출한 〈젊은 모습〉

은 문예봉, 독은기, 김령 등의 조선인 배우가 일본 영화배우들과 함께 출연했는데, 특히 연극무대의 스타 황철이 출연해 주목받았다. 영화의 시작과 끝에 각각 중학교 생도들의 교련 수업과 스키 훈련 과정을 제시하며, 곧 실시될 징병제로 이들이 진짜 군인으로 거듭날 것을 선전하는 이 영화에서, 황철이 일본 정신을 강조하는 반도 출신의 마쓰다 선생으로 등장한 것은 분명 프로파간다로서의 설득력을 높이는 데 일조했을 터이다. 한편 오락영화를 표방한 〈조선해협〉은 당연히 국책성을 띠어야 했다. 일본 신파영화 〈농중조〉籠中鳥, 마쓰모토 에이이치松本英一, 1924의 각본을 쓰기도 한 쓰쿠다 준佃順, 쓰쿠다 치아키佃血秋에서 개명이 시나리오를 담당하고, 〈무정〉1939으로 조선영화 멜로드라마의 새로운 수준을 연출해 보인 박기채가 감독을 맡은 〈조선해협〉은 문예봉, 김신재, 김소영, 김령, 홍청자 등 조선의 신구세대 스타 여배우들을 모두 내세우며 대중적 화법을 견지한다. 특히 좋은 가문의 남자와 사랑에 빠져 집안의 반대로 결혼하지 못하고 동거하다 그가 집을 나가 지원병으로 출전하자 총후銃後의 산업 여전사로 거듭나고, 또 병을 얻어 죽게 되는 긴슈쿠銀淑 역의 문예봉은 국책 멜로드라마에 필요한 여주인공으로 손색이 없었다. 총후의 은막에 비친 문예봉의 모습을 과연 조선 관객들은 프로파간다로만 받아들였을까? 스타 여배우가 발신하는 제국의 전쟁 선전은 매우 효율적이었겠지만, 조선 관객들이 감지하는 스크린의 매력은 그렇게 단순하게 작동하지만은 않았을 것이다.

조선영화의 마지막 모색

내지의 영화신체제 발족은 우리 조선 영화계에 대해 깊은 충격을 주었고, 반도영화는 특히 존망의 위급한 기로에 서 있다. 우리들 영화 제작자들이 불태우는 애국의 정열과 영화보국映畵報國은 결코 내지 업자들에게 뒤처지지 않는다는 신념이 있다. 이에 과거의 모든 사정을 초월하여 반도영화가 전쟁에 임하는 대동단결을 행한다는 결의에 모두 일치하였다. 바야흐로 당국으로부터 내지 영화계의 정세에 순응하여 반도 영화계의 장래에 관한 지시를 해주기를 바라는 바이다. 우리들은 이렇게 생각하여 여기에 전 업자들을 모아 하나의 제작회사를 설립하고 당국의 지도에 의해 전시하 영화에 의한 국책 수행에 최선의 노력을 기울이려고 한다. **우리들은 처음부터 조선의 총독 정치의 최고 방침으로 조선 독자적 입장에 의한 국책영화 제작에 전념할 각오를 하고, 당국에서 이에 관한 지도 및 회사 운영에 관한 적극적 지도를 해주기를 바라게 되었다.**[260] (※강조는 필자)

1940년 12월 식민 당국의 기획대로 단 하나의 국책영화 제작사로 통합하기 위해 조선 영화계의 10개사가 가담한 '조선영화제작자협회'가 설립되었지만 합동운동은 지지부진한 상태였다. 표면적으로는 협회 이름으로 합동을 결의한 것이었지만, 업자들 중에서는 새로운 자본주들과 결합하는 등 자력으로 제작 기구를 완비해 자사가 하나의 국책회사로 승인받도록 물밑으로 타진했다. 다카시마 긴지가 "각사의 암중모색시대"라고 부른 1941년 8월까지의 국면인 것이다. 회사들은 당국, 자본, 민족 등의 여러 변수로 복잡한 양상을 연출하며, 제각기 자사를 중심으로 장래를 계획했다. 다카시마 긴지의 기록에 의하면 ① 경성상업회의소 부회장인 다나카 사부로田中三郎가 두세 명의 유력 인사와 함께 조선영화통제주식회사 창립 신청서를 제출, ② 신의주의 유력 인사 다다 에이키치多田榮吉를 중심으로 한 대＊영화회사 창립 계획, ③ 조선문화영화협회의 쓰무라 이사무가 계획한 조선영화흥업주식회사 창립 서류 제출, ④ 히로카와 소요이창용의 고려영화협회가 한상룡韓相龍과 박흥식朴興植 등과 함께 창립 계획 제출, ⑤ 야나무라 기치조梁村奇智城의 경성영화제작소 법인화 안, ⑥ 유일한 주식 조직인 최남주崔南周의 조선영화주식회사에 장선영張善永 출자 참가, ⑦ 최남주의 조선영화주식회사와 쓰무라 이사무의 조선문화영화협회 합동책, ⑧ 조선문화영화협회를 중심으로 한 일본인 제작사만의 합동책 등 여러 갈래의 움직임이 있었다.261

이창용은 1942년 2월 시점『영화순보』에「쇼와 16년도 조선영화」라는 1941년의 총평을 남기며 '조선영화제작협회설립위원회'262 의 취의서趣意書를 인용문처럼 소개한다. 1941년 9월 11일 조선영화제작자협회 회원인 10개 회사는 조선영화제작협회설립위원회에 다시 소속됨과 동시에 모두 해산되었다.263 1942년 3월 조선총독부는 기존 영화인들을 배제하고 유력한 후보가 아니었던 경성상공회의소 부회장 다나카 사부로田中三郎를 통제회사 설립 책임자로 위촉하여 회사 설립을 추진, 9월 29일 조선영화제작주식회사가 발족된다. 표면적으로 10개 회사가 하나로 통합되어 새 회사로 연장된 것이지만 그 과정이 매끄러울 수 없었고, 당국의 매수 가격에 만족한 제작사는 단 한 회사도 없었다. 그러나 시간의 문제였을 뿐 결국 제작사들은 모두 승낙서에 날인한다. 특히 히로카와 소요와 출자자 오더섭吳德燮 의 고려영화협회는 "매수 가격에는 불만이라 승낙할 수 없지만 영화

조선영화제작주식회사 제작진.
뒷줄 왼쪽부터 촬영기사 양세웅, 제작 파트 이재명, 감독 박기채, 배우 김소영, 감독 안석영, 한 사람 건너서 배우 서월영 그리고 앞줄 가장 오른쪽이 배우 남승민이다.

통제의 정신과 신회사 창립에 협력"한다며 당국의 예상을 뒤엎고 기계를 무상으로 제공하기도 했다.[264]

　　1940년 '조선영화령'으로 출발한 식민지 조선의 영화 통제는 조선 내 영화 제작사와 배급사를 단 하나의 회사로 강제 통폐합하는 작업을 단계적으로 밟아 1942년 5월 1일 사단법인 조선영화배급사가, 9월 29일 조선영화제작주식회사가 발족하는 것으로 완성되었다. 다나카 사부로가 두 회사 모두 사장을 맡았다. 국책영화사 설립이후 조선의 영화사들은 자동으로 동록이 취소되었고 조선 영화인들은 대부분 조선영화제작주식회사에 입사함으로써 일제의 전시통제체제에 완전히 흡수되었다. 그리고 1944년 4월 7일 조선영화제작주식회사가 다시 조선영화배급사에 흡수되어 사단법인 조선영화사로 재편되었다.

　　'조선영화제작주식회사'에 가담한 조선 영화인들을 살펴보면 다음과 같다. 촬영소장(상무)은 닛카쓰 다마가와^{多摩川}촬영소의 제작부장 출신인 나카다 하루야스^{中田晴康}였다. 1942년 10월 20일, 21일 발령에서 총무 다카시마 긴지, 선전과장 김정혁, 경리과 주임 후쿠다 히데오^{福田秀夫}, 제3제작과장(시사영화) 가와스미 이쓰오^{河済逸男}, 연출과 주임 안석영, 촬영과 주임 양세웅, 기술주임 구보 요시오^{久保義雄}, 이상이 조선 영화인의 천거였고, 제1제작과장(극영화) 가쓰우라 센타로^{勝浦仙太郎}, 제2제작과장(문화영화) 이와이 가네오^{岩井金男}, 서무과장 핫토리 게이에이^{服部恵英}는 나카다 상무의 천거로 도쿄 영화계에서 참가했다.[265] 한편 설립 직전인 8월경의 기사에 따르면, 새로 고문제^{顧問制}를 도입해 "이창용^{구 고영}, 요코다 다쓰유키^{横田達之, 다이에이大映}, 다구치 사토시^{田口哲, 다이에이}의 세 명"을 결정했다[266]고 하지만, 최종 직제에는 포함되지 않은 것으로 보인다.

1943년 10월 10일 기준으로, 각 부문의 사원까지 정리하면 다음과 같다. 기술과장 및 촬영과장에 이재명^{구 조영 제작부장}, 기술과 사원에 양주남, 무라카미 겐^{村上建, 김성춘의 창씨명} 등이, 촬영과 사원에 세토 아키라^{瀬戸明, 이명우}, 가나이 세이이치^{金井成一, 김학성}, 양세웅, 고노 운조^{河野雲造, 황운조} 등이, 연출과 사원에 야스다 사카에^{安田榮, 안석영}, 이병일, 서광제, 박기채, 방한준, 최인규^{1943년 6월 신입사} 등이 있다.[267] 조선영화의 '특수 사정'으로 설립된 단 하나의 국책영화사에서 조선 영화인들의 영화 제작은 계속되었다.

'조선영화'라는 특수성

조선영화제작주식회사가 생겼는데, 이는 결국 조선의 특수 사정에서 만들어졌다고 생각합니다. 한편 내선일체內鮮—體를 강하게 부르짖을 때 조선의 특수 사정을 이야기하는 것은 여기에 어떤 모순이 있는 것처럼 생각할 수도 있지만, 차분히 검토해보면 그런 전개 방식이 지극히 자연적입니다. 이 회사가 생기기 전까지 종래의 조선영화는 이른바 매우 자유주의적인 조선영화였으며 대체적으로 신체제와는 동떨어진 영화가 많이 제작되었는데, 그래서는 안 됩니다. (중략) 그러므로 내선일체의 이념과 조선의 특수 사정이라는 것은 부모와 자식 간의 관계이며 형제간의 관계이고, 서로 밀접하게 연결되어 있어서 떼어놓을 수 없는 관계라고 생각하고 싶습니다.[268]

1930년대 중후반 〈나그네/다비지〉旅路, 1937의 일본 '내지' 개봉 성공으로 뚜렷해진 조선영화에 대한 '향토성' 혹은 '로컬 컬러'라는 담론은 〈어화〉1938, 〈한강〉1938 등이 '내지' 관객들의 관심을 받는 데 실패하며 '반도영화'의 유효한 전략으로 이어지지 못했다. 이에 일본의 영화 평론가들은 '지방색'의 전시 즉 이그조티시즘exoticism에서 벗어나, 조선의 신문에 등장한 실제 사건을 영화화한 〈수업료〉1940, 〈집 없는 천사〉1941의 기획에 흥미를 보인다. 전자는 『경일소학생신문』에 실린 소학교 4학년 학생 우수영禹壽榮의 작문이고, 후자는 방수원 목사가 부랑아 교화사업을 위해 경성부 홍제외리에 설립한 향린원의 실화이다.

이처럼 일본 영화계가 호명하고 조선 영화계가 응답한 조선영화의 특수성은 '향토영화', '농촌영화'라는 장르를 취해 조선의 로컬성과 풍속을 강조하는 방식에서, 〈수업료〉와 〈집 없는 천사〉의 사례처럼 조선의 언어, 풍속, 습관 등을 버리고 어떻게 '내선일체'의 이념과 만날 것인가의 문제로 전환된다. 결과적으로 두 영화는 바로 그 문제 때문에 제국 일본의 영화로 받아들여지지 못했지만, 결국 이로 인해 조선영화 텍스트의 특수한 성격을 입증하는 근거가 된 측면도 있다.

조선영화가 일본영화로 편입되지 않고 조선이라는 구분된 영역에서 제작되어야 한다는 논의가 등장한 것은 '영화신체제'로 대표되는 전시 통합 국면에서다. 조선총독부 정보과 영화 검열실의 시미즈 쇼조淸水正蔵는 1942년 9월 조선영화제작주식회사가 설립된 경위를 설명하며, 상기 인용문처럼 조선영화의 특수 사정을 언급하고 있다. 그의 표현처럼 "내선일체의 이념과 조선의 특수 사정"이라는 것이 양립할 수 있는 것인가? 이 질문에 답하기 위해서는 식민지 조선에 하나의 국책영화 제작사를 남기기로 결정하기까지의 정황을 살펴볼 필요가 있다.

정보국, 내무성 등 당국의 분위기는 제작 자재를 일본에 의존하는 관계로 "더 이상 조선에서 영화를 만들지 않아도 괜찮다."는 '조선영화 무용론'의 분위기가 지배적이었지만,[269] 조선총독부는 "지금도 내지와 비교하면 예술, 문화, 경제의 각 부분에서 많은 차이가 있으며, 민중 일반의 지식 정도도 내지의 그것과는 현저한 차이가 있다. 그 외에 언어, 풍속, 종교 등이 다르므로 내지영화를 그대로 적용하는 것만으로는 여러 가지 모순이 생겨난다."며 조선영화제작주식회사의 설립을 추진한다.[270]

조선 영화계에서 조선영화가 존재해야 하는 이유에 대한 항변 즉 "조선영화의 특수성"과 관련된 일제 말기의 담론은 『영화순보』 1943년 7월 11일호(조선영화특집호)에 실린 군관민이 모두 참가한 좌담회[271]에서 구체적인 정황을 살펴볼 수 있다. "지금까지 조선에서 영화 제작이나 배급이 진행되지 않아 이번에 새로 만든 것이 아니며, 이를 위해서 특히 내지 분의 필름을 줄여서 나누어 받은 것도 아닌, 이전부터 자연적으로 발생했고 자연적으로 존립해온 것을 시대에 맞춰 국정에 준하여 그 존재 방식을 바꾼 것뿐"[272]이라는 조선영화제작주식회사의 상무 나카다 하루야스의 말처럼, 일제 당국의 입장에서도 조선영화라는 존재감은 역사적으로 인정되는 것이었다. 그렇다면 왜 그들은 식민지 조선에 조선영화라는 제작 영역을 남겨야 한다고 생각했을까? 〈그대와 나〉1941의 제작을 지휘한 조선군 보도부 촉탁 다카이 구니히코高井邦彦는 다음과 같이 말한다.

대중의 가슴속 심금을 울리는 영화가 아니면 그 영화는 의미가 없습니다. 조선인의 가슴속 심금을 울리는 영화는 다른 곳에서 와서 형태만 정비한 것으로는 그런 영화는 만들 수 없습니다. 결국 조선에서 기획되고 조선에서 작업에 관련하는 사람들이 영화를 만듦으로써 비로소 그런 영화가 만들어진다고 알고 있습니다.[273]

　조선영화의 특수성은 제작뿐만 아니라 배급의 문제 즉 상영 환경의 차원으로도 거론된다. 이창용 즉 히로카와 소요廣川創用는 조선영화계의 배급과 제작은 자본과 기술의 차원에서 구분되어왔다고 강조한다. 즉 그의 말처럼 조선 내 배급업은 '내지'의 자본력 위주로 이루어져왔고, 제작업은 주로 조선 내의 기술자가 조선 내의 자본가와 협력해서 제작해왔기 때문이다.[274] 당국이 조선 국책영화사의 모델을 제작과 배급을 같이 하는 '만주영화협회'로 상정했다가, 제작과 배급을 분리하는 것으로 가닥을 잡은 이유이기도 하다.

조선총독부 정보과장 도모토 도시오堂本敏雄가 "내지에서는 영화 이외에 여러 가지 것들이 있지만 내지에 비해서 여러 가지 점에서 뒤쳐져 있는 조선에서야말로 이 영화의 사명이 특히 중대하며 효과가 있는 것"[275]이라고 말한 것처럼, 이제 조선영화는 내선일체의 이념을 견지하는 방향성에서 존재해야 했다. 그러나 조선영화배급사 상무이사 오카다 준이치岡田順一의 언급처럼 "영화를 보고 보여주는 대상의 대부분이 반도 대중이라는 것"이 현실적인 문제였다.[276]

대동아 결전하, 영화 또한 싸우고 있다. 당연히 말 그대로이다. 조선에서도 영화는 보도에, 계발에, 교화에 국가적 사명을 수행하고 있다. 전시체제하에서 모든 힘이 조금도 헛되지 않게 승리를 위해 결집되어야 할 때에도, 그 한편에서 건전한 오락은 내일에 대한 활동력을 배양한다는 의미에서 보면 반드시 필요하다. 그런데 특히 조선에서는 오락기관이 적어 영화가 흡수하는 관중의 수는 1년 동안에 2,000명을 넘는데, 반도의 2,400만 민중은 1년에 한 번은 영화를 보는 셈이다. 따라서 영화가 가지는 영향력, 지도력은 다른 무엇보다도 우수하다고 해야 하며, 영화의 중요성은 내지에서 지니는 그것보다도 실질적으로는 몇 배라고 할 수 있는 것이다.[277]

조선의 인적 구성은 2천 400만의 조선인, 70만의 내지인이므로, '내지'에서 만든 영화를 그대로 가지고 오는 게 효과가 있는가라는 의문에 봉착했던 것이다.[278] 상영 환경과 조선의 영화 관람 열기도 변수였다. '내지'의 영화 상설관이 2천 400개 관 정도인 데 비해 조선은 160개 관 정도 수준이었다. 이에 반해 '내지'의 1관 당 인구는 평균 3만 2~3천 명 수준이고, 조선의 1관 당 인구는 평균 14만 8

〈조선해협〉촬영 현장.
가장 왼쪽이 감독 박기채,
오른쪽에서 두 번째가
배우 문예봉.

〈조선해협〉에 출연한
조선영화의 스타
문예봉과 김신재.

천 818명이라는 것은 실로 놀라운 기록이었다. 조선 13개 도 중 흥
행장이 최고로 많이 분포한 곳은 경기도인데, 25개 극장이 있었으
며 1관 당 인구는 11만 7천 607명인 상태였고, 가장 희박한 곳이 충
청북도로 영화관이 3관, 1관 당 인구는 30만 3천 891명 수준이었다.
조선영화배급사 업무부장 아사하라 류조淺原隆三의 표현을 그대로 빌
리자면 "내지인이 들으면 깜짝 놀랄 만한 실정"이었던 것이다.[279]

결론적으로 조선영화는 "조선 통치를 영화에 반영하여 문화적
으로 이를 잘 지도 조성해가는 것"[280]을 통해 내선일체까지의 과도기
적 상황을 책임지는 기능이 요구되었다. 경성제대 교수 가라시마 다
케시辛島驍의 "조선총독부의 필요가 조선영화제작회사의 필요를 뒷받
침하고 생각해주면 좋겠습니다."라는 언급은, 당국 입장에서의 조선
'특수 사정'을 간결하게 보여주는 대목인 것이다. 그의 말처럼 "극단
적으로 말하자면 조선영화제작회사는 스스로를 해소하기 위해 존재"
해야 했다.[281] 조선총독부와 조선 영화계가 한 목소리로 주장한 '조선
영화 특수성'론의 설득력으로 결국 단 하나의 국책영화 제작회사가
만들어졌고, 조선 영화인들은 바로 그 '특수 사정'의 공간 속에서 자
리를 확보해 국책영화를 만들었다. 도호영화의 〈망루의 결사대〉이마이
다다시, 1943는 애초부터 '내지' 영화계의 능력만으로 만들 수 없는 프로
젝트였고, 조선영화제작주식회사의 창립작 〈젊은 모습〉도요타 시로豊田四
郎, 1943은 '내지' 영화계의 협력을 받아 제작이 진행되었다. 그 와중에
도 국책성과 멜로드라마를 버무린, 2회작 〈조선해협〉박기채, 1943은 조
선 영화계 인력만으로 만들어지기도 했다. 국책영화의 복잡한 제작
양상에서 엿볼 수 있듯이 '조선영화'라는 이름은 유지되었지만 결코
이전의 그것과 같을 수는 없었다.

식민지 영화 국책의 산실, 조선영화제작주식회사

내지인들에게는 황도皇道로 변모해가는 조선의 모습을 보여주고, 조선인에게는 황도정신을 파악하게 한다는 〈젊은 모습〉의 제작기획에서 보면, 이 영화는 성공적이다. 이 영화와 비슷한 의도로 완성된 〈그대와 나〉와 비교해도 별 무리가 없을 터인데, 이는 〈그대와 나〉가 제작될 당시의 조선의 황도화皇道化 상황보다 오늘날의 조선의 황도화가 어느 정도 진척되어 있기 때문이라고 생각된다. 조선의 황도화는 이 대동아전쟁하에서 긴급히 그리고 올바른 모습으로 완성되어야 하는 막대한 과제이다.[282]

조선영화제작주식회사의 실질적인 제작 책임은, 상무이사를 겸한 촬영소장인 나카다 하루야스가 맡았다. 촬영소의 제작 조직은 3과로 구성되었는데, 제1과가 극영화를, 제2과가 문화영화를, 제3과가 시사영화를 담당하는 구도였다. 조선영화제작주식회사가 기획한 영화는 자유 제작이 아니라 1942년 10월 26일 별도 설치된 영화기획심의회의 심의, 지도하에 제작되었다. 애초 계획은 연 극영화 6편(프린트 각 5벌), 문화영화 5편(프린트 각 5벌), 시사영화 12편(프린트 각 5벌)이었으나, 1943년 1월 생필름 재감축 배급 결정에 따라 연 극영화 4편(프린트 각 5벌), 문화영화 4편(프린트 각 5벌), 시사영화 12편(프린트 각 5벌)으로 축소했다.[283]

1942년 설립 첫 해, 조선영화제작주식회사는 극영화에는 착수하지 못했고 시사영화인 〈조선시보〉 제1~3보와 문화영화인 위탁영화 3종을 제작했다. 〈조선시보〉는 월 1회 제작을 목표로 착수된 뉴스영화였다. 제1보는 12월 9일 개봉했고, 2주 간격으로 제2보가 12

월 23일, 제3보가 1월 4일 개봉했다. 위촉 작품으로는 조선총독부 정보과 위촉의 〈다나카 총감의 연설〉田中総監の演説, 1권, 일본광업주식회사日本鑛業株式会社 위촉의 〈고이소 총독 운산광산 시찰〉小磯総督雲山磯山視察, 2권, 국민총력조선연맹 위촉의 징병제 보급 선전영화인 〈우리들은 지금 출정한다〉我等今ぞ征く, 2권, 박기채였다.

1943년에는 〈조선시보〉가 제4보부터 제작되어 제14보까지 이어졌고[284] 계발선전을 목적으로 한 문화영화도 차차 공개되었다. 조선군사령부 후원으로 영국군 포로수용소의 일상생활을 기록한 〈조선에 온 포로〉朝鮮に来た俘虜, 1권, 야스다 사카에安田榮(안석영 창씨명) 편집가 3월 8일 개봉했고, 조선군보도부 후원으로 조선의 징병제를 기념하고 선전하는 〈쇼와 19년〉昭和一九年, 3권, 모리나가 겐지로森永健次郎이 3월 12일부터 홍백 양 계열에서 개봉되었다. "여학교, 공장, 농장 등에서 발랄하게 싸우는 반도의 젊은 여성 군상을 그려낸 음악영화" 〈반도의 아가씨들〉半島の乙女達, 3권, 이병일은 5월 22일 백계에서 개봉, 조선의 해군 특별 지원병 제도를 선전한 〈영광의 날〉榮光の日, 1권, 가사이 이쓰오河済逸男 구성은 해군 기념일인 5월 27일에 홍백 양계에서 일제히 개봉되었다. 그 외 천수답 개량을 주제로 한 〈소생하는 흙〉蘇へる土, 1권, 가사이 이쓰오과 가정의 동銅 회수 운동을 촉진한 〈우리들 군함 깃발과 함께〉われら軍艦旗と共に, 2권, 오노 신이치大野真一 구성[285]가 제작되었다.[286]

극영화는 1943년 들어 회계연도의 시작인 4월에 2편이 동시에 착수되었다. '징병제 실시 기념영화'로 '내선 제휴 작품'인 〈젊은 모습〉과 스태프를 모두 조선 영화계에서 구성해 '순오락편'純娛樂篇으로 제작한 〈조선해협〉이다.[287] 창립작으로 선택된 〈젊은 모습〉은 도요타 시로가 연출했고 조선총독부와 조선군사령부 후원으로 도호, 쇼치

〈반도의 아가씨들〉(1943)
촬영 현장.
왼쪽부터 배우 김소영,
감독 이병일,
촬영기사 김학성.

쿠, 다이에이 3사의 지원으로 제작되었다. 앞서 소설가 장혁주張赫宙의 비평문에서 인용한 것처럼 〈젊은 모습〉은 기존의 조선영화가 아닌 새로 태어난 조선영화를 증명해야 하는 첫 번째 과제였다. 1944년부터 이루어진 조선인 징병제 실시를 기념하기 위한 이 영화는 무엇보다 그 전해에 조선인 지원병제를 소재로 만들어진 〈그대와 나〉를 넘어서야 했다. 〈젊은 모습〉의 기획은 조선에서 흥행은 성공한 데 비해 평판은 좋지 않았던 〈그대와 나〉를 놓고 "장점을 취하고 단점을 버리"[288]는 것으로 진행되었고, 이는 식민지 국책영화사의 존재 증명에 다름 아니었다.

　〈젊은 모습〉은 곧 징병 대상이 되는 조선의 한 중학교 생도들의 병영 체험을 그렸다. 크랭크인은 4월 10일 일본 북알프스 지역인 신슈 하쿠바信州白馬에서 영화의 마지막 눈 속에서 조난당한 생도들을 스키부대가 구조하는 장면부터 촬영되었다.[289] 5월부터 6월에 조선

〈조선해협〉
촬영 현장 기념사진.

쓰쿠다 준의 각본으로
방한준이 연출한
조선영화제작주식회사의
3회작 〈거경전〉의 한 장면.

촬영이, 7월 말~8월은 다이에이로 흡수된 다마가와촬영소에서 세트 촬영이 진행되어, 9월 말에 완성되었다. 12월 1일 홍계에서 일주일간 개봉되었고 일본 전역 58개 관에서 45만 9천 268명의 관객을 동원해 1943년도 영화 68편 중 흥행수입 65위를 차지했다. 그해 4월 15일에 개봉해 89만 3천 445명을 동원하고 흥행수입 29위를 차지한 〈망루의 결사대〉의 성적에는 미치지 못하는 것이었다.[290]

2회작 〈조선해협〉은 4월 10일에 착수하여 주로 야외촬영으로 진행되었고, 실내 장면도 실제 가옥을 사용해 촬영했다. 집안 몰래 동거생활을 하던 세이키成基, 남승민 분가 지원병으로 다시 태어나고 남겨진 긴슈쿠錦淑, 문예봉 분는 산업 여전사로 총후에서 본분을 다하다, 영화의 마지막 장면에서 부상병이 된 세이키와 병을 얻어 입원한 긴슈쿠가 조선해협을 사이에 두고 통화하는 것으로 끝을 맺는 전쟁 배경의 멜로드라마다. 6월 말에 완성되어[291] 7월 29일부터 경성의 홍백양 계통에서 상영되었다. 경성, 평양, 부산의 세 도시 합계로 13만 8천 705명, 흥행수입 8만 천 341원 36전이라는 좋은 성적을 올렸는데, 이는 〈망루의 결사대〉의 세 도시 흥행수입인 9만 7천 148원 7전이라는 성적에는 미치지 못했지만, 조선영화의 주목할 만한 호조로 평가되었다.[292]

1943년 〈젊은 모습〉과 〈조선해협〉을 제작한 조선영화제작주식회사는 같은 해 제작을 진행했던 항공영화 〈우러르라 창공〉仰げ大空, 김영화을 조선군 보도부와 체신국 항공과의 후원으로 완성하여 개봉했고, 도호영화의 〈망루의 결사대〉를 제작 지원했다. 그리고 세 번째 작품으로 포경선을 소재로 '어업보국'漁業報國을 다룬 〈거경전〉巨鯨傳, 방한준을 1943년 9월에 착수, 1944년 공개했다. 이어진 사단법인 조선

영화사는 조선군 보도부가 제작한 〈병정님〉兵隊さん, 방한준, 1944을 제작 지원했고, 1944년 〈태양의 아이들〉과 1945년 〈사랑과 맹세〉까지 제작한 후 일제의 패망과 함께 적산敵産 처리되었다.

임화의 '조선영화론'

조선영화는 방금 여러 가지 이유에 의하여 고도의 통일적 기업화의 관문에 들어서기 시작했으며, 또한 하나의 근본적인 전환기를 체험하기 시작한 오늘 우리의 영화작가들은 커다란 시련하에 섰다고 보지 아니할 수가 없다. 거기서 내가 말하고자 하는 것은 그들이 자기의 선행자들의 업적에 대하여 신중해야 할 것이며, 또 스스로의 길에 대해서도 예술가인 외에 다른 도리가 있을 수 없는 점을 강조하고 싶다. 그 밖의 일은 각기 그 방면의 적임자가 수행할 것이기 때문이다. (중략) 성실을 통해서만 기업엔 이윤을, 국가에는 충성을, 국민에겐 쾌락을 그리고 자기는 성과를 각각 주고 차지하는 것이다.[293]

식민지 지식인 임화[294]는 두 편의 「조선영화론」을 남겼다. 1941년 11월 『춘추』에 발표한 글과 1942년 6월 말 3회에 걸쳐 『매일신보』에 남긴 문장[295]이 그것이다. 이 시기 조선영화는 1940년 8월 조선영화령 이후 본격적인 전시체제 속으로 밀려 들어간 때였고, 1942년 9월 조선영화제작주식회사로의 일원적 통합을 앞두고 있었다. 인용한 첫 번째 「조선영화론」『춘추』의 문장처럼 임화는 "예술가인 외에 다른 도리가 없는" 조선 영화인들은 기업과 국가와 국민과 본인을 위해 성실하게 영화를 만드는 본분을 다할 수밖에 없다고 말한

다. 과연 임화가 생각하는 조선영화라는 존재는 그리고 그 미래는 무엇이었을까.[296]

임화는 조선영화가 "조선 사람들의 근대생활을 토대로 하여 생성한 문화요, 그 위에서 형성되어온 예술의 하나라는 엄연한 사실"『춘추』, 87쪽임을 전제한다. 영화는 인류의 다른 문화나 예술과 달리 불과 반세기만에 형성되었고 또 산업성에 기반한다는 점에서 "분명히 특수한 예술"『춘추』, 86쪽인 것이다. 그는 문화 혹은 예술로서의 자각과 자본 혹은 기업화라는 조건 속에 조선영화를 놓고 설명해나간다. 주목할 것은 '예술'과 '기업화'라는 두 요인에서 예술에 우위를 두는 점이다. 임화가 보기에 영화는 상품의 일종, 오락의 대상, 광고나 프로파간다의 수단일 수 있는 것도 사실이나, 무엇보다 문화이고 예술인 것이었다.『춘추』, 87쪽 "우수한 기계의 설비를 위하여는 상당한 규모의 자본이 필요하고, 재출발을 위하여는 정신적 반성이라는 것이 필요"하지만, 즉 조선영화가 국책영화회사로의 통합을 앞두고 있지만, "이러한 내외의 조건 가운데서 영화가 차지해야 할 위치라고 하는 것은 의연依然히 문화로서이요, 예술로서인 것을 망각해서는 아니"되는 것이다.『춘추』, 88쪽

임화는 그런 이유로 조선영화는 "유력한 자본의 수호 없이 독력으로 자기의 길을 개척"했고『춘추』, 93쪽, "자본의 원호援護를 못 받는 대신 자기 외의 다른 인접 문화와의 협동에서 방향"을 찾았다고 설명한다. 연쇄극을 통해 연극의 원조자로 처음 등장했고 문학에서 원조를 구했으며, 또한 외국(서구)영화를 모방하고 의존했던 사정은 초창기 조선영화 제작의 당연한 현상이었던 것이다. 결론적으로 그는 "전혀 자본의 원조를 받지 못한 대신 그의 폐해도 입지 아니했다는

사실"을 강조한다. 이러한 자유 덕에 "조선영화의 성격을 어느 정도로 독자화하여 가까운 예만 하더라도 일본영화보다 훨씬 이질적인 물건을 만들 것"이라고 예기豫期하는 것이다. 조선영화는 이제 "통일적 기업화의 관문"에 들어섰고 이는 커다란 시련을 맞이한 것이지만 "기업가도 국가도 사회예술가에게 구하는 것은 항상 성실"이라며 예술가의 본분을 다하자고 결론 내린다. 하지만 임화는 예술로서의 조선영화가 나아가야 할 진로에 대해서는 국책 통합을 앞둔 시점이었음에도 불구하고 구체적인 설명을 유보한 채 침묵하고 있다.

기업화보다는 예술로서의 조선영화를 무겁게 인식해야 한다는 제안은 역시 두 번째 「조선영화론」『매일신보』 1942.6.28.~30.으로 이어진다. 임화는 조선영화가 더 복잡한 사태에 처해 있는 것으로 운을 떼는 동시에, 우선 통합 회사로 일원화를 앞둔 조선영화가 또다시 침체기에 처해 있음을 강조한다. 그는 다시 예술과 기업화의 문제를 든다. "조선영화의 장래라는 것은 우선에 예술적 신경지의 개척과 다음으로는 기업화에의 길을 아울러 잘 들고 나가느냐 못 나가느냐 하는 데 걸려 있다."6.28.는 것이다. 그리고 조선영화의 부진과 침체는 "이 두 가지 요인의 미해결과 상호모순"6.28.으로 늘 귀결된 것이고, "두 가지 조건의 극한대의 확대재생산"6.29.에서 비롯되는 것이었다고 설명한다.

내부적인 문제가 가장 래디컬하게 제기되고 거기에 대한 성실한 고려가 요구될 때 합동 문제가 타오른 것이다. 이것은 우연한 시기의 일치가 아니라 조선영화의 예술적 재출발의 문제라는 것이 뜻밖에 기업화의 문제와 결부되어 있음을 의미하는 것인 동시에 기업화의 문제라는 것이 또한 단순한 자본의 문제가 아니라 조선영화의 예술적 진로의 문제와 불가분리의 일체인 것을 증명하는 사실이다.[297]

불과 반년이 지난 시점이었지만, 조선영화의 예술과 기업화라는 문제는 다른 차원에서 논의되기 시작한다. 기업화의 주체는 민간 자본에서 국가와 당국으로 확정되었고, 덕분에 예술적 진로도 구체적인 재출발이 요구되었다. 예술로서의 조선영화는 바로 "국민적 영화"6.29.라는 윤곽 속에 놓인다. 국가가 주도하는 "신회사"가 생겼고, "재래류의 대자본의 투하라든가 회사합동이 아니라 예술과 기업을 통합한 말하자면 기업적 예술적인 핵심의 문제로서의 성질"이 이제 요구된다는 것이다.6.30. 임화는 신회사에 관해서 본인은 "국외자局外者의 일인"이라며 한발 물러서며 조선영화의 예술적 성격에 대한 언급으로 글을 마무리한다. 바로 "국민적 예술의 길"이라는 방향에 놓인 "국민적 영화"라는 전환인 것이다.6.30. 이는 〈집 없는 천사〉를 중심으로 한 물의나 〈그대와 나〉의 발표를 통하여 학득學得한 많은 교훈"6.29.이 토대가 되어야 함은 물론이다. 임화는 결국 조선영화가 어떻게 되느냐 하는 존재의 문제는 "이 전환기를 훌륭히 지내감으로써 여태까지의 조선영화사朝鮮映畵史를 진실로 가치 있게 만드는 것", 다시 말해 "병약한 사람의 살아가는 생리"로 버틴 그간의 부진과 침체의 시기도 의미가 있었다고 인식하는 것으로 매듭짓는다. '국민적 영화'라는 구호는 앞으로 나아가는 듯하지만, 그의 문장들은 침체의 반복이었던 조선영화의 역사에 정박되어 있다.

"국민적 예술로서의 우수한 조선영화"라는 문제가 일제 말기 조선 영화인들에게만 한정되지 않고 해방기 조선영화로도 이어진 것은 분명 흥미로운 대목일 것이다. 이는 1948년작 〈해연(일명: 갈매기)〉^{이규환}의 사례에서 확인할 수 있다. 1947년 말 촬영을 시작해 1948년 8월 15일 대한민국 정부 수립 직후인 11월에 개봉된 이 영화는 '건국판 〈집 없는 천사〉'로 부를 수 있는 작품이다. 부랑아를 교정시켜 건강한 국민으로 성장시킨다는 〈집 없는 천사〉의 국가가 〈해연〉에서는 신생 대한민국으로 바뀌었을 뿐이다. 이 영화의 제작은 예술영화사라는 이름에서 엿볼 수 있듯이 예술영화를 지향한 결과였고, 이는 국가 건설이라는 시대적 과제와 조응했기 때문에 가능했다. 감독 이규환은 〈해연〉의 시나리오가 취하고 있는 건국의 서사 즉 이 영화가 처한 정치적 기반에 동의하면서 예술영화운동을 실천하는 주체가 되었다. 결과적으로 민간의 예술영화라는 진로는 국가의 '건국 프로파간다 영화'로 수렴되는 것이었다. 이후 한국영화사에서 국가 주도의 영화정책과 '예술영화' 담론의 공생, 그리고 그 역상^{逆像}에서 민간 영화계의 국책 의존이라는 양면의 흐름은 바로 식민지 경험의 산물임을 인식할 수 있다.

미주

1부 1892-1925
; 영화 유입과 영화산업의 형성

1   앙마뉘엘 툴레 지음, 김희균 옮김, 『영화의 탄생』, 시공사, 1996, 27~52쪽.

2   한상언, 「1920년대 초반 조선의 영화산업과 조선영화의 탄생」, 『영화연구』55호, 한
     국영화학회, 2013.3, 649쪽.

3   이두현, 『한국연극사』, 학연사, 2009.

4   「慈善演藝會=仁川開港以來의 美事」, 『조선신보』, 1892.6.5.

5   홍영철, 『부산근대영화사』, 산지니, 2009, 16쪽.

6   이용남, 「解放 前 朝鮮 映畵劇場史 考察」, 청주대학교 석사학위논문, 2001, 33~34쪽.

7   우수진, 『한국 근대연극의 형성』, 푸른사상, 2011, 19~34쪽.

8   한상언, 「1910년대 경성의 극장과 극장문화에 관한 연구」, 『영화연구』53호, 한국영
     화학회, 2012.9, 412쪽.

9   「廣告」, 『황성신문』, 1902.12.4.

10   「律社不罷」, 『대한매일신보』, 1906.5.3.

11   「李氏上疏」, 『황성신문』, 1906.4.19.

12   「律社自廢」, 『대한매일신보』, 1906.12.14.

13   「廣告」, 『황성신문』, 1903.6.23.

14   김려실, 『투사하는 제국 투영하는 식민지』, 삼인, 2006, 22쪽.

15   심훈, 「朝鮮映畵總觀(一)」, 『조선일보』, 1929.1.1.

16   백문임, 「버튼 홈즈(E. Burton Holmes)의 서울 여행기와 영화」, 『현대문학의 연구』,
     한국문학연구학회, 2012, 73쪽.

17   「寫眞活動勝於生人活動」, 『황성신문』, 1901.9.14.

18   한상언, 「활동사진시기 조선영화산업 연구」, 한양대학교 박사학위논문, 2010, 57~58쪽.

19   「寫眞活動勝於生人活動」, 앞의 기사.

20   「游玩遭厄」, 『황성신문』, 1903.7.10.

21   「廣告」, 『대한매일신보』, 1904.8.4.

22   「演劇奇觀」, 『만세보』, 1907.5.30.

23   한상언, 「1910년대 경성의 극장과 극장문화에 관한 연구」, 『영화연구』53호, 한국영
     화학회, 2012.9, 421~425쪽.

24   한상언, 「경성고등연예관 연구」, 『영화연구』59호, 한국영화학회, 2014.3, 403~408쪽.

25   위의 논문, 416~417쪽.

26   한상언, 「1910년대 조선의 변사시스템 도입과 그 특징에 관한 연구」, 『영화연구』44
     호, 한국영화학회, 2010.6, 383쪽.

27   「演藝館 排日 鼓吹」, 『국민신보』, 1910.4.29.

28   한국예술연구소 편, 『이영일의 한국영화사를 위한 증언록-김성춘·복혜숙·이구영

편』, 도서출판 소도, 2003, 195쪽.

29 한상언, 앞의 논문, 387쪽.

30 한상언, 「경성고등연예관 연구」, 『영화연구』59호, 한국영화학회, 2014.3, 419~420쪽.

31 위의 논문, 418쪽.

32 닛다 고이치에 관한 내용은 다음 글을 참고했다. 「京城の實業家(其二) 新田耕市君」, 『조선공론』, 1916.3, 76쪽.

33 현재 서울특별시 중구 인현동.

34 한상언, 「대정관의 설립과 변천에 관한 연구」, 『영화연구』70호, 한국영화학회, 2016.12, 172~173쪽.

35 「廣告」, 『조선신문』, 1913.1.1.

36 한상언, 앞의 논문, 177쪽.

37 한상언, 「식민지시기 칼라영화 상영에 관한 연구」, 『영화연구』67호, 한국영화학회, 2016.3, 170쪽.

38 위의 논문, 176쪽.

39 「團成社의 改築」, 『매일신보』, 1918.6.21.

40 『황성신문』, 1908.6.24.

41 「活辯의 自殺未遂」, 『매일신보』, 1916.12.23.

42 한상언, 「식민지 조선에서 연쇄극의 유입과 정착에 관한 연구」, 『영화연구』64호, 한국영화학회, 2015.6, 208쪽.

43 위의 논문, 207쪽.

44 위의 논문, 208~209쪽.

45 위의 논문, 201~211쪽.

46 위의 논문, 214쪽.

47 위의 논문, 215쪽.

48 위의 논문, 217쪽.

49 안종화, 『한국영화측면비사』, 현대미학사, 1998, 43~44쪽.

50 한상언, 「하야카와연예부의 유락관 경영에 관한 연구」, 『영화연구』62호, 한국영화학회, 2014.12, 403~404쪽.

51 위의 논문, 414~416쪽.

52 한상언, 「1920년대 초반 조선의 영화산업과 조선영화의 탄생」, 『영화연구』55호, 한국영화학회, 2013.3, 659~662쪽.

53 「月下盟誓映畵」, 『매일신보』, 1923.4.7.

54 한상언, 앞의 논문, 662~664쪽.

55 한상언, 앞의 논문, 664~665쪽.

56 한상언, 앞의 논문, 665쪽.

57 한상언, 앞의 논문, 667쪽.

58 한상언, 앞의 논문, 667~668쪽.

59 「京城演藝界風聞錄」, 『조선공론』, 1919.7, 69쪽.

60 한상언, 앞의 논문, 654~655쪽.

61 한상언, 앞의 논문, 668~670쪽.

62   한상언, 앞의 논문, 671쪽.

63   松本輝華, 「[映畵夜話]蝶鈿の木机に靠れての噺」, 『조선공론』, 1923.2, 107쪽.

64   한상언, 「1920년대 초반 동아문화협회의 영화활동」, 『한국영화사연구』 제6호, 2007, 174~175쪽.

65   위의 논문, 177쪽, 미주 34번 참조.

66   『조선일보』, 1923.10.10.

67   한상언, 앞의 논문, 179쪽.

68   「訴訟中의朝鮮劇場은不遠開場」, 『동아일보』, 1924.3.12.

69   한상언, 「최초의 카메라맨 이필우의 초기활동 연구」, 『영화연구』66호, 한국영화학회, 2015.12, 249~251쪽.

70   「갈돕會素人劇」, 『조선일보』, 1920.12.12.

71   「東京에 同友會 設立」, 『동아일보』, 1920.6.6.

72   「咸興藝華劇團組織」, 『매일신보』, 1923.12.3.

73   홍영철, 『부산근대영화사』, 산지니, 2009, 55~56쪽.

74   위의 책, 54~56쪽.

75   최창호·홍강성, 『라운규와 수난기 영화』, 평양출판사, 1999, 65쪽.

76   김태진, 「映畵의 浪漫時代」, 『동아일보』, 1939.3.28.

77   안종화, 『한국영화측면비사』, 현대미학사, 1998, 92쪽.

2부 1925-1935
; 영화, 영화인, 영화운동

1   이 기사에 따르면 이경손은 1903년생이라고 볼 수 있다. 하지만 다른 회고담(「무성영화시대의 자전」, 『신동아』, 1964.12.)에 따르면 1905년생이라고 볼 수도 있다. 이재명, 「일제 말 중국체류 조선인의 연극/영화 활동 연구(1) -상해를 중심으로-」, 『인문과학연구논총』 31호, 2010, 54쪽.

2   「조선영화계화형점고 1, 이경손」, 『동아일보』, 1926.10.12. 일본어로 인기 배우를 뜻하는 화형花形(はなかた)을 그대로 쓴 이 기사는 스타 나운규와 신일선을 소개하기에 앞서 제1회분으로 이경손을 소개하였다.

3   이재명, 앞의 글, 55쪽.

4   서광제, 「조선영화예술사 5」, 『중외일보』, 1930.6.29.

5   이경손, 「조선 연극인이 나아갈 길」, 『조선지광』81. 1928.11.

6   이재명, 앞의 글, 58쪽.

7   장윤환, 「연예수첩 반세기 영화계 7」, 『동아일보』, 1972.11.03.

8   「봉황의 면류관 상해에 수출」, 『동아일보』, 1926.11.06.

9   작자 미상, 「내가 본 상해의 이경손 씨」, 『동광』 39호, 1932.11, 50쪽.

10   인돌, 「상해재유동포영화 양자강을 보고」, 『동아일보』, I931.5.2.

11   작자 미상, 「내가 본 상해의 이경손 씨」, 『동광』 39호, 1932.11, 49쪽.

12   인돌, 앞의 글.

13   심훈, 「상해영화 〈양자강〉 인상기」, (원출처 미상), 『심훈문학전집』3, 탐구당, 1966, 560~561쪽.

14   이경손, 「무성영화시대의 자전」, 『신동아』, 1964.12. ; 이재명, 앞의 글, 60쪽 재인용.

15   한국영화데이터베이스 KMDB, http://www.kmdb.or.kr/vod/mm_basic. asp?person_id=00005490(2016.7.11. 검색)

16   신석호 외, 『연표로 보는 현대사』, 신구문화사, 1980. 288쪽. 1917년에 조선신구극 개량단朝鮮新舊劇改良團이 단성사에서 '장화홍련전'을 공연하였다.

17   백악선인, 「현대 장안호걸 찾는 좌담회」, 『삼천리』, 1935.11, 94~95쪽.

18   임화, 「조선영화발달소사」, 『삼천리』, 1941.6, 202쪽

19   녹파생, 「'세동무'를 보고」, 『조선일보』, 1928.5.8.

20   김팔봉, 「내 작품의 연극영화화 소감」, 『삼천리』, 1933.10, 70~71쪽.

21   최상덕, 「팔봉의 원작인 '약혼'을 보고」, 『조선일보』, 1929.2.22.

22   심훈, 「영화화한 '약혼'을 보고 -시사평-」, 『중외일보』, 1929.2.22.

23   『매일신보』1921.3.16.

24   이영일, 『한국영화전사』, 삼애사, 1969. ; 유현목, 『한국영화발달사』, 한진출판사, 1980. ; 이효인, 『한국영화역사강의1』, 이론과 실천, 1992. 등 많은 책과 논문들은 이런 맥락에서 나운규와 〈아리랑〉을 다루고 있다.

25   나운규 작품 일람은 다음을 참고. 이효인, 『한국영화역사강의1』, 이론과 실천, 1992, 164~165쪽.

26   「조선문화 및 산업박람회, 영화편」, 『삼천리』, 제12권 제5호, 1940.5.1, 229쪽.

27   임화, 「조선영화발달사 소사」, 『삼천리』, 1941.6, 202쪽.

28   양철, 「지상영화, 종로」, 『삼천리』 제5권 제9호, 1933.9.1, 10~11쪽.

29   『윤봉춘 일기』, 1935.12.22.

30   『윤봉춘 일기』, 1936.10.18, 19.

31   나운규, 「〈아리랑〉과 사회와 나」, 『삼천리』1930.7.1, 53쪽.

32   김태진, 「고 나운규를 논함(상)」, 『동아일보』, 1938.8.8.

33   나운규, 「영화시감」, 『삼천리』 제9권 제1호, 1937.1.1, 182쪽.

34   임화, 「조선영화론」, 『춘추』, 1941.11, 90쪽.

35   이정하, 「나운규의 〈아리랑〉(1926)의 재구성 -〈아리랑〉의 활극적 효과 혹은 효과의 생산-」, 『영화연구』 26호, 한국영화학회, 2005.8, 274쪽. 인물 전형에 관한 부분은 이영일의 주장을 옮겨온 것이다.

36   나운규, 「'아리랑'을 만들 때 -조선영화감독 고심담」, 『조선영화』, 1936.11. 김종욱 편저, 『실록 한국영화총서(상)』, 국학자료원, 2002, 333~336쪽 재인용.

37   나운규, 「〈아리랑〉과 사회와 나」, 『삼천리』1930.7.1, 53쪽.

38   임화, 「조선영화론」, 『춘추』, 1941.11, 90쪽.

39   위의 글, 92쪽.

40   나운규, 「[조선영화감독고심담] 〈아리랑〉을 만들 때」, 『조선영화』제1집, 조선영화사, 1936, 48쪽.

41   이정하, 「나운규의 〈아리랑〉(1926)의 재구성 -〈아리랑〉의 활극적 효과 혹은 효과의

생산-」,『영화연구』26호, 2005. 286~287쪽.

42 김태진,「고 나운규를 논함(상)」,『동아일보』, 1938.8.8. 수정 필요.

43 김태진,「고 나운규를 논함(하)」,『동아일보』, 1938.8.11.

44 안석영,「출색의 명감독들 -고 나운규, 심훈, 김유영」,『삼천리』제13권 제6호, 1941.6.1, 242쪽.

45 심훈,「나의 아호, 나의 본명」,『심훈문학전집』3, 탐구당, 1966, 521쪽.『탈춤』이라는 영화소설을 발표할 때 본명을 쓰기 싫어서 자전을 뒤지다가 '勳' 자를 발견하고 이후 심훈이라고 써왔다고 밝히고 있다.

46 심훈의 일본 체류 기간은 대개 6개월로 알려져 있으나『조선일보』1927년 2월 18일 자에 '심군 도일' 기사가, 5월 12일자에 '심대섭 귀국 기사'가 나온다. 즉 3개월이 채 안 되는 기간 동안 체류했다.

47 『조선일보』, 1929.1.27. ; 신경림,「심훈의 문학과 생애. 그날이 오면, 그날이 오며는」, 지문사, 1982, 325~329쪽.

48 윤기정,「최근 문예잡감」,『조선지광』, 1927.12. ; 최승일,『조선일보』, 1928.1.8. ; G생,『동아일보』, 1927.11.2.

49 〈먼동이 틀 때〉는『조선일보』제1회 영화제(1938)에서 무성영화 부분 5위를 차지하였다. (1위〈아리랑〉, 2위〈임자 없는 나룻배〉)

50 서광제,「조선영화소평 - '먼동이 틀 때'를 보고」,『조선일보』, 1929.1.30.

51 『중외일보』, 1928. 7.1-9.

52 『중외일보』, 1928. 7.11-27. 이하 별다른 각주 표기 없이 인용된 부분은 이 글에서 인용한 것이다.

53 『중외일보』, 1928. 7.28-8.4

54 심훈,「조선의 영웅」,『심훈문학전집』3, 탐구당, 1966, 495쪽.

55 심훈,「수상록」(1929.4.25.),『심훈문학전집』3, 탐구당, 1966, 507~508쪽.

56 심훈,「수상록」(1929.4.25.),『심훈문학전집』3, 탐구당, 1966, 508쪽.

57 심훈,「일기·서한문」,『심훈문학전집』3, 탐구당, 1966, 604쪽.

58 심훈,「일기·서한문」,『심훈문학전집』3, 탐구당, 1966, 592쪽. 1920년 2월 1일자 일기에 심훈은 예기藝妓인 듯한 여자를 보고 성욕이 일어난 것을 언급하며 "악마의 육욕! 나는 이 성욕에 대하여 억제치 못한다. 그것을 잘 이기지 못하고는 나의 장래는 위험하다. 확실히 위험하다."고 써놓았다.

59 심훈,「영화비평에 대하여」,『별건곤』11호, 1928.2, 147쪽.

60 심훈,「우리 민중은 어떠한 영화를 요구하는가?-를 논하여 '萬年雪'군에게-」,『중외일보』, 1928. 7.11-27.

61 〈혼가〉와 〈암로〉는 1928년 5, 6월경에 근일 개봉이라는 신문기사가 나왔지만 이 기획 상영회 전까지 실제 개봉을 하지는 못했다. 따라서 7월에『중외일보』지상에서 벌어진 과다한 논쟁은 카프 측의 기획이었다고 볼 수도 있다.

62 『ラジオの日本』, 1927.4, 71쪽. ; 서재길,「JODK 경성방송국의 설립과 초기의 연예방송」,『서울학연구』제27호, 2006.9, 164쪽 재인용.

63 이석훈,「라디오 풍경과 라디오 드라마」,『동아일보』, 1933.10.1.

64 열거된 방송물 자료는 이상길,「1920~1930년대 경성의 미디어 공간과 인텔리겐치

아 -최승일의 경우」,『언론정보연구』, 47권 1호, 2010, 136~137쪽.

65   『조선일보』, 1927.5.23.

66   『조선일보』, 1927.7.3

67   『동아일보』, 1931.2.14, 1931.8.11, 1927.11.18.

68   『삼천리』, 1934. 11.

69   최승일,「방송국 한담, 라디오의 낮잠」,『학생』, 1929.11. ; 이상길, 앞의 글, 149쪽 재인용.

70   이상길, 앞의 글, 128쪽.

71   설문,『별건곤』, 1928.2, 1928.12. ; 이상길, 앞의 글, 140쪽 재인용.

72   이상길, 앞의 글, 131~135쪽.

73   『조선일보』, 1927.7.6. 회원은 심훈, 이구영, 안종화, 나운규, 최승일, 김영팔, 윤효봉,
      임원식, 김철, 김기진, 이익상, 유지영, 고한승, 안석영, 간사 심훈, 이구영, 윤효봉.

74   『매일신보』, 1927.12.8.

75   『매일신보』, 1927.12.8. ;『조선일보』, 1927.12.8. ;『동아일보』, 1927.12.9. ;『중외일
      보』, 1927.12.8.

76   노만,『한국영화사』강의안 논집, 1964, 149~153쪽 참고.

77   박진,「연극생활 30년에 잊혀지지 않는 일 세 가지」,『동아일보』, 1959.1.6.

78   〈로이드 형제〉는 채플린과 동급이었던 무성영화 배우 해롤드 로이드가 파라마운트
      에서 만든〈The Kid Brother〉(1927)로 추측한다.

79   이효인,「찬영회 연구」,『영화연구』53호, 한국영화학회 2012.9. 258쪽.

80   『매일신보』, 1930.1.15. 송치된 영화인은 김형용, 김태진, 이원용, 홍개명, 나웅 등이었
      고, 서류만 송치된 영화인은 나운규, 윤봉춘, 이규설, 박운학, 한창섭, 안경석 등이었다.

81   이 기사는 현재 남아 있지 않다.

82   안종화,『한국영화측면비사』, 춘추각, 1962, 186~189쪽. ; 이영일,『한국영화전사』,
      삼애사, 1969, 115쪽. ; 유현목,『한국영화발달사』, 한진출판사, 1980, 149~150쪽.

83   임종국·박노순,『흘러간 성좌』, 국제문화사, 1966, 194~196쪽.

84   김형용,「찬영회를 XX하기까지 -조선영화인의 폭력결사단 사건의 진상」, 124~125
      쪽. ; 한국영상자료원 한국영화사연구소 엮음,『일본어 잡지로 본 조선영화1』, 한국영
      상자료원, 2010, 211쪽.

85   강호,『라운규와 그의 예술』, 조선문학예술총동맹출판사, 1962.

86   『동아일보』, 1927.3.18.

87   이경손,「황금광시대1」,『동아일보』, 1926.5.4. 이 글에서 이경손은 채플린 영화를 말
      하면서 인간적인 예술의 가치 등에 대해 쓰고 있다.

88   안종화,『한국영화측면비사』, 춘추각, 1962. (재간행, 현대미학사, 1998), 132쪽. ; 손
      위빈孫煒斌,「조선영화사 -10년간의 변천」,『조선일보』1933.5.28. ; 김종욱 편저, 앞
      의 책, 95쪽 재인용.

89   『조선일보』, 1933.5.2, 5.28.

90   최열,『한국현대미술운동사』, 돌베개, 1991, 62쪽.

91   안종화,『한국영화측면비사』, 춘추각, 1962, 133~134쪽.

92   『동아일보』, 1927.12.26.

93   안종화,「조선문화 이십년 15,〈아리랑〉이후의 작품 4」,『동아일보』, 1940.4.27.

94 『대한연감』, 4288, 692쪽. (한국사 Db)

95 〈고향〉(1928)으로 감독 데뷔 전까지 안종화는 유명한 배우였다. 김태진은 "스타로
는 안종화였고 이주경, 이월화, 이채전, 나운규, 주인규, 주삼손, 나 따위는 모두 엑스
트라급"이었다고 말할 정도였다.

96 백야생(박영섭), 「조선영화 15년」, 『조선일보』, 1936.2.21.~3.1. ; 김종욱 편저, 앞의
책, 104쪽.

97 「노농동우 분개 안종화 일행에 대해서」, 『동아일보』, 1926.1.4. ; 백야생(박영섭), 「조
선영화 15년」, 『조선일보』, 1936.2.21.~3.1. ; 김종욱 편저, 앞의 책, 104쪽. 안종화는
조선키네마주식회사 해산 후 이 회사의 필름으로 지방 순회를 하면서 '마산노농동우
회' 기부금을 구하기 위한다는 허위 선전을 하다가 공개 항의를 받았으며, 조선영화
예술협회로부터 축출당하기도 했다. 또 생활고로 인해 이혼을 당했으며, 생계를 위
해 연극, 라디오 방송 등 무엇이든 해야만 했다.

98 『중앙일보』, 1933.2.6.

99 차상찬, 「京城各學校의 內容을 드러 地方學父兄에게 告함, 어느 學校에 보내는 것이
조홀가」, 『별건곤』 제38호, 1931.3. 13쪽. .

100 김기진, 「10년간 조선문예 변천과정」, 『조선일보』, 1929. ; 홍정선 편저, 『김팔봉 문학
전집 2』, 문학과 지성, 1989, 26쪽.

101 박정선, 『임화 문학과 식민지 근대』, 경북대학교출판부, 2010, 57쪽.

102 대구지방복심법원 판결문, 1936.4.30. 국가기록보존소 독립운동관련 판결문.

103 안막(1932), 같은 글, 624쪽. 안막은 카프의 활동이 문학운동에 국한된 것이었다고
서술하면서 카프영화를 두고서는 "전 조선에 프롤레타리아 영화, 연극이 자연발생적
으로 발생, 전개되기 시작하였다."고 말할 정도로 그 조직성을 부인한 것이다. 안막
이 동경에서 주로 활동했던 터라 카프영화인들의 관계 등에 대해 잘 모를 수도 있었
겠지만, 그의 말대로 카프영화는 자연발생적으로 보일 정도로 논리에서 단순했다고
보는 것이 나을 듯하다.

104 안막(1932), 같은 글, 김재용 엮음(1989), 같은 책, 620쪽.

105 『조선일보』, 1930.12.3. 이후 신흥영화예술가동맹의 직속 제작소인 (2기)서울키노는
카프로부터 엄청난 비판에 직면하여 지지부진하다가 이효석, 김유영, 서광제, 안석
영 등이 순수 기술단체를 표방한 조선시나리오협회를 재조직하여 시나리오 『화륜火
輪』(1931)을 연작으로 『중외일보』에 연재한 후 영화 제작에 들어가게 되면서 (2기)서
울키노 또한 해산하게 된다.

106 김유영, 「영화가에 입각하여(3) -금후 푸로영화운동의 기본방침은 이렇게 하자」, 『동
아일보』, 1931.3.28.

107 이효인, 「카프영화와 프로키노의 전개과정 비교연구」, 『한민족문화연구』 40집,
2012.10, 457~458쪽.

108 안막, 「조선 프로예술가의 당면한 긴급한 임무」, 같은 책, 147쪽 재인용 참고.

109 안막, 「조선에 있어서의 프롤레타리아 예술운동의 현세」, 『나프ナップ』 1931.3. ; 『안
막 선집』, 현대문학, 2010, 170쪽 재인용.

110 김기진, 「조선에 있어서 프롤레타리아 예숨운동의 과거와 현재」, 1931.10.(일제 검찰
자술서). ; 홍정선 편저, 『김팔봉 문학전집 2』, 문학과 지성, 1989, 67쪽 재인용.

111 「신흥영화동맹 금후방침 결의」, 『조선일보』, 1930.4.23.

112 『조선일보』, 1929.12.17. "우리들 현 단계에 있어서 계급의식을 파악한 예술운동의 일부문인 영화운동으로써 -1. 신흥영화운동의 확립 2. 엄정한 입장에서 모든 영화의 비평 3. 영화기술의 연마 4. 계급적 '이데올로기'를 파악한 영화인의 결성 5. 계급적 이해를 대표한 영화 제작."

113 『조선일보』, 1930.12.3.

114 『동아일보』, 1929.1.26.

115 이종명, 『유랑』, 박문서관, 1928. 69쪽.

116 이종명, 위의 책, 75쪽. "애초부터 나는 예정된 영화의 「스토리」를 한 장면 한 장면 충실하게 逐字譯式으로 원작한 터이니까 원작자로서 별 이의는 업섯지만 그래도 그 장면의 촬영상 기교라던지 배우들의 분장 동작이 넘어도 不自然스러 合니다. 이 촬영에는 나도 직접 관여하얏슴으로 무엇이 이 영화를 不成功식혓는지 그 원인을 잘 알고 잇습니다. 우선 기술자의 결핍 기구의 불완전 경비부족 등등 한 가지도 완전한 것이 업는 우리 朝鮮의 일이니까 영화다운 영화가 나온다면 도리혀 그것이 의외일 것임니다." 이런 점은 〈노래하는 시절〉(안종화, 1930)에 대해 원작자인 안석영의 반응과 같은 성격의 것이다. 안석영 역시 영화를 불사르고 싶다고 했으며, 이 영화를 아주 죽인 것은 조선의 번역 평론가들이었다고 적고 있다. 안석영, 「'노래하는 時節'을 짓고서 -내 작품의 연극, 영화화 소감」, 『삼천리』, 1933.12. 73~74쪽.

117 이종명, 「'유랑'의 원작자로서 -내 작품의 연극, 영화화 소감」, 『삼천리』, 1933.12, 75쪽.

118 윤효봉, 「영화시평 -'혼가'」, 『비판』, 1929.3. 김종욱 편저, 앞의 책, 527쪽 재인용.

119 『중외일보』 1928년 6월 1일자에는 감독이 "해외에서 다년 연구를 거듭하던 독고성"이라고 되어 있고, 『동아일보』 1929년 1월 26일자 광고에는 감독명이 독고성獨孤星으로 나오고 강호가 출연진의 일원으로 나온다. 하지만 다른 자료들 대부분이 강호를 〈암로〉의 감독으로 표기하고 있으며, 일제강점기 독고성이라는 인물의 다른 활동은 전혀 없으므로, 강호가 임시로 쓴 예명으로 보인다. 이 영화에서 강호는 감독, 원작(강윤희, 강호의 본명), 각색, 주연 등 5인 역할을 맡았다.

120 윤효봉, 「영화시평 -암로-」, 『비판』 1929년 3월호. 김종욱 편저, 앞의 책, 535쪽 재인용.

121 서광제, 「조선영화 소평 -'암로'를 보고-」, 『조선일보』, 1929.1.29. 김종욱 편저, 앞의 책, 536쪽 재인용.

122 『윤봉춘 일기』, 1936.5.27.

123 『조선일보』, 1931.1.28.

124 「연작 시나리오 '화륜' 촬영 개시」, 『매일신보』, 1930.10.8.

125 윤봉춘, 「청춘은 아름다워라」18, 『대한일보』, 1963.9.20.

126 임화, 「서울키노 영화 '화륜'에 대한 비판」, 『조선일보』, 1931.3.25~4.3. 등 참고.

127 임화, 위의 글.

128 서광제, 「영화화된 '화륜'과 '화륜'의 원작자로서」, 『조선일보』, 1931.4.11.~4.13.

129 김유영, 「서군의 영화비평 재비평 -『화륜의 원작자로서』를 읽고-」, 『조선일보』, 1931.4.18.~4.22.

130 〈젊은이의 노래〉(김영환, 노동자 주인공 아님), 〈아리랑 그 후 이야기〉(나운규, 철공장 노동자), 〈꽃장사〉(안종화, 공장 노동자), 〈회심곡〉(왕덕성, 노동자 아님), 〈철인

도〉(나운규, 광산 노동자), 〈승방비곡〉(이구영, 하층 노동자), 〈노래하는 시절〉(안종화, 자유 노동자), 〈도적놈〉(윤봉춘, 철공장 노동자), 〈어사 박문수〉(이금룡, 사극), 〈바다와 싸우는 사람들〉(양철, 어업쟁의), 〈정의는 이긴다〉(윤백남, 광산 노동자)

131 한상언, 「주인규와 적색노조영화운동(1927~1932)」, 『현대영화연구소』 제3호, 2007, 207쪽.

132 이규설, 「엑스키네마 2회작 '큰 무덤'을 보고」, 『조선일보』, 1931.3.12. 한상언, 앞의 글, 206쪽 재인용.

133 김두용, 「내가 본 조선문단의 신경향 (기5 프로문학의 전도)」, 『동아일보』, 1936.1.7.

134 이효인, 『한국영화역사강의1』, 이론과 실천, 1992, 214쪽.

135 한상언, 앞의 글, 213쪽.

136 「신영화 극동 키네마 2회 작품 '낙원을 찾는 무리들' 전 9권, 6월 11일 낮부터 단성사에서 개봉」, 『조선일보』, 1927.6.12. 이 영화는 투자자와 촬영감독 이필우 사이의 분쟁으로 개봉이 지연됨으로써 화제가 되기도 하였다. 홍보적 성격을 띤 기사라서 삼각 사각의 연애극이라고 표현한 것인지 실제로 그랬는지는 판단하기 힘들다.

137 윤기정, 「대동영화사 제1회 작품 '도적놈'을 보고서」, 『조선일보』, 1930.11.5. 김종욱 편저, 앞의 책, 659쪽 재인용.

138 인돌, 「'도적놈'을 보고 -시사평-」, 『동아일보』, 1930.11.1.

139 인돌, 「'바다와 싸우는 사람들'을 보고」, 『동아일보』, 1930.10.29.

140 박완식, 「녹성키네마사 영화 '바다와 싸우는 사람들' -영화비평-」, 『조선일보』, 1930.11.16, 18, 19, 21. 김종욱 편저, 앞의 책, 665~671쪽 참고.

141 『동아일보』, 1932.10.5.

142 「영화배우계 현재」, 『동아일보』, 1925.12.2.

143 나웅, 「사라진 명우군상, 생각나는 사람 보고싶은 사람」, 『삼천리』 1938.11, 149쪽.

144 김태진, 「영화의 낭만시대 -초창기 비화」, 『동아일보』, 1939.3.28. 김종욱 편저, 앞의 책, 226쪽 재인용.

145 한상언, 「주인규와 적색노조영화운동(1927~1932)」, 『현대영화연구소』 제3호, 2007, 209~210쪽.

146 윤기정, 「대동영화사 제1회 작품 '도적놈'을 보고서」, 『조선일보』, 1930.11.5. 김종욱 편저, 앞의 책, 662쪽 재인용.

147 인돌, 「'바다와 싸우는 사람들'을 보고」, 『동아일보』, 1930.10.29. ; A생, 「대구 녹성키네마 작품 '바다와 싸우는 사람들' -시사평-」, 『조선일보』, 1930.10.28. ; 박완식, 「녹성키네마사 영화 '바다와 싸우는 사람들' -영화비평-」, 『조선일보』, 1930.11.16, 18, 19, 21. ; 김종욱 편저, 앞의 책, 663~671쪽 재인용.

148 정상진, 『아무르만에서 부르는 백조의 노래』, 지식산업사, 2005, 173쪽. 한상언, 『해방 공간의 영화·영화인』, 이론과 실천, 2013, 231쪽 재인용.

149 『조선일보』, 1931.6.9.

150 『조선일보』, 1931.7.9. ; 『동아일보』, 1931.7.11.

151 『동아일보』, 1931.10.6. 권영민, 「카프의 조직과 해체 4」, 『문예중앙』, 1988년 겨울호 참조. ; 이상 임규진, 「카프해산문제에 대하여」, 김학성, 최원식 외 지음, 『한국근대문학사의 쟁점』, 창작과 비평, 1990, 248쪽 재인용.

152 『동아일보』, 1934.8.23.

153 졸저 『한국영화역사강의1』(이론과 실천, 1992, 127쪽)에서 동방키노의 활동이 지지 부진하다가 탄압정국에 의해 자연 소멸되었다고 서술한 것은 오류임을 밝힌다.

154 카프 서기국, 「카프 중앙집행위원회 결의문 전문」, 『우리들』, 1934.3. 2~6쪽. "각 예술부 부서는 신속히 각자 부문에서의 구체적인 조직적 창조적 활동 방침의 수립을 위한 구체적 제 활동은 물론 신설되는 각 부서 집행위원회와 임시 사무국에 위임한다. 카프 중앙위원회는 이러한 제 임무의 수행으로 가능케 하는 유력한 물질적 보장이라고 생각하는 의미에서 다음과 같은 부서를 결정한다. (중략) 영화부는 미술부와 동일한 상태에 있는 것으로 전평, 나웅, 박완식으로 임시 사무국을 구성하고 전평을 책임자로 하여 미술부와 동일한 임무를 가짐. '부서정리에 관한 의결'"

155 김유영, 「영화예술연구단체를 우선 설치합시다」, 『조선중앙일보』, 1933.1.2.

156 『동아일보』, 1932.8.7.

157 박영희는 1933년 12월 10일 카프를 탈퇴했다. 그리고 이듬해 「최근 문예이론의 신 전개와 그 경향」(『동아일보』, 1934.1.2)에서 공개적으로 카프 탈퇴 선언과 전향 선언을 발표하고 "얻은 것은 이데올로기요 잃은 것은 예술"이라는 유명한 문구를 남겼다.

158 월탄, 「대전 이후 조선문예운동 12」, 『동아일보』, 1929.1.12.

159 서광제, 「동양영화사 작품 '승방비곡' 비판 -영화비평-」, 『비판』, 1930.6. ; 김을한, 「'승방비곡'을 보고」, 『매일신보』, 1930.6.5.~7. ; 김종욱 편저, 앞의 책, 625~630쪽 재인용.

160 이규설, 「엑스 키네마 2회작 '큰 무덤'을 보고 -영화평론-」, 『조선일보』, 1931.3.12. 김종욱 편저, 앞의 책, 677쪽 재인용.

161 『윤봉춘 일기』는 독립기념관 한국독립운동정보시스템 http://search.i815.or.kr/main.do에서 볼 수 있다.

162 윤기정, 「대동영화사 제1회 작품 '도적놈'을 보고서 -영화평론-」, 『조선일보』, 1930.11.5.~11.8. 김종욱 편저, 앞의 책, 657~662쪽 재인용.

163 이규설, 「엑스키네마 2회작 '큰 무덤'을 보고 -영화평론-」, 『조선일보』, 1931.3.12. 김종욱 편저, 앞의 책, 678쪽 재인용.

164 김유영, 「조선영화 평 -'임자 없는 나룻배'-」, 『조선일보』, 1932.10.6. 김종욱 편저, 앞의 책, 806쪽 재인용.

165 허심, 「유신 키네마 2회 작, '임자 없는 나룻배' -시사평-」, 『동아일보』, 1932.9.14.

166 이규환, 「영화시평: 금강키네마 작품 〈청춘의 십자로〉를 보고(1)」, 『조선일보』, 1934.9.28.

167 「청춘의 십자로로 부활한 신일선이 체경 속에서 연극」, 『조선일보』, 1938.11.15. 정민아, 「식민지 조선의 도시적 삶과 〈청춘의 십자로〉」, 『현대영화연구』, 7권, 2009. 76쪽 재인용.

168 보다 자세한 설명은 다음과 같다. 하나의 신scene에서 설정 숏으로부터 시작하지 않는 점, 풀 숏·롱 숏 다음에 나오는 '컷 인 클로즈 업cut in close up'을 이용하여 타협적으로 숏을 배치하는 점 등을 우선 들 수 있다. 한 신에서 첫 숏을 설정 숏으로 시작하지 않는 것은 당시의 관습이거나 전체 공간을 다 비출 수 있는 조명이 부족했기 때문일 수도 있다. 또 풀 숏·롱 숏 다음에 컷 인 클로즈 업 한 것은 풀 숏이나 롱 숏으

로 상황을 설명하면서 동시에 바로 주목할 인물 혹은 소품의 느낌을 잘 드러내기 위한 것으로 보인다. 그럼으로써 시각적으로 여러 숏을 보여줘야 하는, 즉 장황한 설명을 하지 않고도 연출자가 말하고자 하는 것을 전달하는 것이다. 또 180도 가상선 대신에 조형적 요소를 이용한 숏 연속성의 유지도 눈여겨볼 만하다. 180도 가상선 내에서 촬영·편집하는 대신에 다른 구도를 이용하여 관객이 보기에 이해 가능한 구도를 만든 것이다. 또 어떤 신의 마지막에 사과를 찍은 숏을 보여준 후 이와 다른 공간에 있는 사과를 찍은 숏을 숏으로 바로 연결함으로써 두 신에서 벌어지는 상황이나 심리를 연결하는 것도 눈여겨볼 부분이다. 이 외에도 인물이 직접 감정을 드러내는 대신 카메라를 이동하여 내면 심리를 드러내거나, 여러 숏들을 찍어서 편집하는 대신 심도 화면을 통하여 전체의 분위기를 한 번에 전달하려고 했던 것도 주목할 만하다.

169 이효인, 「연작소설 『황원행』의 집필 배경과 서사 특징 연구」, 『한민족문화연구』 38집, 2011, 225쪽. 이는 김기진의 「대중소설론」(『동아일보』, 1929.4.14~20)과 「예술운동에 대하여」(『동아일보』, 1929.9.20~22) 등에서 반복적으로 제기된 논지이다.

170 팔봉, 「일년간 창작계 (1)」, 『동아일보』, 1929.12.27. 1928년 중단편 소설 중 80퍼센트(20편 중 16편)가 무산계급과 연관된 작품이었던 것에 비해 1929년은 장단편 포함하여 90편으로 늘었지만, 무산계급 작품은 겨우 21편으로 줄어들 정도로 위축된 상태였다.

171 김유영, 「'아름다운 희생'을 보고 -영화비평」, 『조선일보』, 1933.6.6.~6.9. 김종욱 편저, 앞의 책, 854쪽 재인용.

172 김종원, 「유실된 카프 영화의 상징」, 『한국영화사와 비평의 접점』, 현대미학사, 2007, 106~107쪽.

173 김유영은 〈임자 없는 나룻배〉가 개봉되자 바로 평을 발표하였다. 「조선영화 평 -'임자 없는 나룻배'」, 『조선일보』, 1932.10.6.

174 유진오, 「문인서한집, 유진오 씨로부터 김유영 씨에게」, 『삼천리』, 1933.3. 91쪽.

175 1931년 최정희는 『삼천리』 발행인 김동환과 사랑에 빠져 김유영과 헤어진 이후였다.

176 백철, 「조선영화감독론」, 『사해공론』, 1938.7. 27쪽.

177 임화, 「조선영화발달소사」, 『삼천리』, 1941.6. 202~203쪽.

178 강호, 「라운규와 그의 예술」, 『라운규와 그의 예술』, 조선문학예술동맹출판사, 1962, 142쪽.

3부 1935-1945
; 발성영화시기에서 전시체제까지

1 윤해동 외 엮음, 「1부를 묶으며」, 『근대를 다시 읽는다1』, 역사비평사, 2006, 31쪽.

2 윤해동, 『식민지 근대의 패러독스』, 휴머니스트, 2007, 52쪽.

3 인돌, 「조선 최초의 발성영화 〈춘향전〉을 보고(상)」, 『동아일보』 1935.10.11.

4 위의 기사.

5 석영, 「조선 토키 〈춘향전〉을 보고(1)-조선 영화계 장래를 말함」, 『소선일보』

1935.10.11.

6 「말하는 활동사진/ 관철동 우미관에 처음 상영」, 『동아일보』 1926.2.28.

7 1930년 이후 경성 영화상설관의 토키 상영에 대해서는 다음 논문을 참조할 수 있다. 정종화, 「식민지 조선의 발성영화 상영에 대한 역사적 연구」, 『영화연구』 59호, 한국 영화학회, 2014.3, 309-332쪽.

8 도쿠나가 구마이치로德永熊一郎의 도아구락부東亞俱樂部가 일본인 상영관 중에서 가장 먼저 토키에 착수했는데, 1932년 5월 시점이었다. 위의 논문, 320쪽.

9 「조선 초기의 발성영화/ 원방각圓方角 동인 출연/ 촬영은 이필우 씨」, 『동아일보』 1930.4.16.

10 이필우, 「발성영화에 대하여/ 〈말 못할 사정〉을 박히면서」, 『조선일보』 1930.4.18.

11 그의 증언에 의하면, 시기상 파라마운트의 〈The Love Parade〉(Ernst Lubitsch, 1929)로 추정되는데, 웨스턴 시스템(Western Electric Sound System)의 디스크 방식이었다.

12 「이필우 편」, 한국예술연구소 편, 『이영일의 한국영화사를 위한 증언록-유장산·이경 순·이필우·이창근 편』, 도서출판 소도, 2003, 239~240쪽.

13 식민지기 유성기 음반에 실린 영화극에 대해서는 다음 논문을 참조할 수 있다. 구인 모, 「구연口演의 극화劇化, 낯선 장르의 (불)가능성 : 유성기음반 소재 영화극에 대하여」, 『상허학보』 43, 상허학회, 2015.2, 393-425쪽.

14 「이필우 편」, 위의 책, 238~249쪽.

15 「〈음향 뉴스〉 대성공/ BK기술부 나카가와 씨의 녹음기/ 2시간 재생, 전국의 하늘에 3월부터 발송 가능해」, 『오사카마이니치신문大阪毎日新聞』 1933.1.18. 이 기사에 의 하면, 그는 나카가와식 녹음기를 개발해 〈음향 뉴스〉 제1회 시험작품 등을 제작했다 고 기록되어 있다.

16 크리스틴 톰슨·데이비드 보드웰, 주진숙 외 역, 『세계영화사-음향의 도입에서 새로 운 물결들까지 1926~1960S』, 시각과 언어, 2000, 73쪽.

17 「영화발성장치기 P.K.R 식 출현」, 『동아일보』 1933.7.26.

18 「이필우 편」, 위의 책, 250쪽.

19 「발성영화 제작에 착수하여/ 조선영화의 약진/ 경성촬영소의 활력」, 『키네마순보キ ネマ旬報』 1935년 9월 1일(551호), 30쪽. 번역문은 한국영상자료원 한국영화사연구 소 엮음, 『일본어 잡지로 본 조선영화2』, 한국영상자료원, 2011, 107쪽 참조.

20 도미타 미카富田美香, 「교토서부지역영화사 구술조사보고4: 에토나영화의 궤적(洛 西地域映畫史聽き取り調査報告4: エトナ映畫の軌跡)」, 『아트 리서치5(アート·リサ ーチ 5)』, 리쓰메이칸대학 아트리서치센터(立命館大学アート·リサーチセンター), 2005.3. 108, 117쪽.

21 「이필우 편」, 앞의 책, 264~265쪽.

22 「광고」, 『동아일보』 1938.2.2.

23 오덕순, 「영화·몽타주론(9)」, 『동아일보』 1931.10.23.

24 조선흥예사朝鮮興藝社와 요도의 조선키네마의 합작이었다. 「영화회사 연예계의 일 년계」, 『동아일보』 1938.1.22.

25 『윤봉춘 일기』, 1937.12.31. 『윤봉춘 일기』(1935년~1937년)는 한국독립운동사 정보

시스템(http://search.i815.or.kr/Main/Main.jsp)에서 원본 이미지와 텍스트 파일을 확인할 수 있다.

26 〈아리랑 제3편〉(나운규, 한양영화사 제작)의 동시녹음을 하러 1935년 11월 18일 경성을 방문했던(위위 일기, 1935.11.18.) 누카가 기요토額賀靑人가 녹음을 맡았다. 당시 광고에는 'NT식 전발성'으로 기록되어 있다. 「광고」, 『동아일보』 1937.4.22. 누카가 기요토는 일본영화 데이터베이스(Japanese Cinema Database) 등에서 녹음기사로 검색되지는 않고, 일본 가요 관계자로 추정된다.

27 위의 일기, 1937.4.22.

28 스가야 에이이치로菅谷英一郎, 「조선영화에 관한 각서覺書」, 『키네마순보』 1938년 5월 11일(645호), 68쪽. 번역문은 『일본어 잡지로 본 조선영화2』, 129~130쪽 참조.

29 「원산프로덕션 경성촬영소 설립/ 곧 제1회 작품 제작」, 『경성일보』 1930.11.22.

30 「경성에 촬영소 설립/ 검극인 원산만 등」, 『조선일보』 1930.11.4.

31 「원산프로 개소식 오늘 4시부터」, 『경성일보』 1930.12.14.

32 「조대대조권早大對朝拳 혈전 금석 경성운동장」, 『동아일보』 1933.6.29.

33 쇼치쿠의 시대극 촬영소로, 1923년부터 1952년까지 교토의 시모가모下加茂에 있었다.

34 김소봉은 본명이 야마자키 후지에로, 〈미친 한 페이지〉를 제작한 기누가사영화연맹에서 〈홍루紅淚〉(1927) 등 5편을, 나카네류타로프로덕션(中根プロ)에서 〈온보로 소시(おんぼろ草紙)〉(1928) 등 총 6편을 연출한 중견감독이었다. 당시 일본어 잡지 기사에서 그가 쇼치쿠 교토촬영소인 시모가모下加茂 소속이라고 언급하는 것은 당시 기누가사영화연맹과 나카네프로가 쇼치쿠 소속 프로덕션이었기 때문이다. 『키네마순보』 기사에서처럼 "부진한 조선 영화계 및 조선민족을 위해" 경성촬영소에 입사했다기보다, 작은 규모의 프로덕션을 두 차례 옮긴 야마자키 후지에가 나카네류타로프로덕션이 해산되자 새로운 기회를 모색하고자 조선행을 택한 것으로 보인다. 정종화, 「[해제] 식민지기 조선영화의 일본인들: 무성영화시기 일본인 제작사를 중심으로」, 한국영상자료원 한국영화사연구소 엮음, 『일본어 잡지로 본 조선영화2』, 한국영상자료원, 2011, 362쪽.

35 「이필우 편」, 한국예술연구소 편, 『이영일의 한국영화사를 위한 증언록-유장산·이경순·이필우·이창근 편』, 도서출판 소도, 2003, 253쪽. "〈피 묻은 매트(血染のマット)〉가 산기행언山崎行彦 감독, 이명우 촬영으로 얼마 전에 경성촬영소에서 제작을 시작"했다고 기록되어 있으나, 이후 조선에서의 개봉 기록은 찾을 수 없다. 「복혜숙, 심영 동경행/ 권투영화 〈피 묻은 매트〉 촬영차」, 『동아일보』 1933.9.16.

36 "영화인 이필우, 박제행, 김소봉 외 제씨는 이번 경성부 본정 3정목에 경성촬영소를 설치하였다. 또 스테이지, 현상실 등을 건설하였고 해외로부터 촬영기도 구입하여 제1회 작품으로 〈동쪽하늘〉을 촬영하리라 하며 출연할 남녀배우 지망자도 모집하리라 한다." 「경성촬영소 처음으로 설치-배우도 모집-」, 『조선중앙일보』 1934.10.11.

37 「전과자 제7권」, 『동아일보』 1934.12.30.

38 「20년간 작품 제작 연대기」, 『삼천리』 1940년 5월호(제12권 제5호), 233~242쪽과 조선영화문화연구소 조사(調), 「조선영화 작품 연표」, 『영화순보』 1943년 7월 11일호(조선영화특십호, 제87호), 20~21쪽 참고. 번역문은 한국영상자료원 한국영화사연구소 엮음, 『일본어 잡지로 본 조선영화4』, 한국영상자료원, 2013, 92~98쪽 참조.

39 「20년간 작품 제작 연대기」, 『삼천리』 1940년 5월호(제12권 제5호), 239쪽.

40 박기채, 「영화 1년의 객관적 회고/ 특히 제작된 영화를 중심으로(2)」, 『조선일보』 1935.12.22.

41 「[신영화] 조선어전발성 〈아리랑고개〉 동시녹음이 특색」, 『동아일보』 1935.12.28.

42 「[조선영화] 경성촬영소 작 〈미몽〉 조선어전발성」, 『동아일보』 1936.7.3.

43 김관, 「[신영화평] 〈홍길동전〉을 보고(2)」, 『조선일보』 1936.6.26.

44 「조선발성영화 경성촬영소 매신」, 『동아일보』 1938.11.7.

45 「[연예소식] 고려영화사 조직을 변경/ 내부 충실 도모」, 『동아일보』 1939.9.9.

46 「응접실」, 『동아일보』 1936.7.5.

47 「20년간 작품 제작 연대기」, 『삼천리』 1940년 5월호(제12권 제5호), 233~242쪽과 조선영화문화연구소 조사(調), 「조선영화 작품 연표」, 『영화순보』 1943년 7월 11일 호(조선영화특집호, 제87호), 20~21쪽 참고.

48 『윤봉춘 일기』, 1935.7.13.

49 전택이, 「배우생활 10년기(제3회)/ 〈아리랑〉과 나와/ 연극배우에서 영화배우」, 『삼천 리』 1941년 7월호(제13권 제7호), 149쪽.

50 「제작 중의 신영화 2편」, 『동아일보』 1935.8.15.

51 이효인, 「윤봉춘 일기 연구-1935~1937년 윤봉춘 일기를 통한 조선 영화계의 현실 분석」, 『영화연구』 55호, 한국영화학회, 2013.3, 466쪽.

52 「오케예술가 40명 도동」, 『동아일보』 1936.2.7.

53 「아리랑 제3편 촬영중」, 『동아일보』 1935.11.22.

54 「조선어 전발성 〈아리랑 제3편〉」, 『동아일보』 1936.2.7.

55 이시와라, 누카가 두 이름 모두 일본영화 데이터베이스(Japanese Cinema Database)에서 검색되는지는 않는데, 누카가의 경우 정식 기사라기보다 가요 관계자 로 추정된다.

56 전택이, 「배우생활 10년기(제3회)/ 〈아리랑〉과 나와/ 연극배우에서 영화배우」, 『삼천 리』 1941년 7월호(제13권 제7호), 150쪽.

57 「금추에 봉절될 것이 3, 4본은 확실/ 대개는 올토키일 듯」, 『동아일보』 1937.6.26.

58 「연예계의 1년계 [영화회사] 기(其)2」, 『동아일보』 1938.1.22.

59 「대방의 한양영화사 작품 〈신개지〉 수遂 완성」, 『동아일보』 1940.3.3.

60 「〈신개지〉 통검(通檢)」, 『매일신보』 1941.7.18.

61 「'한양영화' 약진/ 〈신개지〉 촬영 수 완료코/ 주식회사 창립을 기도」, 『동아일보』 1939.9.15.

62 「조선문화 급及 산업박람회 / 영화편」, 『삼천리』 1940년 5월호(제12권 제5호), 230쪽.

63 이순진, 「이규환 편」, 강옥희·이순진·이승희·이영미 지음, 『식민지시대 대중예술인 사전』, 도서출판 소도, 2006, 236쪽.

64 이창용, 「일본에서 활약하는 미지의 조선 영화인들」, 『조선일보』 1931.7.3. 무슨 이유 에서인지 이창용은 이규환의 이름을 기록하지 않았다.

65 김정혁, 「조선 영화감독론—등록된 연출자 프로필」, 『삼천리』 1941년 6월호(제13권 제6호), 229쪽.

66 이규환, 「중앙영화사의 〈살수차〉를 보고」, 『조선중앙일보』, 1935.3.23. 이규환은 "일

찍이 동경 송죽키네마에서 다년간 연구를 쌓아오던 방한준 씨"라고 기록했다.

67   "씨는 경도京都 동지사대학에 학적을 두면서부터 영화예술을 연구하기 시작하야 경도의 동아키네마 촬영소에서 8년 동안 실제적으로 촬영감독술을 연구하고 작년 3월에 귀국하야(후략)", 「영화감독 박기채 씨」, 『동아일보』, 1936.1.1.

68   「최판영(崔判泳), 박기채 양씨, 동아에 입사-1년간 연구 목적으로」, 『동아일보』 1930.9.26.

69   「조선영화 촬영차/ 박기채 씨 금환/ 조선인 감독은 씨가 처음」, 『동아일보』 1934.1.11. 이 기사는 그가 〈청춘의 봄〉에서 첫 감독을 맡았다고 전하지만, 일본영화정보시스템(www.japanese-cinema-db.jp)에 의하면 1933년작 〈청춘의 비가青春の秘歌〉로 추정된다. 하지만 이 데이터베이스는 이 영화의 감독을 〈항구의 협아港の侠児〉(1933)를 연출한 다케다 가즈오竹田一夫로 기록하므로, 현재로서는 그가 박기채와 동일 인물임을 확정할 수 없다. 하지만 다케다 가즈오는 이 두 편만 연출한 것으로 기록되므로, 그가 박기채일 가능성이 있다.

70   교토영화연극학원은 교토에 창립된 '일본영화연극학교'로 추정된다. 「낙서洛西에 창립되는 일본영화연극학교」, 『키네마순보』, 1932년 4월 21일호(433호), 7쪽. 라쿠사이洛西는 교토의 서부를 지칭한다.

71   「조선 최초 녹음기사-신경균 씨 환향」, 『조선일보』 1934.5.22.

72   「영화인 서, 김 양씨 교토동활키네마에」, 『동아일보』 1932.5.15.

73   김학성 자필 이력서(한국영상자료원 보관) 참조. 이순진, 「김학성 편」, 『식민지시대 대중예술인 사전』, 79쪽 참고.

74   「반도영화제작소 제2회 작품 〈성황당〉 촬영 개시」, 『동아일보』 1938.10.25.

75   「20년간 작품 제작 연대기」, 『삼천리』 1940년 5월호(제12권 제5호), 233~242쪽과 조선영화문화연구소 조사(調), 「조선영화 작품 연표」, 『영화순보』 1943년 7월 11일호(조선영화특집호, 제87호), 20~21쪽 참고.

76   「명배우, 명감독이 모여 조선영화를 말함」, 『삼천리』 1936년 11월호(제8권 제11호), 98~99쪽.

77   다음 논문을 참조할 수 있다. 정종화, 『조선 무성영화 스타일의 역사적 연구』, 중앙대학교 박사학위논문, 2012.

78   이다 신비飯田心美, 「각 사 시사실로부터 〈한강〉」, 『키네마순보』 1938년 5월호(646호), 46쪽.

79   신경균의 대표적인 비평은 다음을 참조할 것. 신경균, 「금년도 조선영화개평(槪評), 〈강 건너 마을〉〈춘향전〉〈은하에 흐르는 정열〉」, 『조광』 1935년 12월호(제1권 제2호), 184~188쪽.

80   박기채, 「영화 1년의 객관적 회고/ 특히 제작된 영화를 중심으로① ②」, 『조선일보』 1935.12.21~22.

81   서광제, 「영화 〈춘풍〉을 보고(2)」, 『동아일보』 1935.12.6.

82   서광제, 「[3월 영화평] 〈무정〉(중)」, 『조선일보』 1939.3.28.

83   박기채, 「영화비평계의 위기, 〈무정〉평의 독후감」, 『삼천리』 1939년 6월호(제11권 제7호), 194쪽.

84   박기채, 위의 글, 194~195쪽.

85 이창용, 「조선영화의 장래: 그 사활은 바로 지금부터 …에 있다」, 『국제영화신문』 1939년 8월 하순호(252호), 3쪽. 번역문은 한국영상자료원 한국영화사연구소 엮음, 『일본어 잡지로 본 조선영화1』, 한국영상자료원, 2010, 166쪽 참조.

86 이에 대한 자세한 논의는 박혜영의 다음 글을 참조할 것. 「해제: 1926년 '활동사진 필름검열규칙'~1934년 '활동사진영화취체규칙'을 중심으로」, 한국영상자료원 엮음, 『한국영화연구자료총서: 식민지 시대의 영화검열(1910-1934)』, 2009, 한국영상자료원, 113~123쪽.

87 제국 일본 최초의 국산영화 쿼터제가 왜 식민지 조선에서 실시되었는지에 대한 구체적인 고찰은 다음 글을 참조할 것. 이화진, 「두 제국 사이 필름 전쟁의 전야(前夜)」, 연구모임 시네마바벨 편, 『조선영화와 할리우드』, 소명출판, 2014.

88 한국영상자료원 엮음, 앞의 책, 138~140쪽. 사실 1934년 '활동사진영화취체규칙' 시행과 동시에 국산영화 1편 이상의 강제 상영이 가능해졌다. '우량영화의 장려 및 강제상영' 조항으로, 수수료를 면제받은 작품은 강제 상영할 수 있었기 때문이다.

89 「쇼치쿠도 조선 영화계와 제휴하나: 조선의 감독 10명이 모여 일본영화감독협회에 가입」, 『국제영화신문』 1938년 7월 하순호(226호), 『도쿄영화신문』 소화昭和 13년 7월 20일(118호), 2쪽. 번역문은 『일본어 잡지로 본 조선영화1』, 150쪽 참조.

90 「조선의 필름 검열」, 『국제영화신문』 1936년 3월 하순호(170호), 33쪽. 번역문은 『일본어 잡지로 본 조선영화1』, 111쪽 참조.

91 「"조선영화" 약진: 〈군용열차〉 등 속속 발표, 반도의 문예부흥시대」, 『국제영화신문』 1938년 6월 상순(223호), 『도쿄영화신문』 소화昭和 13년 6월 5일(116호), 3쪽. 번역문은 『일본어 잡지로 본 조선영화1』, 147쪽 참조.

92 「경성: 경성흥행계」, 『국제영화신문』 1935년 2월 하순호(144호), 26쪽. 번역문은 『일본어 잡지로 본 조선영화1』, 76쪽 참조.

93 「경성: 발랄한 흥행계」, 『국제영화신문』 1936년 2월 하순호(168호), 32쪽. 번역문은 『일본어 잡지로 본 조선영화1』, 95쪽 참조.

94 「조선내외영화배급조합 결성되다」, 『국제영화신문』 1939년 2월 상순(239호), 『도쿄영화신문』 소화昭和 14년 2월 5일(130호), 2쪽. 번역문은 『일본어 잡지로 본 조선영화1』, 155쪽 참조.

95 「쇼치쿠도 조선 영화계와 제휴하나: 조선의 감독 10명이 모여 일본영화감독협회에 가입」, 『국제영화신문』 1938년 7월 하순호(226호), 『도쿄영화신문』 소화昭和 13년 7월 20일(118호), 2쪽. 번역문은 『일본어 잡지로 본 조선영화1』, 150쪽 참조.

96 「횡설수설」, 『동아일보』 19389.1.9.

97 「신인의 포부, 조선영화주식회사 최남주 방문기」, 『삼천리』 1938년 12월호(제10권 제12호), 173쪽.

98 「자본금 50만원의 조선영화주식회사 수遂 창립」, 『매일신보』 1937.7.23.

99 XYZ, 「조선영화 기업자론」, 『삼천리』 1941년 6월호(제13권 제6호), 221쪽.

100 「조선영화사 창립」, 『동아일보』 1929.4.24.

101 「가화상」, 『동아일보』 1929.10.24.

102 「문예영화 〈꽃장사〉 완성」, 『동아일보』 1930.3.2.

103 「최남주 씨 2회 작품 〈학생시대〉 불일내로 촬영」, 『매일신보』 1930.3.24.

104 「문단과 악단 제휴/ 발성영화제작소/ 조선색 농후한 토키 제작」, 『동아일보』 1936.5.19.

105 최남주, 「조선영화의 생명선/ 다시 영화사업에 발을 들여놓으면서」, 『조선영화』 제1집, 조선영화사, 1936, 43쪽. 1941년 6월호(제13권 제6호), 221쪽. 「자본금 50만원의 조선영화주식회사/ 순수 조선영화 제작이 목적/ 9월초부터 개업」, 『매일신보』 1936.6.13.

106 「대망의 조선영화/ 주식회사 창립/ 최남주 씨를 중심으로」, 『동아일보』 1937.7.23.

107 「연예계의 1년계 [영화회사] 기其2」, 『동아일보』 1938.1.22.

108 박기채, 「영화비평계의 위기, 〈무정〉평의 독후감」, 『삼천리』 1939년 6월호(제11권 제7호), 191쪽.

109 「성봉영화와 문예봉 심경」, 『삼천리』 1938년 10월호(제10권 제10호), 189~190쪽.

110 「신인의 포부, 조선영화주식회사 최남주 방문기」, 『삼천리』 1938년 12월호(제10권 제12호), 175쪽.

111 「지위 싸움으로 인하야/ 성봉영화원 와해/ 주연은 왕평, 문예봉」, 『매일신보』 1938.7.20. 「성봉영화원의 분규/ 해결은 상금 요원」, 『매일신보』 1938.7.23.

112 「연예계의 1년계 [영화회사] 기其2」, 『동아일보』 1938.1.22.

113 일기자, 「의정부스튜디오/ 영화의 평화스러운 마을」, 『삼천리』 1939년 4월호(제11권 제4호), 167~168쪽.

114 박기채, 「영화비평계의 위기, 〈무정〉평의 독후감」, 『삼천리』 1939년 6월호(제11권 제7호), 194쪽.

115 「완성된 조영의 현상공장」, 『동아일보』 1939.9.29.

116 「조영 스튜디오 완성과 함께 제작기구 완비를 기도」, 『동아일보』 1940.4.21.

117 「안석영 감독 '조영'에 입사」, 『동아일보』 1940.5.12.

118 「서월영, 김일해 '조영' 전속계약」, 『동아일보』 1940.5.14.

119 「조영촬영대 출동」, 『동아일보』 1940.1.1.

120 「조선영화주식회사/ 신판영화 〈춘향전〉 기획/ 각색담당자 촌산村山 씨 입경」, 『동아일보』 1938.6.1.

121 「십만원을 던지어 〈춘향전〉 영화화」, 『동아일보』 1939.5.7.

122 「조영, 도호와 제휴 성립: 내지 및 만주로 진출」, 『키네마순보』 1940년 2월 1일호(제705호), 30쪽. 번역문은 한국영상자료원 한국영화사연구소 엮음, 『일본어 잡지로 본 조선영화2』, 한국영상자료원, 2011, 174쪽 참조.

123 「20년간 작품 제작 연대기」, 『삼천리』 1940년 5월호(제12권 제5호), 233~242쪽과 조선영화문화연구소 조사(調), 「조선영화 작품 연표」, 『영화순보』 1943년 7월 11일호(조선영화특집호, 제87호), 20~21쪽 참고.

124 「명배우, 명감독이 모여 조선영화를 말함」, 『삼천리』 1936년 11월호(제8권 제11호), 96쪽.

125 XYZ, 「조선영화 기업자론」, 『삼천리』 1941년 6월호(제13권 제6호), 222쪽.

126 안석영 문文·화畵, 「[은막천일야화] 일기당천의 이창용 씨/ 백병전 개시는 언제인가」, 『조선일보』 1940.3.3.

127 「현역인물본 이징용」, 『조관』 1940년 10월호(제6권 제10호), 180쪽.

128 이창용에 대한 평문은 이순진, 「이창용 편」, 강옥희·이순진·이승희 이영미 지음, 『식

민지시대 대중예술인 사전』, 도서출판 소도, 2006, 281~284쪽과 이화진, 「'대동아' 를 꿈꾸었던 식민지의 영화기업가, 이창용」, 한국영상자료원 엮음, 『고려영화협회와 영화신체제 1936~1941』, 한국영상자료원, 2007, 196~209쪽을 참고할 것.

129 「신의주에 오만원의 고려영화회사 창립」, 『동아일보』 1935.4.12.

130 「우리 손으로 된 고려영화사/ 사무취체역 최인규 씨」, 『조선일보』 1935.5.29.

131 「발성영화를 신의주에서 작성」, 『동아일보』 1936.1.23.

132 안석영 文文·화畵, 「[은막천일야화] 일기당천의 이창용 씨/ 백병전 개시는 언제인 가」, 『조선일보』 1940.3.3.

133 XYZ, 「조선영화 기업자론」, 『삼천리』 1941년 6월호(제13권 제6호), 220쪽.

134 「민활한 활동가 경성고려영화회사 이창용 씨」, 『동아일보』 1936.8.18.

135 「조선영화의 만주 진출/ 조선·만주영화 교류 실현으로」, 『동아일보』 1939.4.6. 이 기 사에서 '고려영화협회'라는 명칭을 사용하고 있다.

136 「조선 초유의 영화회사 조직」, 『동아일보』 1940.8.11.

137 이창용이 참가한 주요한 좌담회는 「조선영화신체제 수립을 위하여」, 『영화순보』 1941년 11월 1일호(제30호), 15~22, 46쪽과 「조선영화의 특수성」, 『영화순보』 1943 년 7월 11일호(조선영화특집호, 제87호), 10~15쪽을 참고할 수 있다.

138 「고려영화사 '김옥균'전 영화화/ 임화 씨 촉탁으로 사료 모집 중」, 『조선일보』 1939. 11.9.

139 「서광제 감독 고려 입사 작품/ 〈북풍〉 근일 촬영 개시」, 『동아일보』 1939.11.14.

140 다카시마 긴지高島金次, 『조선영화통제사朝鮮映畵統制史』, 조선영화문화연구소朝 鮮映畵文化研究所, 1943, 24쪽. 번역은 다카시마 긴지, 김태현 역, 『조선영화통제 사』, 인문사, 2012, 67쪽 참고.

141 「20년간 작품 제작 연대기」, 『삼천리』 1940년 5월호(제12권 제5호), 233~242쪽과 조선영화문화연구소 조사(調), 「조선영화 작품 연표」, 『영화순보』 1943년 7월 11일 (조선영화특집호, 제87호), 20~21쪽 참고.

142 「[풍문과 사실] 선전에 역선전에 풍설구구한 영화계/ 진상포착이 매우 곤란하다」, 『동아일보』 1937.6.26.

143 일본 개봉 시 〈다비旅〉가 〈다비지旅路〉로 된 상황은 다음을 참조할 수 있다. 「이규환 편」, 한국예술연구소 편, 『이영일의 한국영화사를 위한 증언록-성동호·이규환·최금 동 편』, 도서출판 소도, 2003, 171쪽.

144 대체로 당시 지면에서 발성영화 제작비는 만 원으로 상정된다. "재래에 조선영화가 무성시기에는 가령 4천 원으로 제작되는 것이라면 지금은 토키영화가 아니면 시대 에 맞지도 않고 또한 가치도 발휘할 수 없는 까닭에 반드시 토키라야 하는데 만 원은 가져야 합니다." 「[스타의 기염(9)] 그 포부·계획·자랑·야심/ 앞으로 더욱 연구 /늘 실 패만 하니 환멸을 느낀다/ 영화인 김인규」, 『동아일보』 1937.12.7.

145 서광제, 「[영화비평] 이규환 작 〈나그네〉」, 『조선일보』 1937.4.24.

146 「본사학예부 추천 〈나그네〉 첫 봉절封切/ 24일부터 명치좌·우미관에서」, 『조선일보』 1937.4.25.

147 임화, 「조선영화발달소사」, 『삼천리』 1941년 6월호(제13권 제6호), 204쪽.

148 이마이今井 생生, 「한케이신京阪神 주요 영화관 정세」, 『국제영화신문』 1937년 6월

하순호(200호), 33쪽. 번역문은 『일본어 잡지로 본 조선영화1』, 140~141쪽 참조.

149 서광제, 「[연예계회고(3)] 영화계의 1년/ 발성으로 전환/ 외국작품수입금지가 대암大癌(하)」, 『동아일보』 1937.12.18.

150 안철영, 「수출영화와 현실」, 『동아일보』 1937.9.11.

151 이다 신비飯田心美, 「각 사 시사실로부터 〈한강〉」, 『키네마순보』 1938년 5월 21일호(646호), 46쪽. 번역문은 『일본어 잡지로 본 조선영화2』, 131~132쪽 참조.

152 「반도영화제작소 제1회 작품/ 〈한강〉 촬영은 최근에 종료/ 조선서 보기 드문 순사실純寫實의 영화」, 『동아일보』 1937.9.21.

153 오타 쓰네야太田恒彌, 「조선영화의 전망」, 『키네마순보』 1938년 5월 1일(644호), 12쪽. 번역문은 『일본어 잡지로 본 조선영화2』, 124쪽 참조.

154 「성봉영화원 동보 체인에 참가/ 제1회작은 〈군용열차〉/ 2월 하순부터 촬영개시」, 『조선일보』 1938.12.22.

155 서광제, 「조선영화의 장래/ 동경영화계의 근황을 보고 / 조선영화의 시장문제」, 『조광』 1938년 8월호(제4권 제8호), 232쪽.

156 박기채, 「연예계의 무인戊寅 그 일一/ 영화계 조감도(완)」, 『동아일보』 1938.12.16.

157 「본사당선 영화소설 〈애련송〉 촬영 개시」, 『동아일보』 1937.10.29.

158 「대망 중의 극연영화 〈애련송〉 근일 완성」, 『동아일보』 1938.6.28.

159 「〈애련송〉 녹음차 도동」, 『동아일보』 1938.11.1.

160 「반도영화제작소 제2회 작품 〈성황당〉 촬영 개시」, 『동아일보』 1938.10.25.

161 「20년간 작품 제작 연대기」, 『삼천리』 1940년 5월호(제12권 제5호), 233~242쪽과 조선영화문화연구소 조사(調), 「조선영화 작품 연표」, 『영화순보』 1943년 7월 11일호(조선영화특집호, 제87호), 20~21쪽 참고.

162 하즈미 쓰네오筈見恒夫, 「만주 및 조선의 영화계」, 『키네마순보』 1939년 11월 21일(699호), 23쪽. 번역문은 『일본어 잡지로 본 조선영화2』, 165쪽 참조. 한편 현대 경성을 배경으로 젊은 여성을 그리려 한 방한준 연출의 〈영춘迎春〉은 기획 후 제작되지 못했다.

163 조선영화의 일본 수이출輸移出에 관해서는 다음 논문을 참조할 수 있다. 김려실, 「조선을 '조센'화하기: 조선영화의 일본 수출과 수용에 대한 연구」, 『영화연구』 34호, 한국영화학회, 2007.12.

164 「닛카쓰와 조선키네마의 제휴」, 『키네마순보』 1924년 12월 1일(179호), 33쪽. 번역문은 『일본어 잡지로 본 조선영화2』, 15쪽 참조.

165 「광고」, 『키네마순보』 1926년 12월 11일(248호). 번역문은 『일본어 잡지로 본 조선영화2』, 28~29쪽 참조.

166 미즈이 레이코水井れい子, 「조선 영화제작계를 돌아보며」, 『신영화』 1942년 11월호, 91쪽. 번역문은 『일본어 잡지로 본 조선영화2』, 2011, 278쪽 참조.

167 「[좌담회 보고] 조선영화의 현상을 말한다」, 『일본영화』 1939년 8월 1일호, 120쪽. 번역문은 『일본어 잡지로 본 조선영화2』, 198쪽 참조.

168 「조선영화 오사카에서 상영 금지: 내선융화를 저해」, 『키네마순보』 1936년 7월 21일(582호), 6쪽. 번역문은 『일본어 잡지로 본 조선영화2』, 115쪽 참조.

169 「이규환 편」, 한국예술연구소 편, 『이영일의 한국영회사를 위한 증언록-성동호·이규

환·최금동 편』, 도서출판 소도, 2003, 148쪽.

170 「이규환 편」, 같은 책, 159~165쪽 참고.

171 오타 쓰네야, 「조선영화의 전망」, 『키네마순보』 1938년 5월 1일(644호), 12쪽. 번역 문은 『일본어 잡지로 본 조선영화2』, 125쪽 참조.

172 「이규환 편」, 같은 책, 177쪽 참고.

173 오타 쓰네야, 「조선영화의 전망」, 『키네마순보』 1938년 5월 1일(644호), 12쪽.

174 경성 아리랑アリラン 생, 「영화 도시 통신: 경성」, 『일본영화』 1939년 5월 1일호, 127 쪽. 번역문은 『일본어 잡지로 본 조선영화2』, 197쪽 참조.

175 오사카의 신세카이도호시키시마新世界東宝敷島극장에서 개봉한다는 기록이 있다. 「조선영화 계속 봉절/ 동경, 대판에서 활약」, 『동아일보』 1939.7.27.

176 시게노 다쓰히코滋野辰彦, 「일본영화 비평: 어화」, 『키네마순보』 1938년 9월 1일 (656호), 75쪽. 번역문은 『일본어 잡지로 본 조선영화2』, 145쪽 참조.

177 무라카미 다다히사村上忠久, 「일본영화 비평: 군용열차」, 『키네마순보』 1939년 8월 11일(654호), 78쪽. 번역문은 『일본어 잡지로 본 조선영화2』, 143쪽 참조.

178 「[좌담회 보고] 조선영화의 현상을 말한다」, 『일본영화』 1939년 8월 1일호, 121쪽. 번 역문은 『일본어 잡지로 본 조선영화2』, 199쪽 참조.

179 오타 쓰네야, 「조선영화의 전망」, 『키네마순보』 1938년 5월 1일(644호), 12쪽. 번역 문은 『일본어 잡지로 본 조선영화2』, 124쪽 참조.

180 「소화 14년: 조선영화의 배급」, 『도와상사합자회사사사東和商事合資会社社史』, 도와 상사합자회사, 1942, 131~132쪽.

181 스즈키 유키치鈴木勇吉, 「[개봉영화 흥행가치] 〈집 없는 천사〉」, 『영화순보』 1941년 11월 1일(제30호), 52쪽. 번역문은 한국영상자료원 한국영화사연구소 엮음, 『일본어 잡지로 본 조선영화3』, 한국영상자료원, 2012, 135쪽 참조.

182 「조선영화 계속 봉절/ 동경, 대판에서 활약」, 『동아일보』 1939.7.27.

183 「광고」, 『키네마순보』 1939년 9월 21일(693호). 번역문은 한국영상자료원 한국영화사 연구소 엮음, 『일본어 잡지로 본 조선영화6』, 한국영상자료원, 2015, 63~64쪽 참조.

184 「만주에서 개봉되는 일본영화 라인업: 〈도생록〉」, 『만주영화』 1938년 11월호(2-11), 65쪽, 「일본영화소개: 〈국경〉」, 『만주영화』 1939년 5월호(3-5), 38쪽 참조.

185 우치다 기미오內田岐三雄, 「반도영화에 대해서」, 『영화평론』 1941년 7월(1-7호), 46 쪽. 번역문은 『일본어 잡지로 본 조선영화1』, 2010, 248쪽 참조.

186 장혁주, 「담화실: 반도영화계에 보내는 말」, 『영화의 친구(映畵之友)』 1940년 12월 (18-12), 78쪽.

187 「광고」, 『영화순보』 1941년 9월 11일(제25호). 번역문은 『일본어 잡지로 본 조선영화 3』, 66~67쪽 참조.

188 「[좌담회] 조선영화신체제 수립을 위하여」, 『영화순보』 1941년 11월 1일호(제30호), 15~16쪽. 번역문은 『일본어 잡지로 본 조선영화3』, 112~115쪽 참조.

189 검열 과정에서 기독교와 관련된 부분이 가장 많이 삭제되었음은 다음 논문을 참조할 수 있다. 서재길, 「〈집 없는 천사〉와 식민지 영화 검열」, 『한림일본학』 27권, 한림대 학교 일본학연구소, 2015.

190 「지방도시 흥행개황: 경성」, 『영화순보』 1941년 12월 1일(제33호), 66쪽. 번역문은

『일본어 잡지로 본 조선영화3』, 155쪽 참조.

191 「지방도시 흥행개황: 경성」, 『영화순보』 1941년 12월 1일(제33호), 66쪽.

192 이창용, 「쇼와 16년도 일본영화 총평: 쇼와 16년도 조선영화」, 『영화순보』 1942년 2월 1일(제37호), 36쪽. 번역문은 한국영상자료원 한국영화사연구소 엮음, 『일본어 잡지로 본 조선영화3』, 한국영상자료원, 2012, 186쪽 참조.

193 사토 구니오佐藤邦夫, 「반도영화계 엿보기」, 『영화순보』 1941년 9월 11일(제25호), 43쪽. 번역문은 『일본어 잡지로 본 조선영화3』, 63쪽 참조.

194 「조선총독부 영화행정의 연혁과 통제 경위: 조선영화 관계 법규 해설」, 『영화순보』 1943년 7월 11일(조선영화특집호, 제87호), 25쪽 참조. 번역문은 한국영상자료원 한국영화사연구소 엮음, 『일본어 잡지로 본 조선영화4』, 한국영상자료원, 2013, 107~108쪽 참조.

195 김정혁, 「영화령의 실시와 조선 영화계의 장래」, 『조광』 1940년 9월호(6권 9호), 254, 257, 256쪽.

196 1939년 10월에 일본영화연맹의 지부가 된 것으로 보인다. 「조선 영화인협회, 일본영화연맹 지부로 개조될 듯」, 『동아일보』 1939.8.28. 이후 기록은 조선 영화인협회가 1939년 10월에 결성된 것으로 기록한다. 「조선영화 통신」, 『영화순보』 1942년 4월 1일호(특집호, 제43호), 69쪽. 번역문은 『일본어 잡지로 본 조선영화3』, 238쪽 참조.

197 일본영화데이터베이스(JMDB)에 의하면, 모리타 이쓰키는 녹음기사로, 1935~1938년까지의 일본영화계에서 〈우미인초虞美人草〉(미조구치 겐지溝口健二, 1935) 등 7편의 작품을 녹음했다.

198 「영화인협회총회-획기적 성황리에 종료」, 『동아일보』 1940.2.14.

199 김정혁, 「조선영화감독론-등록된 연출자 프로필」, 『삼천리』 1941년 6월 1일호(제13권 제6호), 226~227쪽.

200 「제1기 영화인 등록자, 영화인 58명 등록」, 『삼천리』 1941년 6월 1일호(제13권 제6호), 236~238쪽.

201 「조선총독부 영화행정의 연혁과 통제 경위: 영화 관계 제 단체의 지도」, 『영화순보』 1943년 7월 11일호(조선영화특집호), 24쪽. 번역문은 『일본어 잡지로 본 조선영화3』, 106쪽 참조.

202 필름 배급량에 따라 조선영화 제작 편수가 결정되고, 당연히 신설회사의 규모도 결정되었기 때문이다. 다카시마 긴지高島金次, 『조선영화통제사朝鮮映畫統制史』, 조선영화문화연구소朝鮮映畫文化硏究所, 1943, 50쪽. 번역은 김태현, 『조선영화통제사』, 인문사, 2012, 92쪽 참고.

203 다카시마 긴지, 위의 책 8쪽. 한편 이영일은 『한국영화전사』(196쪽)에서 이 부분을 인용하며, 히로카와 소요를 이창용으로, 구니모토 다케오를 이창근으로 창씨명 없이 기록하고 있다.

204 「영화신체제 일지」, 『영화순보』 1942년 9월 1일호(영화신체제 1주년 특집, 제58호), 10쪽.

205 「영화신체제 1주년 약사」, 『영화순보』 1942년 9월 1일호(영화신체제 1주년 특집, 제58호), 20쪽.

206 가토 아쓰코加藤厚子는 『総動員体制と映畫』(新曜社, 2003, 11쪽)에서 전시기 영화정책을 영화법 제정(1939년 10월 시행), 영화신체제(1940년 9월 결정), 영화임전

체제(1941년 9월 결정) 순으로 분리해서 보고 있지만, 당시 관련 사료들에서 정확히 구분되어 사용된 것은 아니다. 필자는 전시체제 상황에서 영화계 신체제라는 용어가 임전체제라는 명칭으로도 혼용되었다고 보는 것이 타당하다는 입장이다. 특히 신체제와 임전체제를 혼용하는 담론적 상황은 1941년 말의 다음 기사를 참조할 수 있다. 「[시사녹음: 재출발에 대비하는 업계] 조선·대만·사할린의 영화신체제」, 『영화순보』 1941년 12월 11일호(제34호), 5~6쪽. 번역문은 『일본어 잡지로 본 조선영화3』, 158~160쪽 참조.

207 다카시마 긴지, 앞의 책, 4쪽.

208 「조선내외영화배급조합 결성되다」, 『국제영화신문』 1939년 2월 상순(239호), 『도쿄영화신문』 쇼와 14년 2월 5일(130호), 2쪽. 번역문은 한국영상자료원 한국영화사연구소 엮음, 『일본어 잡지로 본 조선영화1』, 한국영상자료원, 2010, 155쪽 참조. '영화통제'는 '활동사진영화취체규칙'을 말하는 것이다.

209 도키자네 쇼헤이時實象平, 「조선의 영화관」, 『영화순보』 1943년 7월 11일호(제87호), 52쪽. 번역문은 『일본어 잡지로 본 조선영화4』, 198쪽 참조.

210 「영화관의 페이지: 경성」, 『영화순보』 1941년 10월 11일호(제28호), 62쪽. 번역문은 『일본어 잡지로 본 조선영화3』, 83쪽 참조.

211 「시보: 조선의 영화 관람자 2100만 명 돌파」, 『영화순보』 1941년 9월 11일호(제25호), 6쪽. 번역문은 『일본어 잡지로 본 조선영화3』, 61쪽 참조.

212 조선영화문화연구소 편, 「조선영화30년사」, 『영화순보』 1943년 7월 11일호(제87호), 17쪽. 번역문은 『일본어 잡지로 본 조선영화4』, 84쪽 참조.

213 「시보: 조선 영화계에 각사 진출 두드러지다」, 『영화순보』 1941년 8월 21일호(제23호), 5쪽. 번역문은 『일본어 잡지로 본 조선영화3』, 48쪽 참조.

214 일본에서 홍백紅白이라는 구분법은 헤이안平安시대 말기 겐페이전쟁源平合戰에서 겐씨源氏가 백기로, 헤이씨平氏가 홍기를 들고 전쟁을 한 것에서 유래한 것으로 알려져 있다.

215 「조선영화통신」, 『영화순보』 1942년 5월 11일호(제47호), 46쪽. 번역문은 『일본어 잡지로 본 조선영화3』, 247쪽 참조.

216 「조선영화통신」, 『영화순보』 1942년 6월 1일호(제49호), 35쪽. 번역문은 『일본어 잡지로 본 조선영화3』, 253쪽 참조.

217 전시체제기 경성에서 어트랙션과 악극 공연의 유행이, 일본제국의 흥행 네트워크 속에서 구성되었음은 다음 논문을 참조할 수 있다. 이화진, 「전쟁과 연예 - 전시체제기 경성에서 악극과 어트랙션의 유행 - 」, 『한국학연구』 35, 인하대학교 한국학연구소, 2015.3.

218 정종화, 「해제: 1940년대 초반 경성의 영화흥행계」, 한국영상자료원 한국영화사연구소 엮음, 『일본어 잡지로 본 조선영화4』, 한국영상자료원, 2013, 349~350쪽 참조.

219 「영화관의 페이지: 경성」, 『영화순보』 1941년 10월 11일호(제28호), 62쪽. 번역문은 『일본어 잡지로 본 조선영화3』, 83쪽 참조.

220 「[영화관의 페이지] 조선」, 『영화순보』 1941년 9월 11일호(제25호), 61쪽. 번역문은 『일본어 잡지로 본 조선영화3』, 66쪽 참조.

221 히나쓰 에이타로日夏英太郎, 「내선 두 영화계의 교류에 대해」, 『영화평론』 1941년 7

월(1-7호), 49~51쪽. 번역문은 『일본어 잡지로 본 조선영화1』, 254~257쪽 참조.

222 　오타 쓰네야太田恒彌, 「조선영화의 전망」, 『키네마순보』 1938년 5월 1일(644호), 13
　　　쪽. 번역문은 한국영상자료원 한국영화사연구소 엮음, 『일본어 잡지로 본 조선영화
　　　2』, 한국영상자료원, 2011, 129쪽 참조.

223 　「경성에서의 5일간」, 『키네마순보』 1939년 12월 1일(700호), 19쪽. 번역문은 『일본
　　　어 잡지로 본 조선영화2』, 169쪽 참조.

224 　「철도국 문화영화/ 송죽에서 촬영」, 『동아일보』 1940.1.23.; 「대경성 촬영 개시」, 『동
　　　아일보』 1940.4.16.

225 　「철도국 제작 영화/ 〈동무들〉 완성」, 『동아일보』 1940.5.29.

226 　「〈경성〉과 〈동무〉/ 철도국 영화 완성」, 『동아일보』 1940.6.28.

227 　일본영화 데이터베이스(http://www.jmdb.ne.jp)에서 두 영화의 검색 기록 참조.

228 　「〈친구〉, 아동문화상 획득」, 『영화순보』 1941년 7월 1일호(하계특별호, 제18호), 17
　　　쪽. 번역문은 『일본어 잡지로 본 조선영화3』, 137쪽 참조.

229 　미즈이 레이코水井れい子, 「조선 영화제작계를 돌아보며」, 『신영화』 1942년 11월호,
　　　93쪽. 번역문은 『일본어 잡지로 본 조선영화2』, 285쪽 참조.

230 　「[화보] 조선군 보도부 작품 〈그대와 나〉의 촬영 진행되다」, 『영화평론』 1941년 9월
　　　(1-9호). 번역문은 『일본어 잡지로 본 조선영화1』, 283~284쪽 참조.

231 　「편집후기」, 『영화평론』 1941년 8월(1-8호), 134쪽. 번역문은 『일본어 잡지로 본 조
　　　선영화1』, 281쪽 참조.

232 　「촬영소 제작 진행표“ 10월 10일 현재」, 『영화순보』 1941년 10월 21일호(제29호),
　　　30쪽. 번역문은 『일본어 잡지로 본 조선영화3』, 93쪽 참조.

233 　야마가타 유사쿠山形雄策, 「〈망루의 결사대〉 각본 각서」, 『일본영화』 1942년 10월 1
　　　일호, 130~133쪽. 번역문은 『일본어 잡지로 본 조선영화2』, 212쪽 참조.

234 　마쓰야마 다카시松山崇, 「로케 세트 건설 일기: 〈망루의 결사대〉 엄동 설한의 압록강
　　　연안에서 싸우다」, 『신영화』 1943년 4월호, 86~87쪽. 번역문은 『일본어 잡지로 본
　　　조선영화2』, 313~319쪽 참조.

235 　Naoki Mizuno(水野直樹), "A Propaganda Film Subverting Ethnic Hierarchy?:
　　　"Suicide Squad at the Watchtower" and Colonial Korea", Cross-Currents (VOL.
　　　2, No. 1), University of Hawai'i Press, May 2013, pp. 62~88.

236 　「〈망루의 결사대〉 추천」, 『영화순보』 1943년 5월 1일호(제80호), 6쪽. 번역문은 일
　　　본어 잡지로 본 조선영화3』, 28~29쪽 참조.

237 　「쇼와 18년도 개봉영화 개봉관 입장자 수 일람」, 『일본영화』 1944년 5월 1일호,
　　　26~27쪽. 번역문은 『일본어 잡지로 본 조선영화2』, 237~240쪽 참조.

238 　「조선영화통신: 〈조선해협〉의 관람자수」, 『영화순보』 1943년 9월 21일호(제94호),
　　　25쪽. 번역문은 『일본어 잡지로 본 조선영화4』, 229쪽 참조.

239 　「문화영화: 조선의 영화 이용 상황」, 『국제영화신문』 1938년 5월 하순(222호), 14쪽.
　　　번역문은 『일본어 잡지로 본 조선영화1』, 145쪽 참조.

240 　미하시 아이요시三橋逢吉, 「영화배급사직원양성소강연록: 문화영화의 인정」, 『영화
　　　순보』 1942년 10월 11일(제67호), 34쪽. 번역문은 한국영상자료원 한국영화사연구
　　　소 엮음, 『일본어 잡지로 본 조선영화5』, 한국영상자료원, 2014, 112쪽 참조.

241 「조선의 영화통제령 드디어 실현: 활동사진영화취체규칙 9월 1일부터 실시」, 『국제영화신문』 1934년 8월 하순(132호), 26~27쪽. 번역문은 『일본어 잡지로 본 조선영화1』, 50~53쪽 참조.

242 「경성: 새로운 유력회사 탄생」, 『국제영화신문』 1939년 5월 하순(246호), 32쪽. 번역문은 『일본어 잡지로 본 조선영화1』, 160쪽 참조.

243 「조선영화제작주식회사 개황」, 『영화순보』 1943년 7월 11일(조선영화특집호, 제87호), 33쪽 참고. 번역문은 『일본어 잡지로 본 조선영화4』, 137쪽 참조.

244 모리 히로시, 「조선의 영화에 대해서」, 『영화순보』 1943년 7월 11일호(조선영화특집호), 4쪽. 번역문은 『일본어 잡지로 본 조선영화4』, 50쪽 참조.

245 「반도영화 소식: 총독부의 영화반」, 『영화순보』 1941년 9월 1일(제24호), 36~37쪽. 번역문은 『일본어 잡지로 본 조선영화3』, 53~58쪽 참조.

246 아키 아키라, 「조선영화령 1주년 회고」, 『영화순보』 1941년 10월 11일(제28호), 30쪽. 번역문은 『일본어 잡지로 본 조선영화3』, 80쪽 참조.

247 「제1부 기록-조선: 사단법인 조선영화계발협회」, 『영화연감』 1942년, 7.11~7.12쪽. 번역문은 한국영상자료원 한국영화사연구소 엮음, 『일본어 잡지로 본 조선영화6』, 한국영상자료원, 2015, 254쪽 참조.

248 모리 히로시, 「조선의 영화에 대해서」, 『영화순보』 1943년 7월 11일호(조선영화특집호), 4~5쪽. 번역문은 『일본어 잡지로 본 조선영화4』, 52쪽 참조.

249 「[영화계 시사] 조선의 이동영사 운동도 통합 일원화」, 『일본영화』 1944년 8월 1일호(9호), 26쪽. 번역문은 『일본어 잡지로 본 조선영화2』, 245쪽 참조.

250 「[좌담회] 조선영화의 전모를 말한다」, 『영화평론』 1941년 7월(1-7호), 60쪽. 번역문은 『일본어 잡지로 본 조선영화1』, 280쪽 참조.

251 「우리 손으로 된 고려영화사/ 전무취체 최인규 씨」, 『조선일보』, 1935.5.29. 당시 일본어 사료에서 '도쿄배우학교'라는 명칭의 교육기관에 대한 기록이 보이지는 않는다.

252 최인규에 대한 정보는 『조선일보』의 앞의 기사(1935.5.29.) 그리고 한국영상자료원 KMDb의 '최인규' 검색 화면에서 「한국영화인 정보조사」(김한상 작성)와 「한국영화감독사전」의 내용을 참고할 수 있다.

253 최인규, 「〈국경〉에서 〈독립전야〉에-10여 년의 나의 영화 자서」, 『삼천리』 1948년 9월호(제5호), 18쪽.

254 수업료의 구체적인 제작 과정은 다음 논문을 참조할 것. 정종화, 「조선영화 〈수업료〉의 영화화 과정과 텍스트 비교 연구」, 『영화연구』 65호, 한국영화학회, 2015.9, 201-236쪽 참고.

255 앞의 기사, 『삼천리』 1948년 9월호(제5호), 18쪽.

256 미즈이 레이코水井れい子, 「조선 영화제작계를 돌아보며」, 『신영화』 1942년 11월호, 94쪽. 번역문은 『일본어 잡지로 본 조선영화2』, 288쪽 참조.

257 시게노 다쓰히코滋野辰彦, 「[시사실로부터] 조선영화 두 편-〈집 없는 천사〉와 〈수업료〉」, 『영화순보』 1941년 3월 21일(제8호), 50쪽. 번역문은 『일본어 잡지로 본 조선영화3』, 25쪽 참조.

258 「[시사녹음: 재출발에 대비하는 업계] 조선·대만·사할린의 영화신체제」, 『영화순보』 1941년 12월 11일호(제34호), 5쪽. 번역문은 한국영상자료원 한국영화사연구소 엮

음, 『일본어 잡지로 본 조선영화3』, 한국영상자료원, 2012, 158~159쪽 참조.

259 다카시마 긴지高島金次가 『조선영화통제사朝鮮映畵統制史』에서 쓴 표현이다.

260 이창용, 「쇼와 16년도 일본영화 총평: 쇼와 16년도 조선영화」, 『영화순보』1942년 2월 1일(제37호), 36. 번역문은 『일본어 잡지로 본 조선영화3』, 188~189쪽 참조.

261 다카시마 긴지, 앞의 책, 18~21쪽.

262 다카시마 긴지는 '주식회사조선영화협회'라고 기록하였다. 다카시마 긴지, 앞의 책, 36쪽.

263 이창용, 「쇼와 16년도 일본영화 총평: 쇼와 16년도 조선영화」, 『영화순보』1942년 2월 1일(제37호), 36쪽.

264 다카시마 긴지, 앞의 책, 88쪽. 한편 고려영화협회는 1942년 5월 자본금 18만 원의 고려영화주식회사가 설립되며 해체되었고, 대표였던 히로카와 소요(이창용)는 발언권이 없는 이사로 내려갔다. 하지만 영화령에 의한 제작허가는 고려영화협회의 히로카와 소요에게 주어져 있었기 때문에, 그는 회사를 떠나 재빨리 '조선영화문화연구소'를 차려 〈그대와 나〉를 배급하는 등 활동을 재개했다. 본문의 내용처럼 당국의 인수 대상은 고려영화협회였던 것이다. 다카시마 긴지, 앞의 책, 24쪽.

265 다카시마 긴지, 앞의 책, 124~125쪽.

266 「조선 통신」, 『영화순보』1942년 9월 11일(제59호), 18쪽. 번역문은 『일본어 잡지로 본 조선영화3』, 283쪽 참조.

267 다카시마 긴지, 앞의 책, 160~161쪽.

268 「좌담회: 조선영화의 특수성」, 『영화순보』1943년 7월 11일호(조선영화특집호, 제87호), 10쪽. 번역문은 한국영상자료원 한국영화사연구소 엮음, 『일본어 잡지로 본 조선영화4』, 한국영상자료원, 2013, 66~67쪽 참조.

269 다카시마 긴지, 앞의 책, 4쪽.

270 「조선영화제작주식회사 개황」, 『영화순보』1943년 7월 11일호(조선영화특집호, 제87호), 32쪽. 번역문은 『일본어 잡지로 본 조선영화4』, 130쪽 참조.

271 「좌담회: 조선영화의 특수성」, 『영화순보』1943년 7월 11일호(조선영화특집호, 제87호), 10~15쪽. 번역문은 『일본어 잡지로 본 조선영화4』, 66~81쪽 참조.

272 「좌담회: 조선영화의 특수성」, 위의 기사, 11쪽.

273 「좌담회: 조선영화의 특수성」, 위의 기사, 13쪽.

274 「좌담회: 조선영화의 특수성」, 위의 기사, 11쪽.

275 「좌담회: 조선영화의 특수성」, 위의 기사, 12쪽.

276 「좌담회: 조선영화의 특수성」, 위의 기사, 11쪽.

277 모리 히로시, 「조선의 영화에 대해서」, 『영화순보』1943년 7월 11일호(조선영화특집호), 4쪽. 번역문은 『일본어 잡지로 본 조선영화4』, 50쪽 참조.

278 「좌담회: 조선영화의 특수성」, 위의 기사, 11쪽.

279 「좌담회: 조선영화의 특수성」, 위의 기사, 14쪽.

280 「좌담회: 조선영화의 특수성」, 위의 기사, 10쪽.

281 「좌담회: 조선영화의 특수성」, 위의 기사, 14쪽.

282 장혁주, 「[작품 비평] 〈젊은 모습〉에 대해」, 『영화평론』1944년 1월(4-1호), 30쪽. 번역문은 한국영상자료원 한국영화사연구소 엮음, 『일본어 잡지로 본 조선영화1』, 한국영상자료원, 2010, 322쪽 참조.

283 「조선총독부 영화행정의 연혁과 통제 경위: 제작기구의 통제」, 『영화순보』 1943년 7월 11일(조선영화특집호, 제87호), 23~24쪽 참고. 번역문은 『일본어 잡지로 본 조선영화4』, 104~105쪽 참조.

284 〈조선시보〉 중 현존하는 제11보의 경우 〈발굴된 과거 네 번째: 고스필모폰드 발굴영상 모음〉(한국영상자료원, 2009) DVD에서 볼 수 있다. 〈조선시보〉에 대한 구체적인 논의는 다음 논문을 참조할 것. 함충범, 「식민지 조선의 뉴스영화 〈조선시보〉에 관한 연구」, 『인문과학연구』 21권, 대구가톨릭대학교 인문과학연구소, 2014, 103~123쪽.

285 제작 초기 제목은 〈빛나는 승리(輝〈勝利)〉였다.

286 「조선영화제작주식회사 개황: 제작 상황」, 『영화순보』 1943년 7월 11일호(조선영화특집호, 제87호), 33~34쪽. 번역문은 『일본어 잡지로 본 조선영화4』, 137~139쪽. 「쇼와 18년 조선영화 일람」, 『일본영화』 1944년 11월 1일호(14호), 25쪽. 번역문은 한국영상자료원 한국영화사연구소 엮음, 『일본어 잡지로 본 조선영화2』, 한국영상자료원, 2011, 245~248쪽 참조.

287 다나카 사부로田中三郎, 「조선영화의 새로운 동향」, 『영화순보』 1943년 7월 11일호(조선영화특집호, 제87호), 5쪽. 번역문은 『일본어 잡지로 본 조선영화4』, 53쪽.

288 「[시사녹음] 조선 영화제작 최근 동향」, 『영화순보』 1943년 4월 21일호(제79호), 16쪽. 번역문은 『일본어 잡지로 본 조선영화4』, 27쪽 참조.

289 「[신작 조선영화 소개] 〈젊은 모습〉」, 『영화순보』 1943년 7월 11일호(조선영화특집호, 제87호), 30쪽. 번역문은 『일본어 잡지로 본 조선영화4』, 127쪽.

290 「쇼와 18년도 개봉영화 개봉관 입장자 수 일람」, 『일본영화』 1944년 5월 1일호, 26~27쪽. 번역문은 『일본어 잡지로 본 조선영화2』, 237~240쪽 참조.

291 「[신작 조선영화 소개] 〈조선해협〉」, 『영화순보』 1943년 7월 11일호(조선영화특집호, 제87호), 31쪽. 번역문은 『일본어 잡지로 본 조선영화4』, 129쪽.

292 「조선영화통신: 〈조선해협〉의 관람자수」, 『영화순보』 1943년 9월 21일호(제94호), 25쪽. 번역문은 『일본어 잡지로 본 조선영화4』, 229쪽 참조.

293 임화, 「조선영화론」, 『춘추』 10호, 1941년 11월호. 92쪽.

294 본명 임인식. 시인, 문학이론가, 영화배우이자 영화평론가. 카프영화운동의 배양소였던 조선영화예술협회의 연구생으로 시작해 〈유랑〉(1928), 〈혼가〉(1929)에 출연했고, 1929년부터는 카프 문예운동의 이론적 지도자로 활동했다. 1940년 8월경부터 고려영화협회 문예부 촉탁으로 근무하며 〈집 없는 천사〉(1941)의 조선어 대사를 맡았고, 1943년 1월부터는 조선영화문화연구소의 촉탁으로 『조선영화연감』, 「조선영화발달소사」등 조선영화사 기술 작업을 진행했다. 이효인, 『한국영화역사강의1』, 이론과 실천, 1992. 105쪽, 292쪽 참조.

295 임화, 「조선영화론 (상)(중)(하)」, 『매일신보』 1942.6.28~30.

296 임화의 조선영화론은 다음의 논의 역시 참조할 수 있다. 백문임, 『임화의 영화』, 소명출판, 2015. 손이레, 「동향과 전망 : 『임화의 영화』 대 "임화의 영화"」, 사이間SAI 19호, 국제한국문학문화학회, 2015.

297 임화, 「조선영화론 (중)」, 『매일신보』 1942.6.29.

참고문헌

신문·잡지·사료史料

『경성일보』京城日報

『국민신보』國民新報

『국제영화신문』國際映畵新聞

『나프』ナップ

『대한매일신보』大韓每日申報

『대한일보』大韓日報

『동광』東光

『동아일보』東亞日報

『만세보』萬歲報

『매일신보』每日申(新)報

『별건곤』別乾坤

『비판』批判

『사해공론』四海公論

『삼천리』三千里

『신동아』新東亞

『신영화』新映畵

『영화순보』映畵旬報

『영화연감』映畵年鑑

『영화의 친구』映畵之友

『영화평론』映畵評論

『윤봉춘 일기』

『일본영화』日本映畵

『조광』朝光

『조선공론』朝鮮公論

『조선신문』朝鮮新聞

『조선신보』朝鮮新報

『조선영화』朝鮮映畵

『조선일보』朝鮮日報

『조선중앙일보』朝鮮中央日報

『조선지광』朝鮮之光

『중외일보』中外日報

『춘추』春秋

『키네마순보』キネマ旬報

『학생』學生

『황성신문』皇城新聞

논문

구인모, 「구연口演의 극화劇化, 낯선 장르의 (불)가능성 : 유성기음반 소재 영화극에 대하여」, 『상허학보』 43, 상허학회, 2015.2.

권영민, 「카프의 조직과 해체 4」, 『문예중앙』 겨울호, 1988.

김려실, 「조선을 '조센'화하기: 조선영화의 일본 수출과 수용에 대한 연구」, 『영화연구』 34호, 한국영화학회, 2007.12.

Naoki Mizuno(水野直樹), "A Propaganda Film Subverting Ethnic Hierarchy?: "Suicide Squad at the Watchtower" and Colonial Korea", *Cross-Currents* (VOL. 2, No. 1), University of Hawai'i Press, May 2013.

도미타 미카富田美香, 「교토서부지역영화사 구술조사보고4: 에토나영화의 궤적(洛西地域映畵史聴き取り調査報告4: エトナ映畵の軌跡)」, 『아트 리서치5(アート·リサーチ 5)』, 리츠메이칸대학 아트리서치센터(立命館大学アート·リサーチセンター), 2005.3. 108.

백문임, 「버튼 홈즈(E. Burton Holmes)의 서울 여행기와 영화」, 『현대문학의 연구』, 한국문학연구학회, 2012.

서재길, 「〈집 없는 천사〉와 식민지 영화 검열」, 『한림일본학』 27권, 한림대학교 일본학연구소, 2015.

손이레, 「동향과 전망 : 『임화의 영화』 대 "임화의 영화"」, 사이間SAI 19호, 국제한국문학문화학회, 2015.

서재길, 「JODK 경성방송국의 설립과 초기의 연예방송」, 『서울학연구』 제27호, 2006.9.

이상길, 「1920~1930년대 경성의 미디어 공간과 인텔리겐치아 -최승일의 경우」, 『언론정보연구』, 47권 1호, 2010.

이용남, 「해방 전 조선 영화극장사 고찰」, 청주대학교 석사학위논문, 2001.

이재명, 「일제 말 중국체류 조선인의 연극/영화 활동 연구(1) -상해를 중심으로-」, 『인문과학연구논총』 31호, 2010.

이정하, 「나운규의 〈아리랑〉(1926)의 재구성 -〈아리랑〉의 활극적 효과 혹은 효과의 생산-」, 『영화연구』 26호, 한국영화학회, 2005.8.

이화진, 「전쟁과 연예 - 전시체제기 경성에서 악극과 어트랙션의 유행 - 」, 『한국학연구』 35, 인하대학교 한국학연구소, 2015.3.

이효인, 「연작소설 『황원행』의 집필 배경과 서사 특징 연구」, 『한민족문화연구』 38집, 2011.

이효인, 「윤봉춘 일기 연구-1935~1937년 윤봉춘 일기를 통한 조선 영화계의 현실 분석」, 『영화연구』 55호, 한국영화학회, 2013.3.

이효인, 「찬영회 연구」, 『영화연구』 53호, 한국영화학회 2012.9.

이효인, 「카프영화와 프로키노의 전개과정 비교연구」, 『한민족문화연구』 40집, 2012.10.

정민아, 「식민지 조선의 도시적 삶과 〈청춘의 십자로〉」, 『현대영화연구』 7권, 2009.

정종화, 「식민지 조선의 발성영화 상영에 대한 역사적 연구」, 『영화연구』 59호, 한국영화학회, 2014.3.

정종화, 「조선 무성영화 스타일의 역사적 연구」, 중앙대학교 박사학위논문, 2012.

한상언, 「1910년대 경성의 극장과 극장문화에 관한 연구」, 『영화연구』 53호, 한국영화학회, 2012.9.

한상언, 「1910년대 조선의 변사시스템 도입과 그 특징에 관한 연구」, 『영화연구』 44호, 한국영화학회, 2010.6.

한상언, 「1920년대 초반 동아문화협회의 영화활동」, 『한국영화사연구』 제6호, 2007.

한상언, 「1920년대 초반 조선의 영화산업과 조선영화의 탄생」, 『영화연구』 55호, 한국영화학회, 2013.3.

한상언, 「경성고등연예관 연구」, 『영화연구』 59호, 한국영화학회, 2014.3.

한상언, 「대정관의 설립과 변천에 관한 연구」, 『영화연구』 70호, 한국영화학회, 2016.12.

한상언, 「식민지 조선에서 연쇄극의 유입과 정착에 관한 연구」, 『영화연구』 64호, 한국영화학회, 2015.6.

한상언, 「식민지시기 칼라영화 상영에 관한 연구」, 『영화연구』 67호, 한국영화학회, 2016.3.

한상언, 「주인규와 적색노조영화운동(1927~1932)」, 『현대영화연구소』 제3호, 2007.

한상언, 「최초의 카메라맨 이필우의 초기활동 연구」, 『영화연구』 66호, 한국영화학회, 2015.12.

한상언, 「하야카와연예부의 유락관 경영에 관한 연구」, 『영화연구』 62호, 한국영화학회, 2014.12.

함충범, 「식민지 조선의 뉴스영화 〈조선시보〉에 관한 연구」, 『인문과학연구』 21권, 대구가톨릭대학교 인문과학연구소, 2014.

단행본

강옥희·이순진·이승희·이영미, 『식민지시대 대중예술인 사전』, 도서출판 소도, 2006.

강호, 『라운규와 그의 예술』, 조선문학예술총동맹출판사, 1962.

김려실, 『투사하는 제국 투영하는 식민지』, 삼인, 2006.

김종원, 『한국영화사와 비평의 접점』, 현대미학사, 2007.

김종욱 편저, 『실록 한국영화총서(상)』, 국학자료원, 2002.

김학성, 최원식 외, 『한국근대문학사의 쟁점』, 창작과 비평, 1990.

노만, 『한국영화사』, 한국배우전문학원, 1964.

高島金次, 『朝鮮映畵統制史』, 朝鮮映畵文化研究所, 1943.

다카시마 긴지 지음, 김태현 옮김, 『조선영화통제사』, 인문사, 2012.

박정선, 『임화 문학과 식민지 근대』, 경북대학교출판부, 2010.

백문임, 『임화의 영화』, 소명출판, 2015.

신경림 편저, 『그날이 오면, 그날이 오며는: 심훈의 문학과 생애』, 지문사, 1982.

신석호 외, 『연표로 보는 현대사』, 신구문화사, 1980.

심훈, 『심훈문학전집』3, 탐구당, 1966.

안막 지음, 전승주 옮김, 『안막 선집』, 현대문학, 2010.

안종화, 『한국영화측면비사』, 현대미학사, 1998.

앙마뉘엘 툴레 지음, 김희균 옮김, 『영화의 탄생』, 시공사, 1996.

연구모임 시네마바벨 엮음, 『조선영화와 할리우드』, 소명출판, 2014.

우수진, 『한국 근대연극의 형성』, 푸른사상, 2011.

유현목, 『한국영화발달사』, 한진출판사, 1980.

윤해동 외 엮음, 『근대를 다시 읽는다1』, 역사비평사, 2006.

윤해동, 『식민지 근대의 패러독스』, 휴머니스트, 2007.

이두현, 『한국연극사』, 학연사, 2009.

이영일, 『한국영화전사』(개정증보판), 도서출판 소도, 2004.

이종명, 『유랑』, 박문서관, 1928.

이효인, 『한국 근대영화의 기원』, 박이정, 2017.

이효인, 『한국영화역사강의1』, 이론과 실천, 1992.

임종국·박노순, 『흘러간 성좌』, 국제문화사, 1966.

정상진, 『아무르만에서 부르는 백조의 노래』, 지식산업사, 2005.

최열, 『한국현대미술운동사』, 돌베개, 1991.

최창호·홍강성, 『라운규와 수난기 영화』, 평양출판사, 1999.

크리스틴 톰슨·데이비드 보드웰 지음, 주진숙 외 옮김, 『세계영화사-음향의 도입에서 새로운
      물결들까지 1926~1960S』, 시각과 언어, 2000.

한국영상자료원 엮음, 『고려영화협회와 영화신체제 1936~1941』, 한국영상자료원, 2007.

한국영상자료원 엮음, 『한국영화연구자료총서: 식민지 시대의 영화검열(1910-1934)』, 한국
      영상자료원, 2009.

한국영상자료원 한국영화사연구소 엮음, 『일본어 잡지로 본 조선영화1』, 한국영상자료원, 2010.

한국영상자료원 한국영화사연구소 엮음, 『일본어 잡지로 본 조선영화2』, 한국영상자료원, 2011.

한국영상자료원 한국영화사연구소 엮음, 『일본어 잡지로 본 조선영화3』, 한국영상자료원, 2012.

한국영상자료원 한국영화사연구소 엮음, 『일본어 잡지로 본 조선영화4』, 한국영상자료원, 2013.

한국영상자료원 한국영화사연구소 엮음, 『일본어 잡지로 본 조선영화5』, 한국영상자료원, 2014.

한국영상자료원 한국영화사연구소 엮음, 『일본어 잡지로 본 조선영화6』, 한국영상자료원, 2015.

한국예술연구소 편, 『이영일의 한국영화사를 위한 증언록-김성춘·복혜숙·이구영 편』, 도서출
      판 소도, 2003.

한국예술연구소 편, 『이영일의 한국영화사를 위한 증언록-성동호·이규환·최금동 편』, 도서출
      판 소도, 2003.

한국예술연구소 편, 『이영일의 한국영화사를 위한 증언록-유장산·이경순·이필우·이창근 편』,
      도서출판 소도, 2003.

한상언, 『조선영화의 탄생』, 박이정, 2018.

한상언, 『해방 공간의 영화·영화인』, 이론과 실천, 2013.

홍영철, 『부산근대영화사』, 산지니, 2009.

홍정선 편저, 『김팔봉 문학전집 2』, 문학과 지성, 1989.

찾아보기